O REINADO DE
ARTHUR
DA HISTÓRIA À LENDA

1

METHODS

CHRISTOPHER GIDLOW

O REINADO DE ARTHUR
DA HISTÓRIA À LENDA

Tradução:
Renata M. P. Cordeiro

MADRAS

Publicado em inglês sob o título *The Reign of Arthur*, por Sutton Publishing
© 2004, Christopher Gidlow
Direitos de edição e tradução para todos os países de língua portuguesa
Tradução autorizada do inglês
© 2005, Madras Editora Ltda.

Editor:
Wagner Veneziani Costa

Ilustração da Capa:
Images.com/corbis/stockphotos

Produção e Capa:
Equipe Técnica Madras

Tradução:
Renata M. P. Cordeiro

Revisão:
Maria Inês de Castro Assunção
Silvia Massimini
Daniela de Castro Assunção

CIP-BRASIL. CATALOGAÇÃO-NA-FONTE
SINDICATO NACIONAL DOS EDITORES DE LIVROS, RJ.

C563r
Clements, Jonathan, 1971-
O reinado de Arthur: Coxinga e a queda da Dinastia Ming/Jonathan Clements; tradução de Renata M. P. Cordeiro. - São Paulo: Madras, 2005
il.
Tradução de: The reign of Arthur
ISBN 85-7374-960-1
1. Artur, Rei. 2. Grã-Bretanha - História - Até 1066. 3. Grã-Bretanha - Antiguidades celtas. 4. Bretões (Grã-Bretanha)- Reis e governantes. I. Título.
05-1803.   CDD 941.01
                                                      CDU 94(410)
08.06.05   10.06.05   010448

Proibida a reprodução total ou parcial desta obra, de qualquer forma ou por qualquer meio eletrônico, mecânico, inclusive por meio de processos xerográficos, incluindo ainda o uso da internet, sem a permissão expressa da Madras Editora, na pessoa de seu editor (Lei n? 9.610, de 19.2.98).

Todos os direitos desta edição, em língua portuguesa, reservados pela
MADRAS EDITORA LTDA.
Rua Paulo Gonçalves, 88 — Santana
CEP: 02403-020 — São Paulo/SP
Caixa Postal 12299 — CEP: 02013-970 — SP
Tel.: (11) 6959.1127 — Fax: (11) 6959.3090
www.madras.com.br

À Sociedade Arthuriana de Oxford, sem a qual....

Agradecimentos

A minha gratidão a todos aqueles que me ajudaram no longo caminho para *O Reinado de Arthur*. Andrew Smith deve receber um agradecimento especial pelas suas persuasivas sugestões, sua atenção para o detalhe e ajuda nas traduções difíceis, e também pela permissão de usar a sua pesquisa da cobertura jornalística da pedra Artognou. Obrigado também aos vários membros da Sociedade Arthuriana de Oxford, em particular a Peter Ewing, cujas palestras repletas de idéias incitantes foram a fonte de muitas das muitas reflexões abordadas aqui. Dr. Jeremy Catto, dr. Nick Higham e Charles Evans-Günther forneceram ajuda e apoio quando este livro ainda estava nos seus primeiros passos. Devo também estender os meus agradecimentos à minha esposa Julie, ao nosso filho Geheris e aos meus pais Alan e Valerie, entre outras coisas, pelas nossas intrépidas expedições à maioria dos obscuros sítios Arthurianos mencionados neste livro. Por último, devo mencionar o meu professor na escola primária, Keith Moxon, que foi a primeira pessoa a me introduzir no contexto histórico da Baixa Idade Média das Lendas de Arthur, das quais eu era fã. Foi esse encorajamento, em última análise, que tornou possível escrever este livro.

A citação na p. 254 foi reproduzida por permissão de Boydell & Brewer Ltd de *King Arthur, Hero and Legend*, por Richard Barber (Boydell Press, 1986), p. 135. Citações de Thorpe, L. (edição e tradução), *Geoffrey of Monmouth, The History of teh kings of Britain* (Harmondsworth, 1966), © Levis Thorpe of Wales, Descripton of Wles (Harmondsworth, 1978), páginas 281-8, © o espólio de Lewis Thorpe 1978 é reproduzido com permissão de Penguin Books Ltd.

A citação de *Le Morte Darthur*, de Malory, foi tirada de Vinaver, A., Malory Works (OUP, 1971), reproduzida com a permissão da Oxford University Press. A citação de Myres, J.N.L., *The English Settlements* (OUP, 1986), foi também reproduzida com autorização da Oxford University Press.

A menos que esteja anotado de forma diferente, os trechos da *Historia Brittonum* foram reproduzidos por cortesia da Arthurian Period Sources, volume 8, *Nennius* (editado e traduzido pelo dr. John Morris), publicado em 1980 por Phillimore, Shopwyke Manor Barn, Chichester, West Sussex, P020 2BG.

As citações de *Gildas* foram reproduzidas por cortesia de Arthurian Period Sources, volume 7, *Gildas* (editado e traduzido por Michael Winterbottom), publicado em 1978 por Phillimore, acima mencionado.

Índice

Lista das Ilustrações 13
Introdução
Quem foi o Rei Arthur? 15

PARTE UM: Da História

1. No Reinado de Arthur... 21
   Manuscritos Antigos 24
   Ele Não Era Arthur 26
2. Arthur Lutou contra eles Naqueles Dias 29
   Maravilhas da Bretanha 32
   A Chegada dos Saxões 36
   A Guerra de Resistência 41
   O Que é a História Brittonum? 45
       Irlanda 46
       Kent 47
       Sul de Gales 48
   Integração dos Materiais Regionais - Nennius e Vortigern 50
       Nordeste 50
   Várias Fontes, um Arthur? 53
   Guerras pela Bretanha 55
3. A Contenda de Camlann 59
   Arthur Dux 61
   Anais de Gales 64
   Maglocunus e Maelgwn Gwynedd — Duplo Padrão na Idade das Trevas 69
   A Lista de Batalhas 72
   Onde Ficava o Mons Badonis? 74
   A Morte de Arthur 79
   A Construção de uma Ponte entre as Lacunas 82
   Transmissão Oral? 83

    Fontes Escritas? 84
4. A Destruição da Bretanha 89
    O Livro das Lamentações 91
    O Fim da Bretanha Romana 93
    A Chegada dos Saxões 94
    Ambrosius Aurelianus 97
    Quando foi o Cerco do Mons Badonicus? 100
    Quem são os Vitoriosos? 104
    Onde Gildas Escrevia 106
5. Tiranos e Reis 109
    O Filhote de Leão, como o Profeta Diz 117
    O Dragão da Bretanha 119
    O Reinado de Arthur 122
6. Os Reis dos Bretões 127
    Os Reinos do Oeste 130
    A Bretanha tem Governantes 138
    Rei Arthur? 147
    Arthur, o Guerreiro 148
    Da História 151

PARTE DOIS: À Lenda

7. Os Bravos Homens de Arthur 155
    Poemas Galeses 157
    Espólios do Outromundo 165
    "Como Culhwch ganhou Olwen" 168
    Caer Vaddon 177
    Devastação Sangrenta da Ilha da Bretanha 179
8. As Vidas dos Santos 187
    As Interpretações de Sawley 195
    O Palácio de Arthur 197
9. Geoffrey de Monmouth 201
    Geoffrey e Gildas 205
    Geoffrey e os Historiadores 206
    A Perspectiva de Geoffrey de Monmouth 208
    A História dos Reis da Bretanha 210
    A Casa de Constantino 213
    Ambrosius 215
    Descobrindo Arthur I - Tintagel 1998 218
    O Reinado de Uther 221
10. Arthur, Rei da Bretanha 225
    Depois de Badon 229
    A Corte em Caerleon 231

    O Rei Arthur contra os Romanos 233
    Sir Gawain 236
    O Imperador Lucius 238
    Mergulhado em Mistério — O Fim de Arthur 241
    Resumo 246
Epílogo: A Descoberta de Arthur – Glastonbury 1190 251
Conclusão: O Reinado de Arthur? 261
Índice remissivo 265
Bibliografia 281

Lista das Ilustrações

MAPAS

1. A Bretanha de Arthur 30
2. À procura do Monte Badon 77
3. A Bretanha de Gildas 108
4. A Bretanha do fim do Império Romano 128
5. Bretões versus Saxões 133
6. O Arthur de Geoffrey de Monmouth – últimas campanhas .. 223

Introdução

Quem foi o Rei Arthur?

Arthur foi um grande rei. Reinou sobre uma nação de cavaleiros de armaduras, donzelas em apuros, dragões e coragem sem limites, terra de Merlin, o mago e da fada Morgana. Nasceu em Tintangel, tornou-se rei por meio de uma combinação de espada, pedra e bruxaria, e reinava a partir do castelo de Camelot. À sua Távola Redonda, sentavam-se *Sir* Lancelot, *Sir* Gawain e *Sir* Galahad, perseguidores do Santo Graal. Finalmente, na tragédia, o amor de Lancelot e Guinevere trouxe abaixo todo o reino, restando a Arthur adormecer na Ilha de Avalon.

Existiu realmente esse Rei Arthur? É quase certo que não. O Rei Arthur foi assim definido por escritores de ficção romântica do século XII e refinado durante a Idade Média. Habitava um mundo fabuloso, embasado naquele de seu público medieval. Foi dessa forma que Arthur foi ressuscitado pela sociedade vitoriana e penetrou na imaginação do público.

Seria possível que esse rei fantástico pudesse ter sido baseado em uma realidade histórica? No fim do século XX, os acadêmicos haviam chegado a um consenso. Por meio das lendas, argumentavam, seria possível visualizar de relance um Arthur histórico. Talvez não tivesse sido um rei, mas um alto comandante militar, em um período de guerra permanente, talvez um general romano ou um chefe celta, liderando o seu exército de armadura contra os invasores saxões. Lutou em batalhas em locais varridos pelo vento, tais como o Castelo Liddington ou a Colina Little Solsbury. Sua capital, uma cidade romana em declínio ou um forte reconquistado, conhecido pelo nome de Camelot, pôde, desde então, ser identificada arqueologicamente. O seu mundo, embora não fosse exatamente um mundo da cavalaria, era o último farol de civilização contra o vento bárbaro da mudança.

Essa imagem do Arthur "histórico" foi facilmente absorvida pelos ensaios populares de história. Historiadores profissionais foram rapidamente seguidos por entusiastas amadores e antiquários locais. Acólitos regionais ainda varrem os campos, empunhando mapas da região, procurando por nomes que lembrem Camelot e Avalon.

De acordo com as *Profecias de Merlin* da época medieval, os feitos do Rei Arthur sempre proporcionam material para os contadores de histórias. A quantidade de novos romances Arthurianos, cada qual maior do que todas as fontes originais combinadas, parece evidenciar isso. Embora nos meios de comunicação de massa o nome de Arthur sempre evoque a imagem dos "cavaleiros de armadura", desde a década de 1960 a maioria dos romances vestiu a sua versão de Arthur nos trapos lamacentos da Idade das Trevas. Esse novo Arthur "ficcional" se tornou sutilmente distinto do seu correspondente "histórico". Ele agora emerge como um sombrio celta em um mundo onde "os velhos tempos" enfrentam a chegada destruidora da Igreja de Roma. Embora Arthur possa ser ambivalente nessa disputa, não há como disfarçar as "velhas" lealdades das mulheres poderosas à sua volta, expoentes da uma tradição matriarcal que se estende no passado até Boadicea e os druidas. Inevitavelmente, existe amor entre a rainha e uma figura como Lancelot, existe um cálice, sagrado para ambas as tradições, uma Avalon onde cristãos e pagãos batalham pelos corações e pelas mentes da Bretanha da Idade das Trevas.

Porém, será esse "Arthur da Idade das Trevas" mais real do que a figura "medieval" que o precedeu? Ao longo dos últimos vinte e cinco anos, o mundo acadêmico tornou-se unanimemente hostil à idéia de um "Arthur histórico". Existe hoje uma ortodoxia acadêmica que postula que, embora alguém chamado Arthur possa ter existido em algum momento da Idade das Trevas, é melhor evitar até mesmo essa pequena admissão. As primeiras menções ao Rei Arthur surgem centenas de anos depois que ele supostamente viveu e estão tão mescladas com mito e folclore que nada de histórico pode ser extraído delas. As fontes do próprio tempo do Rei Arthur não o mencionam, nem tampouco resquício arqueológico algum jamais foi encontrado. O melhor então é ignorá-lo por completo.

Essa mudança na opinião dos acadêmicos se deveu sobretudo por contraposição à opinião popular. Por sua vez, não encontrou um meio de influenciar as histórias que o povo conta. A demanda por livros Arthurianos tem sido alimentada por reedições de trabalhos antigos e sem credibilidade ou por pesquisa amadora tendenciosa do tipo "rei Arthur tinha o mesmo código postal que eu".

A recusa dos historiadores acadêmicos de se engajarem na "evidência" para a real existência de Arthur apresentada em obras populares é uma grande injustiça para com os leitores interessados. As questões essenciais ainda permanecem sem resposta. O Rei Arthur existiu? Foi ou não uma figura histórica significativa e será que podemos saber alguma coisa do seu reinado? Se não, de que maneira surgiu a imagem lendária?

Descobriremos aqui o que realmente dizem as fontes contemporâneas. Usaremos essas informações para interpretar em que medida os trabalhos mais recentes nos podem fornecer um quadro verdadeiro dessa personagem enigmática. Veremos até onde chegaram com as informações de que dispunham e até que ponto estas são confiáveis. A nossa investigação nos levará até o fim do século XII, quando a ficção romântica passou a dominar o gênero Arthuriano, obscurecendo o seu possível conteúdo factual. Mostrarei que a idéia de Arthur como um líder militar britânico da Idade das Trevas é muito plausível, e está plenamente de acordo com a evidência existente. Ao longo do caminho, espero demolir alguns preconceitos de ambos os lados: a favor e contra o Arthur "histórico".

Primeiro, precisamos encontrar uma data aproximada para o reinado de Arthur.

✳ Parte Um
Da História

1

No Reinado de Arthur...

A versão popular de Arthur deriva grandemente de *Le Morte Darthur*, de *Sir* Thomas Malory, escrito em 1470. Embora Malory o retrate como um rei medieval, ele menciona ocasionalmente a era pré-medieval, época em que as lendas acerca de Arthur são ambientadas:

Eles chegaram a Siege Perilous, onde encontraram cartas recentemente escritas a ouro, que diziam: passados quatrocentos e cinqüenta e quatro invernos desde a Paixão de Nosso Senhor Jesus Cristo, este local deverá ser ocupado. Então todos disseram: isso é maravilhoso e uma aventura. Em nome de Deus, disse Sir Lancelot, e então contou o tempo da escrita desde o nascimento de Nosso Senhor até aquele dia. Parece-me, falou Sir Lancelot, que este lugar deve ser preenchido neste mesmo dia, pois hoje é a festa de Pentecostes, depois do ano quatrocentos e cinqüenta e quatro.[1]

Se Sir Lancelot calculou corretamente, a busca pelo Santo Graal estava para começar por volta de 487 d.c. Outras fontes Arthurianas também fornecem datas similares, do fim do século V ao começo do século VI. Entretanto, é claro que romances não nos fornecem um cenário fidedigno daqueles séculos. Malory insere um arcebispo de Canterbury com pelo menos 50 anos de antecedência, uma Terra Santa habitada pelos turcos

---

1. N.T. Essa citação de Thomas Malory foi escrita em inglês corrente no secúlo. XV. Segue a tradução para inglês moderno: *...they came to the Siege Perilous, where they found letters newly written of gold which said: Four hundred winters and four and fifty accomplished after the passion of our Lord Jesus Christ ought this siege to be fulfilled. Then all they said: This is a marvellous thing and an adventurous. In the name of God, said Sir Launcelot; and then accompted the term of the writing from the birth of our Lord unto that day. It seemeth me said Sir Launcelot, this siege ought to be fulfilled this same day, for this is the feast of Pentecost after the four hundred and four and fifty year; and if it would please all parties, I would none of these letters were seen this day, till he be come that ought to enchieve this adventure. Then made they to ordain a cloth of silk, for to cover these letters in the Siege Perilous.*

500 anos antes da sua chegada e o cerco à Torre de Londres (por volta de 1080), com o uso de *"grete gunnes"*,² oitocentos anos antes de estes serem conhecidos na Inglaterra. E não apenas em tais anacronismos, é óbvio que não estamos nos defrontando com lendas sobre o séculoV; imagens e temas centrais são tirados do mundo medieval, não da Idade das Trevas. Histórias de amor da nobreza e competições nos levam ao século XII. Torneios com lanças sobre cavalos seriam impossíveis sem estribos, desconhecidos na Bretanha do século V. Se Arthur e os seus companheiros habitavam de fato a Bretanha em 487, precisamos procurar em outras fontes, além dos romances de cavalaria, evidências mais fortes sobre o mundo em que viveram.

Na virada do século V, a Bretanha já fazia parte do Império Romano havia quase 400 anos. Estradas, muralhas e fortificações romanas podiam ser vistas por toda parte. Embora a maioria das tropas tivesse deixado a ilha em 409 e o Imperador tivesse atacado os bretões com a sua guarda pessoal no ano seguinte, documentos imperiais sobre os oficiais civis e militares das províncias britânicas continuaram a ser escritos com detalhes. Para os burocratas das capitais imperiais, a normalidade seria restaurada tão logo fosse possível.

Em torno de 410, a civilização romana não era aquela retratada em filmes como *Gladiador*. Religiões pagãs, virgens vestais e jogos de gladiadores tinham sido banidos quase um século antes. Cavaleiros com equipamento pesado, não os famosos legionários, dominavam as forças armadas. Em muitos casos, como a autoridade imperial estava enfraquecida, bispos cristãos haviam assumido responsabilidades de governo. Bispos britânicos até mesmo se aventuravam por mares infestados de bárbaros para participar de conselhos na Europa. O latim, a língua do Império, continuou a ser usado pela Igreja. Os únicos escritores britânicos desse período cujas obras sobreviveram eram clérigos e escreviam em latim.

Entretanto, a Bretanha não era de maneira alguma uma província romana bem organizada. Anglos, saxões e jutos³ controlavam as partes da ilha mais próximas do continente. Nós chamamos esses povos de anglo-saxões ou ingleses, embora para os seus inimigos eles fossem os saxões. Tempos depois, eles registraram feitos como o de um dos seus líderes, Aelle, que tomou o forte romano de Anderida e matou todos os seus moradores em 491, apenas quatro anos após a data estabelecida por Mallory na busca do Graal.

A evidência arqueológica sugere que nos séculos V e VI os povoados saxões estavam confinados nas costas sul e leste e ao longo dos vales dos rios mais facilmente acessíveis por elas. Isso foi muitas gerações antes de

---

2. N.T: "Grandes armas", provavelmente canhões.
3. N.T: Membros do povo germânico que conquistaram a Bretanha e se mesclaram aos anglos e aos saxões, que vieram a se tornar os anglo-saxões.

as mais remotas terras altas da Bretanha terem sido conquistadas pelos ingleses.

Em outros lugares do Império, bárbaros haviam ocupado as estruturas das províncias romanas que invadiram. Eles viviam nas mesmas cidades, usavam os mesmos títulos e, com o tempo, passaram a falar a mesma língua dos romanos que haviam dominado na França, Itália e Espanha. A maioria desses bárbaros viera de perto das fronteiras do Império. Já haviam sido convertidos ao cristianismo e a outros aspectos da cultura romana que esse fato implicava antes de terem cruzado as fronteiras.

A situação foi diferente na Bretanha. Os invasores vieram de lugares que não faziam fronteira com o Império. Eles mantiveram a sua cultura e religião pagãs e só começaram a aceitar a religião imperial em 597. Inevitavelmente, a civilização romana, soldados, bispos e tudo o mais desapareceu no território sob a sua influência. A língua que se fala hoje é o inglês.

Os escritores mencionam outros dois grupos bárbaros: os *pictos*, que viviam no norte, além do Muro de Antonine, e os *scots*, invasores da costa oeste, vindos da Irlanda do Norte. Entre eles e os ingleses, estavam os próprios bretões.

Embora a palavra "britânico" hoje se refira a todos os habitantes da Bretanha, na Idade das Trevas se referia a um povo específico. Os saxões os conheciam como *Welsh* (nativos da região de Gales), ou forasteiros, mas os bretões chamavam a si próprios de *Combrogi* ou cidadãos. Ainda que usassem latim nos seus monumentos, eles falavam o britânico, ancestral do galês e do bretão modernos, o que agora consideramos uma língua celta.

Os líderes dos britânicos vieram daquelas áreas que haviam sido menos romanizadas. Por exemplo, as evidências arqueológica e histórica mostram que os líderes da Cornualha foram de fato importantes, mas nenhuma estrutura romana de porte foi encontrada a oeste de Exeter. Outros líderes britânicos vieram de Gales, Cúmbria (ainda com o nome de *Combrogi*) e do norte da Muralha de Hadrian, terra que praticamente não estivera sob o controle romano. Alguns governantes britânicos tinham cidades romanas sob o seu domínio. A maioria preferiu fortificar novamente os antigos fortes nas colinas, abandonados desde a conquista romana. O enorme castelo do sul de Cadbury, que é freqüentemente tido como o Camelot original, é um dos mais famosos.

Parecia haver muito pouca influência da cultura romana entre esses bretões. São Patrício escreveu sobre alguns deles, dizendo que "não eram cidadãos dos sagrados romanos, mas do demônio, vivendo do mesmo modo bárbaro que vivem seus inimigos".

Foi entre os bretões que as lendas de Arthur foram preservadas. História, arqueologia e, talvez, as suas lendas fornecem evidências para a mais obscura da Idade das Trevas britânica. Em algum lugar da escuridão, se os romances medievais contêm alguma credibilidade, devemos ser capazes de encontrar evidências para o reinado de Arthur.

Manuscritos Antigos

Os principais textos históricos sobre os anos 400-550, com as datas aproximadas em que foram escritos, são:

De Excidio Britanniae ("Da destruição da Bretanha"), de Gildas (em torno do ano 500);
Ecclesiastical History of the English People ("História eclesiástica do povo inglês"), de Bede (731);
Historia Brittonum ("História dos bretões") (829);
The Anglo-Saxon Chronicle ("As Crônicas Anglo-Saxônicas") (primeira parte, 891);
Annales Cambriae ("Anais de Gales") (977).

Todos, com exceção de Gildas, viveram muito tempo depois da época que descrevem. Esse é um fato comum na maioria dos livros de história e não implica necessariamente que não sejam confiáveis. Para investigar o Arthur real, precisamos descobrir o quão confiáveis e consistentes internamente são esses textos, o quão plausíveis são os seus relatos e como se sustenta a comparação com os achados arqueológicos.

Os historiadores costumavam depositar grande confiança em fontes escritas. Tais fontes forneciam os nomes, datas, reis e batalhas a partir das quais a história convencional era construída. Os escritores tendiam a aceitar as fontes relativas à Idade das Trevas como uma aproximação da verdade. Até mesmo fontes mais recentes eram usadas algumas vezes, sob a justificativa de que provavelmente continham material sobre a tradição oral ou sobre fontes escritas perdidas. Vestígios arqueológicos eram amiúde interpretados à luz dessas fontes escritas.

Quando os historiadores eram críticos, tendiam a favorecer as fontes inglesas em detrimento das britânicas. O primeiro historiador inglês, Bede, um estudioso inato e enganosamente moderno, forneceu uma lista confiável de datas e reinos passíveis de serem identificados. O apogeu da cega aceitação das fontes escritas aconteceu em 1973 com *A Era de Arthur*, de John Morris. Fontes de períodos e gêneros desconexos foram combinadas por Morris em uma imaginária história de Arthur como Imperador da Bretanha. Esse trabalho foi questionado quatro anos depois em um artigo, muito menos divulgado, de David Dumville, no periódico *History*. Como perito em fontes escritas em línguas britânicas antigas, ele argumentou que todas as fontes referidas por Morris eram muito tardias e estavam tão infectadas por lendas que não seria possível depositar confiança alguma nelas. Os pesquisadores acadêmicos têm, em geral, aceitado a tese de Dumville. Têm pressuposto, mais do que argumentado, que fontes dos séculos IX e X relativas a Arthur são "evidências inadmissíveis" (Dark 2000).

Os arqueólogos receberam então carta branca para desconsiderar as fontes escritas. Não mais limitados pelo preconceito dos antigos bretões, eles passaram a tratar a Bretanha sub-romana como pré-histórica. Os achados podem ser interpretados de acordo com a tendência corrente. Gildas pode ser usado para sustentar determinado argumento, como quando ele diz que os bretões se retiraram para as colinas fortificadas, mas pode ser também ignorado, como quando diz que eles estavam fugindo dos planos dos saxões de destruir as suas cidades e massacrá-los. Justamente porque todas as fontes escritas são igualmente suspeitas, são todas igualmente úteis e se sustentam ou chamam a atenção para uma recente descoberta arqueológica. Assim, peritos que discordam que Arthur tenha sido um rei da Idade das Trevas, apressam-se em ligar o nome "Artognou" em uma tábua de ardósia em Tintangel à lenda do século XII de que Arthur foi lá concebido por mágica.

Como já observado, essa mudança nas opiniões acadêmicas são desconhecidas do grande público. *The age of Arthur*, de Morris, desacreditada por historiadores renomados, continua sendo publicada e está disponível em todas as boas livrarias. Os livros de Dumville são mais difíceis de encontrar. Os leitores interessados no Rei Arthur, estimulados por autores tais como Morris, ficam surpresos ao encontrar tão poucos trabalhos acadêmicos preocupados em debater aqueles temas.

A "evidência" merece ser analisada, não apenas descartada. Por essa razão, eu lidarei com as fontes escritas com certo detalhamento. Mostrarei por que não são usadas de maneira acrítica como no passado, ao mesmo tempo em que reexamino se elas têm qualquer coisa de plausível a dizer sobre o reinado de Arthur.

Todas as fontes da Idade das Trevas foram escritas para servir a determinados interesses, particularmente aos da Igreja Católica e aos das dinastias dominantes de Wessex e Gwynedd. Elas originavam-se de épocas em que a alfabetização era privilégio da elite. Não havia fontes feitas pelo povo "comum". Além do mais, as fontes escritas apenas sobreviveram porque os grupos de elite mandavam que fossem copiadas e preservadas. Esse fato é verdadeiro tanto para a evidência "admissível" do século VI, como para aquelas evidências "inadmissíveis" do século IX. O trabalho de Gildas sobreviveu porque continha uma mensagem que era interessante, aos eclesiásticos do século X, que fosse perpetuada.

Se um livro de história é escrito para apoiar circunstâncias particulares, esse fato em si não implica que o seu conteúdo seja falso. Circunstâncias atuais podem existir por causa daqueles eventos passados. Também é útil o conhecimento de que tais fontes foram escritas e preservadas para servir a interesses particulares. Quando o material apóia aqueles interesses, então devemos prestar atenção nesses materiais. Quando não existe nenhuma relação, ou até mesmo quando o material contradiz aqueles eventos, esse fato então fornece evidências de que nos são realmente muitíssimo úteis.

Ele não Era Arthur

À exceção do estranho monumento inscrito com nomes tais como Voteporix ou Drustanus (*Sir* Tristan?) a Bretanha do século VI não deixou praticamente nenhum registro escrito. Ao contrário, Gildas relata que eles gostavam de ouvir os seus feitos recitados pelos bardos, homens com "bocas cheias de mentiras e responsáveis por borrifar aqueles à sua volta com o catarro espumante que expectoravam".

Os poemas dos bardos eram passados de geração em geração, e sobreviveram até serem escritos na Idade Média. O mais antigo desses poemas é *Y Gododdin*, que fornece detalhes das vidas dos bretões. Inclui esta estrofe, que se refere ao próprio Arthur:

> *Mais de trezentos dos mais valentes foram mortos,*
> *No meio e nos flancos ele os mandou abaixar*
> *Esplêndido ante o anfitrião, com desejos generosos,*
> *Presenteando cavalos da sua própria tropa em todos os invernos.*
> *Ele trazia corvos negros para comerem perto da muralha*
> *Da cidade, embora não fosse Arthur.*
> *Dos homens, estava entre os mais poderosos,*
> *Ante a cerca de amieiro estava Guaurthur.*

O poema foi registrado de forma escrita no século XIII, mas os pesquisadores concordam que muitos desses versos têm origem muito anterior. O trabalho mais recente conclui, baseado na linguagem e no conteúdo, que essa estrofe está entre as mais antigas, possivelmente do ano 570 (Koch 1997). Não apenas o nome de Arthur é a rima para o nome do herói, mas no original galês todos os últimos quatro versos rimam, o que torna improvável que o nome Arthur tenha sido incluído mais tarde.

Guaurthur era um dois heróis de Gododdin, a tribo que vivia nos arredores de Edimburgo e que participou da expedição contra Catraeth (hoje, Catterick). Provavelmente, foi ali que ele alimentou os corvos com carne putrefata, visto que a palavra usada, *Cair*, se refere especificamente a uma cidade romana, como era Catraeth. Os Gododdin estavam lutando contra os saxões de Deira por algum tempo, ainda na memória dos habitantes, antes de 570. De alguma forma, Guaurthur era comparado a Arthur, embora Arthur não seja mencionado como vivendo entre os Gododdin. A melhor explicação é que ele era uma figura famosa, a qual o poeta esperava que fosse reconhecido pelo seu público.

Lembremo-nos desse fato quando confrontarmos os argumentos contrários a Arthur ter sido uma figura histórica real. Se *Y Gododdin* fosse a única fonte a mencionar Arthur, ninguém duvidaria da sua existência real, um guerreiro famoso que viveu em algum momento antes da expedição a Catraeth. Nenhuma outra personagem em *Y Gododdin* é um super-homem mítico, uma personagem composta de fragmentos de lendas esparsas.

Um outro verso inclui a comparação "aquilo que Bratwen faria, você faria, você mataria, você queimaria". Bratwen não rima com o nome do herói, nem sequer com qualquer outra palavra no verso. Ninguém, entretanto, escreveu um artigo sugerindo que o nome Bratwen tenha sido incluído no texto por volta do século XIII, data do manuscrito. Bratwen é aceito por todos os comentaristas como uma personagem genuína, familiar aos ouvintes da época.

A referência do *Gododdin* a Arthur deveria ser incontestável. Infelizmente, o peso das lendas medievais é sempre maior do que conclusões simples como essa. Isso me parece extremamente injusto. Se o fato de ser tema de lendas medievais é razão suficiente para ser banido da história legítima, Alexandre, Carlos Magno e Ricardo Coração de Leão seriam descartados como personagens históricas.

É crucial saber se *Y Gododdin* é genuinamente antigo. Assim como a maioria das obras que datam da Antiguidade ou de uma época mais remota do mundo moderno, só uma cópia sobreviveu, de um período bem mais tardio. Os historiadores precisam julgar o conteúdo, não a idade física do livro. Existem três razões principais para datar o poema do fim do século VI. Na sua forma atual, ele contém versos que o atribuem a Neirin. A *Historia Brittonum* diz que Neirin foi um poeta famoso logo após a época de Arthur, aparentemente no século VI. Esse argumento é circular, pois qualquer referência pode ter influenciado outra. Além disso, o nome Neirin não aparece nos primeiros versos.

Para lutar em Catraeth, os Gododdin precisariam ter cruzado a terra de Berneich (Bernícia). Várias fontes descrevem uma tomada da Bernícia pelos saxões em meados do século VI. A versão mais antiga de *Y Gododdin* fala apenas dos Deor (Deirans), os ingleses na área de Catraeth, e não mencionava Bernícia. Dessa forma, é razoável concluir que a expedição aconteceu antes da conquista da região mais ao norte pelos saxões.

Ainda mais convincente, a linguagem do *Y Gododdin* é uma versão incrivelmente antiga do galês. O manuscrito preserva duas versões do texto, a primeira (A) sendo mais recente e expandida que a segunda (B). Muitas grafias do galês antigo são preservadas em ambos os textos, fato que pode ser confirmado utilizando-se a teoria lingüística moderna, nomes de lugares e material em irlandês contemporâneo. Essas formas predominam no texto B, que inclui o verso sobre Arthur. Koch argumenta que o texto B é, em si, uma combinação de versos com algumas partes, incluindo o verso de Arthur, datando do século VI. A hipótese de Koch não é universalmente aceita, mas todas as autoridades no assunto concordam que o texto A é mais recente do que o B. A idéia de que a referência a Arthur foi inserida quando o manuscrito foi escrito não explica por que o autor da inserção a teria posto no texto mais antigo e difícil, e não a teria trazido para a versão do texto mais fácil, em que o nome de Guaurthur também aparece.

Desde o século XIX, filólogos têm demonstrado as regras regulares e previsíveis pelas quais as línguas evoluem. É agora relativamente simples investigar como o nome "Maglocunus", encontrado em Gildas, tornou-se "Mailcunus", na *Historia Brittonum*, surgindo mais tarde como "mago" em Geoffrey de Monmouth e "Maelgwn" nas Tríades. Entretanto, esse processo não foi compreendido pelos escritores da Idade das Trevas e medievais. Assim, hoje é fácil para os historiadores modernos deduzir a idade das fontes pela forma da língua usada, sem levar em conta a idade do manuscrito ou quaisquer outras evidências cronológicas nele contidas. Mesmo sem uma investigação mais profunda, sabemos que a fonte de Geoffrey de Monmouth, que trata dos feitos de Urien Rheged, tem necessariamente de ser posterior à usada na *Historia Brittonum*, já que ele usa o nome de Urianus para o rei que, na *Historia,* aparece com o nome anterior de Urbgen. Ao estudarmos a sua linguagem, deduzimos que poemas como *Y Gododdin* são muito anteriores aos manuscritos em que sobreviveram na forma escrita, datados dos séculos XIII ou XIV.

Todas as evidências sugerem que a referência a Arthur era parte original de um poema da metade ou do fim do século VI. Ele foi um famoso guerreiro, com feitos comparáveis aos de outros homens de Goddodin. Qualquer outra sugestão diferente dessa simples explicação é desprovida de lógica. A maior probabilidade é que as referências pertençam a um guerreiro real do passado recente de então.

Essa é uma inferência plausível e razoável da evidência disponível. Não existe nada que indique que Guaurthur não tenha sido um guerreiro britânico histórico do século VI. Exatamente o mesmo pode ser dito de Arthur. Sua existência está baseada exatamente na mesma fonte. Se Koch estiver certo, então Arthur deve ter existido antes do fim do século VI, época em que os primeiros versos do *Y Gododdin* foram escritos. Sua fama como guerreiro o capacitou a ser comparado a um herói Goddodin de nome similar.

Essa hipótese, plausível e razoável, forma a base do resto deste livro. Existiu um Arthur. Os seus feitos eram conhecidos por um poeta dos séculos VI e pelo seu público. Ele era comparável e até melhor do que Guaurthur. Assim como todas as outras pessoas do poema, ele não é um semideus mitológico. Tampouco uma personagem composta de várias histórias de homens com o mesmo nome. Para o autor de *Y Gododdin* existe, obviamente, um Arthur reconhecível. Em suma, nós sabemos que Arthur existiu, da mesma forma que é possível saber da existência de qualquer bretão citado dos séculos V ou VI. Não existe razão pela qual apenas ele tenha de demonstrar a sua existência, para além da dúvida razoável, e não por um balanço de probabilidades.

Entretanto, afirmar que Arthur era uma pessoa real, não é o mesmo que provar que o "Rei Arthur" tenha existido. Embora o poema nos dê motivos para acreditar que Arthur era real, nós teremos de consultar outras fontes da Idade das Trevas para ver como elas podem iluminar essa enigmática comparação. Se Guaurthur não era Arthur, então quem era?

2

Arthur Lutou Contra eles Naqueles Dias

Então Arthur lutou contra eles naqueles dias, ao lado dos reis dos bretões, mas era ele próprio o líder nas batalhas. A primeira batalha foi em direção ao estuário do rio chamado Glein. A segunda, terceira, quarta e quinta foram em um outro rio, chamado Dubglas e fica na região Linnuis. A sexta batalha foi em um rio chamado Bassas. A sétima batalha foi na floresta de Celidon, que é Cat Coit Celidon. A oitava batalha foi no Castellum Guinnion, em que Arthur carregou a imagem de Santa Maria Eternamente Virgem nos ombros, e os pagãos foram lançados em fuga naquele dia e houve uma grande matança deles por graça de Nosso Senhor Jesus Cristo e por graça de Santa Maria, a Virgem Sua Mãe. A nona batalha foi travada na Cidade da Legião. Ele lutou a décima batalha nas margens do rio chamado Tribuit. A décima primeira batalha aconteceu na colina que é chamada de Agned. A décima segunda batalha foi na colina de Badon, em que 960 homens caíram em um dia em uma investida de Arthur. E ninguém mais os derrotou, exceto ele. E de todas as batalhas, saiu vitorioso.

Historia Brittonum

O primeiro registro da carreira militar de Arthur é a *Historia Brittonum* (A História dos Bretões). A versão mais antiga é encontrada no *Manuscrito Harleiano 3859*, assim chamado porque pertenceu ao colecionador Edward Harley, Conde de Oxford, do século XVIII. No *Manuscrito Harleiano*, a *Historia Brittonum* é considerada anônima, mas outras versões trazem como autor Nennius, um filho de Urbacen, Mark, o Eremita, ou ainda Gildas, um escritor bem anterior aos demais.

As informações sobre Arthur encontradas na *Historia Brittonum* são de vital importância, e este é o mais antigo registro de suas verdadeiras realizações. A questão de se esse material é história ou lenda é de importância

1. A Bretanha de Arthur

crucial para qualquer argumento sobre o reinado de Arthur. É, então, imperativo que compreendamos que tipo de documento é a *Historia*.

O atual editor da *Historia*, Dumville, é enfático ao afirmar que o material lá contido tem uma natureza fortemente lendária ou "sintética". O autor, que viveu no século IX, reeditou suas fontes para torná-las coerentes com uma visão pré-concebida. Infelizmente, Dumville ainda não completou a publicação de seu trabalho, o que significa basicamente que nos últimos vinte e três anos temos sido obrigados a aceitar a palavra dele sobre o assunto. Os historiadores têm conscientemente evitado fazer comentários, mas em geral aceitam as asserções de Dumville, com total permissão para ignorar o material artusiano presente na *Historia*. Em outras palavras, a concepção plenamente arraigada entre os acadêmicos é de que, em se tratando dos séculos V e VI, a *Historia* não possui nenhum valor como fonte histórica.

As obras populares sobre o Arthur histórico geralmente não fazem nenhuma referência a esse fato. Nesses trabalhos, supõe-se que a *Historia* tenha sido escrita por um monge galês do século IX chamado Nennius e que grande parte do material é apresentada em apenas um estágio do processo, por exemplo pela tradução de poemas galeses para o latim, a partir de fontes mais antigas, hoje já perdidas. Essa falha de interpretação é reforçada pela versão de "Nennius" da *Historia*, mais acessível aos historiadores amadores. No mais, essa mesma versão (Morris 1980) é tão errônea e inconsistente que é necessário ter extrema cautela na sua utilização. Seu editor, John Morris (autor de *A Era de Arthur*), morreu antes de completar seu trabalho. O que na verdade acabou publicado foi a revisão harleiana, aumentada com trechos de outros textos e sem nenhuma indicação dos critérios usados para a seleção. Outras adições, tais como a seção identificando Badon como Bath, não são encontradas em lugar algum dessa edição.

A *Historia Brittonum* foi copiada muitas vezes durante a Idade Média. O seu estilo desarticulado tornou fácil aos escribas omitir ou adicionar seções e atualizar o material. Eles produziram muitas variações, que podemos agrupar em famílias chamadas "revisões". As revisões seguem, de modo mais ou menos fiel, um modelo em particular. A Revisão Harleiana, que contém o texto sobrevivente mais antigo, é geralmente considerada a mais próxima do original. Se isso é verdade ou não, só o saberemos quando Dumville publicar a sua obra integral. Para os propósitos deste livro, nós a aceitaremos como tal.

A Revisão Nenniana sustenta ter sido escrita por um certo Nennius. Do seu prólogo: "Eu assumi a tarefa de escrever alguns trechos que a estupidez dos britânicos deixou de fora; isso porque os estudiosos da ilha da Bretanha não possuíam habilidades, e não fizeram registros em livros. Realizei então uma coleção de tudo o que encontrei, tanto dos anais dos romanos como das crônicas dos Santos Padres, e também dos escritos dos irlandeses e dos ingleses, assim como das tradições dos nossos antepassados."

Infelizmente, é improvável que o prólogo de Nennius fizesse parte da *Historia* original. Se assim fosse, poderia aparecer também nas outras revisões. Não há razão para crer que o escritor, embora possa estar transmitindo a verdadeira tradição da autoria, tenha tido qualquer conhecimento legítimo das fontes ou intenções do autor. Entretanto, o nome "Nennius" é agora usado convencionalmente no lugar do autor que de outra forma seria ainda anônimo. Neste livro, eu uso "Nennius" enquanto discuto os métodos e intenções do autor, mas sem compromisso com a sua identidade real.

A maioria dos comentadores concorda com o prólogo de Nennius ao supor que o autor simplesmente agrupou trechos de vários livros, misturando-os com tradições orais e regurgitando-os praticamente não digeridos na *Historia*. As fontes antigas são, portanto, preservadas como se fossem um álbum histórico. Dumville, contudo, está convencido de que o escritor trabalhou suas fontes de forma significativa para as adequar cronologicamente, deixando pouco material intocado. Essa informação é crucial na análise da *Historia*.

A *Historia Brittonum* cobre um vasto período, desde a lendária fundação da Bretanha após a Guerra de Tróia até o século VII. Aproximadamente dois terços do livro lidam com os 300 anos mais recentes da história. O autor fornece uma data aproximada para o livro. No princípio, ele estabelece o presente em 831 d.c. Mais tarde, calcula que Patrício tenha ido para a Irlanda em 405 d.c, 421 anos antes do presente (ou seja, 826 a.D). Na mesma seção, ele atribui a chegada de Patrício em 438 d.c, estabelecendo o presente em 859 a.D. Pode ter sido um erro autoral ou de algum escriba, pois, afinal, resultou o estabelecimento de duas datas para o mesmo evento, ou então o manuscrito foi atualizado. Dumville sugere que Nennius de fato queria estabelecer a data de 829 d.c para o presente (IV, em Dumville 1990).

Maravilhas da Bretanha

Depois do fim da *Historia*, existe um dicionário geográfico das Maravilhas da Bretanha, a *Mirabilia*. Não está claro se essa parte era original da obra. O autor parece ser contemporâneo de Nennius e interessado na mesma área da Bretanha. As maravilhas foram associadas à *Historia* desde cedo na tradição do manuscrito, sendo transferidas para diferentes revisões. Eu vou tratá-las como trabalho do mesmo autor, porém, caso não o seja, o fato de dois escritores diferentes do século IX fornecerem material sobre Arthur reforçaria minha tese.

Conquanto o escopo das maravilhas seja nacional, o fato de a maioria delas estar localizada no sul de Gales e no estuário do rio Severn sugere fortemente que o autor era nativo dessa região. Em Buelt (Builth), conta-nos ele, existe uma pilha de pedras chamada Carn Cabal, construída por Arthur, o Soldado. A pedra mais alta contém uma pegada do cachorro de Arthur, Cabal, feita quando ele estava caçando o javali Troynt. Em Ercing, distante 56 quilômetros, na contemporânea Herefordshire, está a maravilha de Licat Anir. Essa personagem era filho de Arthur, o Soldado, que o matou e construiu lá uma tumba. O autor tentou medir pessoalmente a tumba e considerou impossível obter a mesma medida por duas vezes (o filho de Arthur é freqüentemente chamado de Amr. Sigo a versão do atual editor). A única outra maravilha que o autor relaciona com o nome de uma pessoa é uma tumba em uma igreja construída por Santo Illtud, em Llwynarth, na península Gower, distante 80 quilômetros das outras duas maravilhas relacionadas a Arthur.

Essas maravilhas são informações importantes. Dizem-nos que Arthur era um soldado, como poderíamos inferir dos versos do *Y Gododdin*, mas o situam no sul de Gales. Sabemos que, como foi transmitido na época mais remota da Idade Média, o *Y Gododdin* adquiriu versos relativos a heróis galeses. Entretanto, os versos enfatizam Gwynedd, o reino do norte de Gales, mas não Builth ou Ercing. Além do mais, também sabemos que o verso que se refere a Arthur é anterior àquelas interpolações.

Embora as maravilhas possuam um caráter folclórico, esse fato em si não faz duvidar de que Arthur tenha sido real, assim como Illtud foi um clérigo real da Idade das Trevas. Folclore e lendas ligadas a personagens e eventos reais são materiais utilizados até pelos mais sóbrios historiadores daquela época. As maravilhas atribuídas a Arthur não são mais do que o esperado, vindas de um escritor que vivia na Bretanha da Idade das Trevas. Ninguém duvida da narrativa de Bede sobre a morte de Oswald de Nortúmbria na batalha de Maserfelth. Ainda assim, Bede dedica a maior parte da narrativa ao descrever maravilhas tais como a cura de um cavalo doente que cambaleou até o lugar onde Oswald tinha sido morto, ou então sobre o homem cuja casa foi queimada, exceto a coluna em que a sua roupa suja da lama do mesmo lugar fora pendurada (EH IV 2). Até tumbas de tamanhos variados não eram consideradas impossíveis. O sarcófago de pedra feito para o rei Sebbi dos saxões orientais era curto demais. "Na presença do bispo e de Sighard, filho do rei monge... e de um considerável número de homens, inesperadamente o sarcófago se mostrou do tamanho correto para o corpo." Além disso, embora a tumba de Anir e a pegada de Cabal sejam maravilhas para o escritor contemporâneo, elas derivam de eventos menos maravilhosos na vida de Arthur, como a caça a um javali em Builth e o assassinato do próprio filho em Ercing.

O que falta a essas narrativas é algum senso de contexto histórico. Talvez a explicação seja que tal perspectiva já havia sido dada pela *Historia*.

Aqui, Arthur é um dos três líderes citados pelos britânicos nas suas guerras contra os saxões. De acordo com a *Historia*, tais guerras começaram depois que um governante britânico, Vortigern, convidou os saxões para se assentarem na ilha em troca de ajuda militar contra os pictos. Isso foi durante o período em que Felix e Taurus eram cônsules, em 428 a.D.

Nennius trata Vortigern como governante da Bretanha, mas a influência da sua própria parcialidade regional é óbvia. A maioria dos feitos de Vortigern aconteceu nas partes central e sul de Gales. O escritor nos diz que Fernmail, governante contemporâneo de Buelt e Guorthigirniaum, é descendente de Vortigern. Traça a sua genealogia de dez gerações passadas para aquele rei.

Os saxões eram liderados por dois irmãos, Hengist e Horsa, e se fixaram pacificamente na região de Kent, mas logo estourou uma revolta. Embora Vortigern seja mostrado como fraco e desprovido de poder, outros bretões estão prontos para tomar o lugar dele na luta. Os três líderes sucessivos são Vortimer, filho de Vortigern, Arthur e Outigirn.

Nennius escreve da mesma forma sobre todos os três líderes da resistência. Ou seus feitos derivaram de uma única fonte, ou o autor trabalhou diferentes fontes para que tivessem um estilo único. À primeira vista, não parece ser esse o caso. As passagens sobre eles não são seqüenciais, mas grosseiramente mescladas com material de fontes aparentemente distintas. O rei Ida aparece após Arthur e, depois, imediatamente anterior a Outigirn, embora várias genealogias inglesas tenham sido inseridas entre as duas menções.

O primeiro líder da resistência é Vortimer, que ganhou quatro batalhas contra os saxões, três das quais com nomes, e aparentemente próximas à região de Kent. "A segunda batalha foi travada na parte rasa de um rio, chamada Episford na sua língua, e Rithergabail em inglês. Lá tombaram Horsa com um filho de Vortigern, cujo nome era Categirn."

Vortimer morreu logo depois de suas vitórias. Os saxões se reergueram uma vez mais. Existem também menções a São Germanus e São Patrício. "Naquele tempo [aparentemente ainda estamos no século V], os ingleses aumentaram de número e cresceram na Bretanha. Depois da morte de Hengist, seu filho Octha retornou do norte da Bretanha para o reino dos homens de Kent, e dele descenderam os reis dos homens de Kent."

Essa parte é seguida de uma lista de batalhas Arthurianas, citadas no começo deste capítulo. Tais batalhas já foram examinadas incontáveis vezes. A opinião corrente favorece o ponto de vista de que a lista é um compósito de batalhas de vários períodos, creditadas a um líder lendário. Tem sido por vezes afirmado que o número das batalhas foi multiplicado para atingir o "lendário" número doze. Não há nada que mostre que Nennius tenha visto alguma significância nesse número. Ele se mostrou satisfeito em dar a outros líderes diferentes números de batalhas.

A maior parte das batalhas de Arthur não é, provavelmente, passível de ser identificada, pois está irremediavelmente escondida atrás de nomes de lugares ingleses, ou mesmo britânicos, comuns demais para serem investigados. Só duas podem ser localizadas com segurança. Parece claro que a floresta da Caledônia situava-se em algum lugar da Escócia. Na Idade das Trevas, o nome era usado para as florestas das terras baixas escocesas.

Havia duas cidades denominadas "Cidade da Legião", Chester e Caerleon-on-Usk. Poderíamos também pensar em York, que tinha sido uma cidade da (Sexta) legião, embora nunca tenha sido assim chamada nas fontes da Idade das Trevas. Estamos certos de qual dessas cidades o autor da *Historia* se referia – Chester. Ele inclui entre a seção histórica e as maravilhas uma lista de cidades da Bretanha. Essa lista abrange York, como Cair Ebrauc, Caerleon, como Cair Legeion guar Uisc e Chester, simplesmente como Cair Legion. Os *Annales Cambriae* mencionam Chester duas vezes, uma delas como Cidade da Legião, em latim, exatamente como na lista de batalhas, e uma como Cair Legion, lugar da batalha que também aparece em Bede. Este dá ambas as formas latina e galesa do nome, como também a forma inglesa Legacestir, de que deriva a palavra Chester em inglês.

As outras batalhas são mais problemáticas. A região de Linnuis é comumente aceita como sendo a área de Lincoln. O Castellum Guinnion deve ser um forte romano. A *Historia* faz referência à Bretanha como possuidora de "inumeráveis *castella*, feitos de pedra e tijolo", que só podem se referir a construções romanas. A menos que tenha sido nomeado em homenagem a uma pessoa desconhecida chamada Guinnion, parece mais provável ser a versão britânica de Vinovium, Binchester no condado de Durham (Rivet e Smith 1979).

Cada escritor Arthuriano tem a sua própria teoria sobre a localização do Monte Badon. O castelo Liddington, na Ridgeway entre Badbury e Baydon, é um dos candidatos favoritos. Outros Badburys, como o forte da colina em Dorset, são também freqüentemente citados. A mais antiga sugestão, ainda em tempos medievais, colocava-a em Bath, talvez em uma das colinas como Little Solsbury, perto da cidade. Nós retornaremos aos locais das batalhas mais à frente, porém é importante perceber que a lista de batalhas sugere que Arthur, nas suas lutas contra os saxões, esteve em campanhas geograficamente bem distantes umas das outras.

Depois das vitórias de Arthur, os ingleses convidaram mais colonos e líderes da Alemanha. Isso continuou até o tempo de Ida, que se tornou o primeiro rei da Bernícia. Se calcularmos em ordem decrescente as datas dos reinados dos reis da Nortúmbria do modo como aparecem na *Historia*, chegaremos à conclusão de que esse evento deve ter acontecido um pouco antes do ano 560 (para Bede, a chegada de Ida foi em 547). O fluxo da narrativa é quebrado por algumas genealogias saxônicas, mas retorna rapidamente a Ida. "Naquela época, Outigirn lutou bravamente contra a nação inglesa. Talhearn Tataguen era então famoso pela sua poesia e Neirin e Taliessin e Bluchbard e Cián, que era chamado de Gueinth Guaut, eram também famosos ao mesmo tempo na poesia britânica."

Nada mais sabemos sobre Outigirn, de nenhuma outra fonte. Possivelmente foi celebrado por algum dos poetas mencionados acima. O fato de que não se tenham atribuído a ele feitos fenomenais, nem vitórias célebres, nem adversários ou dinastia, convence-nos de que não havia motivos para que ele fosse mencionado na *Historia*, exceto pela tradição de que ele lutou contra os ingleses. Poucos historiadores duvidam de que Outigirn teve uma existência real durante um período obscuro. Ao contrário de Arthur, não sofreu com o peso de muitas lendas medievais.

Como já foi mencionado, os versos que foram adicionados a *Y Goddodin* posteriormente, dizem que o poema foi escrito por Neirin. Se Neirin foi ou não o seu autor, os versos mais antigos fornecem uma visão pertinente com a *Historia*, a de que a expedição aconteceu antes da chegada de Ida à Bernícia.

Dessa forma, a *Historia* cobre o período que vai do ano 450 a 550, aproximadamente, com a carreira Arthur em algum ponto ao longo desse período. Arthur parece estar ligado ao centro ou ao sudeste de Gales e ter lutado no norte, ao lado dos reis dos bretões, contra os saxões. Esse cenário é perfeitamente pertinente com o *Y Goddodin*. Podemos ver o quão Guaurthur era parecido com Arthur: ambos lutaram contra os saxões, no norte, em uma cidade romana fortificada. Guaurthur travou uma batalha em que trezentos morreram, mas não pode ser comparado a Arthur, que venceu doze batalhas e obteve êxito em outras trinta e seis. A conclusão óbvia é que o poeta do *Y Goddodin* conhecia a mesma história de Arthur como Nennius: que a Arthur se atribuíram feitiços semelhantes tão antigos quanto o século VI. É altamente improvável que ambos os autores tenham coincidentemente ligado o mesmo Arthur a guerras contra os saxões na mesma época em lugares semelhantes. Embora Nennius soubesse da existência da tribo Goddodin, ele não demonstra conhecimento do poema. Em suma, a história de Arthur registrada na *Historia* parece ser exatamente a que o poeta do *Y Goddodin* imaginava quando fez a sua comparação no fim do século VI.

A Chegada dos Saxões

A narrativa básica do assentamento e revolta dos saxões e da resistência britânica não tem sua origem na *Historia Brittonum*. É tão-só o nome de Arthur como líder da resistência que não aparece nas fontes mais antigas.

Bede fornece o maior número de detalhes sobre nomes e datas. Usa o *De Excidio*, de Gildas, como fonte principal, mas adiciona outros materiais de origem inglesa. Bede também dá o nome Vortigern para o governante britânico que convida os saxões e não é contestado por nenhuma das versões posteriores. Gildas simplesmente chama esse governante de *Superbus Tyrannus* (Tirano Orgulhoso). A maioria dos estudiosos vê aí um trocadilho com o nome Vortigern, que significa "o príncipe primeiro". Já foi sugerido que Gildas emprega o termo em latim *tyrannus* por causa da semelhança com o título *tigern*, então usado pelos governantes (Snyder 1998). Alguns escritores argumentam que Vortigern não era o nome do governante, mas na verdade um título, algo semelhante a "alto rei". Não existe evidência para esse fato. Na Idade das Trevas, havia muita gente com nomes próprios que incorporavam títulos de nobreza ou reais. "Vortigern" é inclusive tratado como um nome próprio por todos os escritores subseqüentes, e nunca foi usado como título por nenhuma outra pessoa.

Gildas pode até ter chamado o seu Tirano Orgulhoso de Vortigern. O nome aparece na família Avranches dos manuscritos de Gildas, dentre os quais os trechos mais antigos foram retirados, mas não o mais antigo texto completo (I em Dumville 1990). Parece mais provável, entretanto, que esse nome tenha sido inserido no texto posteriormente por algum copista. Gildas era em geral bastante econômico em se tratando de nomes próprios. Dado que existe uma quase unanimidade de que o nome do tirano era Vortigern, adotarei esse nome para o Tirano Orgulhoso, quando for comparar Gildas com outras fontes. Qualquer que tenha sido o seu nome real, todas as fontes concordam que ele de fato existiu.

Foi Bede que, de uma forma ou de outra, introduziu o sistema de datação A.D (*Anno Domini*) na Inglaterra. Ao usar o sistema, ele estabeleceu uma data no século quinto para a chegada dos saxões. Gildas afirma apenas que o primeiro assentamento saxão aconteceu algum tempo não especificado, depois que os bretões apelaram a um líder romano no continente, chamado Agitius, "cônsul por três vezes", para ajudá-los contra os pictos e os escoceses.

Esse apelo a Agitius pode ser datado de várias formas. Na primeira e mais antiga, o apelo seria feito a Aetius, comandante militar romano na Gália a partir de 425 ou, na última e mais recente, a Aegidius, subgovernante romano do norte da Gália de 457 a 462. Uma média equilibrada das opiniões dos estudiosos favoreceria Aetius, durante o período 446-54, quando ele foi de fato cônsul pela terceira vez. Os escribas da Idade das Trevas freqüentemente usavam a letra latina "g" para representar o som de "y", o que significa que Gildas pode ter pronunciado o nome como "Ayitius", bem próximo de Aetius. Aqui a *Historia* mostra a sua independência em relação a Gildas. Se Nennius tinha conhecimento do apelo a Aetius, cônsul pela terceira vez, ele poderia ter datado o acontecimento com base nas listas de cônsules que estava usando.

A idéia de que os saxões receberam terras especificamente na região de Kent também tem origem em Bede. O livro de Bede é chamado *A História Eclesiástica do Povo Inglês* e retrata a dispersão do cristianismo católico nos reinos dos anglos e dos saxões. O conceito de Bede sobre o reino de Kent ser o primeiro reino saxão a se estabelecer na Bretanha está intimamente ligado ao fato de ele ter sido o primeiro a ser convertido ao cristianismo. Gildas nos relata apenas que os saxões se estabeleceram "na parte leste da ilha". Arqueólogos encontraram assentamentos saxões na maior parte do leste da Inglaterra, embora não se saiba se esse fato corresponde diretamente à extensão do seu poder político na região. A revolta dos saxões não levou ao massacre de todos os bretões no leste da ilha. Gildas diz que alguns bretões permaneceram na região como escravos.

Ambos, Bede e Nennius, vêem o governo de Vortigern como conquistado pelos saxões. Esse fato seria consistente com o padrão dos eventos da época no resto do Império Romano ocidental. Os povos germânicos que se estabeleceram no Império Romano, em troca do serviço militar, seguido pela sua violenta conquista dessas terras, eram fato comum no século V. Acadêmicos contemporâneos parecem resistir à hipótese de que Hengist e Horsa eram eles próprios personagens lendárias. A evidência arqueológica parece mostrar os saxões se infiltrando na ilha por mais de um século. As defesas litorâneas romanas já eram conhecidas oficialmente como a "Orla Saxônica". Existiram paralelos na época em outros lugares do Império Romano ocidental, como, por exemplo, quando bárbaros germânicos foram gradativamente construindo assentamentos durante o século IV. De maneira geral, entretanto, os germânicos conquistaram as províncias ocidentais ao longo do século V, sob governantes com nomes conhecidos. Ninguém duvida da historicidade de Alarico, o Visigodo, ou Clóvis, o Franco. Eles lideraram os seus povos nessas guerras, estabelecendo dinastias que continuaram a comandar as áreas por eles conquistadas. A historicidade de Hengist e Horsa não é, portanto, implausível.

Singular mesmo é o fato de que os bretões organizaram a sua própria resistência; e isso não foi simplesmente fruto da imaginação fértil dos escritores galeses que vieram depois. Gildas nos diz que ele está vivendo em um período de paz, que se seguiu à resistência britânica. O historiador bizantino do século VI, Zózimo, narra que os bretões "lutando sozinhos, libertaram as suas cidades dos conquistadores bárbaros". Ele data essas batalhas no período imediatamente após a derrota do usurpador Constantino III, em 409.

Se Nennius estava voltando no tempo para uma mítica idade de ouro, fica difícil entender por que ele apontou Vortimer, Arthur e Outigirn como os líderes. Eles não são lembrados como fundadores de dinastias galesas, nem tampouco usados para explicar os nomes de localidades da época da mesma forma que ambos os líderes saxões e britânicos o são em *As Crônicas Anglo-Saxônicas*. Desse modo, não parece existir nenhum motivo oculto para creditá-los com as vitórias.

Os detalhes das guerras do lado britânico são encontrados primeiramente na *Historia*. Não é surpresa, portanto, que ambos, Bede e *As Crônicas Anglo-Saxônicas*, possuam uma perspectiva inglesa dos eventos. Gildas confirma que, até a batalha de Badon, os dois lados conseguiram vitórias. Bede sabia que Horsa tinha sido morto em uma batalha contra os bretões e estava enterrado no lado ocidental de Kent. Sua principal fonte para aquela área foi Albinus, um eminente estudioso, e Abade de Canterbury, de 709. Nenhuma das fontes inglesas de Bede passou adiante os nomes dos bretões adversários até Brocmail, um líder morto na Batalha de Chester, a Cidade das Legiões, em 603. Brocmail não aparece em lugar algum da *Historia*.

As Crônicas Anglo-Saxônicas dizem que Horsa foi morto em 455, na batalha de Aegelesthrep (seria Aylesford em Kent?). De acordo com essa versão, as forças britânicas eram comandadas pelo próprio Vortigern, embora isso possa ter sido apenas especulação. Em *As Crônicas* estão registradas inúmeras batalhas sob o comando de vários líderes saxões. Os comandantes britânicos são quase todos anônimos. Em 501, Port, Bieda e Maegla lutaram em Portsmouth e mataram um jovem bretão, homem muito nobre. Sete anos mais tarde, Cerdic e Cynic mataram "um rei galês, cujo nome era Natanleod, além de cinco mil homens. O distrito ficou depois conhecido como Natanleag [Netley]". Natanleod não foi lembrado pelos bretões e o seu nome pode ter sido inventado, assim como Port, para explicar o nome da localidade. Os reis seguintes cujos nomes foram registrados são: Coinmail, Condidan e Farinmail, morto na batalha de Dyrham, em 577. Parece ser completamente imprevisível ser lembrado após essas guerras!

É, assim, improvável que a *Historia* tivesse alguma fonte que apontasse ambos, Arthur e Octha, como adversários nessas batalhas. O autor tinha uma genealogia dos reis de Kent, posteriormente reproduzida na obra, que indicava o filho de Hengist como sendo Octha. Ele provavelmente deduziu que, se Hengist era o líder na primeira geração da revolta, seu filho teria seguido como líder na segunda. Bede também tinha conhecimento de Octha, na genealogia de Ethelbert, rei de Kent, onde ele é tido como neto de Hengist, filho de Oisc, que era filho de Hengist. Oisc aparece em *As Crônicas, Anglo-Saxônicas* com a grafia mais recente, *Aesc*. Nessas *Crônicas* diz-se que ele se tornou co-governante com Hengist em 455, após a morte de Horsa. Desse ponto em diante, os dois aparecem sempre juntos até 488: "nesse ano Aesc foi entronizado e se tornou rei do povo de Kent por vinte e quatro anos". Não se sabe de nada que ele tenha feito durante aqueles vinte e quatro anos, após os quais ele deveria ter bem mais de 70 anos. Depois disso, ninguém dessa dinastia é mencionado até 565, quando Ethelbert sucede ao trono. Três anos depois, ele é apontado como tendo sido derrotado em uma batalha pelos saxões ocidentais.

Se Arthur lutou de fato contra os reis de Kent, estes parecem ter sofrido uma grande derrota. É até possível que a linhagem de Hengist e

Horsa tenha sido extinta. Na época de Bede, os reis de Kent eram chamados de Oiscings por causa do seu ancestral, Oisc, que eles simplesmente relacionavam com as tradições correntes sobre Hengist. Além do mais, no tempo de Bede, os habitantes de Kent eram conhecidos como jutos, embora não exista fonte que descreva os mercenários de Hengist como qualquer outra coisa além de saxões.

A hipótese aceita na *Historia* de que os reis de Kent foram sempre líderes dos saxões durante as referidas guerras pode estar baseada na falta de evidência sobre quaisquer outros adversários potenciais. De acordo com Bede, antes da época de Ethelbert de Kent, dois reis saxões governaram todas as províncias ao sul do rio Humber. O primeiro foi Aelle, rei dos saxões do sul, e o segundo, Caelin, rei dos saxões do oeste. Se levarmos em conta que o objetivo de Bede é traçar a história eclesiástica dos ingleses — iniciando em Kent e seguindo até a sua região, a Nortúmbria — a tradição dos Grandes Reis, que não servia a nenhum propósito político no tempo em que foi descrita, é extremamente útil. *As Crônicas Anglo-Saxônicas* preservam um título para esses grandes reis, os Bretwaldas, "Governantes da Bretanha". Embora o propósito principal dos cronistas fosse celebrar as realizações do fundador da dinastia dos saxões ocidentais, Cerdic, eles registraram fielmente as vitórias de Aelle, Bretwalda dos saxões do sul, que na época agonizavam politicamente. Em 491, por exemplo, ele sitiou o forte romano de Pevensey, no litoral saxão, tomando-o e matando todos os britânicos que lá estavam. Essa foi a primeira vez que a conquista de uma fortificação romana pelos saxões foi registrada.

Nem mesmo *As Crônicas Anglo-Saxônicas* são capazes de disfarçar o fato de que as vitórias dos saxões não continuaram com a mesma intensidade. Aelle deixa de ser mencionado após a sua captura em Pevensey. O Bretwalda seguinte, Ceawlin (para Bede, Caelin), luta contra os galeses em 556 e torna-se rei dos saxões do oeste em 560. Antes do seu tempo, houve um período de vinte e cinco anos (527-552) em que nenhuma vitória contra os bretões foi registrada.

Não imagino que alguma dessas datas tenha valor absoluto. Os compiladores de *As Crônicas Anglo-Saxônicas* enfrentaram os mesmos problemas que os autores da *Historia Brittonum*. Eles tinham tradições de vários reinos saxões, mas não possuíam meios de estruturá-las até que a história dos saxões do oeste e dos homens de Kent passaram por um evento comum, logo antes da chegada de Santo Agostinho. Foi apenas a conversão do rei de Kent que levou as diversas tradições para o âmbito dos historiadores cristãos instruídos.

Sabemos que uma das fontes usadas para compilar a história dos anglo-saxões, as listas dos reis, não eram completamente confiáveis. Bede relata que alguns expedientes desastrosos de dois reis da região da Nortúmbria, mortos em batalha contra os bretões, foram omitidos pelos indivíduos que mantinham as listas de reis. Podemos talvez vislumbrar ocorrências similares em algumas versões de *As Crônicas Anglo-Saxônicas*. Em uma das genealogias dos saxões ocidentais, Creoda, filho de Cerdic, é dado como avô de Ceawlin e pai de Cynric. Em todas as outras genealogias, o nome dele é omitido, e Cerdic, fundador da dinastia, é tido como o pai de Cynric. Além do que, nos verbetes de *As Crônicas,* Cynric, por mais implausível que seja, acompanha o seu "pai" Cerdic, durante toda a primeira conquista de Wessex, e então governa durante um período sem vitórias, de 527 a 552, tornando a aparecer posteriormente em uma vitória em Old Sarum. Creoda foi evidentemente eliminado da história oficial e um período de derrotas para os bretões evidencia essa ocorrência. A despeito dos melhores esforços de propaganda por parte de seus compiladores, *As Crônicas Anglo-Saxônicas* parecem contar a mesma história da vitória britânica que a *Historia Brittonum*.

A *Historia* nos fornece um cenário dos assentamentos e das revoltas dos saxões, seguidos da resistência britânica, que é pertinente com as outras fontes. A contribuição singular da *Historia* é identificar o líder das batalhas mais importantes. Esse líder é chamado Arthur.

A Guerra de Resistência

Em se tratando da lista de batalhas Arthurianas, os historiadores se dividem em dois grandes grupos. A maioria vê a lista como quase mitológica nas suas hipérboles e, portanto, indigna de ser levada em consideração. Outros, particularmente antes de Dumville, viam-na como preservando quase intacto um antigo poema de louvor galês, traduzido para o latim. Consideremos primeiro a acusação de mitificação.

É atribuída a Arthur, na batalha do Monte Badon, a derrubada de 960 homens em uma única investida "e ninguém mais os derrotou, exceto ele". Esse tipo de narrativa tenta fazer de Arthur um super-homem mítico, que seria capaz de destruir exércitos inteiros em um único combate. Mesmo levando em consideração a tendência para o exagero dos escritores da Idade das Trevas, não consigo acreditar que fosse desse modo que Nennius desejava que o seu comentário fosse lido. Era lugar-comum, tanto na época como hoje, atribuir os feitos de um exército ao seu comandante. Sobre a batalha de Chester, *As Crônicas Anglo-Saxônicas* dizem: "Aethelfrith levou os seus combatentes para Chester e lá imolou um sem-número de galeses." Na descrição da morte de Natanleod, uma leitura literal sugeriria que Cerdic e Cynric haviam matado todos os 5 mil galeses. Só Aelle e o seu filho, Cissa, teriam tomado Pevensey e matado todos os habitantes. A sugestão de que a lista de batalhas implica que Arthur em pessoa matara cada um dos 960 homens é absurda. A presença dos exércitos ao lado do líder é implícita. Se Arthur estava liderando uma investida em que 960 homens tombaram, a asserção é modesta, se comparada aos totais registrados pelos líderes saxões.

Se pusermos em contexto a narrativa da batalha do Monte Badon, torna-se óbvio que a afirmação "e ninguém mais os derrotou, exceto ele" não tem a intenção de excluir as tropas de Arthur (elas nunca são mencionadas), mas sim os seus parceiros, os reis dos bretões. Eles lutaram juntos em batalhas anteriores, mas na investida fim da última batalha, a glória é atribuída apenas a Arthur.

Outra explicação para a lista, repetida desde a década de 1930 (Chadwick e Chadwick 1932), é que ela se trata de uma tradução de um panegírico galês. Se assim for, a principal implicação é de que estamos lendo uma fonte genuinamente antiga, criada aproximadamente no tempo em que Arthur viveu e em que os seus feitos foram celebrados.

Felizmente, temos meios de comparar a lista de batalhas com um panegírico que sobreviveu até os nossos dias, escrito por Cadwallon, de Gwynedd. Bede registrou a morte do rei Edwin da Nortúmbria na batalha chamada, em inglês moderno, de Haethfelth, em 633. O vitorioso foi "Cadwalla", rei dos bretões. Essa batalha consta também na *Historia*, com o nome original galês, Meicen, e o vitorioso "Catguollaun" é identificado como rei de Gwynedd. Eis o panegírico que celebra a campanha vitoriosa:

> *Cadwallon, antes de sua vinda, investiu contra eles, para nossa sorte: catorze grandes batalhas na Bretanha e sessenta encontros.*
> *O acampamento de Cadwallon no rio Don: aumentou a aflição do seu inimigo. Um leão de tropas para cima dos saxões.*
> *O acampamento de Cadwallon, famoso nas alturas do Monte Digoll: sete meses e sete dias cada batalha.*
> *O acampamento de Cadwallon no rio Severn, e do outro lado do rio Dygen, quase incendiando Meigen.*
> (Tradução para o inglês de Bromwich, em Barber 1972)

Depois dessas, seguem-se mais onze batalhas. A maioria posiciona o acampamento do rei na margem de um rio. Duas aconteceram nas colinas, uma se deu em Caer (que usualmente se refere a uma cidade romana), onde havia "um exército cercando a cidade e uma centena de homens dedicados". Em um acampamento à beira d'água, Cadwallon "saciou as águias depois da batalha".

A lista de Arthur contém doze batalhas, a maioria nos rios, duas nas colinas e uma outra em uma cidade romana, o que representa coincidências bastante convincentes. Por infelicidade, o poema de louvor é um documento tardio. No fim do século XIV, aparece o *Livro Vermelho de Hergest*, que é e escrito em uma linguagem que sugere a data da composição no século IX (Bromwich 1961). Portanto, a lista de batalhas da *Historia* poderia ter sido pós-datada ou ter tomado características emprestadas do *Livro Vermelho*.

Em todos os outros aspectos, a lista de batalhas de Arthur não pode ser lida como um poema. As batalhas de Arthur são seqüenciais, uma característica não encontrada em "poemas de louvor", e apenas duas tiveram incidentes ligados ao seu nome. No entanto, o principal motivo do argumento do "poema de louvor" não está relacionado ao estilo. Discute-se que certas características lingüísticas só são explicáveis se derivarem de um original em galês. Os nomes Guinnion, Celidon e Badon, por exemplo, rimam, como Dubglas com Bassas, o que pode indicar uma fonte poética.

A mais amplamente "prova" citada de um original em galês é a descrição da batalha de Castellum Guinnion. Aqui, Arthur carregou a imagem da Virgem Maria nos *ombros*. Esse cenário só é explicável porque Nennius usou a palavra para "escudo" errada em galês, trocando-a pela palavra similar para "ombro" e pondo-a no plural.

Esse argumento é tão fraco que é surpreendente encontrá-lo em qualquer livro sobre o Arthur histórico. Mesmo se o desenho estivesse no escudo, um escritor poderia muito bem ter dito que este último estava sendo carregado nos ombros, qualquer que fosse a sua língua. As tendências medievais poriam a imagem no escudo de Arthur, em uma bandeira, ou como uma imagem tridimensional carregada por devoção. A mesma frase ocorre nos *Annales Cambriae*, em que, na batalha de Badon, Arthur carregou a cruz de Nosso Senhor Jesus Cristo nos ombros por três dias e três noites. Parece extremamente improvável que esse registro sucinto seja um interessante fragmento de um poema de louvor galês, e mais improvável ainda que o autor tenha cometido exatamente o mesmo engano na tradução. Seria particularmente verdade se a frase "nos ombros" não tivesse significado para um leitor do latim, e a argumentação deveria considerar esse fato.

Um entalhe em marfim que se supunha pertencer ao *Magister Militum* romano Stilicho, do início do século V, mostra uma variedade de formas em que a referência pode ser entendida sem recorrer a uma fonte perdida em outra língua. Ele leva nos ombros um xale bordado, ornamentado com cruzes. Esses xales para ombros eram padrão no antigo exército romano. A sua capa, que pende dos ombros, é bordada com imagens de santos ou talvez do seu comandante imperial, e o seu escudo tem incrustado um camafeu com a imagem de uma mãe com o seu filho, que poderia ser vista como a Virgem e Jesus.

O foco dado ao assunto escudo/ombro gerou uma confusão que obscureceu uma linha de questões muito mais fértil. Quando os escritores da Idade das Trevas e do período medieval necessitavam explicar ou traduzir o material que estavam copiando, tinham por hábito acrescentar uma "interpretação", uma frase curta normalmente começada por "isto é...". A batalha na floresta da Caledônia foi primeiro escrita em latim, depois interpretada em galês. Se as listas fossem compostas em galês, e então traduzidas para o latim, talvez encontrássemos o oposto, a exemplo de "a batalha de Cat Coit Celidon, isto é [em latim], da Floresta da Caledônia". Em outro lugar, em exemplos como as batalhas de Vortimer ou as genealogias derivadas do inglês das dinastias do norte, as interpretações de Nennius seguem o mesmo padrão, dando a informação em latim, em seguida adicionando traduções para o galês. Por exemplo: (HB 57) "a batalha chamada Gueith Lin Garan" (HB 61); "Ele é Eata Glinmaur". A conclusão é inescapável. Nennius tinha o registro relacionado à Floresta da Caledônia, quiçá toda a lista, a partir de uma fonte não galesa. Poderia ser só um material em latim ou mesmo em inglês de algum tipo, anterior ao século IX.

Embora os detalhes sejam diferentes, a estrutura básica das guerras saxônicas na *Historia Brittonum* estão de acordo com o que foi apresentado por Bede e derivado de Gildas. Existe uma área de conflito em que eles diferem: o papel desempenhado por uma das figuras principais do período.

Segundo Gildas, depois da revolta saxônica, os bretões se agruparam sob o comando de Ambrosius Aurelianus e desafiaram os saxões ao combate. "Daquele momento em diante, a vitória foi ora para os nossos conterrâneos, ora para os nossos inimigos... isso durou até o ano do cerco da Colina de Badon, praticamente a última derrota dos vilões e certamente não a menos importante." Bede cita Gildas ao dizer que Ambrosius Aurelianus foi o vitorioso de Monte Badon.

A *Historia* fala muito mais a respeito de Ambrosius do que de Arthur. Ele é conhecido pelo seu nome latino e como Embreis Guletic, mostrando que tomou parte na tradição galesa. Aparece como uma criança órfã, prestes a ser sacrificada por Vortigern e também como o filho de um dos cônsules do povo romano. É nativo de Mais Elleti in Gleguissing, a região entre o Gower e o Gwent. As suas profecias para Vortigern, revelando dois vermes[4] sob a sua fortaleza, são o ponto-chave para uma história que apresenta mais afinidade com as lendas dos Mabinogion do que com a história. Depois da morte de Vortigern, Ambrosius governa no oeste da Bretanha e é descrito como "Rei entre todos os reis da nação britânica". Isso acontece devido à permissão que deu ao ancestral de Fernmail de Builth de governar as suas terras. Uma das poucas coisas que não sabemos sobre Ambrosius é se ele combateu os saxões. Pelo contrário, ele é citado como um adversário de Vortigern, que viveu temendo-o. Isso implica ser esse um dos fatores que, em primeiro lugar, impeliram Vortigern a empregar os saxões. As operações militares, algumas vezes a favor dos bretões, algumas vezes contra eles, são instigadas por Arthur e Outigirn.

---

4. N.T.: Há uma velha lenda celta na qual dois vermes metamorfosearam-se em dragões: um vermelho e outro branco. O vermelho representava os bretões celtas e o branco, os saxões invasores.

Para Nennius, Arthur é famoso como um líder nas batalhas, porém nada mais é revelado a seu respeito. Em contraste com o material obviamente ficcional ligado a Ambrosius, o papel de Arthur não impõe credulidade e nem cheira a folclore. Ainda assim, apesar dos acréscimos lendários, historiadores aceitam Ambrosius como uma personagem real, enquanto Arthur é agora tratado quase como se fosse de todo mítico.

O Que é a Historia Brittonum?

Sobre as invasões saxônicas e a Resistência Britânica, a *Historia Brittonum* simplesmente complementa o material anterior disponível. Com Ambrosius, parece que essa obra cortou completamente as relações. Teremos de estabelecer o quanto a versão da *Historia* é aceitável, examinando as fontes do autor e como ele as incorporou ao trabalho, antes de analisar o seu retrato de Arthur e a sua época.

A questão principal é em que medida a *Historia* é obra de um único autor, no sentido de que Bede ou Gildas são autores do seu trabalho, ou, como o prólogo de "Nennius" sugere, trata-se de uma coletânea de material histórico editado sem nenhum aditivo. Podemos começar perguntando de onde "Nennius" teria extraído os fatos.

A *Historia* dá mais atenção a certas áreas da Bretanha do que a outras. Isso poderia indicar a localização do autor, das suas fontes, ou de ambas. A título de comparação, a *História eclesiástica* de Bede dá proeminência tanto à Nortúmbria (reino natal de Bede) como a Kent, onde as suas fontes mais antigas e confiáveis são encontradas.

As principais áreas geográficas cobertas pela *Historia* são:

1. O sul de Gales, o baixo vale do Severn e o estuário e os pântanos da Inglaterra. Um exemplo notório é a inclusão da genealogia completa de Fernmail de Builth, "que agora governa", uma referência sem paralelos a um governante britânico contemporâneo bem menos importante que ele pode incluir apenas por interesse local.

2. Kent. Muito material relacionado especialmente ao primeiro povoado dos saxões provém exclusivamente de Kent.

3. Noroeste da Inglaterra/sudeste da Escócia. Em particular, a *Historia* inclui listas de reis da região, bem como as origens e os equivalentes britânicos dos nomes de lugares.

4. Irlanda. A *Historia* apresenta lendas da fundação da Irlanda, como são encontradas no irlandês *Lebor Gabala* (Livro das Invasões). Há também uma seção principal sobre a vida de São Patrício.

De igual importância são as áreas a respeito das quais a *Historia* sabe muito pouco ou nada. Além de Kent, não há nada a respeito das terras baixas na Inglaterra. Com exceção da lista de vinte e oito cidades no fim da *Historia*, não há nomes de lugares do sul entre a Ilha de Wight e Gloucester e o Vale do Severn. A Ilha de Wight é mencionada uma vez, como uma das três ilhas adjacentes da Bretanha. Sussex é a única região do sul da Inglaterra, situada além de Kent, que é citada.

Enquanto a "História dos Bretões" fala pouco a respeito das áreas da Inglaterra, é notável como é limitado o seu interesse pelas áreas britânicas. Não há nada sobre Devon e a Cornualha. O norte e o nordeste de Gales (Gwynedd e Rheged) nem são mencionados. Com exceção das referências a Snowdon e Caernarfon, o norte de Gales aparece apenas como terra natal dos grandes reis britânicos, como Mailcunus e Catgablaun. Estes últimos não aparecem no contexto do norte de Gales, mas como adversários dos reis ingleses da Nortúmbria ou descendentes dos Gododdin. Urbgen (Urien de Rheged) não é localizado por Nennius. Ele só é importante como oponente dos nortúmbrios.

É difícil imaginar um autor com interesses geográficos tão distintos. A única explicação convincente é que Nennius segue fontes de regiões geográficas separadas.

O sul de Gales, a região de Kent, e o nordeste e Irlanda são elementos da *Historia* de diferentes estilos e conteúdos, ligados apenas por Nennius, que os entrelaça no livro. Esse entrelaçamento entre os trechos geralmente não é suave. Em um momento, podemos ler sobre como São Germanus profetizou sobre Catel, cujos descendentes "governam Powys até os dias de hoje", e então somos levados imediatamente para: "E aconteceu de passar, depois que os ingleses estavam acampados na já mencionada Ilha de Thanet", isto é, onde foi mencionado, quatro capítulos antes do material de São Germanus, que nada se sabe de Thanet, Kent ou dos saxões e isso parece ter acontecido uma geração antes.

O reconhecimento de que Nennius usa fontes separadas geograficamente é de crucial importância agora que vamos examinar a lista de batalhas Arthurianas. É possível que as batalhas de Arthur derivem de áreas não representadas em nenhum outro lugar na *Historia*, porém é mais plausível assumir que se adaptam ao padrão geral das fontes de Nennius.

Irlanda

Podemos rapidamente descartar o material irlandês como origem da lista de batalhas. Nennius sempre apresenta seções históricas irlandesas como separadas da história britânica. Na harleiana, ela está ligada apenas ao material britânico dos séculos V/VI no início, pela frase "e São Patrício era, naquela época, um prisioneiro" e no fim, seis capítulos depois, por "naquela época os saxões aumentaram em número". As fontes são duas vidas irlandesas de São Patrício do fim do século VII, com alguns acréscimos posteriores (VII Dumvill 1990). A referência anterior à Irlanda fica quarenta capítulos antes, uma lenda de origem pré-histórica. A Irlanda não é mais mencionada na *Historia*.

KENT

A lista de batalhas Arthurianas é firmemente situada pelo autor em um contexto da região de Kent. Começa com uma introdução aos reinos e reis dos homens de Kent, continuando: "Então Arthur lutou contra eles naqueles dias..." . O estilo da lista, claramente saxão, é similar à seção de Vortimer, que é indiscutivelmente fixada em Kent, incluindo nomes de locais identificáveis dessa região, pressupondo uma origem de Kent. Inclui a genealogia de Hengist retrocedendo até Geta, "um dos seus ídolos, que eles adoravam". Nomes de lugares na seção de Vortimer são dados em inglês (Thanet, Canturguolralen, Episford), em seguida interpretados "em Ruoihm britânico", "em nossa língua Chent", "em nossa língua, por outro lado, Rithergabail". A mesma característica é encontrada na lista de batalhas de Arthur: um nome de lugar não britânico é interpretado para o britânico: "Aquela é Cat Coit Celidon."

O título *Dux* aplicado a Arthur só é encontrado em outro lugar na *Historia*, no material romano ligado às fontes de Kent. Os materiais romano e de Kent não são ligados estilisticamente. Compartilham de um sistema de datação comum baseado nas datas consulares. Os dois cônsules romanos eram eleitos anualmente. Embora desempenhassem um papel quase que honorário no antigo Império Romano, seus nomes eram usados como um sistema de datação: "No ano do consulado de A e B." O próprio Nennius entendeu mal esse sistema, achando que cônsul era, de alguma forma, sinônimo de imperador. Na época do Imperador Maximus, pelo que sabemos, "os cônsules começaram, e eles nunca mais foram chamados de Césares". Essa era, presumivelmente, a data a partir da qual a lista dos seus cônsules começava. Dali em diante, Nennius usa *Cônsul* para "governante romano". A falta de entendimento de Nennius da diferença entre imperadores e cônsules ("Gratian governou pela segunda vez, com Equitius") é uma clara indicação de que é a sua fonte, não ele, que origina o sistema consular de datação. A *Historia* liga o sistema de datação baseado na Paixão ao material de Kent, mas é menos claro de onde tenha derivado. Tal sistema, usado na abertura da citação de Malory, toma como data inicial a morte, em vez do nascimento, de Jesus. Isso era obra de entusiastas como Bede que fizeram com que um sistema fosse substituído por outro melhor.

Dumville sugere que o nosso autor, o próprio "Nennius", tinha as Tabelas Pascais de Victorius, que sincronizam a pós-Paixão e as datas consulares, à sua frente (IV Dumville 1990). Acho que isso é improvável, uma vez que esses sincronismos só são aplicados a materiais específicos, em vez de a toda a *Historia*. As Tabelas de Pascais levam de volta ao tempo de Jesus, e não explicam a crença de Nennius de que os cônsules eram uma característica recente na história romana, sinônimos dos antigos Césares. Essas características só podem ser explicadas pela sua incorporação a fontes específicas usadas por Nennius.

Os contra-argumentos de que a lista de batalhas de Arthur não é exclusivamente de Kent são todos exteriores ao próprio texto. Sabemos que a Floresta da Caledônia não pode ficar em Kent. Deve situar-se no norte. Gildas se refere à Cidade das Legiões e ao cerco do Monte Badon, mas não mostra nenhum conhecimento de Kent.

SUL DE GALES

Uso essa expressão para me referir à Gales medieval, excluindo Gwynedd, mas incluindo os pântanos adjacentes onde se situa, atualmente, a Inglaterra. Em geral, a *Historia* se concentra no sudeste e no centro-leste de Gales, Gwent, Glywysing e Powys.

O material do sul de Gales é reconhecível como sendo de dois tipos. O primeiro é a *Vida de São Germanus*, citado na *Historia* como o "Livro do Abençoado Germanus". Parece não ter datas internas. Inclui uma lenda que tem origem no reino de Powys, provavelmente de onde ele viera, situa Vortigern em Gwerthrynion e no Teifi na terra dos Demetians, Dyfed.

O segundo consiste de material lendário de interesse local. É dominado pela história de Ambrosius, que veio de Mais Elleti em Glywysing. Ambrosius, subseqüentemente, governa "todos os reinos da parte oeste da Bretanha", incluindo Builth e Gwerthrynion (que o descendente de Vortigern ainda governa). Embora tenha um forte sabor de sul de Gales, o material de Ambrosius tinha uma oportunidade de incluir "a totalidade da Bretanha" e o destino do povo britânico. Esse material tem início em Gwynedd na Snowdonia e vê Vortigern consignado a Caer Gurtheyrn na região chamada Gwynessi, em algum lugar do norte.

Surpreendentemente, Arthur, na *Historia*, mostra mais afinidade com São Germanus do que com Ambrosius. As personagens lendárias, mágicas e proféticas da história de Ambrosius estão completamente ausentes da lista de batalhas e só um pouco mais aparentes na *Mirabilia*. A lista de batalhas tem uma forte tônica cristã. Arthur carrega a imagem da Virgem Maria e pelo seu poder e de "Nosso Senhor Jesus Cristo" derrota os "pagãos" no Castellum Guinnion. Germanus usa o poder da prece para destruir fortalezas. Há também outras similaridades de linguagem.

A *Mirabilia* indica uma localização no sul de Gales para Arthur. O escritor, embora cobrisse supostamente as Ilhas Britânicas, mostra a visão paroquial ao localizar a grande maioria das suas maravilhas entre Builth, no norte, Ceredigion no oeste, Wye e Hwice no leste e o Severn, no sul. Não podemos estar absolutamente certos de que o escritor de *Mirabilia* e da *Historia* sejam a mesma pessoa (Arthur é a única figura comum em ambas as obras), mas mesmo que sejam diferentes, não há dúvida de que as obras foram combinadas em um estágio inicial da tradição do manuscrito. Um interesse compartilhado pelo sudeste de Gales é uma das razões mais prováveis para as obras, se distintas, terem sido combinadas.

A alternativa de que *Mirabilia* tenha sido escrita depois, por um autor que garimpou na *Historia* um nome interessante para anexar a um memorial e a uma tumba maravilhosos na sua própria terra, não tem fundamento. Não há razão para ele considerar arbitrariamente Arthur como o matador de saxões. A figura de Ambrosius, já associada ao fenômeno da paisagem mágica e situada no sul de Gales, seria uma candidata óbvia. Os ancestrais do próprio governante de Builth, citado na *Historia*, poderia ter sido o caçador mágico que deixou a pegada de cachorro em Carn Cabal. Não há absolutamente nada na *Historia* que leve um escritor a pensar que Arthur havia caçado um famoso javali ou matado o próprio filho. Há uma só razão concebível para relatar que Arthur, o soldado, era responsável pelas maravilhas de Carn Cabal e Licat Anir – as tradições locais afirmavam esse fato.

Gildas estava familiarizado com toda a vasta região. Sabia do governante de Dyfed, por exemplo. O seu Mons Badonicus poderia muito bem estar dentro dos horizontes de um escritor do sul de Gales. Tanto Gildas como a lista de batalhas se referem à Cidade da(s) Legião/Legiões. Uma possível localização para esta última, Caerleon, fica no sul de Gales. A mais plausível oponente, Chester, não está longe. Poderia até mesmo, como alguns historiadores argumentam, ser parte do reino de Powys naquela época.

O que existe, então, nessas características estilísticas, que tornou plausível a conexão entre os materiais Arthuriano e o de Kent? Se o autor sabia que Arthur provinha do sul de Gales, aparentemente a sua região natal, por que ele não menciona isso? Enquanto Vortigern e Ambrosius são ligados especificamente à localizações no sul de Gales, o material Arthuriano é claramente escrito como se estivesse ligado a Kent.

Integração dos Materiais Regionais — Nennius e Vortigern

É completamente possível que "Nennius" tenha encontrado Arthur nas fontes de ambas as regiões. Ele conhecia Vortigern de fontes separadas e tentou integrar a informação a uma única história. Vortigern era personagem de pelo menos três das fontes usadas, do material de Kent (que paraleliza o seu papel em Bede), da *Vida de São Germanus* e da Lenda de Ambrosius, a criança profética. Vortigern provavelmente também apareceu independentemente em outras fontes de menor importância, como a árvore genealógica da família de Fernmail de Builth. Evidências de outros materiais vêm em um trecho mais adiante, onde a *Historia* calcula que houve um intervalo de doze anos entre o reinado de Vortigern até a discórdia entre Ambrosius e Guitolin, conhecida como Guolloppum ar Catguoloph (a batalha de Wallop em Gales). A genealogia de Vortigern aponta Guitolin como o seu avô, embora isso contradiga a história de que Ambrosius era uma criança no reinado de Vortigern.

A posição contrária, de que Nennius tirou Vortigern de uma fonte (a de Kent, influenciada por Bede), porém o inseriu em um material não relacionado sobre tiranos, não pode ser sustentada. Se fosse esse o caso, encontraríamos um único fio na narrativa, baseada em Bede, sem a necessidade de histórias contraditórias para reconciliar com ela. Em vez disso, achamos que cada fonte oferece uma história similar, porém não idêntica, ao perverso tirano do século V, Vortigern.

Nennius liga as histórias em dois trechos estruturais. No início, todos os principais inimigos de Vortigern, escoceses, pictos, romanos e Ambrosius, estão juntos na mesma lista. No final, todos os seus filhos aparecem em uma única lista.

É perfeitamente plausível que Nennius conhecesse Arthur de uma fonte do sul de Gales e de uma de Kent, e que tivesse ligado os dois fios de forma similar. Mas, e a Floresta da Caledônia, que não está mais em Gales do que em Kent? O ponto de início da nossa investigação sobre Arthur como uma figura histórica foi a referência a ele na fonte do noroeste, o *Y Gododdin*.

Nordeste

Em vez de estar ligada ao material do sul que a precede, a lista de batalhas de Arthur poderia ser conectada ao parágrafo que segue: "Quando eles foram derrotados em todas as batalhas, [os saxões] procuraram a ajuda da Alemanha... até quando Ida reinou, que era o filho de Eobba. Ele foi o primeiro rei na Bernícia, ou seja, Berneich."

	Fonte Kentish	**Livro de Germanus**	**Fonte de Ambrosius**
VORTIGERN GOVERNOU:	a Bretanha, incluindo Kent como líder supremo, Essex e Sussex.	Gwethrynion, Demetia, o vale do Teifi.	Bretanha, Snowdonia, Gwynessi e Caer Gwrtheyrn.
ERA PERVERSO PORQUE:	deixou os saxões entrarem na Bretanha.	não era cristão e era incestuoso.	recebia os saxões no país.
TINHA UMA UNIÃO NOTÓRIA:	com a filha de Hengist.	com a própria filha.	
ERA PAI DE:	Vortimer e Categirn, que lutaram com os saxões em Kent.	São Faustus, criado e batizado por São Germanus.	Pascent, cuja família teve permissão de Ambrosius para governar em Builth e em Gwethrynion.
ERA ASSOCIADO A UMA CONSELHO:	que tentou fazer as pazes com os saxões, mas foi massacrado por eles.	que se reuniu para condenar o seu perverso incesto.	de bruxos, que o aconselharam sobre como procurar segurança.
TEMIA:	pictos e escoceses.	clero britânico e São Germanus (Romanos?).	Ambrosius. Romanos? Os saxões.
FOI PUNIDO POR:	ter feito prisioneiro pelos saxões.	ter incendiado a sua fortaleza no Teifi.	ter saído de Gales e ido para o norte com a ajuda de Ambrosius.
E O SEU MISERÁVEL DESTINO FOI SER:	um errante odiado, que morreria triste sem quem chorasse por ele.	derrotado a noite em sua fortaleza.	

Embora eu tenha seguido editores modernos, ao imaginar um novo parágrafo depois da vitória de Arthur em Badon, Alcock salienta que esse não é o caso nos Manuscritos Harleianos (Alcock 1971). Embora as letras iniciais de cada seção devessem ser preenchidas em vermelho, o que não aconteceu, é fácil ver onde as quebras de seção foram feitas. Uma estava no início das guerras renovadas com os reis de Kent. A próxima começa "Então Arthur...", seguindo sem quebras até o fim do primeiro trecho de Ida.

Se o escriba foi fiel ao seguir o seu original, isso claramente liga Arthur às guerras nortúmbrias. Infelizmente, não podemos estar certos disso. Arthur foi a figura mais famosa na época em que o manuscrito foi copiado, e o escriba poderia muito bem ter achado que a sua introdução merecia uma quebra de seção e ter decorado uma letra maiúscula. Depois de a seção de Ida ser citada, a narrativa tem final abrupto e um escriba poderia racionalmente decidir, por uma questão estilística, iniciar uma nova seção aqui.

De fato, nesse ponto do texto, o material irlandês, o de Kent e o do sul de Gales previamente usado na *Historia* se acaba. Nennius usa fontes diferentes para continuar seu trabalho. O novo conjunto de informações, de origem inglesa do norte, continua a história até o reinado de Egfrith da Nortúmbria, que morreu, aproximadamente, entre 678 e 682, e cobre o mesmo terreno que Bede e poderia derivar de um comentário sobre o seu trabalho. Consiste de genealogias inglesas e material nortúmbrio baseado na lista de reis. Uma cronografia incompleta, ligando Ambrosius, a batalha de Wallop, Vortigern e a chegada do inglês às listas de cônsules romanos, segue-o, mas não está conectada a ele.

Embora o material genealógico seja inglês, foi anotado por um falante britânico. Uma batalha com os pictos é chamada de Gueith Lin Garan, ricos presentes do rei Penda para os reis britânicos lembrados como "Atbret Iudeu" (a distribuição de Iudeu). Um trocadilho é feito com o nome do rei galês Catgabail ("e assim ele era chamado Catgabail Catguommed [o Mandrião-da-Batalha]"), e os trechos referentes a Outigirn, Mailcunus e aos poetas britânicos devem ser britânicos na origem. Esses acréscimos são de uma fase muito tardia de compilação. O mais simples é vê-los como o trabalho do próprio autor.

Mesmo quando o material britânico está nessa seção, ela não é a respeito do nordeste: um sincronismo com "Mailcunus, grande rei entre os britânicos, que é Gwynedd", é tido como uma oportunidade de contar a história de como os seus ancestrais vieram da região dos Gododdin. Nenhuma das batalhas de Outigirn é citada, mas é improvável que apenas os seus feitos nessa seção derivem de uma fonte Kent ou do sul de Gales em vez de uma do nordeste.

O cenário do norte é exatamente o mesmo ao qual o *Y Gododdin* nos leva à expectativa de encontrar fontes que tratam de Arthur. Neirim, seu suposto autor, é um dos bardos citados nessa seção. A vitória de Arthur na Floresta da Caledônia deve ser em algum lugar na região da Bernícia e Gododdin. Binchester em Deira poderia ser Castellum Guinnion. Há um rio Glen na Bernícia. Ele corre pelo Yeavering, uma localização sub-romana que era o lar dos reis nortúmbrios na época de Bede, que menciona o rio pelo nome.

Além disso, nós igualmente temos argumentos para as fontes de Kent e do sul de Gales para uma lista de batalhas. Gildas nada sabe do norte depois da construção dos muros romanos, mas torna o cerco de Badon o evento crucial da resistência britânica. Se o Monte Badon ficava realmente no norte, seria a única localização nortista citada em toda a obra de Gildas. Podemos também imaginar como as campanhas contra os saxões combatidas exclusivamente no norte repeliriam decisivamente os invasores e assegurariam a paz por uma geração. Todas as fontes saxônicas viam os reis do sul como líderes de ataque e a arqueologia sustenta que a área foi a mais densamente povoada.

VÁRIAS FONTES, UM ARTHUR?

A única explicação que acomoda os fatos é que Nennius mesclou materiais de diferentes fontes para criar um único capítulo Arthuriano no seu esquema cronológico. Podemos ver o mesmo método no capítulo 38 ou no início do capítulo 56 da *Historia,* em que os filhos de Hengist, Octha e Ebissa, da fonte de Kent, estão ligados a eventos e localidades do norte.

Duas possíveis situações poderiam ter levado Nennius a criar um capítulo combinado sobre Arthur:

1. Encontrou tradições difundidas de vitórias britânicas antes da vinda de Ida, mas o nome de Arthur em uma única área, e atribuiu todas as batalhas a ele.

2. Encontrou materiais Arthurianos em todas as suas áreas de fonte (sul e nordeste de Gales, e Kent) e mesclou-os em uma única narrativa.

A primeira alternativa tem a vantagem da precaução. Teoricamente, por exemplo, Arthur poderia ser um herói do sul de Gales creditado por Nennius com vitórias na Colina Badon ou na Floresta da Caledônia. Ele poderia, alternativamente, ser um guerreiro Gododdin realocado para o sul para refletir os interesses geográficos de Nennius.

Essa explanação limitada é menos plausível. Não explica por que Nennius escolhe Arthur para esse papel. Ele era bastante capaz de escrever a respeito de mais de uma personagem. Sabia de Vortimer e Outigirn como líderes anti-saxônicos. Ambos estão incluídos na *Historia* sem a necessidade de fundir suas batalhas em uma única lista. Ele não teve dificuldade em registrar Vortimer e Ambrosius ou Outigirn e Mailcunus como contemporâneos sem combiná-los em uma única personagem.

Se Nennius estava justamente procurando por um nome para anexar a uma lista de batalhas, ele tinha vários a escolher. Conhecia os nomes dos reis famosos Urbgen e Mailcunus. Embreis Guletic era um herói local no sul de Gales, com uma tradição historiográfica de Bede, de haver estado com os saxões em Badon. Se Nennius estava preocupado com o fato de que a sua cronologia envolvia uma grande lacuna entre Hengist e Ida, ele poderia ter extraído as genealogias dos ancestrais de Fernmail ou dos descendentes de Catel do período correto. Ele nem mesmo precisou de um nome para ligar às batalhas, que poderia assim facilmente ser atribuído ao anônimo "Rei dos Bretões".

Se Arthur era uma figura local significativa em qualquer uma das áreas-fonte, mal podemos imaginar por que Nennius não deixou isso explícito no texto. A lista de batalhas não dá idéia da "região natal de Arthur". Não há menção dos seus descendentes ou ancestrais, ou da sua terra natal. Ainda assim, Nennius freqüentemente liga as figuras dos séculos V/VI a localidades e dinastias contemporâneas. Se ele pôde voltar essas ligações para Vortigern e Ambrosius, por que não para Arthur? Em particular, por que a maioria das batalhas se dão em localizações obscuras, em vez de territórios locais ou aqueles já mencionados na *Historia*?

A criação da figura de Arthur para ligar previamente tradições não conectadas da resistência britânica é sem razão e implausível. Em outro lugar na *Historia*, Nennius se dá por contente por suprir materiais esparsos, incluindo nomes de pessoas com apenas um incidente e conectando-as ou eventos sem participantes nomeados. Se ele tinha em mente a idéia de que um super-homem lendário deveria liderar os bretões, sua imaginação falhou no caso de Arthur. O material mais lendário em toda a obra, com os vermes proféticos, meninos órfãos e conselhos de bruxos, refere-se indubitavelmente ao Ambrosius histórico. Similarmente, o realíssimo Germanus de Auxerre é mostrado destruindo toda a fortaleza com fogo vindo dos céus. Transformar um incrivelmente famoso herói cultural galês não histórico em um lutador saxão mundano é simplesmente patético. A idéia de que Nennius não tem inventividade para atribuir as vitórias em Kent a Pascent, filho de Vortigern, próximo ao sul de Gales a Ambrosius, e no nordeste a Urbgen ou qualquer outro mencionado nas suas fontes, implora por crédito. Não há razão para atribuir todas as vitórias a um único Arthur, líder guerreiro, a menos que elas já tivessem sido atribuídas a ele nas suas fontes.

Isso nos deixa com apenas uma explicação plausível: Nennius encontrou material relacionado a Arthur como um líder guerreiro em todas as suas três regiões-fonte. Exatamente da mesma forma como fez com Vortigern, trabalhou essas fontes juntas em uma única história. Estava implícita a sua intenção de que os seus leitores entendam que Arthur tinha uma ampla carreira militar nos seus "Reis [plural] dos Bretões". Além do mais, Nennius usou os feitos de Arthur por todo o país como peça central para manter o claramente regional Vortimer e o provavelmente regional Outigirn dentro da estrutura de uma extensa guerra com todas as terras de competência britânica contra os saxões.

A evidência da *Historia Brittonum* é que fontes referentes a Arthur na Bretanha já existiam antes de 830. A história de que Arthur era famoso por lutar contra os saxões, que lutou contra uma fortificação romana e derrotou um grande número de homens de uma só vez, é a mesma na *Historia* e na obra do século VI, *Y Gododdin*. O *Y Gododdin* não é uma das fontes de Nennius, de forma que a história deve ter chegado de modo independente.

Não há necessidade de que uma única lista de batalhas Arthurianas seja a fonte de Nennius. É mais provável que Nennius tenha criado a sua lista mesclando material espalhado sobre Arthur, o líder guerreiro. Isso aumenta o valor da *Historia*, em vez de diminuí-lo. Seria claramente mais valioso saber que diversas fontes contribuíram para o retrato que Nennius fez de Arthur, o Líder Guerreiro dos séculos V/VI, do que imaginar que ele pegou um velho poema galês fora de suas fontes e o inseriu, meio alterado, em seu bloco de anotações históricas entre São Patrício e Ida da Bernícia.

Guerras pela Bretanha

Há duas formas possíveis pelas quais fontes de diferentes regiões conservaram narrativas acerca das guerras de Arthur:

1. Arthur lutou em campanhas espalhadas, vencendo batalhas pelo país. Essas lembranças dos seus feitos permaneceram em várias regiões;

ou

2. Arthur lutou em apenas uma área, mas as histórias dos seus feitos se espalharam para outras regiões. Talvez os exílios britânicos se tenham movido fisicamente para uma outra área, levando as histórias com eles. Alternativamente, Arthur talvez fosse uma personagem tão famosa que outras regiões desejassem proclamar alguma associação com ele.

A primeira solução á a mais simples. Não há nada de implausível a respeito de Arthur lutando contra os saxões pelo país. Escritores com freqüência perdem de vista o fato de que a Bretanha é uma área relativamente pequena. Muitas teorias a respeito de Arthur limitaram suas atividades para o que são de fato pequenas regiões, como se um comandante militar estivesse restrito à categoria de um andarilho consumado. Portanto, encontramos as campanhas de Arthur localizadas em Somerset ou Gwent. Na realidade, a partir da conquista romana, extensos conflitos transformaram toda a região em uma zona de guerra. Gildas relata a invasão saxônica e a resistência britânica como extensas por toda a ilha.

Outros escritores têm misturado idéias de Arthur como líder da cavalaria para explicar a sua "extraordinária mobilidade". Como não fazemos idéia do período em que se deram essas batalhas, não sabemos o quão rápidas as suas forças teriam de ser para alcançá-los. Mesmo se elas se dessem em rápida sucessão, exércitos confiáveis ou infantarias, como os do romano Agrícola ou do saxão Harold em 1066, nos mostram o quão fácil eles se moviam de uma parte para a outra da região.

As Crônicas Anglo-Saxônicas fornecem numerosos casos de conflitos de amplo espectro. Dizem que Ceolwulf de Wessex combateu os anglos, os galeses, os pictos e os escoceses. O seu reinado, iniciado em 597, poderia ser classificado como pertencente ao mesmo período e considerado "lendário" como o de Arthur, mas há muitos exemplos deste último e uma inegável porção histórica nas *Crônicas*. Os *vikings* invadiram a área dos primeiros assentamentos ingleses, devastaram a ilha e foram confrontados por vários reis ingleses. Essas campanhas mostram o que era possível fazer na Idade das Trevas. Entre 872 e 877, o "grande exército" *viking* saiu do leste da Anglia para acampar em Torksey em Lincolnshire, no rio Tyne, em Dumbarton, e abaixo até Exeter e Gloucester. Em 892, outro grande exército chegou a Kent. Três anos mais tarde, eles se retiraram para Chester, saqueando Gales, depois retornaram ao leste da Anglia via York. Nessa campanha, enfrentaram uma unidade de defesa inglesa do rei Alfredo. A lista de batalhas de Arthur portanto, não é inerentemente implausível como uma série de campanhas contra os antigos invasores.

A alternativa de que Arthur foi um líder guerreiro regional cuja fama se espalhara para outra área, levanta a pergunta: "por quê"? Isso teria acontecido apenas se Arthur já fosse famoso como um líder de batalhas, mais famoso do que os líderes "reais" da resistência. A história da resistência britânica não é uma lenda. Foi atestada por contemporâneos de Gildas. Foi levada a cabo por forças unidas dos bretões. Se todos os reinos tivessem tradições diferentes, cada um seria capaz de citar um rei local que se uniu à batalha. Como acontece, nenhum desses reis é citado por Nennius. Foram completamente encobertos pela sombra do líder supremo, Arthur. Mesmo se Arthur fosse um líder de batalha cuja fama se houvesse espalhado para além de sua região, ele deveria ainda ser famoso antes do início do século IX. Isso é fundamental para entender os versos do *Y Goddodin* que dão início a essa investigação. Na *Historia*, Arthur só é famoso por lutar contra os saxões. A batalha do Monte Badon foi *a* vitória memorável contra eles, como colocado por Gildas. Se Arthur não foi o comandante da batalha, então o real vitorioso de Monte Badon foi substituído por um Arthur ainda mais famoso. Mas o que Arthur poderia ter feito para se tornar mais famoso do que o vitorioso na grande batalha contra os saxões? Na verdade, há apenas uma coisa que ele poderia racionalmente fazer para se tornar famoso: teria de ser o vitorioso no Monte Badon.

Alguém levou os bretões à vitória em Badon. Excetuando as especulações de Bede, nenhum outro nome jamais foi aplicado ao vitorioso. Se Arthur não era o seu nome, temos de aceitar que um Arthur que não liderou os bretões e não fundou uma dinastia, deu o seu nome a um local proeminente que não tem nada mais que o distinga, e de alguma forma suplantou o real vitorioso na memória de todos os povos britânicos. Francamente, isso aumenta a credulidade a ponto de acreditarmos que o vitorioso do Monte Badon não foi Arthur.

3

A Contenda de Camlann

Historia Brittonum pinta um retrato de Arthur, líder de guerra nas campanhas que culminaram na batalha do Monte Badon, que é consistente com fontes conhecidas e não é obviamente influenciado pelas considerações lendárias ou dinásticas. Apesar de composta no início do século IX, ela claramente usa informações de fontes mais antigas. Até aqui, nada vimos que nos predisponha a rejeitar as suas informações. Alguns historiadores e arqueólogos consistentemente rejeitam toda a *Historia Brittonum* como tardia e inadmissível. A maioria, não obstante, enquanto rejeita o material de Arthur, está feliz em garimpar o resto procurando por nomes e datas que sirvam aos seus propósitos.

Um exemplo pode ser encontrado em As Colônias dos Ingleses, *The English Sette,* volume da História da Inglaterra da Universidade de Oxford que cobre esse período. Há apenas referências casuais nas lendas galesas posteriores: "...sugerem que um homem com esse [nome] pode ter adquirido reputação em momento e lugar mal definidos durante o conflito. Mas, se adicionarmos qualquer coisa à simples afirmação de que Arthur pode ter vivido e lutado com os saxões, passamos de uma vez da história para o romance" (Myres 1986).

Contrastemos essa afirmação com o tratamento que Myres dá a outra personagem da *Historia*, Soemil. Tudo o que sabemos dele vem da *Historia*, em que nos foi dito que se tratava do ancestral do rei da Nortúmbria, morto em Meicen e que "primeiro separou Deira da Bernícia". Ainda assim, Myres fica feliz em escrever: "Ele poderia, portanto, ter sido uma figura proeminente entre os Laetis de Yorkshire nos primeiros anos do século V. É como se ele fosse relembrado pelo papel principal que desempenhou ao tornar o seu povo independente de toda e qualquer autoridade sub-romana, sucedendo ao comando que era ocupado pelo *Dux Britanniarum* nas terras da fronteira norte que finalmente se tornaram a Bernícia" (Myres 1986).

Trata-se aqui de algo claramente tão especulativo quanto dizer que Arthur era um líder britânico do fim do século V ou início do século VI que levou os bretões à vitória na Colina de Badon, e há muito menos evidências para sustentar isso. Embora Myres cite Gildas como razão para rejeitar Arthur, seu maior preconceito é resumido pela palavra "ficção". Não há nada de fictício ou lendário no tratamento dado pela *Historia* a Arthur, e o fato de que escritores medievais embelezaram a história não é razão para ela ser rejeitada.

Apesar de a Revisão Harleiana da *Historia* ser a primeira referência às batalhas de Arthur, não se pode afirmar um isolamento. As edições revisadas mais recentes acrescentam novas informações e esclarecem, tanto quanto os seus autores entendem, algumas dificuldades no texto de Nennius.

A Revisão Vaticana passou por dois processos que a separou da Harleiana (Dumville 1985). Um escritor inglês, em meados do século X, acrescentou os sincronismos até a data do quinto ano do reinado do rei Edmundo dos ingleses. Algum tempo antes disso, entre 830 e 944 (Dumville estima entre 875 e 925), o texto foi atualizado por um escriba galês. A região natal de Arthur fica mais clara quando examinamos a sua lista de vinte e oito cidades da *Historia*. Esse novo escriba confundiu XXVIII com XXXIII, e teve de adicionar mais cinco cidades. As que ele escolheu foram: Cair Guroc (Worcester?), Cair Merdin (Carmarthen), Cair Ceri (Cirencester), Cair Gloiu (Gloucester) e Cair Teim (Llandaff), o que assinalou claramente seu interesse pelo sul de Gales e pela parte mais próxima da Inglaterra.

Esse escriba também acrescentou interpretações dando os nomes galeses de algumas das batalhas de Arthur. De acordo com ele, *urbs leogis (sic)* era, no idioma britânico, Cair Lion. Na lista de cidades, ele usa esta mesma forma para substituir as formas harleianas "Cair Legeion Guar Usc" – Caerleon. Foi o único escritor de todas as edições revisadas a situar a batalha em Caerleon em vez de Chester, e é provável que essa cidade de nome similar na sua própria região o tenha levado a fazer esse acréscimo em vez do conhecimento real do local onde se deu a batalha.

A batalha de Tribuit é interpretada como "a que chamamos Traht Treuroit". Se essa é igualmente familiar ao escritor do sul de Gales, parece provável que chegou a Nennius da sua fonte no sul de Gales, em vez de vir das fontes do noroeste ou da região de Kent. Se foi realmente no sul de Gales, esperaríamos um nome de local ainda existente. Logicamente, portanto, Tribuit era uma área adjacente que desde então passou a falar a língua inglesa: o baixo Vale Severn de Gloucestershire, que Nennius conhecia como os campos dos Hwicce, ou Herefordshire, inclui uma parte de Ercing.

A décima primeira batalha é mais intrigante. Onde a harleiana relacionou a batalha do Monte Agned, na Vaticana temos: "A décima-primeira batalha foi na montanha chamada Breguoin, de onde eles [os saxões] foram expulsos, batalha que chamamos de Cat Bregion [Batalha de Bregion em Gales]." Uma outra revisão, a gildasiana, fornece a ligação no desenvolvimento; simplesmente interpreta a batalha do Monte Agned como "isto é , Cat Bregomion" [a batalha de Bregomion em Gales].

Breguoin/Bregomion poderia ter várias explicações:

1) O Monte Agned é a versão inglesa da batalha a que os galeses chamam Bregomion.

2) Os escritores não sabiam onde ficava o Monte Agned, mas sabiam que Arthur lutou com os saxões em Bregomion e a igualaram ao Monte Agned. Então, o Monte Agned poderia ser um nome inglês ou não.

3) Os escritores nada sabiam sobre Monte Agned, mas, para manter o número de batalhas acima de doze, inseriram uma famosa batalha de Urien Rheged, que um poema sobre Arthur chamava de Brewyn.

De forma contraditória, essa última sugestão é a preferida pelos acadêmicos. A razão precisa pela qual um escritor, que não sabia onde ficava Agned, simplesmente não o tenha deixado no texto vigente é incompreensível. Nenhum outro local desconhecido no texto foi substituído dessa forma. Se o escritor queria, por alguma razão, mencionar uma das batalhas de Urien Rheged, ele teria um local perfeito para situá-la: na parte da *Historia* em que o próprio Urien aparece.

Essa opção é inverossímil, pois não há indicações nas revisões de que os escritores sabiam de algo diferente a respeito de Urien Rheged que o autor original não soubesse. Sugere-se, com freqüência, que Brewyn ou Bregomion seja Bremenium, o forte romano no norte da Alta Rochester. Uma batalha nesse local, no noroeste, não distante da floresta da Caledônia ou do rio Glen, na Nortúmbria, é uma das regiões que esperaríamos. Entretanto, é difícil saber por que razões um escritor do sul de Gales deveria usar o nome dessa batalha para substituir a do Monte Agned.

O único local nas cercanias do sul de Gales que poderia causar a batalha de Bregomion é Branogenium, atual Leintwardine em Herefordshire. Nas fronteiras de Ercing, isso estaria dentro do que já estabelecemos como região-chave para a sobrevivência das tradições Arthurianas. Não há lugar na região que conserve o nome de Monte Agned, o que deixa a pergunta de por que alguém substituiria um nome por outro sem resposta.

Arthur Dux

Diferentemente da introdução harleiana, com a qual estamos familiarizados, a introdução Vaticana começa logo após São Germanus, com a chegada de Octha do norte para estabelecer o reino de Kent. "Então o belicoso Arthur, com os soldados e os reis da Bretanha, lutou contra eles. E, embora muitos fossem mais nobres do que ele, ele fora doze vezes *Dux Belli* [líder de guerra] e vitorioso nas batalhas [segue a lista de doze batalhas]... mas, assim como os saxões se ocultaram nas batalhas, eles receberam esforços contínuos da Alemanha e de outros saxões, e convidaram reis e *duces* com muitos soldados de quase todas as províncias para ir ter com eles, e isso foi feito até o momento do reinado de Ida."

O escritor esclarece o que ele vê como o real significado original, que Arthur não fora um dos "Reis dos Bretões". Além do mais, deixa explícito que Arthur está abaixo na classificação e que a sua posição como *Dux Belli* era informal. A harleiana usa a forma plural *Dux Bellorum* (Líder de Batalhas). O título ligeiramente alterado *Dux Belli* é usado por Bede de São Germanus.

A compreensão de que Arthur não era um rei não sobrevive além do século X. Fontes posteriores determinaram que Arthur foi um rei. Examinaremos as classificações e títulos mais adiante, mas por ora devemos notar que está longe de ficar claro o que constituía um rei "adequado" no início da Idade das Trevas na Bretanha. Gildas chama os líderes de sua época de tiranos, reis, juízes, governadores e líderes (*Duces*, o plural de *Dux*). Os próprios governantes usam uma variedade de títulos. Vortiporius aparece na sua pedra memorial como "Protector". Um dos líderes em *Y Gododdin*, Uruei, tem o título "Ut Eidin" (Juiz de Eidin), derivado da palavra *Iudex* que Gildas usa. O poeta nos diz que "seu pai não era *Guledic*". Esse é o título na *Historia* conhecido para Ambrosius, em latim "rei dentre todos os reis da nação britânica". Ou o pai de Uruei não tinha uma posição importante como um *Guledic*, ou Urei não herdara a sua posição.

É concebível que Arthur possa ter nascido com um título real. Os *Annales* com freqüência deixam de lado os títulos, sejam eles bispo ou rei, das personagens às quais se refere. Pantha, assassinado por volta de 657, só pode ser reconhecido como "rei Penda" dos Mercians de Bede, ou a *Historia* divulga que ele "reinou por dez anos". Cadwallon é chamado de rei em apenas um desses três registros. Não lhe é dado um título no poema de louvor a ele. Podemos também especular que Arthur não era rei na época das suas vitórias, mas que se tornou rei depois, talvez como resultado delas.

É possível que a inferência de que o *Dux* Arthur não é um rei seja dada na lista de batalhas pelo redator da Vaticana ou mesmo pelo autor original, em uma interpretação confusa da sua fonte. Enquanto Gildas usou *dux* e *rex* como sinônimos, durante o século IX estes se tornaram distintos. Uma descrição original de Arthur como o líder dos (outros) reis britânicos na batalha poderia ter sido mal entendida como a atribuição de uma classificação baixa e particular a ele.

A discussão sobre a classificação de Arthur na *Historia* foi ofuscada pela idéia de que o trabalho é uma mescla de fontes diferentes, cada uma usando a sua própria terminologia. Se, ao contrário, a lista de batalhas apenas adquiriu a sua forma corrente quando Nennius combinou material Arthuriano das várias fontes, é razoavelmente aceitável comparar a linguagem usada nele com a do resto da *Historia*.

Nennius usa títulos de maneira sistemática. Os imperadores romanos são césares, imperadores ou cônsules; imperadores usurpadores são tiranos. Os principais governantes da Bretanha são *reges*, "reis", e os seus colegas juniores são *reguli*, "reis de pouca importância" (HB 22). Ele também está consciente do *Iudex* "juiz" como sinônimo para rei: (HB 8) quando falam dos *iudices* ou dos *reges*, dizem que "ele julgava a Bretanha com as suas três ilhas". *Dux* e o seu plural *duces* significam apenas uma coisa para Nennius – generais ou governantes subordinados aos imperadores romanos (HB 28). "Os romanos não ousavam vir à Bretanha porque os bretões haviam matado os seus *duces*" (HB 30). "Os *duces* dos romanos foram mortos três vezes pelos bretões." "Os romanos tinham vindo à Bretanha com um grande exército, e estabeleceram o imperador com os seus *duces*." "Os *duces* dos romanos foram mortos pelos bretões – três vezes." Esse é o único sentido da palavra que Nennius emprega. Ele faz uma distinção absolutamente clara no capítulo 24, que parece estar relacionada com o material da região de Kent. Nesse capítulo, Karitius se torna "imperador e tirano", quando matou Severus com "todos os *duces* do povo romano ... e abateu todos os *reguli* da Bretanha". Isso nos mostra que, quando Nennius escreve que Arthur é um *dux*, ele quer atribuir-lhe um significado específico. O seu emprego da palavra *dux* contrasta com a natureza e com a condição de poder de Arthur como *reges Brittonum*, o rei dos bretões. Ele age, de alguma forma, como um general romano ou governante.

Os historiadores têm tentado encaixar Arthur ao paradigma do fim do governo romano. Algumas das palavras usadas por Gildas e pela *Historia* são termos técnicos da administração romana. As funções mais citadas em conexão com Arthur são militares. O *Comes Britanniarum* era o comandante das realocações, da cavalaria principal, das forças. O título *Comes* nunca foi usado para Arthur, e a idéia de que ele era um líder de cavalaria se deve mais aos romances medievais do que a uma evidência contemporânea. O *Dux Britanniarum* – Líder da Bretanha, tem um título tentadoramente similar ao *Dux Bellorum* (Líder de Batalhas) que a *Historia* dá a Arthur. Não há razão, entretanto, para pensar que *Dux Bellorum* seja um título romano lembrado incorretamente. Títulos galeses comparáveis, *Llywiaudir llawur* (Governante de batalha) e *Tywyssawc Cat* (líder de batalha) são usados nos antigos poemas. O primeiro é usado para o próprio Arthur em conjunto com "Imperador".

A frase "então Arthur lutou contra eles naqueles dias, ao lado dos reis dos bretões", no contexto da Revisão Vaticana, é usada para afirmar que ele não é um daqueles reis. O escritor diz isso especificamente, e o reforça com a conexão entre os reis e os *duces* dos saxões. A Revisão Vaticana também apaga a possível inferência de que Arthur seja um super-homem, acrescentando o *milites*, os soldados, às forças britânicas. Como um homem do sul de Gales, o escritor pode ter sido influenciado por uma descrição local de Arthur (na *Mirabilia*) como *miles* (singular de *milites*) – o soldado.

Embora seja mais plausível que Nennius quisesse que entendêssemos que Arthur tinha uma condição diferente na classificação dos reis, há uma outra leitura possível. Ao escrever que Arthur lutou contra saxões "ao lado dos reis dos *bretões*", Nennius pode querer dizer que o próprio Arthur não era bretão. A primeira personagem histórica conhecida a levar o nome Arthur é o filho do irlandês/escocês, rei de Dalriada, Aedan mac Gabran, mencionado em um livro escrito em torno do ano 700. Era uma prática muito comum os romanos do fim do governo empregarem bárbaros como comandantes militares.

Dumville comenta um tanto injustamente que o editor galês da Revisão Vaticana "tinha acesso à lenda galesa" para fazer esses adendos. Não há lendas galesas a respeito de Traht Treuroit ou Cat Breguoin, ou mesmo sobre Arthur como um líder de guerra eleito de uma categoria abaixo da realeza. Podemos em vez disso dizer que o escritor tinha acesso a material histórico galês, concentrando-se particularmente na sua área de interesse, no sul de Gales e no baixo Severn.

Essas questões permanecerão sem solução por algum tempo, enquanto passamos para as próximas referências da Idade das Trevas a Arthur nos *Annales Cambriae*.

Anais de Gales

Uma fonte britânica posterior, o então chamado *Annales Cambriae* ou Anais de Gales, é quase sempre tratada em conjunto com a *Historia Brittonum*. Isso porque as versões mais antigas que sobreviveram de ambos foram encontradas no mesmo manuscrito, o harleiano 3859. Os dois textos não estão relacionados. O autor de cada um não viu ou nem mesmo parecia saber do outro. Há umas trinta e seis versões posteriores da *Historia* e duas dos *Annales*, mas elas são sempre encontradas separadamente. Há apenas um incidente em comum ao período que estamos estudando. Ambos relatam a luta de Arthur na batalha de Badon.

Os *Annales* são simples na forma. São a seqüência de anos, cada um marcado pela abreviação *an* para a palavra latina *Annus,* "ano". Cada década é marcada com um numeral romano, contando-se do ano 1 no início do ciclo. A estrutura básica é encontrada em manuscritos irlandeses, e provavelmente tem a sua origem em um sistema para cálculo da Páscoa. A maioria dos anos está em branco, mas ocasionalmente alguns eventos memoráveis são listados. Os *Annales Cambriae* levam em consideração os registros irlandeses, porém adicionam eventos da história britânica. O resultado final é uma seqüência de acontecimentos históricos "datados", que na forma publicada parecem ilusoriamente similares a *As Crônicas Anglo-Saxônicas*. Examinaremos a sua estrutura daqui a pouco, mas antes vejamos especificamente o que os *Annales* dizem a respeito de Arthur.

"A batalha de Badon, em que Arthur carregou a cruz de Nosso Senhor Jesus Cristo por três dias e três noites nos ombros, e os bretões foram os vitoriosos." Arthur é o único participante citado, de forma que é possível supor, como na *Historia*, que foi ele o comandante vitorioso. Aqui, temos uma fonte independente afirmando que Arthur estava em Badon. Parece improvável que ambos, os *Annales* e a *Historia*, tenham decidido arbitrariamente ligar o nome da mesma famosa batalha ao mesmo herói folclórico galês lendário.

A única alternativa para cada fonte que registrou de forma autônoma a mesma tradição é que elas não são independentes, especificamente porque os *Annales* posteriores foram influenciados pela *Historia*. Dizem, com freqüência, que o escriba que copiou ambos os textos, em torno do ano 1100, expandiu uma sucinta referência a Badon para incluir a figura lendária de Arthur. Se é assim, é estranho que ele não tenha usado o material da *Historia* que já copiara. Em outro material do início do século XII, Arthur foi visto como um inimigo dos santos, o que torna estranho que o escriba o tenha inventado carregando a cruz de Cristo.

Ainda que quisesse, é duvidoso que o escriba tivesse competência para inventar um registro nos *Annales*. No registro relacionado a Gabran, filho de Dungart, ele mecanicamente transcreveu "an. Gabr. an. Fillius Dungart moritur", como se houvesse um ano caracterizado pela palavra sem significado "Gabr" seguido por outro em que um filho anônimo de Dungart morreu. Toda a evidência é que ele fielmente transcreveu um documento de meados do século X sem levar em conta seu conteúdo. O exemplar deve, portanto, já ter incluída essa referência a Arthur.

No improvável evento em que a referência a Badon foi contaminada, os *Annales* dão um testemunho independente de uma das outras batalhas de Arthur. Vinte e um anos depois de Badon, podemos ler: "Gueith Camlann, em que Arthur e Medraut foram mortos, e a peste grassava na Bretanha e na Irlanda."

"*Gueith*" é uma palavra galesa que significa "contenda", usada em outra passagem dos *Annales* nos nomes de batalhas: a batalha de Chester é "Legião de Gueith Cair". Talvez isso indique que Camlann proviesse de uma fonte galesa e Badon, de uma latina. Versões medievais da história são unânimes em afirmar que Medraut foi adversário de Arthur nessa batalha. "Modred", o nome pelo qual ele é mais conhecido, é possivelmente derivado de uma versão Bretanha ou da Cornualha. Que eles são de fato oponentes parece a mais perceptível inferência aqui.

Arthur é uma figura de importância sem paralelo nos *Annales*. Nenhuma outra figura ou evento secular está registrado nos primeiros cem anos. Os registros dessa seção, exceto o primeiro, sobre o Papa Leão altarendo a Páscoa, referem-se aos nascimentos e mortes de eclesiásticos irlandeses, derivados da estrutura utilizada pelo elaborador dos *Annales* naquela altura. Nos registros posteriores, o norte de Gales e o norte da Bretanha tornam-se proeminentes, porém o sul e o centro de Gales desenvolvem-se mais esparsamente. Aqui parece haver uma confirmação da *Historia,* de que a fama de Arthur não estava confinada ao sul de Gales.

Não há absolutamente nada que possa fazer objeção a respeito das referências a Arthur nos *Annales*. Todos os outros nomes nos *Annales* são de personagens históricas reais. O estilo dos registros feitos acerca de Arthur não é diferente daqueles, por exemplo, referentes às guerras de Cadwallon. É impossível, não pensar que se os *Annales* eram a única fonte além de Bede e Gildas, a existência dele como o vitorioso de Badon teria sido considerada certa.

Aprendemos que os *Annales* tiveram sua origem em anotações na margem de uma tabela de datas da Páscoa baseada em um grande ciclo de 532 anos. Como sabemos, falhas na escrita poderiam tornar quaisquer cálculos impossíveis. Embora os anos sejam marcados em décadas a partir do início do ciclo, na sua forma corrente, algumas décadas podem ter onze anos, algumas nove e outras dez. A Páscoa é mencionada no primeiro registro e novamente cerca de 220 anos depois, quando é pela primeira vez celebrada entre os saxões. Naquele ano, houve uma segunda batalha de Badon. Alguns registros são sobre a natureza do "nascimento de São Columba" (cinco anos após a primeira batalha de Badon), mostrando que não foram compilados, no estilo de diário, no dorso do livro de serviço religioso de algum monge, mas construídos depois dos eventos, como os antigos registros de *As Crônicas Anglo-Saxônicas*. Como os registros abordam melhor épocas registradas, podemos fixar a cronologia não localizada ao contrário em vários pontos. Estes não são sempre o que esperamos, e, em alguns casos, são muito deficientes. A batalha de Chester, que esperamos encontrar no ano 603 aproximadamente, parece ter ocorrido dez anos mais tarde. Esse é um erro fácil de explicar, causado pela colocação do evento na década seguinte numerada. O que, entretanto, devemos fazer com registros como a primeira Páscoa Saxônica aparentemente em 665, ou a conversão de Constantino ao Senhor por volta de 587?

A batalha de Badon está anotada em torno de 516, cinqüenta e nove anos depois da morte de São Patrício (informação retirada dos Anais irlandeses). Isso mostra, uma vez mais, a independência dos *Annales* da *Historia*. Nennius usou a frase "Naqueles dias", ligando a história de São Patrício à de Arthur. Na época em que os *Annales* eram compostos, algumas versões da *Historia,* incluindo a Revisão Vaticana, a seção de São Patrício foi removida para depois da batalha de Badon. Da mesma forma, não há absolutamente nada sobre as guerras saxônicas travadas até Badon, nem a respeito de Ambrosius ou Vortigern. Como os *Annales* fazem parte do Manuscrito harleiano, é possível ler o material cronográfico inacabado no fim da *Historia*, pondo, por exemplo, Ambrosius e Guitolin como conectados a eles. Se é assim, o escritor foi incapaz, apesar dos cômputos, de calcular uma posição para Ambrosius relativa aos outros anais. Não há sequer uma menção aos saxões até cem anos depois do tempo de Arthur.

Traduções modernas dos *Annales* dão a impressão de que datas como Badon 516 ou Camlann 537 devem, na verdade, ser encontradas ali. De fato, há grandes variações entre as possíveis datas para tais eventos. Poderíamos iniciar com uma das datas posteriores, como a da morte do rei Edmundo (ano 503), relatada nas várias *Crônicas Anglo-Saxônicas*, manuscritas até 947, que adiciona ou subtrai um ano, depois conta para trás. Isso de fato situaria a batalha de Badon (ano 72) em 516, adicionando ou subtraindo, outra vez, um ano. Sobre esse intervalo de tempo, anos-fantasmas surgem nos *Annales*, pois algumas décadas recebem onze anos. Se a contagem das décadas está errada, mas o número de anos individuais está certo, então Badon se situaria em 510.

Se, entretanto, Badon aconteceu em 516, então a batalha de Chester (169) está situada dez anos depois do imaginado, considerando Bede. A dar crédito aos *Annales* antigos, que põem a batalha de Chester em 603, como faz Bede, Badon seria inserida em 506. Porém, se a morte de Edwin no ano 186 está ligada à de Bede em 633, Badon teria ocorrido em 519. Alternativamente, poderíamos trabalhar para a frente, a partir do Papa Leão, alterando a Páscoa em 455, o que nos leva à batalha de Badon em 518.

Todas as possíveis datas dos *Annales* parecem posteriores ao que esperaríamos encontrar na *Historia,* em que Arthur luta contra o filho de Hengist logo após a época de São Patrício. Eles se ajustam melhor à idéia de que Arthur era um adversário de Octha, o neto de Hengist, e que a sua carreira finaliza exatamente antes da chegada de Ida na Bernícia, em meados do século VI.

Há duas entradas sobre Arthur, dentre três, na parte anterior dos *Annales,* que relaciona eventos seculares na Bretanha. Esses três registros têm intervalos de dez ou vinte anos. O ligeiro descuido de Badon em relação a Camlann (21 em vez de de 20) é explicado pelo fato de que foram dados onze anos, por acidente, à década anterior. Esses espaços regulares sugerem como o elaborador dos *Annales* o fixou no resto da cronologia. As ligação é o início do reinado de rei Edwin de Deira. Isso resulta em "101" anos (que, sem o ano-fantasma, são exatamente cem anos) depois da batalha de Badon. O material Arthuriano do noroeste poderia ter passado por esse sincronismo, ou poderia apenas ter sido toscamente estimado ("cem anos antes do de Edwin"), tendo origem com o elaborador dos *Annales*. O reinado de Edwin, quando a cristandade foi trazida pela primeira vez à Nortúmbria, inicia o material histórico de Bede que nos é familiar, que, por sua vez, se vincula à carreira do oponente de edwin, do Norte da Gália, Cadwallon, que figura proeminentemente nos *Annales*. A ligação com o reinado de Edwin é fácil para o elaborador dos *Annales* escrever. Ele simplesmente anotou os eventos britânicos relacionados dois anos depois do número de décadas contabilizadas. Isso, por si só, leva o escriba à confusão, já que o copista foi inconsistente, como se as contas das décadas numeradas pudessem ser contabilizadas como anos.

O terceiro dos registros seculares na seqüência Badon-Camlann é feito dez anos após Camlann, em torno de 547 (537 a mais antiga e 550 a posterior): "Havia uma grande epidemia de peste bubônica, durante a qual Mailcun, rei de Genedota (Gwynedd/norte de Gales), morreu." Esse rei aparece duas vezes mais no Manuscrito harleiano. Na *Historia*, imediatamente depois da passagem de Outigirn e dos poetas britânicos, Neirin, Taliessin e os outros, lemos "Mailcunus reinou como um grande rei entre os bretões, que fica na região Guenedota". A sua descendência de Cunedag da tribo Gododdin é então citada.

No Manuscrito harleiano está incluída uma série de genealogias. Estas datam do mesmo período que os *Annales*, e podem estar relacionadas a eles, embora não apareçam juntas em nenhum outro manuscrito. A primeira das genealogias é de Ouen, que traça a sua descendência por meio de seu pai Higuel (Hywel, o Bondoso) e dos reis de Gwynedd, retrocedendo até Mailcun, Cuneda(g) e além. Nos *Annales*, a morte de Higuel é registrada três anos depois de Edmundo da Inglaterra, que foi em 950. Mailcun é mostrado como o antepassado, cinco gerações antes do rei Catgollaun (Cadwallon) de Gwynedd, adversário dos reis da Nortúmbria. Nos *Annales*, sua morte é registrada como aproximadamente 631, e é datada por Bede em 634. Esse parece um espaço de tempo aceitável.

A ligação dessas personagens à linha dinástica de Higuel é incerta. Nossa primeira impressão é a de que há gerações demais. As datas de morte para os antepassados de Higuel são dadas nos *Annales* até seis gerações prévias até chegar em Rotri, que morreu 196 anos antes – uma média razoável de 32-66 anos por geração. Rotri, entretanto, é citado como bisneto de Cadwallon. Se a mesma média é continuada para trás por sete gerações além de Rotri até Mailcun, esperamos encontrar a morte de Mailcun em torno de 470, muito antes da sua posição na *Historia* ou nos *Annales*.

A genealogia de Higuel parece ter sido construída pela combinação dos seus comprovados ancestrais retrocedida até Rotri com algumas antigas figuras famosas dos *Annales*: Cadwallon e Catgualart, Iacob, filho de Beli, e Mailcun. Onde há um longo intervalo entre os registros dos *Annales*, uma outra figura (Iutguaul, Catman e Run) não mencionada nos *Annales* é inserida na genealogia, um processo que aparentemente inflou o número de gerações. A genealogia cria a ilusão de que uma única dinastia hereditária governou Gwynedd desde pelo menos a época de Mailcun e que Higuel e Ouen estão na sua linha de descendentes. Sabemos que isso não é verdade. Depois da morte de Rotri, um certo Caratauc foi rei da região. Uma genealogia diferente lhe é dada, trilhando sua linhagem para trás até o avô de Mailcun.

Disjunções como essas tornam difícil dar crédito às demais genealogias. Algumas são claramente falsas. É improvável que a esposa de Hywel descenda de um Dimet não comprovado ("homem de Dyfed"), filho do Imperador Maximus, e uma total inverdade que Maximus era descendente em oito gerações de Constantino, o Grande.

Muito peso tem sido atríbuido a eles por causa da importância da genealogia na Gales medieval. Os galeses normalmente recebiam os nomes dos seus pais como sobrenome. Entretanto, isso não parece ter acontecido no século VI. Nenhum dos tiranos que Gildas condena recebem patronímia, nem aparecem na pedra memorial de Voteporix. No *Y Gododdin,* muitos guerreiros não têm patronímia. Na *Historia* apenas Vortimer, "filho de Vortigern", é nomeado dessa forma. Nos *Annales,* o primeiro bretão a receber patronímia é Selim, filho de Cinan, no ano 169. Antes dele, apenas dois líderes irlandeses, Gabran, filho de Dungart, e Aidan map Gabran as têm. Nem mesmo o nome do pai de Cadwallon, no século VII, aparece nas fontes mais antigas.

Nas genealogias de Higuel, a esposa Elen e Caratauc têm planos similares. Mailcun é citado na mesma geração que Cincar, filho de Guortepir (Vortiporius) e Cingias (Cuneglassus). A informação de que Mailcun e Cuneglassus são contemporâneos e que Vortiporius é uma geração mais velho harmoniza-se com o que foi registrado por Gildas, e poderia ter derivado dele. Os nomes "Arthur" e "Outigirn" aparecem nas genealogias, mas em contextos que tornam claro que eles não são os mesmos líderes de guerra do fim dos séculos V e VI. Arthur é listado muito mais recentemente que Mailcun, e Outigirn muito antes.

A importância dessa informação é que Mailcun era indiscutivelmente uma pessoa real da geração seguinte a Monte Badon. Ele era um contemporâneo condenado por Gildas, usando a versão do século VI de seu nome, Maglocunus.

Maglocunus e Maelgwn Gwynedd — Duplo Padrão na Idade das Trevas

Praticamente todo historiador que estuda o período, não importa o quanto seja cético a respeito de Arthur, toma como certo que Maglocunus é Mailcun ou, no galês moderno, Maelgwn Gwynedd. Isto é, aceita que o Maglocunus de Gildas foi um governante do século VI de Gwynedd, e provavelmente um ancestral da dinastia de Gwynedd. Mesmo o mais lúcido historiador está preparado para construir argumentos complexos a respeito da localização de Gildas ou do governo da Bretanha sub-romana baseado nessa equação.

Inequivocamente, Maelgwn Gwynedd é uma figura da escrita histórica dos séculos IX/X, da mesma forma como Arthur é o líder de guerra. Ele é encontrado exatamente nas mesmas fontes, *Historia Brittonum* e *Annales Cambriae,* com todas as suas limitações. Gildas não faz menção ao reinado de Gwynedd de forma alguma; e menos ainda diz que Maglocunus é o seu rei, informação que deriva das mesmas fontes que nos contam que Arthur foi o líder dos bretões em Monte Badon. Em alguns casos, Gildas nomeia o homem, Maglocunus, sem citar o local, em outros, nomeia o local Mons Badonicus, sem nomear o homem. A lógica é que Maglocunus deve ter sido rei de algum lugar, e que Gwynedd deve ter tido um rei, portanto, não há razão para não aceitar a tradição do século IX de que Maelgwn foi rei de Gwynedd, o que pode ser aplicado com igual força a Arthur. Alguém conduziu os bretões unidos ao cerco do Mons Badonicus. A única pessoa que os bretões dizem ser o líder era Arthur, e tampouco temos razão para não aceitar essa tradição. Ao contrário, os argumentos a favor de Arthur conduzindo os vitoriosos bretões são mais fortes do que aqueles usados para Maelgwn Gwynedd Maglocunus.

O fato de Maglocunus ser citado em Gildas como o líder em Badon nada acrescenta à força do argumento. Ambrosius também é citado por Gildas, mas isso não nos permite inferir que ele realmente tenha sido o órfão da profecia que previu vermes mágicos sob a fortaleza de Vortigern. Embora Gildas tenha muito a dizer a respeito de Maglocunus, cujo material não aparece na *Historia* ou nos *Annales*, é simplesmente o seu nome que é usado naquelas fontes posteriores.

Nos séculos IX e X, Arthur serviu a propósitos políticos nada óbvios, além de oferecer aos bretões a idéia reconfortante de que um dos seus líderes havia lutado com sucesso contra os ingleses. Nenhuma dinastia contemporânea proclamou ser descendente dele, ou o reconheceu como parte de uma linhagem parental. Nenhum estado galês do período o teve como filho nativo ou o usou para justificar as suas reivindicações territoriais. A sua condição e os locais das suas batalhas não têm relação com as realidades políticas de sua época.

O mesmo não acontece com Maelgwn Gwynedd. Na época da *Historia,* e ainda mais para os *Annales* e as Genealogias Harleianas, os governantes de Gwynedd eram inegavelmente os mais importantes governantes britânicos. Não é surpresa que eles tenham adotado o mais importante tirano de Gildas, Maglocunus, como seu ancestral. Depois de todos os crimes dos quais Gildas o acusou – lutas com rivais, ouvir cantores elogiosos e recompensar os guerreiros – era provável conciliá-lo com o público da Idade das Trevas.

É completamente concebível que as referências a Maelgwn tenham sido alteradas para se ajustarem a uma lista de atividades contemporâneas do norte de Gales. Claro está que Nennius tenta, um tanto custosamente, inserir Maelgwn em um contexto do norte de Gales. Enquanto fornece sincronismos britânicos para o reinado de Ida, ele escreve "então, naquela época, quando Outigirn lutava corajosamente... e Talhearn, Pai da Inspiração, era famoso pela sua poesia e Neirin e Taliessin e Bluchbard e Cian ao mesmo tempo eram famosos pela poesia britânica, Maelgwn, o Grande Rei dos bretões, reinava". Por causa disso, ele acrescenta a transparente interpretação "que fica na região de Gwynedd", que é claramente uma adição, não apenas porque é desajeitada, mas porque é imediatamente contradita pelo resto do trecho. Maelgwn é um descendente de Cunedag, que 146 anos antes viera das terras de Gododdin para expulsar os irlandeses "dessas regiões". Que regiões eram essas? "Os filhos de Liathan prevaleceram na terra dos Demetians e em outras regiões, isto é, Guir Cetgueli (Gower Kidwelly), até serem expulsos por Cuneda e pelos seus filhos de todas as regiões britânicas"; sul de Gales e não norte de Gales.

Essa é *a* evidência para Maelgwn Gwynedd – pouco estimulante. A *Historia* mais tarde trata dos feitos de Cadwallon, rei de Gwynedd, sem dar nenhuma indicação de que ele fosse um descendente de Mailcun. Essa informação é dada apenas nas Genealogias harleianas, em que não só aqueles dois reis, mas também Cuneglassus, Vortiporius, Magnus Maximus, Constantino, o Grande, e muitas outras figuras da história são revidas nas árvores da família de Higuel, o Bondoso, e da família real de Gwynedd.

Os *Annales* reforçam a visão de que Maelgwn é rei de Gwynedd: "A Grande Peste, durante a qual Mailcun, rei de Gwynedd, morreu." Não causa surpresa encontrá-lo aqui, dada a proeminência dos reis de Gwynedd nos outros registros. Uma vez mais, uma fonte idêntica é usada pelos historiadores para confirmar que "Maelgwn Gwynedd" é o tirano Maglocunus, que estamos usando para identificar Arthur como o líder dos bretões em Mons Badonicus. Enquanto a evidência para Maelgwn Gwynedd é equívoca, aquela relacionada a Arthur oferece uma evidência útil e plausível que sustenta o que sabemos por Gildas. Depois dos *Annales,* as lendas galesas e as *Vidas dos Santos* dão a Maelgwn Gwynedd tratamento similar ao dado a Arthur, o que não deveria diminuir a nossa crença na historicidade.

Não argumento que a *Historia* esteja errada em ligar Maglocunus com o norte de Gales. Acredito, em vez disso, que o caso para a atribuição da vitória do Monte Badon a Arthur seja muito mais forte, por interesses dinásticos óbvios. Não há razão contrariando para que ambos os fragmentos de informação não apareçam nos registros escritos do século IX da *Historia Brittonum,* depois de terem sido preservados desde o século VI. Entretanto, os historiadores não podem entender isso à sua maneira. Se Arthur tivesse de enfrentar desafios encobertos para a sua existência, o mesmo deveria ocorrer com Maelgwn Gwynedd, e se Maelgwn Gwynedd pôde ser aceito em uma igualdade de probabilidades, então o mesmo deveria acontecer com Arthur.

A Lista de Batalhas

Essa lista parece ser destinada a mostrar que Arthur lutou pela Bretanha. Podemos inferir que ela combina locais do nordeste, da área de Kent e do Vale do Severn e regiões adjacentes, pelo menos. A maioria dos locais de batalha é desconhecida, sugerindo que ficam na Inglaterra, agora com nomes ingleses. Algumas indicações podem, entretanto, ser feitas a partir da pouca informação dada.

Muitas das batalhas são travadas em rios. Logicamente, as batalhas ou têm rios atravessando o caminho, como uma barreira, ou os soldados seguem ao longo deles como rota de invasão. Em qualquer dos casos, Arthur e os bretões poderiam atacar ou se defender. Se a campanha tentasse atravessar o rio, então Arthur ou atacaria o território saxão ou manteria as forças no rio para evitar uma travessia dos saxões. Como alternativa, ele poderia usar o vale do rio como linha de avanço rio abaixo para o território saxão, ou bloquear o avanço saxão rio acima. A presença saxônica nas áreas litorâneas, com bretões nas terras altas, torna inevitável que os rios fossem usados dessa forma.

A batalha no rio Glein teve lugar na sua "boca". Os galeses usavam a mesma palavra para boca ou confluência, sendo esta última uma possível leitura. É improvável que ambos os lados estivessem tentando forçar uma travessia no mesmo local, de forma que essa deve ter sido uma batalha ao longo do rio, portanto, uma investida no território saxão na costa leste. Há dois rios Glen na Inglaterra, um na Nortúmbria, outro em Lincolnshire. Ambos ficam em zonas de guerra plausíveis, com o balanço a favor do Glen da Nortúmbria, que é citado por Bede e corre pelo atual centro real ânglico, anteriormente britânico, em Yeavering. Nenhum dos dois Glen tem afluência de grandes rios. Talvez o nome Glen tenha sido atribuído originalmente pelo ramo principal que desce para o mar, ou talvez tenha sido de fato em função da confluência.

O caso do Glen de *Lincolnshire* é apoiado pela descrição das batalhas seguintes como ocorridas na "região de Linnuis". Considera-se o rio, pela ligeira similaridade de nomes, como situado na região de Lindsey em Lincolnshire, embora nenhum rio Dubglas seja encontrado lá. Já que Arthur foi vitorioso em todas as suas batalhas, as quatro batalhas no Dubglas devem ter sido defensivas, evitando a travessia dos saxões, ou parte de uma campanha rio abaixo. Se Arthur estava tentando atravessar o rio, então, por definição, as batalhas não poderiam ser todas vitoriosas. Um local um pouco melhor, a região de Lindinis, em Somerset, é examinado abaixo.

A sexta batalha foi no rio Bassas que, como o Dubglas, é desconhecido. Os dois nomes rimam, o que pode sugerir que Nennius os encontrou juntos em uma fonte em verso. Isso, por sua vez, pode implicar que ficavam na mesma área. Além disso, podemos apenas imaginar em quais cenários ribeirinhos ela se desenrolou.

A sétima batalha foi na Floresta de Celidon. Essa é a única batalha de cuja localização podemos ter certeza. Era algum lugar bem ao norte da Muralha de Hadrian. Supomos que aqui os bretões tenham ficado na defensiva, já que a floresta é uma região no interior com algum potencial para povoados saxões. Essa falta de povoados é uma boa evidência para uma vitória britânica contra os saxões. A área era o centro de atividade inglesa a partir de meados do século VI e não há razão para pensar que eles simplesmente evitaram a área cinqüenta anos antes.

A batalha seguinte nos dá a evidência inequívoca de que Arthur era um cristão. Ele carrega a imagem da Virgem Maria nos ombros. O cenário da batalha, Castellum Guinnion, é considerado uma fortificação romana. O resultado da batalha é que os pagãos são expulsos, e podemos entender que os bretões são defensores. Se os saxões estavam no *castellum*, não teriam para onde fugir. O melhor palpite é que Guinnion é Vinovium (Binchester, Country Durham), portanto, parte do cenário do nordeste. Fica perto de Catterick/Catraeth.

A nona batalha, na Cidade das Legiões, deve também ser interpretada como uma defensiva britânica. Sobre a evidência da lista de cidades, é mais provável que seja Chester, que só caiu nas mãos dos saxões no século VII. Caerleon é uma alternativa viável. Também pode derivar de uma fonte do sul de Gales. Nenhuma das batalhas restantes se mostra no norte, e pode ser que Nennius tenha citado oito batalhas de uma fonte do nordeste, seguidas por quatro fontes do sudeste.

A décima batalha, travada à beira do rio Tribuit, e a décima primeira, na colina chamada Agned, são, com a Cidade das Legiões, as únicas às quais um escritor do sul de Gales se sentiu confiante para dar um nome na língua galesa.

Agned pode ou não ter sido a mesma que Bregomion. Um local no norte para ela foi sugerido, embora Branogenium (Leintwardine, em Herefordshire) se ajustasse melhor aos padrões do sul de Gales. Se Agned fica na região do sul de Gales, supomos que os bretões a estão defendendo. A menos que Arthur tenha adquirido o hábito de cair em armadilhas em tais situações, a inferência mais sensata é de que ele tenha levado reforços para resgatar os bretões cercados.

Nenhuma das batalhas parece ter ocorrido na região de Kent. Podemos atribuir locais desconhecidos a Kent, mas isso seria um trabalho de intuição por completo. Sobre a evidência, a fonte da região de Kent pode ter feito não mais do que se referir às guerras de Octha, sem dar os nomes das batalhas.

A décima segunda batalha foi na colina de Badon, uma famosa vitória relembrada por ter assegurado paz e um virtual final dos ataques saxões. Os *Annales* usam essa batalha para relatar a afiliação cristã de Arthur. Aqui Arthur carregou a cruz por três dias e noites, de forma que se pode depreender a idéia de cerco, como descrito por Gildas.

A história de Arthur como líder de guerra dos bretões unidos por volta do ano 500 é consistente internamente com as outras fontes. Nada há de implausível sobre ela. Alguém liderou os britânicos até o verdadeiro cerco de Mons Badonicus. A *Historia Brittonum* e os *Annales Cambriae,* ambos citam independentemente que o seu nome era Arthur. Devemos admitir que Arthur não executou os feitos dessa história como um fato único, mas que ele tinha uma carreira militar nas guerras entre bretões e saxões precedentes a essa. As batalhas atribuídas a ele não são (exceto Badon) famosas pela busca de um líder reconhecido.

A *Historia* e os *Annales* dizem que Arthur foi a vitória britânica no Monte Badon. Eles nada têm em comum. Temos todas as razões para supor que foram compostos independentemente. Nem os *Annales* nem a *Historia* têm conhecimento detalhado de Gildas. É muito improvável que as suas versões de Badon tenham derivado dele. Provavelmente, ambos tinham uma vaga familiaridade com a História de Bede, mas Bede achava que Ambrosius fora o vitorioso. Os *Annales* nem mesmo mencionam Ambrosius, pelo menos em nenhum contexto após 455. A *Historia* menciona, e se Bede era a única fonte para Badon, ela logicamente teria ligado a grande batalha a Ambrosius. O trabalho de Nennius não é um argumento poderoso a favor do seu uso independente de uma tradição preexistente.

Onde Ficava o Mons Badonis?

Seria o cerco ao Mons Badonicus de Gildas realmente o mesmo que a batalha de (Mons) Badonis na *Historia* e nos *Annales*? Precisamos rebater essa questão diretamente, já que ela é a pedra de toque para a existência de Arthur como personagem histórica. Veremos a descrição de Gildas das guerras saxônicas mais tarde. É suficiente para o momento sabermos que elas culminaram no cerco do Mons Badonicus. *Mons* significa colina ou montanha. Gildas usa *Collis,* que significa especificamente colina em outros contextos, provavelmente pensando em *Mons* como algo maior. Alguns escritores, normalmente por uma solicitação especial para favorecer um local, traduzem-na como "terra-da-colina"[5]. Por sua conta, poderia ser assim, mas é difícil imaginar como alguém poderia levantar um cerco em uma terra-da-colina!

Badonicus é um adjetivo que descreve o tipo da montanha – uma montanha *Badonic, Badonish ou Badonian.* Gildas usa essa forma de adjetivação apenas uma vez em outra parte, quando descreve a área em meio aos mares da Bretanha como *Gallia Belgica* – Gália Belga. O entendimento razoável é de que essa colina se situa em uma região ou em um

---

5. N.T. Do original: "hill-country"

local chamado Badon. Essa é uma construção muito incomum, já que o nome da própria colina é "Badon".

Podem ser feitas mais inferências a partir do texto de Gildas. Já sabemos que os bretões fugiram para as colinas (usando a forma *colles*). Entendemos, portanto, que os bretões são aqueles cercados em uma colina badônica.

Embora seja possível que um cerco malsucedido fosse destruído pelos saxões, é improvável que fossem esses os resultados catastróficos que Gildas descreve. Dado que Gildas acha que a retirada da fortificação é, em si, irracional, temos de concluir que não foi uma tática usada pelos vitoriosos bretões nesse caso. A inferência óbvia é que os vitoriosos foram as tropas de reforço que romperam o cerco de uma posição estratégica britânica na área badoniana.

É improvável que Gildas quisesse dizer que a colina em Badon era ela própria um importante centro ou fortificação. Ele dispunha de palavras como *urbs* (cidade), *castellum* ou *receptaculum* (fortificação), que poderia ter usado caso fosse essa a sua intenção, em vez do neutro *mons*. A evidência arqueológica mostra que os fortes em colinas do período normalmente ficavam sem uso residencial ou militar por séculos. É possível que eles já não tivessem nomes.

Na *Historia Brittonum, Bellum* significa batalha, em vez do seu significado clássico de guerra. *Badonis* significa de Bado ou de Badon, entendido como o nome de uma pessoa ou de um local. Comparemo-lo com *Celidonis* anterior na lista – a floresta de Celidon. O escritor não está dizendo que a colina era chamada Badon, mas sim a região, assim como não é a floresta que se chama Celidon, porém o local. Ele era perfeitamente capaz de descrever verdadeiramente o nome de uma colina. A batalha anterior havia sido na colina chamada Agned.

O último fragmento de evidência de que a colina fica em Badon e não tinha o nome de Badon vem dos *Annales*, em que o início do combate é "Bellum Badonis" – a batalha de Badon, que não menciona a sua colina. Essa batalha parece ter levado três dias e noites, indicando um provável cerco, como disse Gildas. Não há nada que nos faça pensar que as fontes não se referem todas à mesma batalha.

Para a sua localização real, talvez devamos olhar para a parte sudoeste da Bretanha, a leste de Dumnonia, lugar pelo qual Gildas e Nennius compartilham um interesse geográfico. É provável que Nennius tenha encontrado informações sobre a batalha também em uma fonte do sul de Gales, que viria para dentro da área de interesse de Gildas, ou no material da região de Kent, uma versão essencialmente romantizada da história contada por Gildas.

Dentro dessas áreas, procuramos por um local ou região chamada Badon com uma colina, provavelmente extensa, fortificável, quiçá com uma fortificação dos séculos V/VI. Não procuramos por uma colina chamada

Badbury. Badbury não significa uma colina perto de Badon. Significa uma fortificação nomeada depois (como apoio ao argumento) de Badon. Essa seria a tradução para o inglês de um britânico Din Badon ou de um latino Castellum Badon, não Mons Badonis/Badonicus.

 Nós realmente temos um indicador significante para a localização da batalha de Badon, ou pelo menos onde o escritor dos *Annales Cambriae* acreditava que ela tivesse ocorrido. Aproximadamente 150 anos depois da vitória de Arthur (o número arredondado pode ser o resultado de um sincronismo deliberado), em torno de 665, é registrada "Bellum Badonis Secundo" – a segunda batalha de Badon. As batalhas desse período nos *Annales* são travadas entre os habitantes do norte de Gales e os mercians, e os nortúmbrios.

 Bede apresenta as circunstâncias de tais batalhas. O seu povo, os anglos da Nortúmbria[6], estava lutando contra os Mercians que ainda não se haviam convertido ao cristianismo, e os seus aliados do norte de Gales. Embora haja muita confusão a respeito dos nomes das batalhas e como as de Bede se relacionam àquelas da *Historia* e dos *Annales,* Bede nada registra que pudesse validar a ocorrência de uma segunda batalha de Badon em torno de 665. Bede sabia, por Gildas, da primeira batalha de Badon, e poderia ter mencionado, caso soubesse a respeito, uma segunda. Os *Annales* registram que a primeira Páscoa saxônica foi no mesmo ano que a Badon II. Isso poderia ser uma impressão enganosa do Sínodo de Whitby, sobre a controvérsia da Páscoa, em 664.

 Isso sugere que devemos vislumbrar, fora da área de interesse de Bede, uma segunda batalha. *As Crônicas Anglo-Saxônicas* cobrem as guerras das quais Bede tem pouco ou nenhum conhecimento, aquelas do saxões do oeste. Bede relata como Wulfuere de Mercia estabelece a sua hegemonia sobre os saxões do sul e a Ilha de Wight. *As Crônicas Anglo-Saxônicas* continuam a história com a batalha de Wulfuere com Aescwine, rei de Wessex. Esta última é de 675, o ano em que Wulfuere morreu, de acordo com Bede; entretanto, essas datas antigas para a história saxônica do oeste dificilmente podem ser estabelecidas com precisão. *As Crônicas* as divulgam com regularidade, talvez para dar aos saxões do oeste uma presença mais consistente nos registros antigos. Poderia ser que a batalha de Wulfuere com os saxões do oeste fosse na verdade parte da sua campanha sulista dez anos antes.

 Os mercians lutaram com os saxões do oeste em Bedanheafod, que significa Bedan – cabeça. Isso parece mais que coincidentemente similar à segunda batalha dos *Annales.* "Cabeça" poderia facilmente se referir a uma colina ou montanha. Poderíamos, nesse registro, estar procurando pelo nome inglês para o Mons Badonicus?

---

6. N.T: Os anglos são um antigo povo germânico que colonizou o norte e o centro da Inglaterra. A Nortúmbria era um antigo reino anglo-saxão localizado no norte do país.

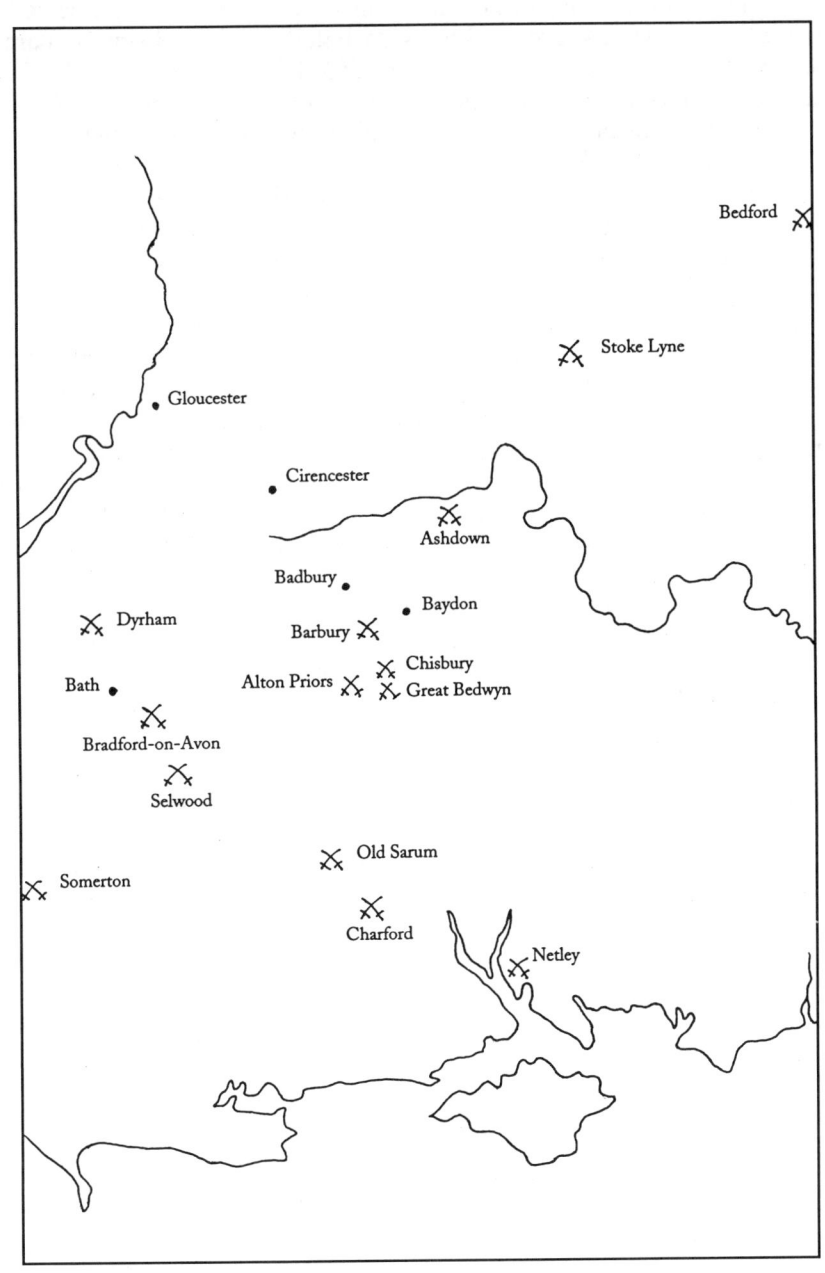

2. À procura do Monte Badon

Onde, então, se situava Bedanheafod? A lógica diz que ficava em algum lugar da fronteira com os mercians ou com os saxões do oeste, ou em Wessex, dadas as circunstâncias da batalha. Além do mais, para a batalha entre dois reis saxões estar no mesmo lugar que uma batalha anterior entre os saxões e os bretões, esse lugar deveria ser, no ano 500, em algum território britânico disputado, mas em torno de 675 estava fora da esfera britânica.

Na época de Bede, os saxões do oeste ficavam nas fronteiras de Hwicce em Gloucestershire e Somerset no oeste, mas esta é toda a evidência que temos. Os Hwicce não fundaram um reino duradouro no século VIII, e a sua história permanece, portanto, desconhecida.

Conforme *As Crônicas Anglo-Saxônicas* repetem, durante a primeira metade do século VI, os saxões do oeste haviam se espalhado até Netley e Charford. Em 552, eles estavam em luta com os bretões a oeste da sua fronteira, primeiro tomando Old Sarum, depois Barbury em Wiltshire. Em seguida, mudaram-se do norte para Bedford, movimentando-se pelo vale do Tâmisa em 571. Então, o ano 577 viu a importante vitória em Dyrham que assegurou Gloucester, Cirencester e Bath. A fronteira foi definida mais adiante pelas batalhas em Alton Priors, em Wiltshire, e Stoke Lyne, em Oxfordshire.

Aproximando da nossa data (665/675), vemos as 614 batalhas em Beandun (desconhecido), 648 hegemonias sobre Ashdown (Berkshire) e 652 lutas em Bradford-on-Avon. Em 658, a vitória sobre os galeses deu aos saxões do oeste Penselwood até Parret em Somerset. Em torno de 709, sua expansão para o oeste tinha levado à criação de duas dioceses entre eles, divididas entre leste e oeste pela floresta de Selwood. Selwood tem Barbury e Old Sarum de um lado e todos os locais cuja expansão ocorreu após Dyrham, do outro. Sentimo-nos tentados a vê-la como uma marca divisória entre o velho e o novo território dos saxões do oeste. Os bretões permaneceram em todo o resto de Somerset até a queda de Somerton, em 733.

Nada há de absolutamente certo a respeito dessa cronologia, ou mesmo acerca da identidade dos beligerantes. Poderíamos esperar que outros povos saxões, como os Hwicce, fossem aqueles a estender as fronteiras, não os saxões do oeste. A impressão, entretanto, é que a área que passou do controle britânico para o saxão por 150 anos é Wiltshire, o norte de Somerset, Gloucestershire, bem como o vale do Tâmisa, de Berkshire até Oxfordshire. São muitos os lugares onde poderíamos encontrar o Mons Badonicus. Pelo que vemos em Gildas, não é improvável que a Mons Badonis e a Bedanheafod tenham sido travadas no mesmo lugar. Plummer sugeriu (1892-9) que Bedanheafod era (Grande) Bedwyn, Wiltshire. Embora não haja continuidade de nomes – Bedanheafod não é encontrada em nenhum outro lugar nesse registro de *As Crônicas* –, o local é surpreendentemente bom. A própria Bedwyn fica no vale de um rio, mas o seu ponto mais alto, ou colina, é logo ao noroeste dela, e abriga um forte agora denominado

Chisbury. Chisbury domina todas as rotas de aproximação e constituiria, por exemplo, uma barreira à expansão saxônica. Fica, além do mais, no extremo leste da Floresta de Savernake, um obstáculo para entrar nos tempos modernos. Colinas fortificadas e florestas densas são exatamente as posições defensivas que Gildas descreve como adotadas pelos bretões. Grande Bedwyn também fica extremamente perto do grupo daquelas com nomes iniciados com "Bad". Badbury e Baydon eram usados para sustentar o argumento que apontava para Liddington.

A Morte de Arthur

É esperar demais que Arthur, um líder de guerra, pudesse morrer na própria cama. Gildas não diz o que aconteceu ao vitorioso de Badon, mas podemos imaginar o provável cenário. Embora as guerras externas tivessem cessado, as civis continuaram a ser combatidas até a própria época de Gildas. A *Historia Brittonum* indica que Arthur estava envolvido em uma disputa civil, repetindo a tradição em Ercing, que matara o próprio filho.

Os *Annales Cambriae* dizem que Arthur foi morto em *Gueith Camlann* vinte ou vinte e um anos depois de Badon, tempo suficiente para ele ter criado o seu filho para a luta. Lado a lado, Arthur abateu Medraut. Todas as versões subseqüentes da morte de Arthur tornaram os dois adversários. Parece provável ser essa a intenção do elaborador dos Annales.

Onde ficava essa Camlann? Talvez se situasse em área britânica. Embora tenhamos usado o túmulo de Anir em Ercing para localizar Arthur, reconhecemos que a disputa civil precisava ser levada a cabo na região de quaisquer participantes. Os tiranos perseguiram ladrões por toda a região, se necessário, conforme Gildas.

Camlann poderia ficar em uma das regiões do sul de Gales, das áreas noroeste ou de Kent, onde ocorreram as lutas de Arthur contra os saxões. Estou mais inclinado a pensar que a batalha se deu em outro lugar, justamente porque Nennius não sabe nada a seu respeito. O seu nome, *Gueith Camlann,* em oposição a Bellum Badonis, pode indicar uma fonte galesa/britânica de tradição contínua. Enquanto o Monte Badon era mais ou menos desconhecido da tradição galesa, havia um rico veio de material lendário relacionado à batalha de Camlann. Badon, muito provavelmente, passou para o controle britânico por volta de 665. Podemos supor que Camlann, no entanto, ainda era uma localidade britânica viva naquela época.

Embora o nome Camlann na verdade signifique "cerca tortuosa"[7], há um consenso de que ele realmente deriva do britânico "Camboglanna" – riacho/vale tortuoso (Alcock 1971). Há um lugar conhecido que nasceu com esse nome no período romano: o forte de Castlesteads, ao lado da Muralha de Hadrian. Camboglanna foi, de fato, mantida durante o século VI. É

---

7. N.T. Do original: *crooked enclosure*.

possível que a morte heróica de Arthur em um forte romano do norte seja uma das características que ele tinha em comum com Guaurthur de *Y Gododdin*. A nortista Camboglanna tem, portanto, uma evidente possibilidade de ser a última batalha de Arthur.

Há, porém, algumas alternativas. Existe uma Camlan na Gales moderna, o lado do vale acima de uma íngreme inclinação no rio Dyfi. Ela fica na rota principal entre Gwynedd e Powys. Acima há uma segunda vertente Camlan e o rio afluente Afon Gamlan (rio Camlan), um sugestivo conjunto de nomes. Gildas documenta guerras civis travadas além de Dyfed, presumivelmente no norte de Gales ou Powys, lideradas pelo tirano Maglocunus. É também perto o suficiente de Ercing para ser considerada parte do conflito de Gales, que viu Arthur matar seu filho e, logo, de Carn Cabal. Há uma distinta predominância do norte de Gales nos *Annales,* o que daria um acréscimo à plausibilidade dessa sugestão.

Há uma grande quantidade de outros riachos chamados Cam/Camel para sustentar as teorias regionais. Geoffrey de Monmouth foi o primeiro a especificar a localização para Camlann como um rio na Cornualha, a Camel moderna. A tradição situa a batalha em Slaughter Bridge, Camelford. Essa é a primeira sugestão de que Arthur poderia ter combatido em Dumnonia. Uma outra sugestão é Camel, ao lado do forte do sul de Cadbury, razão pela qual Leland a identificou com Camelot. Claro está que esse método, baseado na similaridade de nomes, é por demais impreciso. Pode-se ganhar mais precisão ao se reexaminarem os registros dos *Annales*.

Os anais mais antigos são baseados nos Anais Irlandeses compostos em 741. Onze registros britânicos são adicionados a esses anais, relatando acontecimentos até aproximadamente 613, tratando o primeiro de dois eventos Arthurianos. Depois disso, o foco dos *Annales* é óbvio. Os registros concentram-se primeiro nas guerras de Cadwallon do norte de Gales e dos nortúmbrios, antes de se deslocarem para o sul de Gales. Os *Annales* do início do século IX, pelo menos, parecem ter sido escritos em S. David. Kathleen Hughes (1973) identificou o primeiro estágio de composição como sendo entre 741 e 769. Se os registros Arthurianos datam desse período, eles seriam mais antigos do que a *Historia Brittonum*. Infelizmente, seu posicionamento anterior nos *Annales* não é necessariamente indicativo da antiguidade da sua composição.

Os onze registros estão situados como se segue: dois não localizados (Arthurianos), quatro do norte, três ou quatro do norte de Gales e dois ou três do sul de Gales (dependendo da consideração de Urbs Legion – Chester – como um posto nortista de Powys ou parte de Gwynedd). Um dos registros do sul de Gales sobre a morte do bispo Dubric na verdade parece derivar da fase de S. David, anexado a um registro originalmente do norte britânico.

A balança, portanto, pende para uma Camlann no norte de Gales ou no norte, mas se fossem atribuídas as localidades Arthurianas a qualquer uma das três regiões, isso criaria um desequilíbrio a seu favor. Precisamos de uma outra forma de análise para ter certeza.

Uma outra abordagem é observar as similaridades verbais entre os registros. A maior parte dos registros é muito sucinta. Os registos de Arthur se destacam em função da estrutura das suas sentenças e dos detalhes. Se as suas características lingüísticas particulares ocorrem em outros registros, isso pode dar um padrão apontando para uma origem comum. As características do diagnóstico a partir das quais podemos fazer comparações são: explanações de eventos como sendo aqueleles *quo/in qua* (em que) alguma coisa aconteceu; uso de *Gueith* para significar batalha; e os resultados da batalha sendo *corruit/ corruerunt* (ele/eles foram mortos) ou *fuit/victores fuerunt* (ele foi vitorioso/eles foram vitoriosos).

Essas características ocorrem com as suas datas aproximadas nestes registros:

516	Bellum Badonis, in quo Arthur ... et Brriton vitores fuerunt	não localizado
537	Gueith Camlann, in qua Arthur et Medraut corruerunt	não localizado
547	Mortalitas magna in qua pausat Mailcun	norte de Gales
613	legion Gueith Cair ...	norte de Gales
630	Gueith Meicen. ... Catguollaun autem vitorioso fuit	norte de Gales
631	Bellum Cantscaul in quo Catguollaun corruit	norte de Gales
644	Bellum cocboy em quo Oswald ... et Eoba ... corruerunt	norte da Bretanha
682	Mortalitas magna. .. in qua Catgualart ... obiit	norte de Gales
722	Bellum Hehil apud Cornuenses. Geuith Gartmailauc ... et Brittones vitores fuerunt	Cornualha
750	Id est Gueith Mocetauc	norte da Bretanha
760	Id est Gueith Hirford	sul de Gales
813	Bellum. .. Higuel vitor fuit	norte de Gales
844	Gueith Cetill	não localizado?
873	Gueith Bannguolou	não localizado?

O padrão é notoriamente claro. Refuta as acusações de que os registros de Arthur sejam adições posteriores baseadas na sua complexidade e estrutura. A grande maioria dessas construções e comprimentos similares se refere aos séculos VII e VIII e o estilo não é mantido além de 873. Quatro dos últimos registros de batalha são similares apenas no uso da palavra Gueith, duas vezes como uma interpretação para registros que provavelmente não a incluíam na origem.

Como é imediatamente visível, elas são características da fase de escrita do norte de Gales até 813. Todos, exceto um, são a respeito do norte de Gales (uma vez), ou os mercians e nortúmbrios participando das guerras do norte de Gales. A única exceção é a descrição detalhada das guerras na Cornualha, em 722.

Advertimos que Badon seja uma localidade do sul, mas para Camlann, sem nenhuma outra informação para nos orientar, devemos considerar que ela se encaixa ao resto do padrão. Embora a localização na Cornualha não esteja fora de questão, o equilíbrio da probabilidade é que Camlann tenha sido uma batalha travada no norte de Gales. Como há ali uma Camlann no norte de Gales perfeitamente plausível, em Dyfi, supomos que esse seja o local de batalha a que o escritor se referiu. Camlann continua a ser o foco da tradição galesa muito tempo depois das lembranças de outras batalhas, incluindo Badon, terem se esvanecido, somando-se à possibilidade de que era uma localidade conhecida em Gales.

Um escriba posterior não expandiu um registro sucinto na leitura dos *Annales* de "*Bellum Badonis*" para incorporar a agora famosa figura de Arthur. Essa nova análise demonstra exatamente o contrário. A descrição da vitória de Arthur é perfeitamente conforme os registros do norte de Gales do séculos VII e VIII. A irregularidade é: se alguma adulteração foi feita, teria sido a substituição de um obscuro (norte de Gales?) nome de batalha original pelo mais famoso Badon, possivelmente derivado da lista de batalhas da *Historia*. Se a batalha em que Arthur carregou a cruz trinta anos antes da morte de Mailcun não foi originalmente alinhada com Badon, então uma discrepância maior entre os *Annales* e Gildas na sua datação seria removida.

A Construção de uma Ponte entre as Lacunas

Nós nos concentramos na *Historia* e nos *Annales* como os principais campos de batalha das disputas para provar a existência histórica de Arthur. Se essas narrativas se originaram nos séculos V e VI em qualquer circunstância, há uma boa razão para acreditar nisso. Se elas foram fabricadas posteriormente, então o conceito de Arthur como um líder real se desfaz.

Essas fontes impressionam porque são consistentes em ambos os aspectos umas com as outras e contêm fatos bem estabelecidos; são plausíveis e derivam de fontes independentes e que existiam antes das obras em que apareceram. A informação sobre o Arthur histórico só pôde ser transmitida entre os séculos VI e IX, oralmente ou por escrito.

Transmissão Oral?

Há duas principais categorias de evidência oral. A primeira são os rumores locais e as lendas, sujeitos aos caprichos da memória e à alteração da percepção do passado. Apenas dois fragmentos do antigo material de Arthur estão nessa categoria: as maravilhas de Carn Cabal e Licat Anir. O autor não dá indicação de que as maravilhas derivam de algo além da observação corrente e da tradição local. O verdadeiro fato da sua existência é importante para nós. Se Arthur era conhecido por ser um combatente apenas no noroeste e em Kent, seria estranho que o seu nome fosse anexado às maravilhas do sul de Gales. Só ele e Santo Illtud têm maravilhas que lhes são atribuídas e ninguém argumenta que o santo era justamente um clérigo famoso na região que foi caprichosamente ligado a um local do sul de Gales. A idéia de que Arthur era um soldado é um outro fragmento crível de informação. Se Arthur realmente matou o seu filho Anir ou caçou um javali chamado Troynt com o seu cão Cabal é outro assunto. É improvável que todos esses fragmentos de informação sejam sustentados por fontes confiáveis.

A segunda é a preservação oral deliberada. Os britânicos mantiveram uma tradição oral, baseada na poesia bárdica e nas genealogias, que eram profissionais e sistemáticas. Esse processo durou por toda a Idade Média e certamente podemos encontrá-lo entre 500 e 800 d.c.

A genealogia é fácil de ser descartada. Nenhuma ligação genealógica é fornecida para Arthur, e ele nem está inserido em uma lista seqüencial de reis. Não há evidência de material oral no estilo de crônica em Gales. Isso deixa as elegias e os panegíricos como fontes potenciais.

A *Historia* põe a carreira de Arthur na geração precedente à era dos famosos poetas galeses. Pode ser que Nennius implicitamente proclame esses poetas como as suas fontes. Talhearn Tataguen destaca-se, sendo os outros incluídos mais tardiamente. Apenas Neirin e Taliessin deixaram os seus nomes anexados aos trabalhos sobreviventes de poesia. No "Livro de Aneirin" (a última versão do seu nome), encontramos o poema de "Neirin" *Y Gododdin*. Mais tarde veremos algumas das poesias atribuídas a Taliessin.

A menção de Arthur no *Y Gododdin* mostra que a poesia é de fato uma fonte possível. Poemas Arthurianos teriam sido compostos no sul ou no nordeste de Gales, mas a sua sobrevivência em Kent é improvável. A lista de batalhas de Arthur não é uma elegia a um herói abatido. Não há indicação de que ele tenha morrido em Badon e os *Annales* contradizem isso completamente. Somos, então, forçados a retornar ao conceito do panegírico.

Os argumentos para um panegírico são brevemente resumidos. A lista de batalhas ou é produzida antes da morte de Arthur ou deriva de um poema escrito na pessoa de alguém de antes da morte de Arthur. Poetas galeses eram totalmente capazes de elaborar uma escrita tão imaginativa. Duas palavras, *ostium* e *humeros*, são ditas para apontar para os originais galeses que significam "confluência e escudo", respectivamente. Os poetas galeses eram, entretanto, igualmente capazes de se referir a bocas de rios e ombros de homens, os significados literais do latim, e a lista não é difícil de entender sem alterar essas palavras. Finalmente, alguns nomes de batalha rimariam em uma suposta fonte galesa.

O material de Arthur não é lido como uma poesia galesa qualquer que sobreviveu. É leve no imaginário poético, tem pouca repetição ou uma indicação da estrutura do verso. O mais importante é: por que há tão poucos nomes galeses preservados? Todas as batalhas na fonte teriam o seu nome galês. Nennius traduziu *Silva Celidonis* para os seus leitores britânicos, mas não pensou em oferecer interpretações para *Castellum Guinnion, Urbs Legionis* ou *Linnuis Regio*, pois nenhuma dessas expressões é auto-explicativa.

Na verdade, o reinado de Arthur está no limite extremo do período de que a poesia galesa poderia derivar. No século V, o idioma britânico já se havia tornado reconhecidamente o "galês". As palavras ainda mantinham os seus finais alteráveis, cuja alteração dependia do seu papel na sentença. Essas formas ainda ocorreriam na época de Gildas, mas logo desapareceriam a favor de palavras cuja função, como no galês e no inglês moderno, foi determinada pela sua posição na sentença.

Essa alteração produziu uma poesia antiga não poética e mesmo ininteligível. Rimas dependentes dos finais desapareceriam nas versões atualizadas. Isso significa que a poesia de meados do século VI de Neirin e de Taliessin é provavelmente a mais antiga que sobreviveu e que foi apreciada pelo público galês medieval.

Nenhum dos poemas galeses comparáveis fornece todos os elementos importantes do contexto. Ouvimos falar das batalhas de Catraeth e Meigen, por exemplo, mas não da era em que elas foram travadas. Por isso, retornaremos às fontes escritas, como certamente o autor da *Historia Brittonum* deve ter feito.

Fontes Escritas?

Embora o prólogo nenniano condene os bretões como tolos pré-literários, a *Historia* contradiz essa afirmação. Por exemplo, a descendência de Brutos, de Noé, é tida como preservada em "velhos livros dos nossos antepassados" (HB 17). Uma fonte escrita, uma *Vida de São Germanus*, é especificamente citada no texto. Isso liga Germanus à dinastia de Powys, e foi escrita antes de 820, quando Powys foi devastada pelos ingleses. Outra *Vida de São Germanus* real, do século V, sobrevive e foi usada por Bede. Ela incluiu vitórias sobre os saxões, tendo Germanus na posição de líder de guerra eleito (*Dux Belli*, como diz Bede). Se a versão desta última, usada por Nennius, incluía o material Arthuriano, seria como que uma continuação da história principal. Germanus havia visitado a Bretanha nos anos de 420, e embora ambos, Bede e Nennius, tenham estendido a cronologia da história o máximo possível, esta ainda não alcança a geração seguinte depois de Vortigern, em que Arthur é colocado.

Nennius teve acesso ao material britânico, que tratava de muitas guerras contra os nortúmbrios, até Cadwallader, em aproximadamente 682. Esse material é usado como fonte depois da lista de batalhas de Arthur. Cobre muito do mesmo terreno que a *História Eclesiástica* de Bede e pode ser um comentário sobre ela. Uma possibilidade mais intrigante é que tal material pode ser anterior a Bede, já que não continua no início do século VIII como faz Bede. Essa parece ser a provável fonte principal do "nordeste" para o material Arthuriano.

O material do noroeste está interligado às genealogias inglesas, estendendo-se até 796, com o filho de Offa na genealogia dos mercians. Muitas das outras genealogias acabam no século VII. Dumvil rejeita uma teoria mais intricada de que os materiais ingleses e britânicos do nordeste já haviam sido mesclados por um historiador do início do século VIII, talvez o "filho de Urbagen", citado como o autor da Revisão de Chartres. É mais seguro concluir que há apenas um autor responsável por ligar as fontes da *Historia Brittonum* no início do século IX, "Nennius".

A última fonte, que parece ter sido responsável pela estrutura em que a lista de batalhas se encaixa, é uma crônica inglesa relacionada à região de Kent. O material nela contido não vai além do século VI, mas seria errado deduzir que foi escrita naquela época. Quando os termos "fim do século VI" e "Kent" são ligados, a importância do assunto se torna óbvia: a crônica cobriu as origens do reino de Kent até a sua conversão ao cristianismo, em 597. Se todos os combatentes saxões estão ligados nessa estrutura, então Outigirn não estaria muito além dessa data, o que concorda com outros sincronismos. Na sua forma corrente, a *Crônica de Kent* romantizada parece pós-datar a versão similar da história de Bede, e é, portanto, de meados do século VIII, mas as suas fontes podem ser anteriores.

Uma característica compartilhada entre as listas de batalha de Arthur e de Vortimer é que elas parecem ter sido compostas em uma língua diferente do galês. *Episford* é interpretado como "*in nostra lingua Rithergabair*" (na nossa [galesa] língua Rithergabail), e "bellum in silva celidonis" como "id est cat coit celidon" (que significa [em galês] batalha na floresta de Celidon). Se as listas foram compostas em galês e depois traduzidas para o latim, deveríamos encontrar o oposto. Por exemplo, "a batalha de Cat Coit Celidon, que é [em latim] a Floresta de Celidon". Isso aponta na direção de uma potencial fonte inglesa.

É concebível que a estrutura para a lista de batalhas Arthurianas e os registros de Outigirn, que são idênticos no estilo aos trechos de Vortimer/ Hengist, possam derivar da mesma *Crônica de Kent*. Considera-se especificamente que as batalhas de Arthur acontecem na mesma área, contra as mesmas pessoas. Uma história inglesa teria as suas próprias limitações. Os anglo-saxões não têm registros escritos do século V, nem desenvolveram a tradição oral.

As *Crônicas Anglo-Saxônicas* mostram como os historiadores saxões trabalhavam. São escritas para celebrar os reis saxões do oeste. Os compiladores têm Bede, nomes de lugares, provavelmente as listas dos reis e as genealogias, bem como "tradições". Esses elementos eram trabalhados um tanto toscamente dentro de uma estrutura analítica que usava o sistema de datação Anno Domini de Bede, rusticamente, podemos dizer, porque alguns métodos permanecem óbvios. Por exemplo, na estrutura cronológica quase certamente os anos são saltados e anotados, provavelmente por razões litúrgicas. Muitos dos eventos do início da história saxônica são escritos como tendo ocorrido nos anos saltados. Os eventos de diferentes dinastias não são interligados. Os registros de Kent são seguidos por aqueles dos saxões do sul, e depois dos saxões do oeste. É com certeza mais provável que períodos da expansão saxônica tenham assistido às atividades de todos os grupos, em vez de lutar. A história de Bede de Hengist e Horsa resultou nas fundações dos reinos apresentados como pequenos grupos, com freqüência sob pares de líderes, chegando ao litoral sul e então abrindo caminho para dominar bretões do local. Finalmente, nada é dito sobre quaisquer povos que não fossem "reinos" no século IX.

Apesar dessas limitações, *As Crônicas* dão uma ilustração útil de como os escritores do século IX imaginavam o século VI. De grande importância são os registros de Aelle, que não reforçam o argumento dos saxões do oeste. Fontes saxônicas concordam que esse período passou por reviravoltas nos seus destinos, embora os nomes dos seus adversários raramente fossem preservados.

Temos uma verificação arqueológica sobre *As Crônicas*. Myres (1969) notou uma quebra na seqüência do artefato arqueológico do início e de meados do século VI em Kent, Essex, Hertfordshire, East Suffolk e Buckinghamshire. Isso viria a confirmar a impressão das fontes escritas de que houve um período real da reviravolta saxônica no decorrer no tempo, e que as guerras de Arthur haviam sido sincronizadas em um período muito plausível.

Como fazer essa comparação com possíveis fontes inglesas da *Historia Brittonum*? Uma indicação de que as suas origens, pelo menos, pré-datam a Bede, é que lhe falta a mais importante inserção de Bede, o sistema de datação Anno Domini. Outros relatos de conquista, como *As Crônicas Anglo-Saxônicas,* usaram o sistema zelosamente para dar legitimidade à origem das lendas. A diferença pode ser vista, por exemplo, na atribuição de uma data Anno Domini à morte de Horsa em *As Crônicas*, à qual não há alusão na *Historia*. Depois de Bede, as datas Anno Domini se espalharam amplamente e isso nos dá uma indicação mais forte de que *A Crônica de Kent* e as listas dos reis do nordeste usam fontes mais antigas do que os primeiros anos do século VIII.

As fontes da seção Arthuriana parecem ser algo assim: Nennius fornece material folclórico contemporâneo do início do século IX das maravilhas e atividades locais de Arthur nas regiões ao redor do sul de Gales. Alguma estrutura histórica é dada para o início do período pelo *Livro do Abençoado Germanus*, uma obra de Powys anterior a 820. O material relacionado ao norte vem de fontes inglesas e britânicas, combinadas por Nennius. Ambas as fontes se estendem até o fim do século VII, mas foram revisadas a fim de dar algum material genealógico para o fim do século VIII e atualizar o material britânico. As fontes são desconhecidas, porém incluem inglês escrito e material britânico, possivelmente poesias dos poetas citados. Alguma coisa do material de Kent veio de uma fonte essencialmente anterior a Bede (fim do século VII). Essas fontes serão inadmissíveis? Dark usa uma contagem de geração de trinta anos para estimar a extensão do tempo durante o qual as tradições orais foram preservadas (Dark, 2000). Trabalhar sobre a suposição de um historiador que escreveu as palavras da pessoa mais velha disponível, registrando o que lhe foi dito, por exemplo, por um avô quando tal pessoa era criança, faz deduzir que duzentos anos é o tempo máximo que uma pessoa pode razoavelmente esperar pela sobrevivência de uma tradição oral sem sérias distorções. Isso posto, tudo o que precisamos é que o material Arthuriano tenha sido escrito em aproximadamente 740; são menos de cem anos antes da sua incorporação à *Historia*. Como podemos ver, há todas as razões para supormos que o autor usou ambas as fontes, a inglesa e a saxônica, pelo menos dessa época. Isso, combinado com a referência do *Y Gododdin*, sugere que, longe de serem inadmissíveis, as primeiras fontes históricas a mencionar Arthur merecem séria consideração.

Colocadas juntas, as fontes estudadas até agora proporcionam uma imagem plausível e consistente de Arthur, o líder de guerra. Àqueles historiadores que afirmam que elas não oferecem razão para serem aceitas, podemos responder que tampouco há razão para rejeitá-las. Para decidir, devem olhar diretamente para a evidência da virada do século VI. Só podemos desistir se não encontrarmos aqui nenhum traço do reinado de Arthur.

4

A Destruição da Bretanha

Gildas foi um homem de Deus, que acreditava estar assistindo à iminente destruição da Bretanha. Embora pensasse poder discernir o padrão que levava o país à sua ruína e a única maneira de evitar isso, ele esperou por dez anos, incerto de que era digno de falar sobre o assunto. Afinal, a Bretanha tinha líderes o suficiente para lidar com a situação.

Por fim, Gildas não conseguiu esperar mais. Escreveu o livro que chamamos *De Excidio Britanniae*, "Da Destruição da Bretanha". Nessa obra, ele condena os seus contemporâneos, tanto os religiosos como os seculares, nomeados ou não, não apenas por serem negligentes em relação à destruição da Bretanha, mas por provocá-la ativamente. A visão de Gildas de história, baseada no seu cuidadoso estudo dos livros proféticos da Bíblia, era de que havia ciclos óbvios. Quando padrões – fosse no tempo dos israelitas ou na recente história da Bretanha, a "Israel dos tempos modernos" aos olhos de Deus – pudessem ser vistos em repetição, então bastava apenas um passo para deduzir o que o futuro provavelmente reservava.

Mais claramente, Gildas podia ver o destino da sua terra natal refletido no futuro do reino de Israel. Quando os israelitas voltaram as costas para Deus e caíram em desobediência e em disputas civis, Deus os preveniu por meio dos profetas e então enviou a destruição do reino do norte pelos assírios. Apesar disso, o reino do sul, Judá, persistiu na sua maneira antiga. O resultado foi a conquista da Terra Santa pelos babilônios e o exílio dos judeus. Essa trama é contada nos livros históricos e proféticos da Bíblia. A analogia estava perfeitamente clara para Gildas – a sua própria terra natal fora envenenada por duas calamidades e só um fornecimento de penitências em larga escala para os líderes da Bretanha poderia evitar a destruição final.

É muito injusto dizer, como muitos escritores modernos, que Gildas não foi um historiador. A análise histórica era parte crucial do seu trabalho e ele foi considerado historiador pelas gerações seguintes. Analisou o passado por indicações acerca do presente, examinando tendências e padrões em vez de episódios individuais. Dessa forma, ele tinha muito mais em comum com os historiadores modernos, particularmente com os que estudam o início da Idade das Trevas, do que com escritores como Bede e Nennius. Ao contrário de Gildas, os historiadores dos séculos VIII e IX estavam felizes em organizar coleções de anedotas históricas e detalhes das árvores genealógicas da família real, com pouca avaliação crítica de seu material. Para Gildas, a análise era tudo. Isso tornava seu trabalho muito diferente do deles. Não devemos esperar encontrar datas exatas, início e final dos monarcas no poder ou genealogias, da mesma forma como encontraríamos esses elementos na história social ou econômica moderna. O importante para Gildas são as tendências históricas, e o modelo que ele usa para analisá-las é religioso.

Isso não quer dizer que não vejamos muitas deficiências e erros na sua análise. O próprio Gildas confirma que não pode contar com nenhuma fonte literária britânica, pois elas foram queimadas pelos invasores, ou carregadas para terras de além-mar pelos exilados. Essa falta de fontes é literalmente verdadeira. Podemos apenas, por exemplo, corrigir a impressão de Gildas de que a Muralha de Hadrian foi construída em 388 (na verdade, o foi aproximadamente em 120 d.c.) pela referência a fontes continentais. Podemos cruzar as informações com a arqueologia, um outro recurso não disponível para Gildas, embora ele tenha especulado a respeito das várias ruínas romanas visíveis na ilhas, bem como acerca das suas origens e destino.

Na parte inicial do *De Excidio Britanniae*, especialmente até a chegada dos saxões, fatos são distorcidos para efeito didático. Coisas que Gildas sabia, mas não faziam parte de um padrão recursivo, são ignoradas como incidentais na sua mensagem.

Conforme a narrativa se aproxima da época de Gildas, aumenta a nossa confiança nela. Ele adquiriu grande conhecimento prévio a respeito dos seus leitores que nós, infelizmente, não possuímos. Não lhe era necessário repetir o conhecimento comum. O seu trabalho era apresentar uma análise racional da situação imediata e uma solução para melhorá-la.

O clímax do trabalho é a condenação dos seus governantes e padres contemporâneos, alguns deles endereçados diretamente pelo nome. A revolta saxônica e as suas conseqüentes calamidades haviam ocorrido apenas algumas gerações antes. Como Gildas pretendia convencer os leitores a retornar dos seus caminhos perversos pela sua interpretação da história recente, quaisquer erros que cometesse enfraqueceriam o seu argumento. Com isso em mente, vejamos o que Gildas diz sobre a sua época e os eventos imediatamente precedentes a ela.

O Livro das Lamentações

A história que Gildas conta de 150 anos até chegar à sua própria época é esta:

A destruição da Bretanha como uma comunidade civilizada e cristã começou quando o usurpador romano Maximus trouxe as tropas da ilha para estabelecer um "Reinado de Maldade" no continente. Isso deixou a terra aberta aos ataques dos bárbaros pictos e escoceses. Missões de resgate dos romanos ajudaram em pouco tempo, mas ultimamente os bretões precisaram contar com recursos próprios.

Quando um ataque renovado pelos velhos inimigos coincidia com a falta de mão-de-obra causada pela memorável peste, o governo, um conselho e o Tirano Orgulhoso (o nosso Vortigern) decidiram deixar os saxões se estabelecerem na região em troca de serviço militar.

Os saxões discutiram com o seu empregador por causa de abastecimento e instauraram uma revolta. O fogo queimava por toda a costa, devastando cidades e campos e quase toda a superfície da ilha até o litoral oeste. Todas as *Coloniae* – York, Lincoln, Colchester e Gloucester – foram postas abaixo pelos aríetes e os seus habitantes foram massacrados. Uma vez que a sua campanha de destruição alcançou o efeito desejado, "os cruéis saqueadores subseqüentemente voltaram para casa, isto é, para os seus povoados na parte leste da ilha".

Àqueles bretões que sobreviveram ao massacre geral e que não fugiram para o estrangeiro, ou que se renderam à escravidão mantida em altas colinas fortificadas, densas florestas e penhascos à beira-mar, Deus deu força e as pessoas fugiram para eles de todas as direções. O seu líder era Ambrosius Aurelianus. Gildas o descreve como "*vir modestus*", um homem comum, "talvez o único da raça romana" que sobreviveu ao desastre. "Certamente", diz Gildas, "os seus pais vestiram o roxo"[8]. Os "cidadãos", como são chamados os seguidores de Ambrosius (embora eles tenham abandonado as suas cidades), saíram dos seus refúgios e desafiaram os saxões para a batalha. A guerra explodiu com a vitória ora dos bretões, ora dos saxões, "assim... o Senhor pôde fazer o julgamento da Israel dos tempos modernos. Esta última durou até o cerco do 'Mons Badonicus', quase a mais recente, e certamente não a menor, derrota dos vilões".

Isso monta o cenário para a condenação dos reis e padres contemporâneos de Gildas. Cinco dos tiranos são nomeados: Constantino, Aurelius Caninus, Vortiporius, Cuneglassus e Maglocunus. Maglocunus é o Mailcunus da *Historia*. Gildas, portanto, estaria vivendo na época de Outigirn e dos famosos poetas. E diz que nasceu no ano do cerco do Monte Badon, 43-4

---

8. N.T.: Do original, *wear the purple*: ser da realeza.

anos antes. Portanto, ele viveu pelo menos algum tempo durante o "reinado de Arthur".

Se Gildas realmente viveu na mesma época que Outigirn, e depois de Arthur e de Vortimer, não esperaríamos que se referisse a eles pelo nome? Esse argumento é um dos mais freqüentemente usados pelos céticos a respeito de Arthur. Ignora completamente a natureza do *De Excidio Britanniae*. Os nomes próprios da era de Gildas são mantidos ao mínimo, são irrelevantes, já que existem para a análise e previsão das tendências. São permitidos os paralelos bíblicos para mais clara compreensão. Os historiadores céticos modernos ficam felizes em escrever sobre a história da Idade das Trevas, sem nomear reis e líderes de guerra do período, e parece completamente injustificado censurar Gildas por fazer a mesma coisa. Quando Gildas escolhe alguém para censurar, o seu trabalho é primeiramente castigar o perverso, não agradar a Deus.

Não há nenhum apelo especial aqui. Arthur não é a única pessoa não nomeada em um livro diferente daqueles lotados de personagens da Idade das Trevas; Gildas nomeia apenas uma pessoa em aproximadamente cem anos entre o apelo a Agitius e a condenação de Maglocunus e outros tiranos. Apenas quatro bretões são nomeados em toda a história antes da época de Gildas, três deles santos martirizados na Grande Perseguição! Na verdade, só uma pessoa da Bretanha é nomeada depois que Maximus partiu no fim do século IV, embora Gildas estivesse consciente, pelo trabalho do historiador Orosius, dos nomes dos outros usurpadores romanos, por exemplo. Embora eles não sejam nomeados, muitas das personagens são referidas no século precedente ao tempo do próprio Gildas. Tais personagens incluem o Tirano Orgulhoso e seus conselheiros, o tio e o sobrinho de Maglocunus, pertencentes à realeza, um bom rei que era o pai de Vortiporius, os padres *(sic)* e irmãos de Aurelius Caninus, que morreu jovem por causa da sua participação nas guerras civis, e dois jovens da realeza, que empunharam armas mais bravamente do que qualquer outra pessoa, traiçoeiramente assassinados por Constantino. A lista dessas não nomeadas, porém importantes personagens, poderia continuar. Não ser nomeado por Gildas dificilmente é prova de inexistência.

Nós não esperaríamos encontrar o nome de Arthur no *De Excidio Britanniae*. Estamos procurando pelo reinado de Arthur, bem como pelas suas características e eventos. Para alguns deles, Gildas é testemunha de primeira mão e seu testemunho levará a história que deduzimos até agora a permanecer sólida ou desabar.

O Fim da Bretanha Romana

Uma atividade dos tiranos e hereges deixou a ilha "ainda romana no nome, mas não na lei ou costume", escreveu Gildas. Para ele, a grande chance, quando a Bretanha perde também o seu nome romano, surge quando o usurpador romano Maximus se vai para invadir a Gália, despojando a Bretanha de "todos os exércitos, recursos militares, governadores... e da sua juventude vigorosa". Pelas fontes continentais, podemos datar essa citação do período 383-8.

Aqui, Gildas registra a parte mais deficiente das suas análises. Ele está executando o trabalho com dificuldade, por falta de fontes, conforme reconhece, e algumas dessas fontes são suposições incorretas da natureza do poder romano e das origens das ameaças bárbaras. Gildas deduz que todas as invasões bárbaras da Bretanha, e as impressionantes obras militares construídas para defendê-los delas, devem ser subseqüentes à retirada das tropas de Maximus. Não podemos conceber que os pictos e os escoceses sucessivamente confrontem os romanos, que "ganharam o governo do mundo e subjugaram todas as regiões vizinhas". Ele tem outras dificuldades em estabelecer uma cronologia precisa ao imaginar que os pictos são uma raça estrangeira, como os escoceses e os saxões, que só recentemente haviam tomado o controle da parte norte de uma ilha até então completamente sob o governo romano. Fortificações, como a Muralha de Hadrian, portanto, não podem datar a partir da ilha não dividida antes de 388.

A história das gerações segue exatamente os paralelos do passado imediato de Gildas: as invasões bárbaras. O bretões fugiram timidamente para localizações remotas, então confiando em Deus para assegurar a grande vitória. Então, "como agora", os vitoriosos bretões voltaram à devassidão, ao pecado e às guerras civis. Eles estavam, claro, em busca de um desastre pior, a invasão saxônica. Agora o ciclo se havia restabelecido e, a menos que os contemporâneos de Gildas tivessem aprendido a lição do passado e se penitenciassem, certamente uma calamidade ainda pior estaria para acontecer.

O propósito retórico dessa narrativa "histórica" é óbvio e a sua plausibilidade é destruída pelos seus enormes e demonstráveis erros. O governo romano continuou por uma geração depois de Maximus, os muros do norte e as fortificações na costa sul são anteriores a ele. Os pictos são provavelmente nativos com um novo sobrenome. A descrição da paz subseqüente começa com uma vitória britânica e é dominada pelo pecado e pela guerra civil, quase idêntica àquela da própria época de Gildas, por razões retóricas óbvias. Alguns escritores até mesmo consideram que esse *é* o presente de Gildas, que as seções pictas e saxônicas, de alguma forma, se sobrepõem (Miller, 1975 a). Entretanto, ele está claramente fixado no passado e a similaridade dele com o presente é apontada especificamente pelo autor : "*Isicut et nunc est*" – "apenas como é agora".

O ponto é que, nos eventos pós-Maximus, os pré-saxões foram forçados a entrar em uma estrutura incorreta para acompanhar a história pós-saxônica moderna. A história pós-saxônica não foi forçada a se encaixar em uma estrutura errada baseada no passado. Gildas não tem uma estrutura confiável para uma história passada, devido à perda de documentos históricos. Tudo o que se pode deduzir é como teria sido esse período a partir do seu conhecimento da história recente e do conceito cíclico de tempo derivado da Bíblia. Seu entendimento do passado é inteiramente modelado no seu entendimento do presente.

A Chegada dos Saxões

Durante o período entre os anos 380 e meados do século V, Gildas nos diz que os "reis foram escolhidos" de acordo com o princípio de sobrevivência daquele que mais se adapta – "quando muito eles eram cruéis como o resto". Gildas provavelmente sabe que dois processos ligeiramente diferentes estavam em andamento. Até 408, esses "reis" são pretendentes ao Império Romano. O último deles, Constantino III, liderou os remanescentes do exército romano pela Gália, seguindo o que o Imperador Honorios disse às *civitates* britânicas, unidades administrativas locais, que se defendessem em 410. Depois disso, os reis estariam competindo para o posto de governantes britânicos de qualquer tipo (Snyder, 1998). É a respeito desse período que Zózimo escreve: "[Os bretões] revoltaram-se contra o Império Romano, não mais se submeteram às leis romanas e retomaram os seus costumes nativos."

É no período desses governantes "sub-romanos" que o próximo ato se desenrola. O evento dominante foi o que ficou conhecido como "A chegada dos saxões". A idéia é trilhável para a historiografia de Bede, Nennius e de *As Crônicas Anglo-Saxônicas*. Todos transmitem a idéia de que havia uma data específica da qual, em um lado, não havia anglo-saxões na Bretanha, e, do outro lado, os havia. Gildas não dá uma data ou mesmo uma estimativa de quando o povo saxão entrou pela primeira vez na Bretanha. Ele nunca diz que não havia saxões, como invasores ou colonizadores, na Bretanha antes da chegada de três navios carregados de mercenários. Ele sabe que as fortificações romanas na costa sul (Praia dos Saxões, conforme o *Notitia Dignitatum*, o registro oficial dos escritórios imperiais, a chama) foram construídas para a defesa "dos animais selvagens bárbaros". Sabe que os colonizadores mercenários saxões não são as únicas pessoas envolvidas na revolta que derrotou o governo britânico – eles "acenderam e alimentaram" o fogo da revolta.

Uma vez que aceitamos que Gildas não necessariamente diz que não havia saxões na Bretanha antes dos três navios, então nós libertamos o texto do movimento das estruturas cronológicas, focando-as a se acomodar na evidência da *Crônica gaulesa* de 452 e na *Vida de São Germanus,* da atividade saxônica da Bretanha no início do século V.

O foco da atenção cronológica está no apelo a Agitius. Esse é o único incidente com alguma chance de ser datado por fontes externas entre a época de Maximus e de Gildas. Gildas é explícito quando afirma que não tem acesso a nenhum documento histórico. Apesar disso, muitos historiadores continuam a tratar o apelo a Agitius como se fosse uma citação real de uma "cópia de arquivo", de alguma forma preservada sem qualquer outro material de apoio, na Bretanha do século VI. Gildas deixa claro que não está citando o apelo a Agitius, mas parafraseando-o, quando escreve "*hoc modo loquentes*" (falando dessa maneira) "*et post pauca querentes*" (se logo depois reclama). É o estilo obsequioso e crescentemente desesperado da reclamação, e não as suas exatas palavras, que ele está tentando transmitir.

Está claro que, como com o resto da seção, Gildas se apóia nas tradições e na analogia, mas em nenhuma fonte documental. Aqui ele pode traçar um paralelo entre Agitius e Ambrosius, contrastando um apelo bem-sucedido ao romano Ambrosius com um anterior malsucedido a Agitius, um similar "homem de poder romano".

Tudo o que podemos dizer com certeza é que Gildas entendeu que o apelo, ocorrido em 425, segundo a data mais antiga, e em 462, de acordo com a última (mais plausível 446-54), foi feito de antes do período da revolta saxônica. Argumentos que se apóiam em um engano de inserção do documento na seqüência histórica, ou em um mau entendimento de quais bárbaros estão envolvidos, põem a perder o propósito de Gildas. Ele não é "Nennius", que revira vários documentos tentando dar sentido a eles. Já lhes conhece o sentido, baseado na analogia com o presente e com a Bíblia. Aqui, ele quer que os seus leitores entendam que todas as soluções foram tentadas antes de os saxões serem empregados. Com o apelo a Agitius, a última chance de qualquer líder romano voltar para ajudar os bretões se evaporou. Ele pode ter pensado no senhor guerreiro romano Aetius ou no Rei "sub-romano" Aegidius, mas de qualquer forma ele é o último do seu tipo. Os bretões agora têm duas escolhas simples: confiar em Deus ou voltar-se para o diabo. As mesmas duas escolhas enfrentadas pelos contemporâneos de Gildas.

O apelo foi feito durante "muitos anos" (DEB 20.3) de conflito entre os bretões e os pictos e escoceses. Quando falhou, os bretões, voltando-se para Deus, foram vitoriosos. Essa vitória britânica trouxe a paz "por um curto período de tempo".

Isso chegou a um final repentino quando os bretões foram atingidos pela "peste mortal", "uma peste memorável" que enfraquece a força humana. Ao mesmo tempo, rumores de uma nova invasão dos pictos e escoceses solicitavam a "todos" que convocassem um conselho. Para Gildas, o conselho, a incorporação da estupidez culpável de todo o povo, é uma característica crucial. No seu prefácio, ele promete escrever sobre "a peste memorável", um conselho, um inimigo mais selvagem do que o primeiro.

Historiadores posteriores viram o conselho como uma parte incidental do drama. O "Tirano Orgulhoso" que, junto dos conselheiros convidou os saxões para se estabelecer na Bretanha, era o centro das atenções. Considera-se normalmente que ele foi o único governante principal, talvez o Tirano da Bretanha, e que o conselho é composto dos "seus" conselheiros. Não é o que Gildas diz. O conselho é convocado por todos em reposta a uma crise em especial. Os conselheiros, como os tolos príncipes de Zoan, dão conselhos ao Tirano para dar um curso específico à ação (Gildas cita Isaías 19.11). O Tirano é responsável por estabelecer os saxões na parte leste da ilha. Ele pode, portanto, ser um dos diversos governantes, importantes porque parte do seu território fica à beira do mar saxão. O conselho pode persuadi-lo a fazer a sua parte no esforço combinado de guerra. Ele pode, alternativamente, ser um tirano com ampla autoridade, responsável por afastar "os povos do norte" e pela povoação do litoral leste, como todos os escritores subseqüentes supõem. Todos esses conceitos, pelo menos, podem ser apoiados pelos escritos de Gildas.

Se o Tirano Orgulhoso era realmente chamado Vortigern, não é importante. O único nome que temos para ele é Vortigern e não há razão para pensar que esse não era o seu nome. Podem ser feitos vários trocadilhos com o nome de Vortigern Tirano Orgulhoso = Príncipe recém-chegado. Mais tarde, Gildas escreve *"superbis... principibus"* – os príncipes orgulhosos, sem nenhuma sugestão de que isso seja um jogo de palavras (afinal, todos têm nomes diferentes). Nem é uma indicação de poder supremo; há cinco deles nomeados e alguns "como eles".

De nada vale que o latim possa ser lido como "[o conselho] determinou que os violentos saxões... devem deixar a ilha", em vez de implicar que esses são os primeiros e únicos saxões a colocarem os pés lá. Que esse não é o primeiro contato que os bretões têm com os saxões está claro, já que eles os temem mais do que a morte.

Os saxões concordam, pela recompensa de lutar com os bárbaros do norte. O seu sucesso os inspira a convidar mais compatriotas seus da Alemanha. Esses recém-chegados discutem com o seu empregador por causa de suprimentos, e se revoltam. Na verdade, Gildas nunca afirma que aquelas foram as primeiras tropas alemãs a se fixarem na Bretanha e nós sabemos, pela arqueologia, que alguns se estabeleceram lá desde a época dos romanos. O fogo queimava por toda a costa. Todas as *Coloniae* (cidades povoadas por mais veteranos) foram abatidas por aríetes, e os seus habitantes foram massacrados. Os bretões do oeste nem conquistaram nem povoaram, mas simplesmente invadiram e devastaram. Gildas continua dizendo que "os cruéis saqueadores subseqüentemente voltaram para casa, isto é, para os seus povoados na parte leste da ilha".

Ambrosius Aurelianus

Podemos agora olhar bem de perto o que Gildas diz sobre a resistência, o período crucial que se inicia no "reinado de Arthur". Os bretões sobreviventes mantinham-se em altas colinas fortificadas, densas florestas e penhascos à beira-mar. Esses são, é claro, lugares típicos encontrados na lista de batalhas Arthurianas. O povo fugiu para esses lugares de todas as direções. O seu líder era Ambrosius Aurelianus, que "talvez seja o único da raça romana que sobreviveu ao desastre". Certamente os seus pais vestiram o roxo! Os "cidadãos" saíram dos seus refúgios e desafiaram os saxões ao combate. "A batalha seguiu dessa maneira. Desde então, a vitória coube ora aos nossos conterrâneos, ora aos seus inimigos... Isso durou até o ano do cerco da Colina Badon, exatamente a última derrota dos vilões e certamente não a menos importante" (DEB 26). "A vitória final da nossa terra... concedida nos nossos tempos pela vontade de Deus" (DEB 2).

A única pessoa que Gildas nomeia em todo o período é Ambrosius Aureliannus. Ele se destaca como uma figura importante e singular. Devemos perguntar por que ele era tão importante na visão de Gildas do passado. Embora Gildas possa ser lido, como Bede e muitos outros historiadores o foram, dizendo que Ambrosius combateu os saxões, mesmo no comando dos bretões no cerco de Monte Badon, não é assim que os eventos são apresentados na *Historia*. Nela, Ambrosius é um adversário de Vortigern que tomou o controle do governo estabelecendo a hegemonia sobre os reis britânicos (do oeste).

Não há nada na narrativa de Gildas que contradiga isso. Parece provável que um prelúdio necessário para a guerra dos bretões contra os colonizadores saxões seria tomar o controle do governo de Vortigern. Isso seria crucial se, como deduzimos e a *Historia* retrata, o referido governo estivesse então nas mãos de Henegist, já que o bárbaro Mestre dos Soldados estava no continente.

Rumores ofuscaram o que Gildas realmente escreveu sobre Ambrosius Aurelianus. A frase "*duce Ambrosio Aureliano*" significa "com Ambrosius Aurelianus como o seu líder (ou rei)" ou "liderado por Ambrosius Aurelianus". A sua condição fica mais complicada pela frase de Gildas "*parentibus purpura nimirum indutis*" – "Os seus pais certamente vestiram o roxo", interpretada como "as vestes roxas imperiais". Bede parafraseou essa frase como "os seus pais eram de linhagem e título reais", uma interpretação que foi seguida desde então. Mas seria essa a inferência proposta por Gildas?

Alguns historiadores, preocupados com essa desperdiçada referência aos "imperadores" britânicos antes das guerras saxônicas, sugeriram uma interpretação menos forçada da frase "Os seus pais certamente vestiram o roxo" (leia-se – "pode ter sido pensado assim, com base nas suas qualidades de liderança"). Não acredito que essa passagem dê alguma razão para atribuírem-se qualidades imperiais reais ou imaginárias a Ambrosius. Primeiro, Gildas dificilmente considera a descendência real como sinal de virtude. O último governante fora descrito por ele como "Tirano Orgulhoso" e os seus predecessores, como "pagãos por serem mais cruéis do que o resto". O auto nomeado Imperador da Bretanha, Maximus, não tinha direito legal ao título, estabelecendo um "reinado de maldade". Vortiporius e Maglocunus não eram melhores por provirem de famílias "reais".

Em segundo lugar, Gildas não usa "roxo imperial" como símbolo ou sinônimo de condição imperial ou real. Ele escreve sobre a "insígnia imperial" de Maximus e "o trono de um império perverso". Os seus adversários imperiais são "as cabeças coroadas que governam o mundo". "Reis figurativamente são escolhidos", escreve ele, ou dos santos: "eles receberão o reino da beleza e o diadema da glória". O tirano Vortiporius senta em um "trono cheio de armadilhas". Tronos, coroas, batismo, são esses os emblemas biblicamente inspirados de Gildas de condição real, somados à não especificada "insígnia imperial". Se ele nunca se refere às vestes imperiais como real ou atributo simbólico de governo em nenhum outro lugar no livro, então, por que deveríamos esperar por isso aqui?

Isso não quer dizer que Gildas não menciona roxo ou vestes roxas. Muito pelo contrário, elas são usadas como imagens de choque, do *Martydon*. Quando Gildas escreve "o roxo", quer sempre dizer sangue derramado por boas vítimas da ruína da Bretanha. Um altar sagrado é "tocado pela capa roxa", como se fosse "o seu sangue seco". Os corpos dos líderes da Igreja, padres, e do povo comum mortos pelos saxões "cobertos da maneira como estavam, com uma crosta roxa de sangue congelado". Essa última descrição imediatamente precede o contra-ataque sob Ambrosius, cerca de umas simples duzentas palavras antes do uso do *roxo* que estamos discutindo. Portanto, não é extremamente provável que, quando Gildas escreve que os pais de Ambrosius "certamente vestiram o roxo", ele deixa implícito não que eles eram imperadores, mas que foram mortos pelos saxões? O que ele precisamente diz: "Ambrosius... sobrevivera ao choque da notável tempestade que havia matado os seus pais, que tinham indubitavelmente vestido roxo." Para deixar muito claro que Ambrosius não era um tirano, rei ou imperador, ele é descrito precisamente como *"vir modestus"*, "um homem de condição comum".

O que é realmente mais surpreendente sobre a descrição de Gildas de Ambrosius é que ele "foi quase o único da raça romana" – *"solus fortae romanae gentis"* –, que sobreviveu à invasão saxônica. Mesmo que tornemos a leitura mais amena – "o último sobrevivente de uma família romana adequada" – a implicação é intrigante. Escritores posteriores viram Ambrosius como um romano-bretão civilizado pós-colonial, em contraste, talvez, às figuras celticamente citadas como Maglocunus, os heróis do Gododdin e, é claro, Arthur. Isso, entretanto, não pode ter sido a imagem pretendida por Gildas. Para ele, os habitantes eram bretões ou cidadãos. Por todo o livro eles são contrastados com os romanos, um povo continental que certa vez governou a Bretanha, mas que já havia partido. Houve um tempo, por certo, em que o duro governo romano transformou, como ele diz, "a Bretanha na Romania". Aqueles dias se foram há muito. Pela época de Maximus, "A ilha ainda tinha o nome romano, mas não pelas leis ou costumes". Os romanos retornaram duas vezes para ajudar os bretões contra os pictos e escoceses, mas eles "disseram adeus, nunca retornaram". Foram para casa, e mais tarde Agitius, um "homem do poder romano", recusou ajuda.

É, então, um tanto inesperado achar que Ambrosius, talvez o único da raça romana, estivesse ainda defendendo a ilha. A implicação, o uso de Gildas da palavra "romano", é que ele considera que a família de Ambrosius tem origens continentais, mesmo que os seus pais tenham ambos sido mortos, supostamente, na Bretanha. Se Gildas não vê Ambrosius como um romano continental, então nenhum bretão nativo jamais foi citado no livro, exceto três santos e cinco tiranos.

Por quê, então, ele é citado? Isso também está bastante claro no contexto. As personagens citadas são os tiranos contemporâneos a quem Gildas se dirige. Os eventos do passado são usados para tornar claros os padrões dos resultados atuais e provavelmente futuros. É mais provável que os nomes no passado sejam lembrados pela sua importância no presente. Que ressonância tem o nome de Ambrosius Aureliannus no presente? "Os seus netos têm um exemplo grandemente degenerado dos seus ancestrais". Parece provável que Gildas se dirija diretamente a tais netos. Por que, então, não os censura pessoalmente? Dois dos tiranos citados se destacam como candidatos potenciais, os únicos dois que, como Ambrosius Aurelianus, têm nomes romanos: Constantino e Aurelius Caninus, como se a similaridade entre Aurelius e Aurelianus não fosse o suficiente para indicar uma ligação.

As imagens do Ambrosius de Gildas ("último da raça romana") e do Ambrosius de Nennius ("Rei entre os reis dos bretões") parecem quase irreconciliáveis, mas não são mutuamente exclusivas. Temos todas as razões para supor que o antigo *vir modestus* usou a sua posição para estabelecer uma monarquia hereditária. A evidência disso é que Gildas viu a necessidade de castigar os seus netos. Pessoas comuns não são criticadas no *De Excidio*. O alvo de Gildas são os tiranos e os padres que deveriam ter melhor discernimento. Os netos não seguem o exemplo de Ambrosius. Como o exemplo de Ambrosius não era clerical, deveria tratar-se de um dos reinados. Logicamente, então, os seus netos devem ser tiranos. Mesmo a mais estranha característica de Ambrosius como um menino órfão era lembrada em Gildas, uma das poucas informações fornecidas por ele sobre esse rei.

Quando foi o Cerco do Mons Badonicus?

Em nenhum lugar está explícito que Ambrosius foi o vitorioso no *Mons Badonicus*. É provável que as guerras tenham durado mais de uma geração desde Gildas, nascido no ano da batalha, quarenta e quatro anos antes de escrever o livro, tendo sido contemporâneo dos netos de Ambrosius. Existem pelo menos quatro gerações entre a chegada dos saxões e a época do próprio Gildas. A primeira geração, a de Vortigern, e do conselho, incluiu os pais de Ambrosius, mortos na revolta saxônica. Sabemos que a revolta durou não mais que uma ou duas gerações desde que algumas pessoas testemunharam o ataque desesperado e a recuperação. As gerações seguintes foram a do próprio Ambrosius e a última foi a dos seus netos. A geração entre a dos filhos de Ambrosius seria a do Monte Badon.

Gildas dá uma data precisa para o cerco do Monte Badon. No livro que temos, ele escreve: "Aquele foi o ano do meu nascimento; como eu sei, um mês e quarenta e quatro anos desde então já se passaram". O latim é ligeiramente obscuro, mas as implicações são claras: Monte Badon aconteceu quarenta e três/quarenta e quatro anos antes da época em que o livro foi escrito. Embora Badon não seja exatamente a última batalha, houve paz entre os bretões e saxões pela maior parte do período que se sucedeu. Esse longo período de paz não é exatamente o que nós esperaríamos das fontes posteriores.

A *Historia* diz que os saxões começaram a planejar o seu contra-ataque logo após a derrota em Badon, muito embora, se as guerras fossem contra Octha, e não continuadas até Ida, um período de paz de quarenta e quatro anos poderia ser possível. Nos *Annales,* Mailcum morre só trinta e um anos depois da batalha de Badon. Gildas foi contemporâneo dos seus homens, e não parece ter condenado alguém morto trinta anos antes. As *Crônicas Anglo-Saxônicas* deixam um intervalo máximo de apenas vinte e cinco anos entre as vitórias saxônicas.

Como é possível reconciliar as versões de Gildas dos eventos – que Badon trouxe um período de paz relativamente longo, pelo menos quarenta e quatro anos – com o curto período informado nas fontes posteriores? Quarenta e quatro anos pode ser um longo tempo para alguém que viveu nele, por experiência, ou pode não ser nada mais que um hiato, como parece a Nennius. Isso, entretanto, não trata das discrepâncias detalhadas nos *Annales* e nas *Crônicas*.

Pode ser que Gildas, sediado no sul, não tenha ouvido falar das lutas que já haviam começado no norte. Como, porém, poderia Gildas não ter notado as guerras de Cerdic e Cynric em Hampshire e Wiltshire registradas em As *Crônicas Anglo-Saxônicas*? Se aceitarmos por um momento que os saxões do oeste estavam certos a respeito das guerras, então há uma explicação intrigantemente possível.

A resposta poderia residir no conceito de "um longo período de paz". Embora Gildas seja freqüentemente citado como tendo vivido em uma era de paz, isso torna perfeitamente claro que os anos antes do cerco de Badon não foram, de forma alguma, pacíficos. Os reis britânicos com freqüência deflagravam guerras, porém só civis e injustas. Pode ser que Gildas tenha considerado que as guerras de Cerdic e Cynric estivessem entre elas. A história do estabelecimento de Wessex, nas *Crônicas,* tem as mesmas estranhas características, se for considerada simplesmente guerras entre bretões e saxões. Cerdic e Cynric nunca são chamados de saxões do oeste, de fato os seus nomes são britânicos. Cerdic é o mesmo que Certic, o nome de várias personagens britânicas na *Historia*, nas Genealogias e no *Y Gododdin*. Cynric é um nome britânico que significa "rei caçador", um tipo popular de nome entre os tiranos de Gildas: Maglocunus (Príncipe caçador), Cuneglassus (Cão Aristocrata) e Aurelius Caninus (Canino – compare com Cinon no *Gododdin)*. *As Crônicas*, de fato, dizem que eles chegaram em navios e começaram a lutar com os britânicos. Essa é a fórmula usada por todos os fundadores de dinastias saxônicas nas *Crônicas* e deriva de uma história estabelecida sobre Hengist e Horsa.

Cerdic e Cynric são chamados *aldormen*[9], ou *duces* na tradução latina, logo na sua primeira menção, os únicos líderes "saxões" a receberem os títulos antes da sua chegada. Os saxões do oeste, Stuf e Wihtgar, chegaram dezenove anos mais tarde. Cinco anos depois disso, Cerdic e Cynric obtiveram os reinos dos saxões do oeste. Eles continuaram até conquistar a Ilha de Wight e presentearam Stuf e Wihtgar com ela.

A idéia de que Cerdic e Cynric lideraram hordas de invasores saxões do oeste no país não coincide com a informação em Bede, que disse que os habitantes de Wight e as principais terras adjacentes eram jutas e ainda eram assim chamadas na sua época. Não torna os saxões do oeste importantes nas primeiras colonizações da Bretanha, embora estivesse bem informado da sua história por Daniel, o seu bispo. Ele revela que a área em torno de Winchester, por essa época o coração dos saxões do oeste, tinha sido antigamente chamada *Gewissae*. Essa é uma palavra saxônica que significa algo como "aliados", uma tradução apropriada da palavra latina *foederati,* usada para os germânicos mercenários assentados. Se os saxões do oeste são vistos como participantes de uma guerra civil britânica, existe muito tempo, nas versões das *Crônicas,* de eventos para acomodar um longo período de paz.

Uma situação análoga ocorreu no continente. O escritor gaulês do século VI, Gregório de Tours, registrou a carreira do romano Aegidius,

---

9. N.T.: Nome de alta estirpe ou autoridade na Inglaterra anglo-saxônica.

Magister Militum. Ele havia começado como oficial militar do império. Com a fragmentação deste último, alçou-se à posição de "rei dos romanos", governando o encrave sub-romano ao redor de Soissons. Quando o seu próprio rei fugiu, os vizinhos francos unanimemente o escolheram como o seu rei, posição que ocupou por oito anos. O seu filho, Syagrius, sucedeu-o como rei dos romanos, até ser deposto pelo novo governante franco, Clóvis, em 486. Aegidius foi provavelmente conhecido na Bretanha e seu nome exerceu influência sobre o "Agitius" de Gildas.

O problema com a explanação de que Cerdic e Cynric tinham rixas com os bretões, talvez empregando saxões ou aliados a eles, é que, como era do conhecimento de Gildas, ele certamente os havia criticado severamente. A explicação mais simples é que as *Crônicas* estão erradas, que a história antiga dos saxões do oeste não consistia das quase contínuas operações militares contra os bretões. Mesmo se consistisse, não temos razão para aceitar a data sem questionamentos. Como observado anteriormente, é pouco provável que os vários líderes saxões tivessem carreiras seqüenciais. Certamente, havia períodos em que os saxões se aproveitavam da fraqueza britânica e, como nos diz Gildas, de outros quando todos os ataques saxões virtualmente cessavam.

Devemos observar que os escritores das *Crônicas* trabalhavam a partir de uma estrutura temporal ligeiramente diferente, derivada da *Historia* de Bede. Bede tinha um texto de Gildas muito mais antigo do que qualquer um que tivesse sobrevivido. É concebível que, em algum estágio, um copista tenha inadvertidamente alterado os textos de Gildas, atribuindo-lhes outros significados. Como Bede relata, a batalha da Colina Badon foi travada cerca de quarenta e quatro anos depois da chegada dos saxões (aproximadamente 493), e não quarenta e quatro anos antes de Gildas. Argumenta-se ser essa a tradição variante, e que, por coincidência, a batalha poderia muito bem ter acontecido quarenta e quatro anos antes da época de Gildas, mas a possibilidade é que os números tenham vindo de uma leitura diferente da fonte manuscrita.

Um período de quarenta e quatro anos antes do Monte Badon implica no padrão de gerações já estabelecido, que o vitorioso era da idade dos filhos de Ambrosius. A descrição de Gildas do cerco do Monte Badon como tendo ocorrido "no nosso tempo" pode parecer colocá-lo mais próximo do que quarenta e quatro anos. Com todos esses fatores, entretanto, é mais razoável supor que Bede tenha cometido um engano com o latim um tanto obscuro do que todas as versões sobreviventes de Gildas terem seguido um exemplar incorreto. Gildas menciona o período de tempo para reforçar a sua certeza "como sei..." porque era o ano do seu nascimento. A sua certeza é muito mais provável de derivar da sua idade corrente do que uma idéia (instável) de que os saxões chegaram quarenta e quatro antes do seu nascimento.

Os *Annales* apresentam um retrato diferente de Gildas. Embora a morte de Gildas seja mencionada cinqüenta e quatro anos depois da batalha de Badon, eles não mostram nenhum conhecimento do conteúdo do seu trabalho. Não existe Vortigern, nem Ambrosius e nem saxões. A única personagem em comum é Mailcun/Maglocunus. Ainda assim, ele é registrado como tendo morrido dez anos antes da data em que o *De Excidio* teria sido escrito.

Um fator crucial na criação de uma diferença entre os *Annales* e Gildas poderia ser a data de início dos *Annales*. Se esta é realmente no ano de 455, o início do novo grande ciclo da Páscoa, então os eventos da grande revolta saxônica poderiam ter ocorrido antes disso, e o elaborador dos *annales* poderia ter imaginado que eles realmente tinham ocorrido. As *Crônicas Anglo-Saxônicas* contemporâneas dão 455 como o ano da morte de Horsa, com a revolta tendo acontecido antes disso. A data é uma coincidência ou é indicativa do pensamento do século X? A última vez que se soube que os bretões cristãos estiveram em contato com os seus co-regionalistas continentais, quando eles aceitaram a alteração da Páscoa de 455, poderia facilmente ser um marco para ambos os lados.

Estou cansado de argumentos baseados em pequenas alterações nas datas das fontes da Idade das Trevas, especialmente nos *Annales* e nas *Crônicas*. Isso supõe que as datas determinadas são as "verdadeiras". Não acredito que as datas nos *Annales* e nas *Crônicas Anglo-Saxônicas* tenham alguma realidade objetiva. Com relação aos eventos saxões, os participantes poderiam não saber "a data". Mais precisamente, a data dá uma impressão a partir do período da produção escrita de quando certos eventos ocorreram em relação aos outros até o presente. Dessa forma, elas são muito mais prováveis de serem calculadas por estimativa retrocedendo a partir de um ponto fixo. É difícil imaginar, por exemplo, a preservação de uma tradição de que Arthur lutou a sua grande batalha setenta e dois anos depois de um ciclo Pascal, mas fácil de imaginá-lo sendo relembrado como ocorrido cem anos antes do reinado do rei Edwin.

Se nos permitirmos considerar que a origem das datas de Arthur não foi a sua batalha "final" contra os saxões (Badon), combatida cem anos antes de Edwin, como relatam os *Annales*, mas que na verdade uma conexão relembrada foi a sua batalha final, em que ele foi morto (Camlann), a cronologia toma uma forma muito mais consistente. A batalha de Camlann teria ocorrido vinte anos antes, na data determinada para Badon, com Badon correspondentemente anterior, entre 486 e 499. Isso harmoniza muito melhor a impressão a partir de outras fontes que relatam que Badon ocorreu uma geração (não mais do que isso) depois da revolta saxônica, cuja ocorrência é tida por meados do século VI. As Genealogias Harleianas e os *Annales* já nos permitiram calcular um intervalo entre gerações de 32 ou 33 anos. Mailcun teria então morrido cinqüenta anos depois de Badon, para conciliar com o que esperamos do *De Excidio*. Gildas teria morrido nos seus veneráveis setenta e quatro anos, muito mais consistente com a sua reputação como um santo idoso e sábio. Também deixaria tempo suficiente para que uma nova e esquecida geração surgisse entre a época de Badon e Mailcun, como Gildas nos disse que aconteceu. Como eu disse, estou cansado das manipulações das datas da Idade das Trevas, mas aqui o peso de todas as outras fontes, especialmente o testemunho do próprio Gildas de que ele tem quarenta e três/quarenta e quatro anos, leva-nos a concluir que um engano sem importância foi cometido, o qual estabeleceu a cronologia dos *Annales* de Arthur relativa a Edwin da Nortúmbria.

Quem são os Vitoriosos?

Uma sugestão recente é que Gildas tem sido lido de forma errada desde o tempo de Bede. Higham argumenta que o que ele realmente quer dizer não é que Badon foi a sua última vitória, seguida por uma paz dominada pelos britânicos, porém, mais exatamente, que foi a sua última vitória, seguida por derrotas e dominação saxônica. Essa conclusão é baseada em alusões bíblicas escolhidas por Gildas e na suposição de que as suas referências a poderes demoníacos ou bestiais têm o objetivo consistente de referir-se aos saxões. Gildas usa apenas a palavra "saxões" ("um nome para não ser falado") uma vez, e a partir de então se refere aos invasores como lobos, demônios e coisas desse tipo. Conforme o entendimento de Higham sobre a situação, um único governante saxão poderoso, o Demônio-Pai, exercita a dominação sobre a Bretanha de Gildas (Higham 1994).

Embora o próprio Higham não permita que uma evidência seja montada a partir de fontes mais recentes, é possível entendê-las dessa forma. Na *Historia*, por exemplo, uma leitura literal é que a revitalização dos saxões começa imediatamente após Monte Badon. Isso leva a uma vitória e dominação saxônicas, não a uma paz governada pelos britânicos. Os reis saxões foram trazidos da Alemanha para governar toda a Bretanha. Eles são diferentes dos saxões descendentes dos mercenários revoltosos. Um deles poderia facilmente ser o "Demônio-Pai".

A fonte da discórdia de Higham é o material bíblico usado por Gildas como base para a crítica, especialmente as suas analogias com Jeremias. O profeta começa a sua carreira e escritos depois da derrota de Israel pelos assírios e termina com a conquista da Babilônia. As suas imagens são todas de derrota e desespero, sem indicação do triunfo dos israelitas.

Essa é uma engenhosa, porém estranha, leitura de Gildas. Ele está convencido de que a paz corrente fez os seus contemporâneos esquecerem as ameaças saxônicas. Se ela tivesse sido quebrada pelos ainda poderosos saxões depois de algumas vitórias mais recentes, então seria difícil ver como os tiranos poderiam ter deixado essa informação vazar. É difícil ver os bretões complacentes para com os saxões e esquecendo-se das suas intimidações, se estivessem vivendo sob o mesmo domínio saxão, sofrendo ameaças e extorsões.

Como se pode ver, Gildas construiu o seu conceito do que precedeu as guerras saxônicas sobre a estrutura do que veio depois. O que ele imaginou que acontecera durante aquele período era baseado na analogia com o que tinha acontecido desde então. Os bretões confiavam em Deus, reuniram-se e massacraram os pictos e os escoceses, que fugiram. Os escoceses voltaram para casa, os pictos continuaram quietos, o que resultou um período de "paz" caracterizado por guerras civis e cruéis reis britânicos. Houve retornos ocasionais dos escoceses e ataques para saques dos pictos; o massacre não é, portanto, a última vitória, mas é visto como muito mais importante do que as pequenas disputas que se seguiram.

A questão geral da análise histórica de Gildas é que, sob circunstâncias similares, a vitória britânica proporcionou um período de complacência, pecado e guerra civil. Isso, por sua vez, levou a uma destruição ainda maior. A analogia com a época de Gildas é extremamente clara. Não é mais provável que os tiranos do presente sejam subservientes aos saxões, e o conselho e o Tirano Orgulhoso foram a favor da traição picta.

O entendimento de Gildas de Jeremias não é também tão correto como Higham sugere. Não está claro, na Bíblia, se Jeremias sempre escreve depois do fato ou se as suas obras devem ser consideradas profeticamente como descrições do futuro. Se o próprio Gildas se coloca no papel de Jeremias ele pode pensar em si mesmo escrevendo entre a destruição de Israel pelos assírios e a derrota final e o exílio dos judeus pelos babilônios. Como nos diz ele, a parte externa da Bretanha caiu nas mãos dos saxões e os seus antigos habitantes eram escravos ou exilados. De fato, o único paralelo bíblico explícito que Gildas traça com os saxões é que o seu ataque aos bretões é "comparável àquele dos assírios da Antiguidade" (DEB 24). E, como os restos de Israel da Antiguidade, os bretões livres devem reparar a sua maneira de ser ou enfrentar uma catástrofe ainda pior. Acrescento que Gildas usa material profético de tudo o que há no Velho e no Novo Testamentos, sem necessariamente fazer analogias com o seu contexto histórico. As Lamentações de Jeremias são exatamente uma das fontes que ele cita na sua introdução e as usa por inspiração.

Considerar todas as referências ao demônio como figurativas para os saxões parece altamente improvável. DEB 67 torna claro que, nesse caso, o demônio a que Gildas se refere é verdadeiramente *o* Demônio, e não um senhor saxão. Aqueles que foram para outros países por promoção eclesiástica estão em busca de "uma ilusão enviada pelo Demônio" e voltam como "instrumentos do Diabo", embora obviamente devam ter ido para terras cristãs por preferência. Exatamente qual uso um senhor saxão pagão faria de um clérigo estrangeiro recém-promovido, é um mistério!

No balanço final, a evidência parece ser que a leitura tradicional de que os bretões dominaram a ilha depois de Badon ainda parece a melhor.

Onde Gildas Escrevia

Desde a Idade das Trevas, quase todas as regiões nas Ilhas Britânicas e em torno delas foram sugeridas como o local onde Gildas viveu e escreveu. Embora certamente não seja possível, há alguns indicadores para a sua localização. Isso tem importante influência na análise do que ele escreveu e nas suas conexões com o material posterior:

1. Gildas escreve na Bretanha. Não tem acesso às remanescências literárias dos bretões que foram levados para o estrangeiro pelos exilados (DEB 4.4)

2. Gildas cita muito poucas localidades da Bretanha, embora o seu esquema cubra quase toda a ilha. As localidades citadas são: *Verulamium* (Santo Albans), *Legionum Urbs* (Cidade das Legiões, Chester ou possivelmente Caerleon), o Tâmisa (duas vezes), o Severn, Mons Badonicus (sem certeza), *Dumnonia* (Devon e Cornualha), *Demetae* (o povo Dyfed). Ele sabe sobre a Muralha de Hadrian e um muro com turfa associado (à Muralha de Antonine?), mas não o nome de nenhuma cidade ou forte associado a elas. Todas as localizações citadas, estamos certos de que se situam na metade sul da Bretanha. Isso foi o que persuadiu a maioria dos escritores de que Dumnonia não é outra região com aquele nome, em Strathclyde. É provável que Mons Badonicus seja algum lugar na região entre Chester, Santo Albans e Devon.

3. Gildas não fica no leste da Inglaterra. Os saxões retornam a "casa" para essa área e deixam Gildas e os contemporâneos na Bretanha não ocupada.

4. Bretões não podem fazer visitas aos relicários dos santos em Verulamium e na Cidade das Legiões por causa da divisão da ilha. Podemos inferir que o próprio Gildas está nessa posição. Qualquer localização, Chester ou Caerleon, aceitamos a Cidade das Legiões, seria acessível aos cristãos em Strathclyde, Gododdin, Cúmbria ou Gales. Apenas Verulamium seria interceptada pelos saxões. Os únicos cristãos insulares que não conseguiram alcançar ambos os relicários seriam os do oeste do país, ameaçados pelos saxões no vale do Tâmisa.

5. Muitos comentaristas vêem um esquema geográfico na condenação dos tiranos, embora a influência de uma localização no norte de Gales para Maglocunus não seja garantida pelo texto. Constantino de Dumnonia, o primeiro da lista, poderia ser o mais próximo de Gildas.

Gildas, especificamente, proclama ter conhecimento recente dele. Nesse mesmo ano, ele matou os dois jovens reais, e Gildas sabe com certeza que ele está vivo.

Visões medievais de que Gildas era de Strathclyde, um filho de Caw de Pictland, não são sustentadas em DEB. Nenhuma localização demonstravelmente do norte é referida pelo nome. Embora Gildas não lide com atividades romanas na zona do Muro, o seu conhecimento da área é restrito. A Muralha de Hadrian, ele imagina, atravessa a região entre cidades que já estavam lá (DEB 13.2). Ele pensa que as defesas da fronteira norte foram construídas mais ou menos nos últimos cem anos, tempo durante o qual a área norte delas havia visto o primeiro assentamento dos pictos, "uma nação de além-mar excessivamente selvagem" (DEB 13.2). Certamente, não se poderia fazer essas afirmações acerca de nenhum local, facilmente falsificáveis pela consulta de qualquer picto de idade avançada. Se o pai de Gildas era de Pictland, as suas descrições dos pictos como "negras multidões de vermes que se contorcem para fora das fissuras nas rochas"; "hordas de podridão... mais prontos para cobrir o rosto perverso com o cabelo, do que as partes íntimas com roupas", seriam muito peculiares.

Uma viagem de Gildas para a Irlanda é registrada nos *Annales Cambriae*, mas o seu conhecimento daquela ilha, dos habitantes escoceses ou da jardinagem de missionários cristãos entre eles é quase nulo. O sudoeste da Bretanha, portanto, parece uma localização mais plausível para Gildas.

3. A Bretanha de Gildas

5

Tiranos e Reis

A análise histórica de Gildas atinge o clímax quando ele condena os governantes do seu tempo:

A Bretanha tem reis, porém tiranos; juízes, porém injustos;
Eles com freqüência roubam e aterrorizam, mas fazem isso aos inocentes;
eles defendem e protegem as pessoas, mas apenas osculpados e ladrões;
eles têm muitas esposas, porém prostitutas e adúlteras;
eles juram constantemente, mas as suas promessas são falsas;
eles fazem os votos, mas quase de imediato contam mentiras;
eles deflagram guerras, mas apenas civis e injustas;
eles perseguem ladrões com vigor por todo o país, mas amam e até recompensam os ladrões que se sentam à sua mesa.
Distribuem esmolas em abundância, mas empilham os crimes em uma imensa montanha para que todos vejam;
Tomam os seus assentos como se fossem juízes, mas raramente consultam as regras para o julgamento correto.
Desprezam os inofensivos e humildes, mas exaltam até as estrelas... os seus companheiros militares sanguinários, orgulhosos e assassinos, adúlteros e inimigos de Deus!

Por meio das condenações de Gildas, podemos ver um padrão do reinado heróico "celta", como celebrado no *Y Gododdin* e nos poemas de Gales da Idade das Trevas. Cinco governantes são escolhidos para uma condenação especial. Gildas, então, critica severamente os padres perversos, homens que degradam até mesmo as prostitutas com quem se deitam. Eles exultam até mesmo com um único centavo (indicando que alguma forma de economia monetária ainda está em operação). Bispos, padres e monges são mencionados. Muitos compraram as suas posições dos tiranos e mesmo o melhor não correu o risco do martírio por defender esses governantes.

Vale observar que Gildas nada diz a respeito de um ressurgimento do paganismo. O tempo em que os bretões, desorientados, adoravam montanhas, colinas, rios e ídolos está em um passado distante. De fato, os reis são especificamente citados como não pagãos: "Justamente porque eles não oferecem sacrifícios a deuses pagãos, não há razão para que se orgulhem, pois ainda são idólatras e por causa das suas ações pisoteiam os mandamentos de Cristo." Tampouco há menção de heresias, embora Gildas não tenha deixado de revirar uma pedra sequer na sua busca pela iniqüidade.

Supõe-se, geralmente, que os cinco tiranos citados sejam reis, embora isso não esteja claramente afirmado. São *"infausti duces"*, líderes desafortunados (DEB 50.1). Não são os únicos governantes da Bretanha. Gildas nos diz, especificamente, que alguns líderes encontraram o caminho reto para a salvação. De muitas formas, os governantes perversos não são o ponto central do *De Excidio Britanniae*. Nenhum dos governantes exemplares é mencionado pelo nome, tampouco os bispos e padres, bons ou maus, são destacados do geral.

O primeiro é Constantino, "filhote de tirano da leoa suja de Dumnonia". Filhotes (*catuli*) e leoas figuram proeminentemente no vocabulário de condenação de Gildas. Por exemplo, ele descreve os saxões como um bando de filhotes surgindo de dentro do covil das "leoas bárbaras", ou seja, a suja terra natal germânica. Por outro lado, quando Gildas menciona um pouco antes uma "leoa traidora" que se rebela contra Roma, não está claro se está falando figurativamente da Bretanha ou especificamente do líder da rebelião – Boudicca.

Igualmente no caso de Constantino, não é possível afirmar categoricamente se é ao seu reino ou a alguma notória mulher chamada Dumnoniana que ele se refere. Os manuscritos de Gildas usam a forma "Damnonia" ou variações dela. Muitos comentaristas acreditam que Gildas refere-se a Dumnonia, a *civitas* (área administrativa romana sediada em uma área tribal britânica) que foi coberta pelas modernas Cornualha e Devon. O antigo condado deriva o seu nome da versão galesa de Dumnonia, Dyfneint. É muito provável que o escriba tenha errado, não apenas com referência a essa localidade, mas também a outras (Rivet e Smith, 1979). O copista é influenciado pela palavra *damnatio* ("danação"[10]) ao lidar com um nome não familiar. Geógrafos romanos registraram uma outra *Dumnonia*, bem ao sul de Clyde. Ela não sobreviveu com esse nome na Idade das Trevas, considerando que Dumnonia/Dyfneint se tornou um dos últimos reinos britânicos sobreviventes fora de Gales. Observamos, entretanto, que obra do início da era medieval, *Vida de Gildas*, não conectava Gildas à área de Strathclyde, talvez por influência desse nome de local.

Gildas mostra que tem conhecimento recente de Constantino, diz saber com certeza que ele está vivo, como se houvesse alguma dúvida a

---

10. N.T.: Do original: *damnation*.

respeito disso. O seu pior crime ocorreu "neste ano mesmo", depois de ele ter lançado uma terrível maldição para que suas manobras não atingissem os seus companheiros bretões. Vestido com hábito de um santo abade, embora armado de espada e lança, ele matou dois jovens nobres em uma igreja. Não são revelados os nomes dos dois rapazes assassinados, embora quase nenhum homem pudesse manobrar as armas tão bravamente como eles. Estavam protegendo-se com a mãe, quando Constantino os matou. Constantino não era um homem jovem, já que havia posto de lado a sua esposa legítima "muitos anos antes".

"O que está fazendo Aurelius Caninus", continua Gildas, "não está sendo tragado pelo mesmo lodo que o homem sobre o qual acabei de falar?" Nada é dito sobre a origem de Aurelius, de onde vem e se é mesmo um rei. Ele é, entretanto, descrito como um filhote de leão. Isso pode ser figurativo. Gildas acrescenta "como diz o profeta". Por outro lado, pode ser que ele tenha realmente alguma ligação com Constantino. O seu nome poderia também sugerir que ele esteja relacionado de alguma maneira a Ambrosius Aurelianus, cujos netos contemporâneos já foram mencionados. Os irmãos e o pai de Aurelius morreram jovens, enquanto ele próprio era ávido por guerras civis e saques. "Não há chance de que ele vá viver até a velhice", acrescenta Gildas. É muito pouco provável que sobreviva aos seus descendentes.

Fornicações e adultérios, "perversões domésticas" caracterizam as vidas de Constantino e de Aurelius Caninus, e isso está igualmente presente na vida do próximo tirano, Votiporius. Figurativamente, ele é como um leopardo, manchado pelos seus pecados: assassinato, estupro e adultério. Gildas nos dá detalhes mais circunstanciais sobre Vortiporius do que sobre os dois primeiros. Disseram-nos que ele é o Tirano de Demetae, a *civitas* do sudoeste de Gales, cujo nome sobrevive na Gales moderna como Dyfed. Além do mais, ele herdou a sua posição do pai, que foi um bom rei. Vortiporius não é jovem, tem o cabelo quase branco. O seu pai, portanto, teria sido um dos reis da geração de Badon.

Temos a comprovação das palavras de Gildas na forma da pedra memorial do século VI, que fica na fronteira entre Pembrokeshire e Camarthenshire, precisamente em Dyfed. Ele homenageia "Voteporix, o Protetor", inscrito em caracteres latinos e do ogham[11] irlandês.

Com o primeiro tirano em Devon e o terceiro em Dyfed, parece a muitos comentaristas que Gildas está seguindo uma lógica geográfica nas suas condenações aos tiranos, trabalhando na direção do norte a partir dos reinos da Bretanha do oeste. Pode ser que ele tenha algum outro padrão de orientação – relacionamentos familiares, similaridade de crimes, inspiração profética ou quaisquer outros fatores.

---

11. N.T.: Antiga escrita usada na Irlanda. *Emperor; leader in toil.*

Entretanto, na ausência de qualquer outra evidência, a geografia parece bastante razoável como ponto de partida. O fato de Gildas começar com Constantino na Dumnonia sugere que este último pode ser o tirano mais próximo, estando os outros cada vez mais distantes. O que poderia provar isso é o fato de que Gildas escreve do sudoeste da Inglaterra. A rota direta entre Dumnonia e Demetia passaria por três outras *civitates,* a Durotriges em Somerset e Dorset, a Dobuni em Gloucestershire e o baixo Severn, e a Silures em Gwent, no sudeste de Gales. Essas seriam localizações possíveis para Aurelius Caninus e são também as áreas anteriormente classificadas como "sul de Gales", onde é forte a antiga tradição Arthuriana. Builth e Ercing, as localizações das maravilhas Arthurianas, podem ser consideradas situadas entre Devon e Dyfed. A área a sudeste de Gales onde a *Historia* situou Ambrosius seria definida dessa forma, o que sugere novamente a possibilidade de uma ligação entre Aurelius Caninus e Ambrosius Aurelianus.

Em seguida vem Cuneglassus, um outro tirano não especificamente localizado, nem tampouco com um título definido. Estamos, entretanto, fornecendo grande quantidade de detalhes circunstanciais a seu respeito. Ele já não é jovem, mas tem sido perverso desde a juventude. É um cavaleiro, ou mesmo um condutor de biga, com muitos cavalos ou cavaleiros. (Alguns dos heróis do *Y Gododdin* são também chamados de condutores de biga, provavelmente uma imagem poética antiquada). Luta com armas especiais ou feitas exclusivamente para ele, deflagrando guerra constantemente contra os bretões e contra Deus. Gildas diz que o seu nome, em latim, significa "sanguinário fulvo". De fato, significa cão aristocrata, mas, se Gildas realmente sabia disso ou não, é incerto. Da organização doméstica de Cuneglassus, sabemos que ele é rico e orgulhoso, cercado por homens respeitáveis, e que deixou a esposa legítima para se casar com a irmã dela.

Embora todo esse material ofereça uma fonte fértil para informações sobre a personagem-chave da época de Gildas, há duas estranhas e quase incidentais partes da condenação que chamaram mais a atenção. Gildas chama tal personagem de "urso" e de "condutor de biga da fortaleza do urso". Isso é sugestivo, e muitos acadêmicos derivam o nome Arthur de *Arth,* a palavra britânica para urso. Uma versão medieval da *Historia Brittonum* dá a possível tradução de Arthur como "*ursus horribilis*" – "urso horrível". Ele continua a traduzir o sobrenome de Arthur *mab Uter* como "filho terrível" porque ele foi terrível mesmo quando jovem, exatamente a mesma informação que Gildas nos fornece para Cuneglassus. Isso levanta a questão de ligação entre Arthur e Cuneglassus. Se Cuneglassus é um vizinho de Vortiporius de Demetae, ele poderia ser o governante de Ercing e/ou Builth, onde as maravilhas de Arthur estão localizadas.

Outros aspectos da descrição de Cuneglassus encontraram coincidência nas lenda de Arthur. Cuneglassus é um "cavaleiro de muitos", e uma das características de Guaurthur é a sua generosidade para com os cavalos da sua própria cavalaria. Cuneglassus usa as suas próprias armas especiais, e, na lenda medieval, as armas especiais de Arthur são famosas. Ele deixou a esposa, uma possível fonte de um rompimento com o filho. O grande obstáculo em ligar Cuneglassus a Arthur é que ele é contemporâneo de Gildas. O todo racional para essas condenações é que a geração de Badon já havia morrido, deixando que os seus filhos se esquecessem das lições aprendidas. Se uma figura tão crucial como o líder no cerco de Badon ainda estava vivo, seria difícil ver como aquela informação teria escapado. Além disso, Cuneglassus é uma personagem abominável, enquanto Gildas vê a geração dos reis de Badon cor-de-rosa. Podemos imaginar um heróico líder de guerra que eventualmente foi mau e, por exemplo, deixou a esposa e matou o próprio filho. Gildas especificamente nos informa que não é esse o caso de Cuneglassus, que tem sido perverso desde garoto. Se há uma conexão entre Cuneglassus *Ursus,* e Arthur, *Ursus Horribilis,* então deve ser algum outro parentesco mais distante.

Outra possibilidade é que *Ursus* era um nome ou título dinástico, e que Cunglassus era o sucessor ou descendente de Arthur, que governou sobre a mesma área. Essa é a sugestão seguida em *Rei Arthur – A Verdadeira História* (Phillips e Keatman, 1993). Aqui, Arthur é identificado com o Eugein Dantguin, pai de Cinglas/Cuneglassus das Genealogias Harleianas. Isso não é particularmente útil, já que sabemos muito menos sobre Eugein Dantguin do que sobre Arthur. Se Cuneglassus estava, de fato, relacionado com o vitorioso do Monte Badon, é surpreendente que Gildas não o tenha mencionado quando ele faz as profecias sobre Vortiporius e Aurelius e sobre o tio de Maglocunus.

Uma outra possibilidade é que Cuneglassus é chamado de urso porque vem de um lugar ligado a ursos. *Receptaculum ursi* (fortaleza do urso) poderia ser uma tradução latina de um nome de local britânico. Outro escritor da Idade das Trevas traduziu o elemento de nome de local galês "din" como *receptaculum,* sugerindo que aqui Gildas está traduzindo um possível "Din Arth" ou "Din Eirth". Há dois lugares chamados assim na Gales moderna, um no nordeste de Gales e outro em Dyfed. O primeiro é plausível para um Cuneglassus que seja parente de Maglocunus, enquanto o outro faz mais sentido caso Cuneglassus seja vizinho do homem de Dyfed, Vortiporius. É claro, há sempre a possibilidade de que outros Din Eirths tenham existido, agora perdidos sob nomes de lugares ingleses. Nenhum deles afasta a possibilidade de que o forte de Cuneglassus possa ter sido uma antiga sede de Arthur, *Ursus Horribilis.*

Embora exista a possibilidade de não sermos capazes de dizer exatamente por que Gildas atribuiu epítetos de animais a tiranos em particular (o último tirano é chamado dragão), a sua fonte para essas imagens é o livro bíblico de Daniel. No capitulo sete, Daniel tem uma visão de várias bestas que representam os sucessivos impérios perseguindo o povo de Israel. O destino deles é Deus subtrair-lhes o poder. A parte principal do trabalho de Gildas consiste em tentativas similares de aplicar profecias bíblicas às circunstâncias contemporâneas.

Na versão latina da Bíblia, o primeiro reino/besta é descrito como "*quasi laena*" – quase uma leoa. Gildas nos dá dois tiranos chamados "*Leaenae Catulus*' (filhote da leoa) e "*(ut propheta ait), catule leonine*" (como diz o profeta, um filhote de leão). Não está claro por que Gildas nos dá dois leões. Talvez seja porque Constantino e Aurelius estejam relacionados ou porque a situação política mudou nos anos depois da publicação, substituindo o governo de um leão por dois.

Gildas especificamente diz que esperou dez anos para instaurar essa polêmica. A morte fora de hora do pai de Aurelius pode ter alterado o cenário político por exemplo.

O próximo animal que Daniel vê é "*quasi pardus*" (quase um leopardo), e Gildas chama Vortiporius de "*pardo similis*" (como um leopardo). Então vem "*bestia alia similis urse*" (outra besta, similar ao urso); "*urse*" (urso), diz Gildas de Cuneglassus. A última besta em Daniel é "*Bestia atque terribilis atque mirabilis, et fortis nimis, dentes ferreos habebat magnos*", (uma besta terrível e espantosa, e incrivelmente forte, com grandes dentes de ferro), que Gildas verte concisamente para "*draco*" (dragão). Por que Gildas escolhe animais específicos para representar governantes específicos, não está claro. Cuneglassus poderia ser um urso porque veio antes do poderoso Magocunus. Mais provavelmente, alguns pontos de similaridade levaram Gildas a fazer ligações específicas.

Agora as condenações de Gildas alcançaram o seu clímax: "por último na minha lista, porém primeiro no mal, mais poderoso do que muitos tanto em poder como em malícia, mais profuso em doar, mais extravagante no pecado, braços fortes, no entanto mais forte é o silêncio que destrói a alma" – Maglocunus, *o Dragão da Ilha*.

Claro está que Maglocunus era uma das figuras dominantes da época, não algum tirano regional sem importância. "O Rei dos reis tornou-o mais alto do que quase todos os líderes da Bretanha, no seu reino, tanto quanto o seu físico."

Gildas gasta o mesmo tanto de tempo reprovando-o do que gasta com todos os tiranos anteriores juntos. Dificilmente ele se preocupa em exortar o arrependimento de Maglocunus. Os crimes dos quais ele o acusa são vários e muito sérios.

Ainda assim, praticamente todos os historiadores que lidam com o período o relegam ao atraso de Anglesey e medem a sua importância somente como um pai carinhoso da medieval Gwynedd. Embora logicamente Maglocunus pareça estar sediado em algum lugar ao norte de Dyfed, o reino o removeu dali, o que dá um leque de possibilidades dentre as quais Gwynedd é apenas uma e Anglesey, quase improvável. Nós vimos como a ligação de Gwynedd é encontrada exatamente naquelas fontes em que o nome Arthur aparece como o líder do Monte Badon. Diferentemente de Arthur, entretanto, Maglocunus foi usado por razões pessoais, para sustentar as afirmações da crescente dinastia de Gwynedd.

Gildas chama Maglocunus de "*Insularis Draco*", Dragão da Ilha. Com uma conexão galesa do norte firme na mente, historiadores situam a óbvia ilha no norte de Gales, Anglesey, e localizam o tirano ali. Reis posteriores de Gwynedd realmente viveram em Aberffraw em Anglesey, embora nenhuma ruína do século VI tenha sido descoberta ali. De fato, arqueólogos sugerem que no século VI o centro do reino ficava no continente de Deganwy, ou possivelmente em Caernarfon. Mesmo o normalmente sério Ken Dark construiu a hipótese de Maglocunus atravessando o Menai direto para conquistar as terras dos ordovices[12]. Apesar disso, muitos historiadores consideram que o epíteto "*Insularis Draco*" não deve significar mais do que Dragão da Ilha de Anglesey.

No contexto, não há dúvida o que Gildas quer dizer por *Insula* (a ilha): por todo o texto, é usada como sinônimo de toda a Bretanha. É o termo preferido de Gildas ao se referir à sua terra natal. É esse o sentido em que ele usou pela última vez a palavra antes da condenação de Maglocunus: "a lembrança de um ataque tão desesperado à ilha" – a revolta saxônica.

Examinando a geografia de Gildas nos mínimos detalhes, encontraremos mais provas de que o epíteto "*Insularis Draco*" não pode ter nada a ver com Anglesey. Nenhuma evidência interna nos dá qualquer razão para pensar que Gildas vivesse em uma parte da Bretanha onde "*Insularis*" automaticamente evocaria Anglesey. As sugestões complementares, de acordo com Higham e Dark, de que Gildas escreve na *civitas* de Durotriges, levaria-nos a esperar que uma referência casual à (praia) ilha significasse "a Ilha de Wight", como se fosse para um moderno habitante de Dorset. A evidência lingüística indica ser mais provável que Gildas tenha escolhido a palavra "*promunturia*" (traduzida por Winterbourne como "promontório") para descrever uma das ilhas além da praia, se era essa a idéia. Há abundantes evidências no texto de que toda a ilha da Bretanha, e não um obscuro cantão do oeste, cai sob a sombra de Maglocunus.

Insularis Draco seria mais apropriadamente traduzido por "Dragão da Bretanha". É mais provável que se refira à preeminente posição de Maglocunus entre os tiranos britânicos, e não a uma localização geográfica. Na *Historia,* o seu título é *Magnus rex apud Brittones'* – Grande Rei entre os Bretões. Gildas poderia usar a palavra latina "*Draco*" por causa da sua similaridade com *Dragon*, um título realmente usado pelos governantes galeses.

Rachei Bromwich foi incapaz de encontrar qualquer uso no galês antigo da palavra "*Dragon*", exceto como título de um grande guerreiro (Bromwich, 1961). Isso seria similar à sugestão de Snyder de que Gildas usou a palavra *tyrannus* por causa da sua similaridade com o britânico *Tigerni* (Snyder, 1998).

---

12. N.T.: *Ordovices,* do latim, antigo povo do centro do País de Gales.

Sabemos de DEB 27 que alguns dos tiranos, talvez inclusive Maglocunus, exerciam jurisdição além dos confins da sua própria *civitates*, já que eles perseguiam ladrões em todos os lugares *per patriam*, "por todo o país".

"O Rei dos reis tornou-o mais alto do que quase todos os líderes da Bretanha no seu reino, assim como na sua estatura." Essa é uma específica afirmação do poder de Maglocunus. Se os reinos britânicos são todos derivados das *civitates* romanas (Dark, 1994), então Maglocunus não poderia ser o rei dos ordovices. Ninguém descreve esse pequeno reino, mesmo que estivesse pelo vizinho território do Decangli, como "quase o maior reino da Bretanha". A analogia que Gildas faz com a altura física do Rei sugere o tamanho do reino, em vez do seu poder econômico-militar.

Gildas prossegue dizendo-nos como o reino de Maglocunus se tornou tão grande: Maglocunus "privou muitos dos supracitados tiranos dos seus reinos e mesmo das suas vidas". Quem eram os tiranos supracitados? Eram os reis de toda a ilha, os tiranos da Bretanha, "os reis da sua própria terra". Gildas nunca, ao que sabemos, referiu-se aos reis dos ordovices, nem sugeriu que Maglocunus tenha deposto uma sucessão de reis da mesma área ordov. Mesmo assim, como Dumnonia e Demetae, a maioria dos reinos realmente deriva das *civitates*, está claro que Maglocunus deve governar mais de um deles.

A frase *"supra dictorum"*, muitos dos tiranos "supracitados", é problemática (DEB 33). Embora possa ser considerada uma referência aos tiranos britânicos em geral ("a Bretanha tem reis, mas eles são tiranos." DEB 27), o seu significado mais óbvio é que alguns dos tiranos que acabaram de ser citados – Constantino, Aurelius Caninus, Vortiporius e Cuneglassus – são aqueles que se tornaram vítimas do Dragão da Ilha. Winterbottom interpreta essa frase por uma tradução menos precisa como "esses tiranos". A dificuldade é que Gildas ameaçou os outros quatro como se eles estivessem vivos. Refere-se a eles como se tivessem a habilidade de arrepender-se e mudar a sua maneira de viver. Por outro lado, a visão de Daniel claramente se refere a reinos consecutivos. A terrível besta em Daniel era destinada a dominar alguns reinos, deixando outros sobreviver e sem poder. Com os dez anos de intervalo antes da publicação, é possível que alguns dos reis possam ter morrido desde a primeira cópia, mas esta foi guardada, possivelmente como prova da profecia de Daniel.

Os modelos bíblicos de Gildas freqüentemente não esclarecem se o profeta está escrevendo após o fato ou se trata de uma visão profética, e pode ser que encontremos a mesma ambigüidade aqui. Gildas quase sempre escreve em um dramático tempo presente sobre eventos passados. Vale a pena reler as condenações dos quatro tiranos para ver se existe qualquer indicação de que eles de fato foram "privados dos seus reinos e mesmo das suas vidas" por Maglocunus.

Já imaginamos se a presença de dois tiranos leoninos em vez de um deles indica que o seu predecessor havia sido removido, mas o que dizer dos próprios Constantino e Aurelius? Gildas diz, em DEB 28, que sabe que Constantino está vivo, como se rumores dissessem que não estava, embora se estivesse vivo, Constantino poderia ter sido expulso do seu reino. A sua maldição para que as suas manobras não atingissem os seus companheiros conterrâneos pode ser parte de um assentamento seguido de uma revolta. Ele pode até mesmo ter sido forçado a se retirar para o mosteiro onde se "disfarça" de santo abade. Bede e Gregório de Tours dão exemplos de reis da Idade das Trevas forçados a uma eventual prisão em mosteiros.

As conquistas de Maglocunus incluíram o domínio sobre o seu tio e as suas forças *"Non catulorum leonis ...magnopere dispares"* (não muito diferente dos filhotes de um leão). Isso, como sugerimos, deve significar mais do que um epíteto pejorativo. Se simplesmente significasse que eles estavam agindo perversamente, então a guerra de Maglocunus contra eles teria sido uma boa coisa, o que claramente não o foi. Soubemos pelo DEB 30 que alguma infelicidade recaiu sobre o resto da família de Aurelius Caninus: "foi abandonado como uma árvore solitária... Lembre-se... a aparência exterior vazia dos seus pais e irmãos mostra as suas mortes prematuras e fora de hora". Pode ser que Gildas estivesse tentando mostrar que aqueles tiranos faziam parte da mesma família. Aurelius poderia nem mesmo estar vivo, como escreve Gildas. A imagem de Gildas de ele sendo envolvido pela lama da sua perversidade poderia ser uma indicação de que esses eventos profetizados já haviam acontecido. A sua ameaça profética – "O rei brandirá a espada para você em pouco tempo" – poderia referir-se a Deus, como Winterbotton considera, ou igualmente a um inimigo terreno, talvez Maglocunus.

O Filhote de Leão, como o Profeta Diz

O que exatamente quis dizer Gildas com as suas analogias bíblicas? Higham argumenta que o uso exagerado da imagem animal por Gildas é a parte central das suas referências aos saxões. Tendo estabelecido que "saxões" é uma palavra que não se pode falar, dali em diante, Gildas se refere a eles como lobos, cães, abomináveis, cortadores de gargantas, e assim por diante. Higham vê a aplicação de termos similares aos bretões como que para marcar a sua proximidade com os seus supostos "senhores". Na verdade, a situação não é tão clara. Geralmente, quando os profetas, especialmente os preferidos de Gildas, Jeremias e Isaías, referem-se a leões, leoas ou filhotes de leão, são como símbolos de Deus ou dos seus agentes de julgamentos contra a perversidade. Um filhote de leão foi estabelecido como símbolo da tribo e reino de Judá, e não é surpresa encontrá-lo usado dessa maneira. É aparente, na passagem de Magnoclunus, que o uso de Gildas de imagens leoninas não pode ser sempre pejorativo. Se as vítimas de Magnolocunus são muito similares a filhotes de leão, isso não é mencionado para perdoá-lo, mas para agravar o seu crime.

Assim, não está clara a forma de entendimento que Gildas deseja dar quando escreve que Aurelius é um filhote de leão, "como o profeta diz". Temos de elaborar um palpite racional conforme o profeta e o contexto. O profeta escolhido por Gildas é Jeremias. Para ele, leões, filhotes de leão e leopardos eram agentes da destruição de Deus da pervertida Jerusalém, não sendo necessariamente maus. Em um trecho, entretanto (DEB 51.38), ele justapõe filhotes de leão e dragões quando reprova os babilônios: "O rei da Babilônia picará Jerusalém e a comerá. Ele esvaziou a cidade como um jarro, e como um dragão a engoliu. Pegou o que queria e lançou o resto fora ... [A Babilônia] se tornará a tumba e a habitação de dragões, os babilônios rugirão todos como leões e resmungarão como filhotes de leão."

Apesar da linguagem sugestiva, é difícil ver o que isso implica para Aurelius e os outros, mesmo em termos vagos. Gildas fala com aprovação de Isaías como o mais importante dos profetas, mas também Isaías vê leões e leoas como instrumentos gerais de Deus. O mesmo uso é feito pelo menos importante dos profetas a quem Gildas se refere, como se as condenações continuassem.

Aqui há apenas um profeta que usa as palavras leoa e filhotes de leão de uma forma que paraleliza Gildas: Ezequiel, no capítulo 19, escreve:

> "E tu levanta uma lamentação sobre os príncipes de Israel, e dize: Que de leoa foi tua mãe entre os leões! Deitou-se no meio dos leõezinhos, criou os seus cachorros. Assim criou um dos seus cachorrinhos, o qual, fazendo-se leão novo, aprendeu a apanhar a presa; e devorou homens. Ora as nações ouviram falar dele; foi apanhado na cova delas; e o trouxeram com ganchos à terra do Egito. Vendo, pois, ela que havia esperado, e que a sua esperança era perdida, tomou outro dos seus cachorros, e fê-lo leão novo. E este, rondando no meio dos leões, veio a ser leão novo, e aprendeu a apanhar a presa; e devorou homens. E devastou os seus palácios, e destruiu as suas cidades; e assolou-se a terra, e a sua plenitude, por causa do som do seu rugido. Então se ajuntaram contra ele as gentes das províncias ao redor; estenderam sobre ele a rede; e ele foi apanhado na cova delas. E com ganchos meteram-no em uma jaula, e o levaram ao rei de Babilônia; fizeram-no entrar nos lugares fortes, para que se não ouvisse mais a sua voz sobre os montes de Israel."

Os filhotes de leão são príncipes que deveriam ter protegido Israel, algo que esperaríamos pela forma como a imagem é usada por outros profetas. Entretanto, a sua vaidade e o apetite pelas guerras mostram que o resultado foi nulo quando eles se confrontaram com inimigos mais fortes. A leoa é figurativamente o reino de Israel, do qual eles vieram (a Bretanha, para Gildas, é a Israel dos tempos modernos), mas poderia ser a sua mãe real, já que são ambos membros da mesma família real, que é o entendimento óbvio da passagem.

Se essa é a maneira pela qual Gildas faz a analogia, que os filhotes de leão são príncipes que deveriam defender Israel, deveriam atacar os inimigos dos reinos, e que há uma ligação dinástica entre eles, ele poderia ver como a profecia poderia ser aplicada aos descendentes de Ambrosius Aurelianus.

Intrigantemente, Ezequiel mais tarde conecta as imagens dos leões com as dos dragões (capítulo 32): "Faça uma lamentação pelo Faraó, Rei do Egito, e diga a ele: Tu te transformas em um leão das nações e como um dragão que está no mar."

O cenário histórico, como os profetas Jeremias e Ezequiel deixam claro, é que os reinos de Israel e de Judá eram dependentes do poder militar do faraó egípcio, como dependentes seus. Eles confiavam no faraó para o apoio contra a Assíria e a Babilônia, os seus adversários do norte ao leste, mas os profetas sustentam que essa aliança unilateral é em vão, que nem os egípcios ajudarão ou que, se ajudarem, serão derrotados pelos invasores. Em vez disso, os israelitas devem depositar a sua confiança em Deus e afastar-se da perversidade. Os profetas retiram o seu conhecimento da destruição do antigo faraó e do seu exército durante o Êxodo e da recente derrota dos egípcios pelos babilônios. Nesse contexto, o faraó e os egípcios formam a incerteza do poder militar, no qual os israelitas depositaram a sua confiança.

Não há absolutamente nada nessas descrições que sugiram que Vortiporius ou Cuneglassus tenham sido mortos ou depostos por Maglocunus, de forma que vamos considerar a possibilidade de que foi o filhote de leão, a suposta dinastia de Ambrosius, que nasceu com essa compulsão para os seus ataques.

O Dragão da Bretanha

Gildas nos dá mais detalhes biográficos sobre Maglocunus do que sobre quaisquer outros tiranos. Talvez saiba pessoalmente, ou talvez simplesmente tenha visto o Dragão da Ilha como uma figura significativa de destruição da Bretanha, que valeu a pena abordar o ponto em detalhes. Maglocunus começa com o sonho de governar pela violência – ou seja, tomar o poder pela força. Ele manejava bem as armas e, nos primeiros anos da sua juventude, usou espada, lança e fogo para matar o rei, seu tio, e quase o mais corajoso dos seus soldados, cujas "faces não eram muito diferentes daquelas dos filhotes de leão". Como vimos por último a frase sendo usada por Aurelius Caninus e (na forma modificada) por Constantino, eu não acho que seja irracional traçar conexões. A referência poderia estar lá para lembrar aos primeiros dois tiranos de que Maglocunus é uma ameaça a eles, ou para enfatizar o crime do dragão.

Se o próprio tio de Maglocunus é um parente tão próximo de Aurelius, então isso sugere um motivo dinástico para os escritos de Gildas. Laços dinásticos poderiam existir entre alguns dos tiranos, sugerindo que eles estavam unidos por muito mais do que a proximidade dos reinos. Se Aurelius não está mais vivo, ele poderia ter sido morto especificamente nessa armadilha.

Surpreendentemente, depois desse triunfo, após ponderar muito sobre a vida com Deus e sobre o governo dos monges, Maglocunus se arrependeu dos seus pecados, arrebentou as correntes do poder real e entrou no mosteiro "levando o regozijo dos céus". Gildas enfatiza que a decisão de Maglocunus foi voluntária, adicionando a impressão de que, a Constantino, não o era.

Gildas fala com carinho da aprovação dos monges e da sua vida. Historiadores modernos não têm dúvidas de que ele mesmo foi um monge. Isso não está claro no texto – ele escreve só sobre clérigos da sua ordem ou classe, contrastados com bispos e padres. Entretanto, outros trabalhos atribuídos a ele concernem à vida monástica e não há nada que sugira que ele não tivesse sido um monge. Nesse caso, pode ser um sentimento de companheirismo para Maglocunus como monge, ou mesmo a possibilidade de que eles estavam no mesmo mosteiro, fator que explicaria as críticas severas de Gildas.

Mais tarde, nós ouvimos que Maglocunus tinha como o seu professor, o mais refinado mestre de toda a Bretanha. Esse homem era, obviamente, um eminente clérigo, e as suas aulas eram religiosas, cheias de censuras, similares às de Gildas. É claro que o mestre refinado poderia ter ensinado Maglocunus quando ele era muito jovem, antes de iniciar a vida. A suposição mais racional, entretanto, é de que eles se encontraram quando Magnoclunus era um monge. Uma outra inferência é de que Gildas e Magnoclunus eram discípulos contemporâneos do refinado mestre. Um outro ponto importante é que Gildas é claro sobre a aparência de Maglocunus – excepcionalmente alto. O outro tirano cujas características físicas são descritas é Vortiporius, "o seu cabelo já está branqueando", mas isso pode ser apenas uma referência à sua idade.

Maglocunus não parecia um monge. Tentado pelo demônio, ele retornou à vida antiga "como se fosse um cão doente pelo seu vômito repulsivo". Embora Gildas exponha longamente a sua traição, não está claro por que Maglocunus deixou o mosteiro. Gildas diz que foi "não muito contra a sua vontade", mas é sugestivo que alguma compulsão política estivesse por trás disso. Maglocunus na verdade tinha um irmão, que poderia estar adquirindo as suas antigas propriedades. Tudo que Gildas nos conta é que

Maglocnus se casou assim que deixou o mosteiro e logo se cansou da sua mulher, assassinou-a, depois matou o filho do seu irmão, para poder casar-se com a sua esposa. Foi ajudado e encorajado pela sua nova mulher, e casou-se com ela publicamente para aclamar os que o apoiaram.

Essa dramática história é a última que Gildas repete sobre Maglocunus. Como ele pôde expulsar e matar "muitos tiranos", não é explicado, e Gildas mal pôde ter uma explicação para o seu tio e sobrinho. Presumivelmente, as suas guerras civis ocorreram depois que ele deixou o mosteiro, mas não ouvimos mais nada além de que o Dragão da Ilha havia cometido muitos pecados.

Uma última característica interessante da carreira de Maglocunus é a forma como ele escolhe o entretenimento. "Os seus ouvidos empolgados não ouvem as homenagens de Deus vindas das doces vozes de afinados recrutas de Cristo, nem a melodiosa música da igreja, mas homenagens vazias em si mesmas, vindas das bocas de criminosos que se aborrecem ao ouvir tal crocitar de corvos – bocas recheadas de mentiras e responsáveis por encharcar os passantes com o seu catarro espumante." "Esses criminosos" podem também ser parasitas cujas línguas mentirosas celebram o novo casamento do rei. Não é, certamente, fantasioso sugerir que já tenhamos encontrado essas personagens. A *Historia Brittonum* sincronizou o reinado de Maglocunus/Mailcunus especificamente com a época em que "Talhearn Tataguen era famoso pela sua poesia e Neirin e Taliesin e Bluchbard e Cian, que é chamado de Gueinth Guaur, eram da mesma época do famoso poeta britânico"; talvez alguns de todos esses homens fossem patrocinados por Maglocunus. No mínimo, temos Gildas com invectivas apaixonadas e surpreendentes para informar-nos que esses homens eram tiranos ativos na corte.

O estilo escolhido por Gildas, enfatizando a condenação em vez do louvor, distorce a nossa impressão do seu tempo. Embora a maioria dos governantes possam ser tiranos, um pequeno número, mantém o "controle da verdade e da justiça". Gildas nos diz que essa minoria de justos se sustenta com as suas preces e que todos os homens a admiram. Pelo menos um dos governantes contemporâneos não citados deve ser de fato muito poderoso. Sabemos disso porque o poderoso Maglocunus, Dragão da Bretanha, que depôs muitos tiranos, é o único maior do que "quase todos os líderes da Bretanha". As explicações prováveis são que Gildas sabe de um grande governante britânico que é um notório tirano. Ele nos diz que tem reservado um lugar especial para Maglocunus porque é o primeiro em maldade, mas não o mais poderoso.

À evidência da *Historia Brittonum*, podemos provavelmente nomear esse homem. Trata-se de Outigirn, que lutará contra os saxões quando os seus ataques recomeçarem, enquanto o seu contemporâneo Mailcunus não. Outigirn tem uma posição distinta da posição dos tiranos. Os cinco tiranos citados estão ligados a "Cinco cavalos loucos e depravados da comitiva do faraó, que ativamente estimula o exército deles para que encontre a ruína no Mar Vermelho". Essa não é apenas uma metáfora um tanto forçada para significar que só eles, como o exército egípcio, serão destruídos por Deus. Gildas parece contar que realmente existe um "Faraó" a quem eles servem. Anteriormente, os conselheiros de Vortigern eram chamados de "Príncipes estúpidos de Zoan", que davam tolos conselhos ao Faraó.

Vimos o que o Egito representa para Gildas, assim como para Jeremias e os profetas, o poder militar incerto em que os israelitas confiam em vez de confiarem em Deus; Vortigern, como Faraó, oferece a solução militar para o problema do conselho, o assentamento dos saxões mercenários. O Faraó da época de Gildas poderia, similarmente, ser uma figura militar. Essa é uma área à que voltaremos mais adiante.

Até agora, olhamos a evidência de Gildas nas gerações de Vortigern e de Ambrosius. Também vimos o que ele diz a respeito da geração em que vive. Isso nos ajudará a definir a geração entre Badon, o reinado de Arthur.

O Reinado de Arthur

Graças ao pouco encontrado em *De Excidio Britanniae* sobre a geração que sucedeu Ambrosius, vale a pena reiterar exatamente o que Gildas diz a respeito disso. O contra-ataque começou sob Ambrosius, quando os britânicos desafiaram os saxões a lutarem e sair vitoriosos. Isso proporcionou um período de guerra entre "cidadãos" e os seus inimigos saxões. Primeiro um lado, depois o outro, saía vitorioso, até o ano do cerco da Colina de Badon. Houve lá, então, algumas outras vitórias britânicas, mas os saxões estavam completamente aterrorizados. Cabe ressaltar que Gildas lembra o "ano" do cerco de Badon como uma gloriosa reviravolta. O cerco foi o mais dramático, a vitória mais memorável, caracterizando o ano todo, mas é o ano que viu o padrão estabelecido de vitórias britânicas consistentes, presumivelmente em mais de uma batalha.

Até onde interessa à *Historia Brittonum,* todas as batalhas de Arthur foram vitoriosas. O que não surpreende em nada. *As Crônicas Anglo-Saxônicas* dão um retrato da atividade saxônica mais ou menos vitoriosa também. Pode ser que Arthur tenha sido excepcionalmente bem-sucedido e que, embora os saxões prevalecessem contra outros comandantes e reis em outros lugares, eles não conseguiram fazer nenhum avanço contra ele. Isso parece um tanto irreal, e a própria lista de batalhas oferece alguns dados para se pensar que podem distorcer o quadro real. Quatro batalhas foram travadas em Dubglas. Mesmo se os bretões simplesmente tivessem se mantido na posição contra ataques sucessivos, a escala de vitórias não permitiu um contra-ataque ou bloqueio contra os saxões. A batalha na Cidade da Legião mostra que os saxões ainda estão a oeste, tão longe quanto estavam quando anteriormente atacaram a costa toda e destruíram

Gloucester. Portanto, eles reconquistaram militarmente a posição que cultivavam quando retornaram ao leste antes de Ambrosius reunir os bretões.

Colocando Ambrosius, um líder de classe desconhecida, à parte Gildas não explica a liderança militar exigida para o contra-ataque, mas líderes militares eram necessários, batalha e cercos mais importantes simplesmente não poderiam ocorrer pelo consenso de reis ou cidadãos. O cerco da Colina de Badon implica na existência de um único comandante militar.

A característica-chave da geração de Badon, então esquecida pelos contemporâneos de Gildas, é a de que "reis, pessoas públicas e privadas, padres e membros da Igreja mantinham as suas próprias posições" – "*reges, publici, privati ...suum ordinem servarun*". É difícil ver como um rei evitaria sair da linha, a menos que Gildas indique que eles estivessem sujeitos a uma autoridade mais alta, mais legitimada. Havia "Faraós" antes da revolta saxônica e há um também na época de Gildas, então, é razoável supor uma figura similar na geração de Badon, coordenando as ações dos reis.

Embora Gildas não diga explicitamente que os reis eram parte da resposta militar aos saxões, isso é prontamente perceptível. Os reis claramente fornecem a força militar do tempo de Gildas. A sua habilidade em levar a cabo guerras civis sem entraves demonstra isso. Os homens que faziam as refeições à sua mesa eram chamados de "soldados companheiros". Eram condenados primeiramente porque os seus recursos não vinham direto para a defesa da Bretanha. É inevitável que uma situação similar tenha existido na geração de Badon. O contra-ataque envolvia a cooperação militar dos reis dos bretões, "servindo de acordo com a sua classe", exatamente o que podemos ler na *Historia Brittonum*.

Gildas nos permite especular quem eram alguns desses reis. Um seria o bom rei de Demetae, pai de Vortiporius. Se Vortiporius tinha sessenta anos ou mais, ele poderia ter lutado também. O tio de Maglocunus era um outro rei da mesma geração. Assim, poderia ter sido o pai de Aurelius Caninus, que, no entanto, aparentemente morreu jovem, em uma guerra civil mais recente, sem ficar velho o suficiente para contribuir.

Isso dá a falsa impressão para o argumento de que Arthur não existiu porque Gildas não o citou. O vitorioso de Mons Badonicus existiu tanto quanto o tio de Maglocunus ou os pais de Vortiporius e Aurelius Caninus. Eles, como qualquer outro membro da sua geração, não têm os seus nomes citados por Gildas. Ainda assim, a evidência para a sua existência é o efeito que tiveram em Gildas e no seu tempo. Não fazia parte dos propósitos de Gildas preservar aqueles nomes no seu trabalho, mas estamos longe de dizer que os seus nomes não foram preservados.

O quadro que Gildas apresenta está de acordo com as últimas fontes. Uma geração de operações militares separou a resistência da revolta saxônica dos vitoriosos de Monte Badon. Esses vitoriosos consistiam de reis britânicos unidos, oficiais públicos e pessoas privadas, empregando-se onde havia disponibilidade. As guerras viram derrotas britânicas, isso a partir de interpretações sobre as fontes britânicas, é verdade. As fontes saxônicas também ocultam as suas derrotas, mas não há razão para descontar um período que poderia ver a conquista saxônica de Anderida, por exemplo, alternada com a defesa britânica da Cidade da Legião.

De todos os cenários possíveis, o líder guerreiro britânico supremo, coordenando a estratégia dos reis por todo o país, é o mais provável. Enquanto aquele líder viveu, a lembrança de uma vitória inesperada em Badon manteve os bretões unidos.

Poderia Arthur ser filho de Ambrosius? Ambrosius teve pelo menos um filho, que poderia dar continuidade ao seu legado. Não há nada no *De Excidio* que contradiga isso. Entretanto, parece estranho que nenhuma fonte britânica faça essa ligação, caso tenha existido. Podemos acrescentar, entretanto, que um homem usando o nome britânico "Arthur" tinha pouca probabilidade de ser o rebento do "último dos romanos".

Se Victor de Badon morreu violentamente, foi em decorrência de uma das muitas guerras civis, já que as guerras contra os saxões cessaram. De acordo com os *Annales*, Arthur foi morto vinte anos depois de Badon. Os anos de desenvolvimento de Gildas devem ter se passado durante o reinado de Arthur. Ele diz que começou a considerar as suas condenações mais ou menos trinta anos depois de Badon, que pareceria razoável para uma disputa de uma causa comum entre os bretões.

Lendas medievais ligaram a morte de Arthur ao incidente em que Constantino matou os dois jovens nobres na igreja. A verdade é que a batalha de Camlann poderia ter feito parte de qualquer guerra civil que Gildas menciona, e Medraut também poderia ser um dos participantes não nomeados nas guerras.

Arthur, conforme emerge das fontes que examinamos, foi o vitorioso no cerco do Monte Badon. O *Y Gododdin* mostra que o nome e a fama de Arthur já eram conhecidos mesmo no tempo de Gildas e Maglocunus. Ele era tão famoso que a simples menção do seu nome evocava comparações com a luta de Guaurthur contra os ingleses. Por que é tão irracional supor que os nomes não mencionados em Gildas são aqueles fornecidos pela *Historia* e pelos *Analles*? É realmente implausível que o nome do homem que liderou as forças britânicas no cerco da Colina de Badon fosse de fato Arthur?

Essa pergunta é sobre o quão longe podemos ir seguindo as fontes narrativas à procura do reinado de Arthur. Claramente, nós ainda não estamos em condições de chegar a uma provável conclusão do reinado de Arthur. Por isso, devemos considerar outras fontes. Desde 1977, os historiadores estão privados da "inadmissível" evidência que relatamos na primeira metade do livro, considerando que já nos voltamos a outras fontes para iluminar os séculos V e VI. A arqueologia é uma fonte de informações. Estudos puramente arqueológicos, entretanto, repudiam inteiramente o retrato de quaisquer fontes escritas, eliminando guerras, massacres e exílios, de acordo com os desejos políticos ou estilos arqueológicos do escritor. Mais recentemente, estudos ligaram o material arqueológico firmemente à evidência lingüística, data comparativa do continente e outro lugar qualquer nas Ilhas Britânicas, e as menos "admissíveis" fontes escritas contemporâneas. Isso fornece modelos úteis que podemos usar para avaliar o nosso retrato do reinado de Arthur.

6

Os Reis dos Bretões

Um bom ponto de partida para a nossa pesquisa são os companheiros de batalha de Arthur, os reis dos bretões. Quando surgem os governos da Idade das Trevas nos registros escritos, a Bretanha havia se transformado em uma colcha de retalhos, fragmentada em reinos. Nas terras baixas (Inglaterra), eles eram governados por anglos ou saxões que, posteriormente, assumiram tais denominações. As suas leis consideravam que a maior parte dos habitantes era igualmente formada de anglos ou saxões. Nas terras altas, na região oeste, em Gales, na Cúmbria e na Escócia os reinos eram comandados por reis "celtas", seja de origem britânica, irlandesa ou picta, e compostos exclusivamente de indivíduos de tais procedências. Onde existia qualquer forma superior de governo, havia a imposição militar pelos dirigentes desses reinos. Esses talvez sejam os Grandes Reis ou *Bretwaldas* dos anglo-saxões ou os reis de Gwynedd. Onde existia dinheiro, igreja romana, burocracia de documentos ou outras características da civilização romana, elas vinham sendo importadas do exterior desde o fim do século VI.

No outro lado do divisor histórico, temos as evidências de estruturas administrativas do Império Romano que dominaram a maior parte da Bretanha. A maioria dessas informações vem do *Notitia Dignitatum*, que parece refletir a realidade do fim do século IV. Esse documento mostra a Bretanha romana com uma hierarquia de governo civil que opera paralelamente estruturas militares separadas. A cunhagem de moedas, trabalhos públicos, alfabetização e uma estrutura eclesiástica fundamentada nas cidades são características de tal sistema.

A transição entre esses sistemas deve ter ocorrido por volta do período que estamos estudando. A natureza do reinado de Arthur depende do quanto podemos ver tal transição conforme o seu progresso. A natureza e o ritmo da transição formam a base da obra de Dark, mais notadamente no *De Civitas a Reino*. Muitas das suas conclusões foram dadas por corretas aqui, e encaminho o leitor a essa referência bibliográfica para mais esclarecimentos. É desnecessário dizer que a visão de Dark está muito firmada na veracidade de Arthur e de seu reinado repousarem sobre evidências inadmissíveis e enfatizo que a interpretação da sua obra aqui oferecida é exclusivamente a minha.

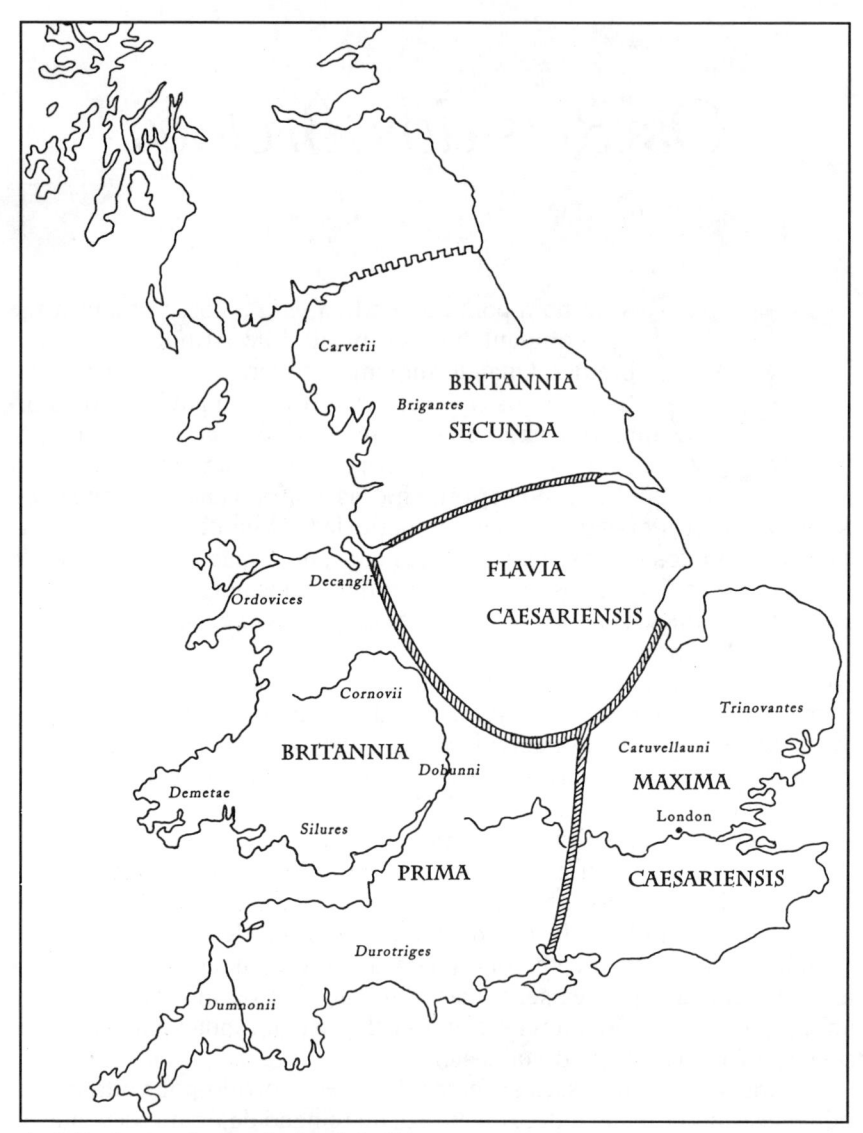

4. A Bretanha do fim do Império Romano

A Bretanha romana formou uma diocese no final do Império Romano. O seu governador, o *Vicarius Britanniarum* (vice-rei dos bretões/ das províncias britânicas), estava sediado com o seu quadro de funcionários em Londres. Ele respondia ao chefe de governo das províncias gaulesas na França. Abaixo dele estavam cinco governadores de província. O termo técnico para tais governadores era '*rectores*' (*rector* no singular), embora os governadores britânicos usassem vários títulos diferentes. Uma das províncias, Valentia, não foi identificada. Entretanto, como era formada de parte de uma das outras províncias, o seu desaparecimento seria encoberto por qualquer que fosse a província da qual ela fizesse parte. Maxima Caesariensis e Flavia Caesariensis estendiam-se pela região das terras baixas, e a Britannia Prima e a Britannia Secunda, pelas terras altas.

Abaixo das províncias ficavam os *civitaes* (*civita* no singular). Eram as áreas semelhantes às do interior concentradas nas cidades romanas, com seus próprios governos municipais. Algumas áreas não romanizadas não parecem ter sido organizadas como as *civitates*, no sentido técnico da palavra. As *coloniae*, as maiores cidades fundadas pelos experientes romanos, também tinham os seus próprios governos.

Embora o *Vicarius* tivesse algumas tropas à sua disposição, as unidades militares principais eram independentes das estruturas públicas. Os oficiais respondiam ao *Magister Militum* na Gália. O mais antigo e experiente era o *Comes Britanniarum*, o companheiro ou (como se tornou o título na Idade Média) o Comandante dos britânicos. Ele detinha a reserva móvel que amparava os comandos estáticos ou fazia a defesa contra agitações ou invasões irlandesas. A seguir, vinha o *Comes Litoris Saxonicii* – o Comandante do Litoral Saxão – que percorria os *limitanei* ou as tropas de fronteira e os seus povoados no litoral sul, fazendo a defesa contra invasões saxãs. Finalmente, O *Dux Britanniarum* (líder ou duque das províncias britânicas) comandava os *limitanei* e os fortes da Muralha de Hadrian e as suas linhas de suprimentos. Essa era a linha de frente de defesa contra os pictos. Os títulos oficiais variam entre *Britanniae* (da Bretanha) e *Britanniarum* (dos bretões), e essa última tosca designação logo seria posta em desuso.

Havia também fontes extra-oficiais de poder. Os poderosos proprietários de terra constituíam dois grupos. Um era o dos moradores de grandes propriedades rurais romanizados, envolvidos na vida política e econômica das suas cidades. Eram patrocinadores e certamente participantes dos cultos pagãos romanos. Conforme o império ficava menos estável, com os bárbaros e conterrâneos locais como fonte de ameaça, eles apoiavam exércitos particulares de *bucellarii*, vilões que lhes protegiam a posição social e o capital.

Nas fronteiras ocidentais, especialmente na província de Britannia Prima, a vida urbana e de grandes propriedades rurais não era muito atraente. Em tais lugares, conforme o governo romano se fragmentava, os magnatas locais que detinham o poder residiam em fortificações, patrocinavam missionários e cristãos monásticos, e favoreciam uma cultura mais similar àquela dos seus ancestrais pré-romanos ou dos seus vizinhos irlandeses não romanizados. As suas tropas mais pareciam grupos de batalha semi nobres do que os mercenários ou arrendatários que formavam os *bucellarii*.

Os romanos basearam as suas *civitates* nas tribos preexistentes da Bretanha. No oeste, é concebível que guerreiros celtas que restabeleceram o controle após o fim do governo romano fossem na verdade descendentes dos antigos reis tribais de quatro séculos antes. O reinado tribal e a identidade provaram-se muito resistentes na Irlanda, como forma de analogia. Tais reis celtas nos parecem familiares. São manifestações arqueológicas dos governantes condenados por Gildas e pelos ancestrais, reais ou imaginados, dos reis de Gales da Idade das Trevas.

De acordo com Gildas, as estruturas romanas civis e militares desapareceram quando Magnus Maximus as usou para usurpar o Império Romano. No tocante a isso, ele errou nos detalhes – os comandos militares romanos sobreviveram pelo menos até que os soldados deles provenientes apoiassem a invasão de Constantino III à Gália. Nesse ponto, de acordo com Zózimo, os bretões se retiraram dos postos políticos de Constantino no governo civil e passaram a governar a si mesmos. Pode não ser significativo o fato de que, quando o Imperador Honório escreveu aos bretões em 410 formalizando esse acordo, escreveu especificamente às *civitates*, a classe mais baixa do governo, como se os níveis superiores já não existissem.

Era usual ver pessoas como Ambrosius agarrando-se aos antigos cargos romanos. Esse fato não parece fundamentar-se em evidências. Gildas, por exemplo, está convencido de que o governo romano é algo de um passado distante. Além disso, é possível que os novos dirigentes britânicos tenham ressuscitado as estruturas romanas em benefício próprio.

Os Reinos do Oeste

Os reinos dos bretões da Idade das Trevas derivaram das *civitates*, conforme argumenta Dark. Há uma indicação disso em Gildas, explicitamente no caso de Vortiporius, Tirano de Demetae – a *civitas* que se tornaria o reino de Dyfed. Está também provavelmente implícito na sua descrição de Constantino. A *civitas* do Dumnonii se tornará o Reino de Dyfneint.

Dark argumenta que, no leste, as *civitates* evoluíram para "reinos" governados por magnatas romanizados. No oeste, os sucessores eram os que residiam em fortificações, líderes de clãs "celtas", que ele vê como os "reis" apropriados. O modelo de *civitas* nos permite aperfeiçoar a geografia experimental que usamos até agora para o reinado de Arthur. As localizações e extensões das *civitates* romanas são muito mais fáceis de ser determinadas do que os reinos do início da Idade das Trevas. Podemos, portanto, ser muito mais precisos sobre o "noroeste", "a região de Kent" e "o sul de Gales", localizações Arthurianas que demonstramos antes, bem como ter uma idéia mais clara da geografia de Gildas.

Primeiramente, a localização mais razoável para Gildas é a *civitas* de Durotrige, que vai do sul de Bath (o Wansdyke parece ser a sua fronteira de defesa) até o litoral sul. O "reino" é delimitado por Dumnonia a oeste e por Penselwood e pelos saxões em Hampshire a leste. Isso se ajusta perfeitamente à evidência extraída do texto de Gildas. É também a conclusão a que chegou Higham a partir dos estudos das referências geográficas no *De Excidio Britanniae*.

Conforme Gildas inicia as suas condenações ao tirano da vizinha Dumnonia em vez da sua própria terra, podemos supor que ele considerava o dirigente de Durotriges como um dos admiráveis administradores com os quais era difícil lidar. Pode ser em deferência a esse líder local que Gildas chama Maglocunus de o maior entre "*quase* todos os líderes da Bretanha".

O principal centro do reino seria o Cadbury Hillfort do sul, em substituição à cidade romana de Ilchester. Como a maior das fortificações e graças às lendas, o Cadbury Hillfort do sul foi com freqüência identificado com a "Camelot" do Rei Arthur. A região de *Linnuis,* onde Arthur lutou quatro das suas batalhas, poderia ser confundida com *Lindinis* – Ilchester. Até o momento, mostramos a visão consensual de que *Linnuis* é Lindsay. Entretanto, Lindsay não figura como uma área de conflito entre bretões e saxões, na análise de Dark. Ela foi intensivamente povoada desde o início do século V e não havia vizinhos sub-romanos evidentes. Já Ilchester estava claramente em uma zona de guerra.

A Durotrige e a comunidade organizada vizinha ao norte, a Dobunni (que reúne o baixo Vale Severn, Bath, Gloucester e Cirencester), localizam-se onde esperaríamos encontrar o terreno da batalha do Monte Badon. Além do mais, a *civitas* de Durotrige parece uma promissora candidata para a atividade Arthuriana.

Dark reconhece a existência e o papel de sub-reis dentro de cada reino, respondendo a reis superiores da *civitas*. Portanto, é possível que Aurelius Caninus e Cuneglassus, não ligados explicitamente a quaisquer *civitates*, sejam sub-reis célebres pela fraqueza, e não pelo poder. Entretanto, como praticamente todos os escritores, Dark supõe que, sendo Constantino e Vortiporius especificamente ligados a *civitates/reinos*, são reis superiores, e que outros tiranos mantêm posições similares. Isso significa que, na ausência de qualquer dado contraditório, os três tiranos não localizados podem ser atribuídos a *civitates/*reinos em torno dos pontos fixos de Dumnonia e Demetae.

Aceitando isso, Aurelius Caninus seria o rei de uma das três *civitates* entre Dumnonia e Dyfed: Durotrige, Dobunni ou Silures/Gwent. Se Gildas está em Durotrige, essa é uma base pouco provável para Aurelius, sobre quem ele não fornece informações atualizadas.

Dobunni parece uma candidata melhor para o reino de Aurelius. A Wansdyke, que protege Durotrige de Dobunni, é um indicativo de guerras civis entre elas, com Dobunni como agressora. Se as guerras civis pelas quais Aurelius é condenado se concentraram na *civitas* natal de Gildas, esse fato pode ter contribuído para a sua animosidade. É a primeira das *civitates* a que me referi vagamente como "sul de Gales" ao discutir as fontes Arthurianas. Como linha de frente entre bretões e saxões, constituiria o cenário ideal para as carreiras de Ambrosius e de Arthur. A vasta área geográfica onde o Monte Badon provavelmente está localizado abrange tal *civitas*. Sabemos que ela foi anteriormente alvo dos saxões, como Gloucester foi uma das *Coloniae* abatidas pelos seus aríetes.

A próxima *civitas* é a de Silures. Dark sugere a divisão do local em duas comunidades organizadas no século VI. No leste, viria a chamar-se Gwent, derivada da elite urbana de Caerwent (*Venta Silurum*, de que tomou o nome), e Glywysing a oeste, governada pelos líderes de clãs residentes em fortificações. Um terceiro reino, Brecheniog, formou-se dentro da *civitas* nesse período.

A *civitas* de Silures é o local perfeito para a preservação das tradições de Arthur. Alguns escritores (a exemplo de Gilbert, Blackett e Wilson) argumentam que Arthur era natural de Gwent, normalmente identificada com Atrwys ap Meurig, das Genealogias. Especificamente, a *Historia Brittonum* fez de Ambrosius um nativo de Glywysing. Se isso é verdade, pode-se admitir, então, que Aurelius Caninus, como seu descendente, estivesse sediado nesse local.

A região de Ercing, onde o túmulo do filho de Arthur, Anir, foi uma maravilha no século IX, está nessa *civitas*. Davies especula que Ercing foi um sub-reino distinto de Gwent, derivado da cidade romana de Ariconium. Embora a maior parte das fontes de Davies, como o *Livro de Llandaff*, do século XII, não sejam as que eu consideraria como evidências, é interessante observar que a área é definida por um aglomerado de igrejas dedicadas a São Dubricius. Aglomerados semelhantes para santos diferentes pontuam a extensão de Glywysing e Brecheniog. A posterior existência de uma área tribal de Magonsaete na região pode ser também significativa. A Durotrige foi dividida entre a Dorsaete e a Sumorsete (de onde derivam os atuais condados de Dorset e Somerset) e as outras áreas de fronteira britânicas do século VI foram também destinadas a ser caracterizadas pelas áreas tribais com o sufixo – saete (Snyder 1998, Davies 1978).

Se Arthur era o *sub-rei* de Ercing, existe uma forma de explicar a evidência que dá a ele o *status* de realeza ou abaixo da realeza. Arthur estaria posicionado entre os reis superiores de Gwent, Powys e Dobunni. A autopreservação, se não houvesse outros motivos, dar-lhe-ia razão para investir em alianças com tais reis. É fácil imaginá-lo liderando esses "reis dos bretões" contra a invasão dos saxões.

Que os reinos do sul de Gales cooperaram de alguma maneira é fato que podemos inferir a partir das informações de *As Crônicas Anglo-*

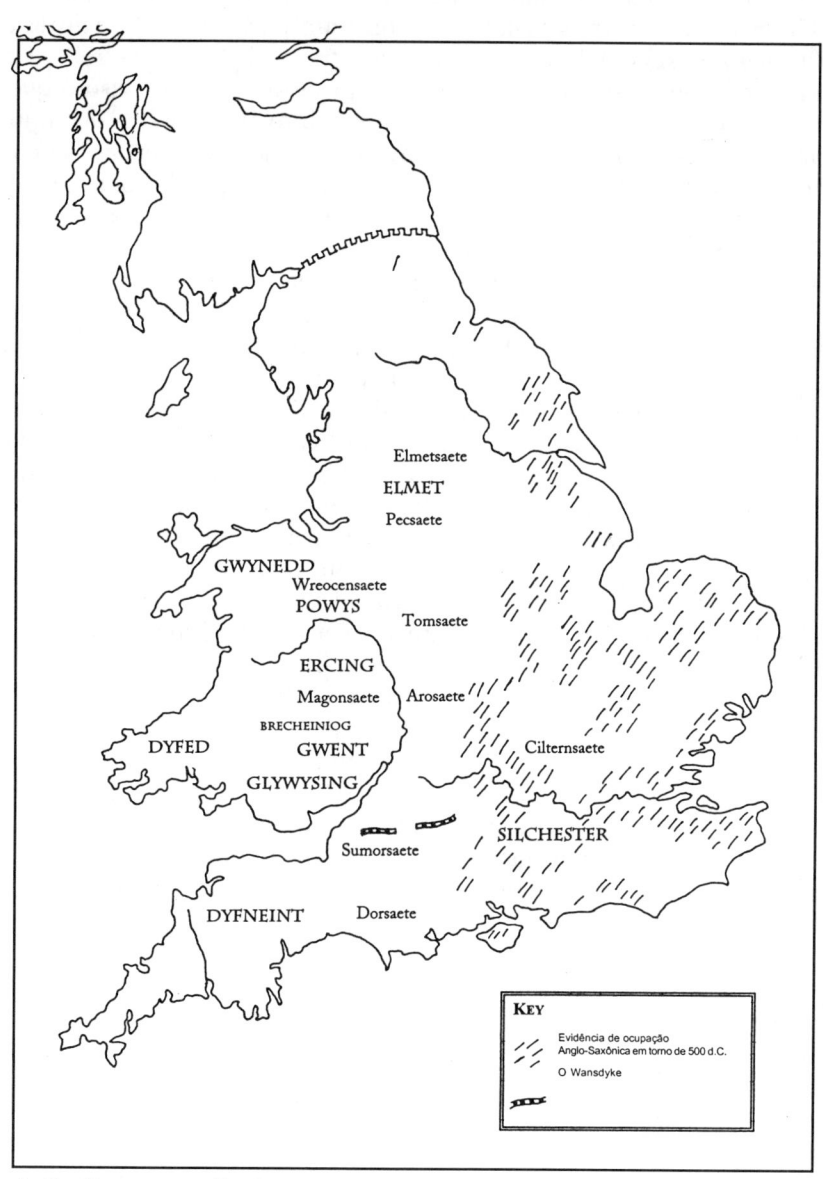

5. Bretões versus Saxões

Saxônicas sobre a Batalha de Dyrham. Ali é retratada a destruição da *civitas* de Dobunni e a conquista das suas maiores cidades, Bath, Gloucester e Cirencester. Três reis britânicos morreram na batalha. A maioria dos historiadores seguiu a seguinte equação: três cidades = três reis, o que significaria que cada cidade tinha o seu próprio rei. Não é isso o que as *Crônicas* dizem. O fato não apenas é pouco provável *per se* – que tipo de reino minúsculo inclui apenas uma dessas cidades avizinhadas? –, como não é fundamentado pelas análises de Dark da evolução do controle político na área. O reino de Dobunni deriva da *civitas* romana, concentrada em Cirencester, em vez de cidades individuais com as suas características individuais. Bath era um centro de estação de águas termais e Gloucester, um povoado de veteranos. Se os três reis não são príncipes de menor importância, a única hipótese que resta é a de que são aliados, muito possivelmente os governantes de Gwent, Powys e Dubonni.

Se a batalha de Arthur na Cidade da Legião é realmente em Caerleon, esse local fica no reino de Gwent. Se Gloucester foi atacada pelos saxões em gerações anteriores, uma batalha em Caerleon é uma possibilidade. Vortiporius está claramente localizado em Dyfed, deixando Powys e Gwynedd como localizações possíveis para os outros dois tiranos, bem como áreas para serem pensadas como sedes para o Rei Arthur.

Paradoxalmente, o reino de Gwynedd é mais difícil de ser trilhado de volta para uma *civitas* romana. Parece ter um nome tribal celta, mas não da tribo que viveu na área durante o período romano, os ordovices. Não sabemos se os ordovices eram mesmo organizados como uma *civitas*. Como Gwynedd desenvolveu-se durante a Idade das Trevas, as áreas não pertencentes aos ordovices de Clwyd (o Decangli) e o Caredigion se tornaram áreas fronteiriças disputadas.

Se pusermos de lado a atribuição tradicional de Maglocunus até Gwynedd, podemos ver que, na evidência de ambos, Gildas e Dark, ele pode igualmente ser rei de Powys. Dark vê Powys evoluindo a partir da elite urbana de Cornovii. A sua escolha do condutor de bigas Cuneglassus para tirano parece a de um improvável candidato para semelhante unidade política. Dark é forçado a fazer uma especulação distorcida para encaixá-lo nesse padrão. É mais provável que Cuneglassus tenha sido um sub-rei de Ercing ou de um local do norte de Gales. Dark encara a área do Decangli como uma região disputada entre Gwynedd e Powys. Também possui uma das mais prováveis localizações de Din Eirth. As Genealogias Harleianas, usadas para apoiar a identificação de Maglocunus com o governante de Gwynedd, liga Cuneglassus à mesma dinastia do norte de Gales. Se essa informação é confiável em qualquer sentido, então Maglocunus e Cuneglassus poderiam ambos ser do norte de Gales, deixando Powys como um dos poucos reinos cujo governante não é um tirano.

Powys é uma área que provavelmente contribuiu com o material sobre o Arthur de Nennius. Carn Cabal, atual Carn Gafallt, fica em Powys, como era Chester, a mais admissível das duas Cidades da Legião. Chester mostra sinais de uso sub-romano ou ocupação. O *Livro do Abençoado Germanus* tem claramente características de Powys, assim como o conhecimento local de Nennius de Fernmail, cujas terras, Builth e Gwerthrynion, são sub-reinos de Powys. De acordo com a *Historia*, os antepassados citados de Fernmail foram governantes de Builth depois de Ambrosius. Se são personagens reais, então temos provas de que os tiranos de Gildas não são apenas governantes entre Dumnonia e Gwynedd.

Powys constituiria uma área evidente para conflito entre bretões e ingleses. Poderíamos ver, da mesma forma, Arthur como um rei de Powys, ou o rei de Powys como um dos seus principais sequazes entre os "reis dos bretões". Se Arthur fosse realmente o rei de Powys, seria estranho que Nennius não mencionasse esse fato. Ele poderia tê-lo ligado a Catel, o fundador dinástico no material de Germanus, ou tê-lo posto na genealogia de governantes contemporâneos. A dinastia dos Powys do fim da Idade das Trevas deixou material genealógico que retrocedia até o século VI e ainda além, mas não selecionou Arthur entre os seus membros. As probabilidades são de que, embora o rei de Powys tivesse participado das guerras antes do nascimento de Gildas, ele também "não era Arthur".

Todas essas *civitates* pertenciam à província de Britannia Prima. Mais tarde, veremos a possibilidade de alguma autoridade mais alta mantê-las todas juntas. Por ora, podemos dizer que o material Arthuriano do "sul de Gales" não apenas está completamente de acordo, mas faz muito mais sentido quando compreendido no contexto das *civitates* da Britannia Prima. Para examinar o material da "região de Kent", teremos de procurar em outros lugares.

Dark identifica as *civitates* do Trinovantes e do Catuvellauni ao norte do baixo Tâmisa como uma unidade sub-romana sobrevivente. Mais tarde, a área seria atribuída ao Cilternsaete. Dentro dessa área, as cidades de Verulavium, Clachester e Londres continuaram a ser proibidas. *As Crônicas Anglo-Saxônicas* vêem Londres como um lugar de refúgio para bretões escaparem dos homens de Kent. Além do mais, havia uma área sub-romana isolada em torno de Silchester.

As guerras entre os saxões e esses encraves do leste poderiam facilmente ter sido a fonte do material do Arthur da região de Kent. O seu desaparecimento antes do século VI poderia oferecer uma razão convincente para a falta de detalhes sobre Arthur ou sobre a sua família. Nomes de lugares associados ao seu governo ou às suas vitórias teriam sido substituídos logo após por nomes ingleses. Posteriormente, algumas lendas mostraram Arthur governando nas terras baixas, isto é, na Inglaterra, mas infelizmente elas são apenas prováveis anacronismos baseados na geografia política medieval da Bretanha como tradição preservada.

Se Arthur proveio da *civitas* de Trinovantes, então a autopreservação pode tê-lo incitado a ajudar os reis do oeste simplesmente para garantir o seu apoio para o encrave. De forma alternativa, os bretões do oeste podem ter sentido lealdade para com os compatriotas sitiados. Talvez mesmo um governo diocesano residual em Londres possa ter encorajado a ação de cooperação.

No mapa, o reino dos Chilterns parece completamente isolado, e é difícil imaginar como Arthur poderia empreender campanhas de batalha lá e no oeste. De fato, os povoados saxões dificilmente poderiam constituir um cinturão impenetrável em torno de Chilterns. Por exemplo, o local ainda seria acessível por mar pelo estuário do Tâmisa. Como enfatiza Snyder, há a possibilidade distinta de que algumas das batalhas de Arthur fossem planejadas para ser navais. A batalha pela embocadura do rio Glein e algumas das outras em rios poderiam ter acontecido por barcos. Isso dificilmente seria uma surpresa, já que os saxões, no início, faziam exclusivamente invasões por mar. A campanha de Alfred contra os *vikings* exigiu tanto as forças de terra como as marítimas, e esse pode ter sido o caso no primeiro período. Gildas relata o testemunho dos bretões viajando pelo mar, quando alguns foram para o exílio. Arqueologicamente, os artigos luxuosos do Mediterrâneo mostram que os bretões tinham contatos com pessoas que viajavam por mar, que supostamente poderiam ter transportado homens e os materiais militares, conforme a necessidade.

De outra forma, seria possível mover-se dos reinos do sul de Gales para Chilterns pelo Ridgeway. Bloqueado ou aberto como uma rota de comunicação vital, teria sido uma fonte evidente de conflito contínuo. John Morris, entre muitos outros, considerou o Ridgeway uma localização para as guerras Arthurianas. Um dos pontos estratégicos ao longo desse rio, como o Castelo Liddington (Badbury), seria um cenário ideal para o cerco do Monte Badon. Cada lado poderia ser concebido como sitiador do outro, se os seus oponentes ocupassem uma posição defensiva transversal na passagem. Um cerco do qual os bretões saíram vitoriosos poderia parecer um golpe devastador para os saxões, por garantir a permanência de um reino britânico bem no meio das suas terras.

Mais uma vez, o modelo de *civitas* oferece uma explicação convincente para a evidência Arthuriana posterior. Trata-se de uma estrutura de apoio por meio da qual Arthur poderia liderar os reis britânicos unidos com as conexões do sul de Gales contra os reis dos homens de Kent, exatamente como a *Historia Brittonum* a teria explicado. A mesma análise pode ser aplicada ao material do norte?

A Carvetii, a *civitas* em torno de Carlisle, que ainda estava em funcionamento nos séculos V e VI, tornou-se um reino sub-romano. O noroeste, entretanto, não é uma área onde qualquer uma das nossas fontes colocaria Arthur. Foi no nordeste que surgiu a primeira referência a ele.

Embora não fosse uma *civitas*, a tribal Votadini e os seus descendentes da Idade das Trevas, os Gododdin, formaram um reino da daquela época. Uma possibilidade óbvia é que, como Guaurthur, Arthur era do reino de

Gododdin. Exceto alguns heróis do norte de Gales, incluídos mais tarde no desenvolvimento dos poemas, não há razão para supor que qualquer outra pessoa mencionada no poema fosse proveniente de outro lugar. Os Votadini/ Gododdin foram parte do Império Romano apenas ocasionalmente. Entretanto, há sinais, no poema, de alguma influência romana neles. O poema, por si, presta testemunho aos simpatizantes dos guerreiros, aos outros bretões e mostra sua antipatia pelos saxões. É, portanto, concebível que o ataque a Catraeth fosse parte de uma história contínua de operações militares na Bretanha sub-romana.

Isso posto, seria difícil responsabilizar Arthur pela batalha de Gododdin no sul de Gales, exceto por um amor extremo pela aventura. Nennius, que descreve os feitos de Cuneda de Gododdin em Gales, não registrou nenhuma tradição em que Arthur também aparecesse como sendo da região.

Ao sul do Muro, o norte da Bretanha foi dominado pela grande *civitas* de Brigantes, identificada como um dos reinos da Idade das Trevas. Alguns estudiosos argumentam que a palavra galesa *Brenhin* (rei) é derivada do nome do seu poderoso reino. A Brigantes seria a maior *civitas/reino*, permitindo-nos deduzir que Maglocunus, "maior do que *quase* todos os líderes da Bretanha", não era o seu rei. Ao mesmo tempo, antes da expedição de Gododdin, anglos devastaram a parte sul, conhecida pelo nome britânico "Deira". Subseqüentemente, a parte norte, Bernícia, também foi conquistada. No fim do século VI, apenas o sub-reino posteriormente atribuído a Pecsaete, conhecido como "Elmet" ou "Loidis Regio" (região de Leeds), manteve a identidade britânica.

A ausência de um povoado inglês aqui no fim do século V/início do século VI sugere uma forte atividade militar que poderia ter resultado na fama de Arthur entre os Gododdin. Eles teriam lutado no antigo lugar preferido de Arthur. Dos locais de batalha, Binchester (Castellum Guinnion) fica na região de Brigantes. Dessa forma, o rio Glen é conhecido de Bede. A Floresta da Caledônia e a Cidade da Legião (se for Chester) ficam dentro da alçada de um rei da área de Brigantes. A falta de material sobrevivente de Brigantes poderia ser responsável pela falta de conhecimento a respeito de Arthur.

Contrariando essa sugestão plausível, não está muito claro o que ele estaria fazendo nas regiões do sul de Gales ou de Kent. Diferentemente dos reis da Britannia Prima, que claramente se beneficiaram da unidade contra um inimigo comum, é difícil ver por que, exceto por um excesso de patriotismo, o rei de Brigantes teria congregado forças com as *civitates* do sul. Os seus inimigos, vindos de além-mar ou de Humberside Angles, não eram os mercians ou saxões que lutavam no sul.

A evidência examinada por Snyder e a própria análise de Dark aponta para uma fonte diferente de resistência britânica na região – o comando do *Dux Britanniarum* que se estendia pelas *civitates* de Carvetii e Brigantes. Antes de examinarmos as implicações disso, devemos primeiro considerar se o foco nos reis da *civita* excluiu tipos diferentes de autoridades governantes nos séculos V e VI.

A Bretanha tem Governantes

Dark identifica dois tipos diferentes de governo no nível da *civitas*. Argumenta forçosamente (Dark 2000) que os governantes tribais do oeste são especificamente os *reis*, e que os governantes romanos burocráticos das *civitates* do leste não são reis, embora um, Gwent, na verdade, tenha resistido a tornar-se um "reino" britânico.

Não acredito que as evidências de Gildas e outras contemporâneas dela sustentem tal uso específico da terminologia. Se foi feita qualquer distinção por Gildas entre os reis do oeste e os burocratas do leste, então um bom ponto para iniciar é a palavra *rector*. Gildas afirma que a Bretanha tem *rectores*, se não demais, pelo menos não em número menor do que o necessário. À primeira impressão, ele quer dizer que são simplesmente muitos governantes. Já Dark sugere que ele faz uma distinção entre *rectores* (burocrático romano) e *reges* (britânico celta).

Essa afirmação não está correta. Gildas não contrasta *rectores* e *reges*. Ele escreve *Habet Britannia rectores, habet speculatores* – "A Bretanha tem governantes, tem oficiais de inteligência" – isto é, pessoas cujo trabalho é encontrar transgressões e corrigi-las, as duas tarefas que ele agora toma para si mesmo. As classificações reais de *rectores* não estão claras. Podem incluir bispos, bem como governantes não relacionados com o meio religioso, por exemplo.

Tecnicamente, os *rectores* eram governantes civis das províncias em que a Bretanha romana foi dividida. Entretanto, há uma boa razão para supor que, pelo final do governo romano, tal termo já não estava confinado a esse uso oficial. Mesmo durante o período romano, o título podia ser usado livremente. Um *rector* em Cirencester se intitulava tanto de "Praeses of Britannia Prima" quanto de "Primae Provinciae Rector" na sua coluna memorial, embora formalmente tais termos não fossem sinônimos (Snyder, 1998).

O escritor Aminanus usou *rector* para imperadores, governantes de províncias, oficiais militares e reis bárbaros com quem se mantinham negócios (Snyder, 1998). Quando Gildas diz que a Bretanha tinha, se não *rectores* demais, pelo menos não em número menor do que o necessário, parece pouco provável que ele queira dizer que há governadores de províncias romanas oficiais quase em excesso; parece que ele quer expressar o caráter supérfluo dos reis subalternos de feudos, como mostra mais adiante. Um dos heróis dos Gododdin, Tutwlch, recebeu especificamente o título de *rector* (YG B36) com os codinomes timoneiro, trincheira e fortificação. É pouco provável que ele ocupasse um governo civil romano. Contudo, permanece aí a possibilidade de que *rector* signifique algo específico para Gildas.

Se uma dicotomia *rex/rector* não pode ser sustentada, ainda é possível que a linguagem de Gildas permita que a interpretação dos diferentes tipos de governo, real e burocrático, coexistisse na Bretanha.

Quando Gildas escreve sobre diferentes governantes seculares, ele contrasta *reges habet Britannia, sed tyrannos; iudices habet, sed impios:* "A Bretanha tem reis, mas eles são tiranos; condenam, mas são ímpios". Eis um caso melhor para diferentes tipos de governo. É um contraste que Gildas retirou da Bíblia, em que os juízes de Israel são governantes não reais, diferentes dos reis.

Assume-se, geralmente, que *reges* e *iudices* são sinônimos usados como efeito retórico. Quando Gildas condena os padres, com o mesmo método ele os chama de *sacerdotes, ministri, clerici* e *pastores,* todos sinônimos de "padre". Essa é a leitura mais simples da passagem *reges/ iudices.* Entretanto, para aqueles que argumentam a favor de diferentes tipos de governo, pode haver algum apoio nesse aparente contraste.

Primeiro e da forma mais simples, devemos considerar se eles são verdadeiros juízes, no sentido literal. Gildas nos fala que os governantes em geral vão para o banco dos réus, mas raramente procuram pelas normas da justiça correta (DEB 27), ou seja, que ambos, *reges* e *iudices,* têm funções judiciais.

Na análise de Dark, pode ser que *reges* seja o corrente "reis" do oeste e o *iudices,* os burocratas romanos do leste. Esse argumento é baseado no preconceito acadêmico contra idéia dos reis sub-romanos. Em *De Civitas a reino,* Dark simplesmente usou "reino" como um termo para encobrir as comunidades organizadas sub-romanas, mas pelos seus últimos trabalhos ele se tornou polêmico ao afirmar que os únicos *reges* eram os do oeste. Tudo o que podemos acrescentar é que Vortiporius, chamado de "tirano" por Gildas, se denomina *Protector* (mais precisamente guarda-costas imperial) na sua lápide. Esse fato demonstra que os contemporâneos de Gildas poderiam ser chamados de reis ou de qualquer eufemismo conveniente, sem alterar a natureza do seu poder. É até mesmo possível que Gildas use *Rex* e *Iudex* exatamente da maneira oposta. Ele chama os legítimos imperadores romanos de "reis", a mesma denominação dada por ele aos usurpadores romanos que governaram depois de Magnus Maximus ("os reis eram ungidos"). Tanto Ammianus como a Bíblia usam *iudex* como título para um governante não romano de *status* régio (Dumville, 1990), o que poderia implicar que eles, não os reis, fossem os governantes tribais. Essa sugestão é mais adiante fundamentada pelo uso do título Ut Eidyn (*Iudex* de Edimburgo) entre o Gododdin tribal.

Outra possibilidade é a de que os *iudices* se classifiquem abaixo dos reis, de que sejam o elo de relações normal entre reis e juízes. Eles podem ser sub-reis ou oficiais dentro do mesmo reino. Além disso, é até mesmo possível que sejam de um *status* mais alto! O código de lei romano, *Codex Iustinianus,* é mais ou menos contemporâneo de Gildas. Justiniano, o imperador romano responsável por essa compilação, esteve em contato com o estados do oeste, incluindo a Bretanha. Ele especifica precisamente *"iudices... hoc est provinciarum rectores"* – "*Iudices* são os governantes das províncias".

Não são todos os "tiranos" que são citados como reis. Gildas não diz que Maglocunus é apenas o mais notável rei. O seu reino e altura o colocam separado do *cunctis paene Brittanias ducibus* – "quase todos os líderes da Bretanha", o que pode incluir tanto governantes reais como não reais. Apenas Vortiporius é referido como monarca hereditário da *civitas/reino*. Constantino vem de Dumnonia e podemos adivinhar que ele é o governante da *civitas/reino*. Aurelius Caninus, entretanto, não é referido como rei. Não há necessidade de deslocá-lo para o oeste, dentro de Glywysing, como faz Dark. Ele poderia igualmente ser um comandante militar ou líder dos governantes burocráticos de Dobunni (para sustentar o argumento) como "rei" tribal. Gildas denomina todos os reis tiranos quando prossegue nas suas analogias proféticas, ainda uma outra indicação de que, se existe uma distinção, não é nenhuma que Gildas reconhece terminologicamente. Tudo isso confirma a minha visão de que Gildas e outros bretões do século VI usaram uma variedade de títulos e descrições para os seus governantes, sem qualquer lógica sistemática que possamos detectar.

Dark é relutante em especular que quaisquer formas de autoridade operam na Bretanha sub-romana acima do nível da *civitas*. Gildas, entretanto, oferece evidência de que níveis mais altos de governos deveriam existir. Os papéis de Vortigern e Ambrosius não são explicáveis, se eles simplesmente são reis da *civitas*.

Primeiramente, devemos reconsiderar a afirmação categórica de Gildas *"habet Britannia rectore"* – de que a Bretanha tem *rectores* (governadores de províncias) – na sua própria época. Até o momento, deixamos de lado essa afirmação, assim como outros sinônimos para *Duces, Reges, Iudices* e *Tyranni* que governam a Bretanha. Embora possamos não tomá-lo tão literalmente, teria ele o intuito de fazer-nos entendê-los como diferentes ou de nível mais alto do que os reis? A evidência é de que "o governador romano de província" é o único sentido usado por Gildas para *Rector*. Ele escreve sobre os *Rectores* mais duas vezes: bretões rebeldes durante a revolta de Boudiccan massacram os *Rectores Romanos* e Magnus Maximus destitui a Bretanha dos seus *Rectores* durante a sua usurpação. Assim, há um bom argumento para vermos essa palavra com um significado específico. Em ambos os casos, governantes de nível inferior, de natureza tribal britânica, são obviamente excluídos. Eles fizeram parte da rebelião no primeiro caso. No segundo, reis usurpadores e cruéis governarão a Bretanha imediatamente após. Se tivéssemos apenas essas duas passagens, não haveria dúvidas de que Gildas usou a palavra no sentido romano técnico. Apenas o preconceito de que ele "não pode" tê-la usado nesse sentido na sua introdução evita que seja entendida dessa maneira.

Uma das características da boa geração antes da época de Gildas é de que "reis, oficiais e cidadãos comuns atuavam nos papéis que lhes eram atribuídos" ou "mantinham-se nas suas posições designadas". Queria Gildas dizer que eles eram súditos do legítimo governador da província? Os *publici* poderiam ser os oficiais do governo burocrático não real, novamente contrastado com os reis.

Uma indicação de que, em certo sentido, as províncias continuaram depois do fim do governo romano é que as quatro encontraram destinos diferentes nos séculos V e VI. Isso é demonstrável pelos padrões do povoado saxão. Maxima Caesarienses estabelecia-se ao longo das fronteiras das antigas *civitates*, com concentrações nas áreas estratégicas. A *civitas* de nome Kent sobreviveu, o que indica povoação enquanto a administração de estilo romano estava ainda funcionando. Flavia Caesariensis tinha povoados de saxões que levam pouco em consideração os padrões romanos, como se concluída uma competição desorganizada. De qualquer forma, as duas Britannias foram de difícil povoação. A Britannia Prima seria dominada por reis beligerantes, enquanto a Britannia Secunda viu o reemprego das defesas estáticas romanas. É provável que essas diferenças tenham surgido de respostas de províncias diferentes à crise da metade do século V.

Basicamente, há dois modelos de como uma autoridade de província poderia ainda existir. Se é independente das *civitates,* então algum grau de aprovação deve existir. As *civitates* teriam de oferecer alimentos, suprimentos e mão-de-obra para a administração, que não tinha terras suas no interior. Talvez o mais plausível seja que o governante da província fosse também um dos governantes da *civitas*, usando o poder da sua base local para conseguir hegemonia. Essa foi a forma como o saxão Bretwaldas conseguiu poder. Nesse caso, o rei de Dobunni (por exemplo) poderia exercer autoridade sobre as outras *civitates* na sua província.

Uma outra indicação de que o conceito de Província da Britannia Prima ainda existiu na época de Gildas é que, até onde podemos dizer, todos os tiranos que ele condenou vieram daquela região, como observou Higham. Podemos mesmo sugerir que a sobrevivência do nome Britannia para a ilha inteira foi influenciado pelas duas províncias onde o governo sub-romano/britânico sobreviveu, sendo elas denominadas Britannia.

Poderia Arthur ter sido um desses governadores de província, da Britannia Prima talvez, nas gerações anteriores? Será que a razão da sua fama é por ter lutado com "o rei dos bretões"? Se eles eram os governantes da *civitas/reinos* e Arthur não, isso faria sentido, levando-se em conta a aparente distinção feita por Nennius.

De outra forma, o governador da Britannia Prima poderia ser a autoridade coordenadora, empregando Arthur como seu *Magister Militum* para liderar os governantes britânicos contra os saxões. Isso não exclui nenhuma das outras sugestões. Arthur poderia ser sub-rei, rei, não-rei ou não-bretão para ocupar esse papel. Poderia ser escolhido por um governador de província ou, como aconteceu em outro lugar no oeste, poderia ter dominado o governo da província pelo mérito do seu poder militar. O compromisso com a província como um todo explicaria por que mesmo os tiranos de Gildas perseguiam energicamente ladrões por todo o país. Se Arthur atuou de maneira semelhante, isso explicaria a sua presença em Ercing e em Builth. Eles estariam em reinos diferentes, mas seriam partes de uma única província.

Uma outra possibilidade é a de que os reinos de Britannia Prima tivessem sido ligados por alianças dinásticas nas gerações prévias, o que explica por que três reinos parecem ter sido governados por filhotes de leão. Na época de Gildas, a hegemonia sobre a província parecia ter sido imposta por poder coercivo. Maglocunus, Dragão da Ilha, era capaz de depor ou de matar outros tiranos. Na geração de Badon, entretanto, a importância que Gildas concede à aprovação dos reis, oficiais e pessoas privadas que mantinham as suas posições é que elas consentiram em um líder supremo legítimo.

Uma indicação de que algum tipo de responsabilidade da província permaneceu nas mentes dos sucessores do norte é o fato de que os fortes dessa região foram mantidos. Incluem localizações já discutidas: Cataractonum (Catraeth do *Y Gododdin*), Vinovium (Castellum Guinnion) e Camboglanna (Castlesteads). Todos esses fortes eram ocupados e fortificados por algum tipo de autoridade sucessora.

Os fortes atravessavam os territórios do rei de Carvetii e de Brigantes. Os reis devem ter cooperado com uma autoridade romana restaurada para defesa mútua, possivelmente um governador da Britannia Secunda, ou um novo *Dux Britanniarum*. Se Arthur ocupou uma dessas posições, então podemos imaginá-lo lutando em uma guerra civil concentrada em fortes como Camboglanna.

O oficial responsável pelos fortes, de acordo com o *Notitia Diginitatum*, era o *Dux Britanniarum*. Esse papel, como observamos, foi com freqüência atribuído a Arthur pelos historiadores modernos. Não há sinal de que os fortes tenham um único centro administrativo ou terras no interior como distinção das *civitates* em que foram encontrados. O *Dux* deve, portanto, ter agido em cooperação com os reis dos bretões. Um Arthur hipotético como *Dux Britanniarum* teria defendido o Muro e as regiões adjacentes contra ataques do norte e talvez também do sul.

O *Dux Britanniarum* controlava as tropas de fronteira posicionadas na região da Muralha de Hadrian. Em torno do século V, essas tropas fronteiriças eram com freqüência hereditárias, tornando muito mais provável que elas tenham sido deixadas para trás pelos usurpadores como Maximus quando eles usaram as forças britânicas nas suas disputas pelo poder. Entretanto, a visão de todas as fontes do fim da Bretanha romana consideram a idéia de que, sem os postos militares romanos, os Muros não podiam repelir a invasão dos pictos e dos escoceses. É de clara importância no reescrito de Honório e nos relatos de Zózimo a própria resposta dos bretões aos bárbaros, de que não há muita sobrevivência da presença militar romana na ilha. A razão integral para o povoado saxão ter lutado contra os pictos e escoceses é que não houve continuidade nos postos militares na região do Muro. Dark oferece uma resposta para esse dilema: a sua análise dos fortes do *Dux Britanniarum* mostra que, enquanto não eram continuamente ocupados desde o período do governo romano, foram reocupados e fortificados durante a geração de Badon, talvez quando se estabeleceu um novo *Dux* (Dark 2000).

Uma resistência britânica revigorada, combinada a um senso de responsabilidade para com a província de Britannia Secunda ou a Diocese, pode ter visto os britânicos nomearem o seu próprio *Dux Britaniarumm*. Os *Publici* (oficiais do Estado) serviam nas suas posições corretas, segundo Gildas. Se Nennius realmente considera a natureza diferente do poder de Arthur como um *Dux* contra os reis (de origem romana e de natureza militar – por oposição à civil, no papel de um rei oneroso e quase judicial), então essa descrição faz muito sentido. Arthur teria sido nomeado pelos reis britânicos como responsável pelo bem da vasta região. Lutava com a autoridade dos reis dos bretões, mas ele mesmo era o *Dux Bellorum*.

Infelizmente, é difícil ver como o papel de Arthur pode ser limitado dessa maneira. Não há razão óbvia para que o defensor das fronteiras, o *Dux Britanniarum*, seja associado a guerras no sul de Gales ou em Chilterns. O único modelo que explica isso é que toda a estrutura militar, com ambos, *Dux* e *Comes Britanniarum*, foi restabelecida. Arthur poderia mesmo, segundo essa teoria, ter sido o *Comes Britanniarum*, e as suas vitórias no norte ser atribuídas ao apoio dado pelo *Dux*. Isso nos leva de volta àquela velha teoria de Arthur como líder da cavalaria, por um outro caminho! A existência do *Comes* implicaria outros níveis de autoridade, ainda mais porque o *Dux*, o *Comes,* requer apoio civil extenso. Ele não tinha terras no interior para suprir as suas tropas, não tinha bases fortificadas e nem armazéns de suprimento espalhados pelas terras. Para um comando militar dessa natureza, seria necessária a existência de autoridade civil de apoio no nível da província.

Além do mais, se o *Dux Britanniarum* era apoiado por uma reserva móvel, deveria existir um *Magister Militum* na coordenação. É quase impossível imaginar qualquer reforço organizado para posições militares estáticas que não repousasse sobre um único comando estratégico. Arthur, como *Magister Militum* para todas as províncias britânicas, encaixa-se muito bem às evidências. Se olhamos para a evidência arqueológica do norte sob uma outra perspectiva, podemos sugerir que, em vez de ser o *Dux Britanniarum*, Arthur foi o homem que conduziu os saxões e restabeleceu o comando na fronteira para consolidar as suas vitórias. Sabemos que os saxões devem ter estado na região do Muro justamente porque pertenciam à defesa de Vortigern contra os pictos, como nos diz Gildas. Arthur, como *Magister Militum*, que lutava com os reis dos bretões (presumivelmente de Brigantes, Carventii e talvez Gododdin) e fornecia tropas e suprimento, poderia conduzir as tropas fronteiriças dos saxões, restabelecendo o controle das bases como o Castellum Guinnion e perseguindo os fugitivos na Floresta da Caledônia. Os postos militares britânicos poderiam ter sido restabelecidos por um oficial subordinado, com a garantia do rei de que seria mantido. Tratados de paz assegurados por sanções religiosas são características da geração seguinte e podemos imaginar tais acordos apoiando o sistema. Não é grande surpresa que o Gododdin, vindo para apoiar os bretões do sul, conduzido pelos saxões provenientes de um dos fortes da região, poderia fazer uma analogia com Arthur e as suas batalhas.

A idéia de que Arthur era *Magister Militum*, talvez apoiando o comando do *Dux Britanniarum* no norte e o *Comes Britanniarum* no sul como autoridades sucessoras para as províncias, dá muito sentido à evidência. Isso explica que o seu poder militar era diferente na natureza do poder dos "reis dos bretões" e por que ele podia ser visto lutando por toda a Diocese. Pode ser que Arthur se tenha mudado voluntariamente de uma província para outra, estivesse em busca de grandes recompensas ou fosse mandado para combate em diferentes províncias por uma autoridade residual que governava toda a Diocese.

Esse fato levanta a questão tão debatida sobre a existência de um "governante da Bretanha" no fim do século V/início do século VI. Os saxões tinham a vaga concepção de suprema liderança, incorporada pelos grandes reis, os Bretwaldas. Os reis posteriores eram aparentemente reconhecidos como Bretwaldas, e a tradição foi passada para o fim do século V, com Aelle, e meados do século VI, com Calelin. Seria essa uma relíquia do conceito de governo "diocesano"? Se pudesse apenas haver um Grande Rei/Bretwalda na ilha por vez, não seria possível que um longo intervalo entre Aelle e Caelin pudesse ter sido preenchido por um líder supremo britânico?

Há fortes evidências de que os bretões antes e depois do período Arthuriano pudessem conceber a idéia de um grande rei da Bretanha. Gildas dá a indicação, inferida por todos os escritores subseqüentes, de que Vortigern era "o governante de toda a Bretanha". O epítelo *Insularis Draco*, como vimos, pode significar um governo para toda a ilha. Nennius, também, concebia a idéia de Ambrosius e Mailcunus como grandes reis da Bretanha.

Não podemos detectar semelhante representação de uma evidência direta, mas uma ampla autoridade da diocese, baseada no *Vicarius* (governador romano), ou um alto reinado imposto sobre a analogia de Bretwalda, faria a resistência britânica mais inteligível. Possuir uma única direção estratégica, teria sido uma grande vantagem aos britânicos. Isso parece uma leitura muito clara dos reis de Gildas, pessoas públicas e privadas mantendo as suas posições, o que implica subordinação à autoridade legítima.

Devemos dizer que, se existiu qualquer tipo de governante diocesano, capaz de mover as forças de Arthur em torno da ilha para cooperar com os reis dos bretões, então ele não deixou nenhum traço independente na tradição, lenda ou história. Alguns membros, sem dúvida proeminentes, da geração dos Badons desapareceram sem deixar rastro. Os filhos de Ambrosius eram reais e seus filhos eram contemporâneos de Gildas. Ainda assim, nenhum traço deles sobreviveu em nenhuma fonte posterior, ainda que lendária. Contudo, o desaparecimento do homem que coordenou a segunda geração da resistência britânica da história realmente desafia a nossa crença. Em outras palavras, se esse homem existiu, seria inconcebível que ele não fosse Arthur.

Na verdade, temos outro preeminente governante do período com quem a comparação pode ser feita – Vortigern. Ele era *o* tirano da Bretanha? Não está claro se Gildas imaginou a Bretanha ainda com uma autoridade central nessa época. Os reis das guerras civis se substituíam, por exemplo, em vez de governar com hostilidade sobre reinos pequenos. Na época da desforra, a Bretanha possui vários reis que *"suum quique ordinem servarunt"* – "servem de acordo com a sua classe". Em que ponto da transição entre o governo diocesano e os vários reinos surgiu Vortigern?

Os padrões dos povoados mostram províncias agindo separadamente. A implicação é mais que um rei de *civitas*. Se ele não é o governante de toda a diocese, então deve governar Maxima Caesariensis, a província dos povoados do século V. Isso lhe daria algum interesse em procurar a origem dos ataques marítimos dos pictos e dos escoceses no seu litoral. As duas províncias chamadas Britannia, entretanto, seriam mais vulneráveis a tais ataques, mas não têm povoados saxões.

A *Historia Britonnum* associa Vortigern à província do oeste. Se isso é verdade, a única explicação para esse longo intervalo de autoridade é que tanto Vortigern quanto o conselho têm autoridade sobre toda a Bretanha. A província de Maxima Caesariensis teve de ser coagida ou persuadida a aceitar povoados saxões com governantes relacionados a ou vindos de Britannia Prima ou Secunda. A estrutura diocesana é a única que faz sentido diante de todas essas informações. Mesmo que a evidência da *Historia* de um Vortigern vindo do oeste não seja aceita, Gildas também apóia o conceito. Os saxões, por conta própria, se estabeleceram na parte leste da ilha. O fato de seus empregadores estarem no oeste se torna explícito quando os mercenários não recebem os suprimentos que lhes é devido. Eles não apenas voltam para Londres, onde os seus povoados podem ser detectados pela arqueologia, mas invadem pelo mar, que está dentro das províncias do oeste, em busca de reparação.

Uma alternativa é a de que o tirano e o conselho não tem nada a ver com as estruturas existentes, um alto reinado, um governo imposto pela força de qualquer espécie. Isso é pouco provável, assim como a idéia de assentar os saxões parece um conceito puramente romano, claramente não entendido pelos escritores posteriores, que conseguem vê-lo apenas como insensatez negligente, talvez incitada pela cobiça. Gildas usou o vocabulário técnico do sistema Foederati/Laeti Romano para descrever as negociações e disputas com os colonizadores germânicos.

A implicação clara é de que Vortigern e o conselho representam, no mínimo, autoridade de província ou, mais provável, diocesana. Podemos especular, portanto, que ele está no nível em que acontecem a posse saxã e a resistência britânica.

Suposmo que Gildas e Nennius afirmam que a característica distintiva da revolta dos saxões contra Vortigern tenha ocorrido porque os saxões, talvez com Hengist como *Magister Militum*, tomaram o governo diocesano. Essa afirmação é apoiada pelas *Crônicas gálicas* de 452 e de 511. Tais relatos do governo saxão na Bretanha são normalmente tidos por derivados da intensa colonização dos saxões nas regiões próximas à Gália. Isso ignora o fato de que viajar entre a Gália e a Bretanha não se limitava a "travessias por água" do Pas de Calais. Se os bretões podiam entrar em Armonica e os produtos do Mediterrâneo em Tintagel, havia um leque de razões para supor que um cronista gaulês ouvisse as notícias de fora da região ocupada.

O que os cronistas na verdade escreveram é que, por volta de 411, "Os bretões [as Províncias Britânicas] ... renderam-se ao poder dos saxões"; "Os britânicos... foram submetidos ao poder dos saxões" (Snyder 1998). Parece claro que o governo das províncias foi tomado, e não que milhares de saxões tenham emergido no litoral de Kent e de Sussex.

Se existiu alguma forma de autoridade superior, acima dos reis das *civitates,* na geração de Badon, é bem possível que tenha continuado até a época de Gildas. Ficamos sabendo que, exatamente quando os saxões chegaram pela primeira vez, essa geração tinha um Faraó. Gildas diz que o Faraó da sua geração tinha uma inclinação pelos desastres, levados a cabo pelos seus cavaleiros descuidados, os tiranos de Britannia Prima. A *Historia Brittonum* compartilha da visão de que a tocha de Arthur foi passada adiante. É Outigirn que lidera a luta contra os saxões nos dias de Mailcunus.

A *Historia Britonnum* apóia a visão de que o poder ou a autoridade dos guerreiros saxões é de natureza diferente daquela dos reis. Vortimer lidera a primeira luta, embora o seu pai seja o rei principal. Arthur, como podemos ver, recebe um título que implica poder militar contra aquele dos *reges* que ele comanda. Outigirn existe durante toda a vida de Mailcunus, o grande rei dos bretões. A versão de Gildas, em que Maglocunus é *Insularis Draco*, sendo ao mesmo tempo acompanhado do Faraó, harmoniza-se com a anterior.

Portanto, a análise de Dark das origens das *civitates* dos reinos sub-romanos se encaixa perfeitamente no modelo do período Arthuriano que deduzimos de Gildas e de Nennius e do seu material de apoio. Além do mais, o modelo das *civitates/reinos* necessariamente implica, mesmo na descrição geograficamente limitada de Gildas, que algum tipo de alta autoridade legítima deve ter existido na geração de Badon. Teria sido estabelecida pelo romano Ambrosius Aurelianus, e utilizada por Arthur na geração de Badon, caracterizada por reis unidos e com menos bretões mantendo as suas posições. Sabemos que Gildas devia julgar essa alta autoridade tão legítima que não a sujou com os nomes de tirano ou Faraó – o que, por sua vez, implica um retorno às estruturas oficiais romanas, em vez da hegemonia imposta que caracterizava os primeiros tiranos.

A *Historia Brittonum* tem exatamente o mesmo quadro, ambos explicitando como o *Dux Bellorum*, Arthur, existia na mesma época que os reis dos bretões, e que implicitamente figurava na lista de batalhas e das suas origens, que divulgam as suas atividades pelas *civitates* e até mesmo pelas províncias.

Rei Arthur?

A combinação de fontes até agora cultivou vários papéis plausíveis para Arthur, o vitorioso do Monte Badon. Ele poderia ter sido sub-rei de Ercing, ou de um nível inferior aos reis principais, mas que lhe davam acesso às suas próprias tropas e terras. Isso daria sentido às suas conexões com o sul de Gales. Ele poderia igualmente ter sido um rei supremo de uma das *civitates*, Trinovantes, Dubonni, Durotriges ou Brigantes, que não cultivaram dinastias britânicas duradouras. Todas elas ficam na zona de guerra e poderiam nos suprir com um "Rei Arthur". Ele poderia até mesmo ser um rei com poder sobre vários reis britânicos, como as lendas medievais o imaginavam.

Outra análise sugeriu que Arthur foi uma figura militar, talvez mesmo de origem não britânica, empregado como *Magister Militum* por um rei de uma *civitas* dominante ou, muito mais provável, pela autoridade de coordenação, como um sucessor da província ou um governante da diocese. O seu poder, portanto, diferiria na origem do poder dos reis da *civitas*. Isso poderia, entretanto, criar a falsa impressão da extensão do seu poder. A experiência da Idade das Trevas mostra que o controlador dos soldados logo se tornava o poder por trás do trono, ou mesmo aquele que nele se sentaria. Não era comum apenas uma tênue linha entre o que constituía um *Magister Militum* e um "governante de um reino".

Especificamente, evitei citar essas palavras como alternativas contraditórias. Alcock usou a analogia de Wellington e Arthur, argumentando que Wellington e Waterloo eram tão fortemente ligados que o nome do comandante foi assumido em qualquer referência à sua vitória. Podemos dizer que, se um conhecimento detalhado fosse perdido, seria difícil julgar o status de Wellington. Podemos encontrar fontes que mostram que ele era um soldado irlandês, um general indiano, um duque inglês, um membro da alta nobreza espanhola, um marechal de campo britânico e o primeiro ministro do Reino Unido. A realidade é que essas não são possibilidades conflitantes, mas mudanças de papel durante a carreira política e militar bem-sucedida.

Não há razão pela qual Arthur não tenha pertencido à não-realeza, talvez não britânico, figura militar que veio para governar um reino britânico ou um sub-reino enquanto também era *Magister Militum* das autoridades civis. Pode-se esperar mesmo um general da Idade das Trevas bem-sucedido iniciado em um papel subordinado ou não real. A vitória logo seria traduzida em poder civil. A lista de batalhas da *Historia* reflete uma progressão mostrada como Dux Arthur, lutando com os reis dos bretões, vem para uma vitória final quando ele, agora sozinho, tem o poder para voltar aos saxões.

Arthur, o Guerreiro

Se Arthur foi, nos primórdios, guerreiro e líder de guerra, que tipo de guerras travou? A discussão foi obscurecida por uma fixação em Arthur como um líder de cavalaria pesada, com freqüência não mais que uma tentativa de preservar a imagem de "cavaleiros" medievais. Batalhas localizadas em florestas, embocaduras de rio, colinas, castelos e cidades parecem todas improváveis para tanto esforço. Gildas e Nennius dão informações esparsas, mas o beligerante *Y Gododdin* oferece, sem surpresa, amplo material. Explicações de apoio são fornecidas pelos poemas galeses do *Livro negro de Carmathen*. Este pode ter data anterior para, pelo menos, a era dos *Annales Cambriae*, e eles trabalham em muito o mesmo idioma poético do *Y Gododdin*.

O vocabulário de Gildas é constituído em grande parte da sua extensão da Bíblia Latina e de Virgílio, e pode nem sempre ser apropriado ao seu tempo. Ele diz que os romanos deixaram a Bretanha desfalcando a ilha de todos os seus soldados armados e suprimentos militares. Os bretões remanescentes ignoravam todas as formas de operações militares. Depois de virem pela segunda vez em sua ajuda, os romanos os avisaram que se armassem com *ensis* (palavra genérica para espada), *hasta* (uma lança que pode também ser atirada) e *pelta* (um escudo leve, para batalhas menores). Contrastam com o *gladii* (espadas de corte curtas) e *scuta* (grades escudos retangulares) usados nos primeiros tempos (DEB 6). Eles também deixaram *"exemplaria instituendorum armorum"*, que poderiam ser manuais de treinamento ou instruções menos específicas de como usá-las. A *ensis* e a *hasta* evidentemente foram aceitas. O tirano Constantino é duas vezes descrito usando-as e elas foram armas empregadas por Maglocunus contra os exércitos do seu tio.

Os cavaleiros são citados brevemente, quando Cuneglassus é denominado cavalgador, ou cavaleiro, de muitos. Ele é também descrito como "condutor de biga". Gildas pode querer dizer que ele conduzia uma biga pela batalha, conforme continua a dizer que Cuneglassus lutava com armas especiais para ele mesmo. No entanto, não há razão para supor um contexto militar, já que sabemos por Gildas que alguns bretões viajavam montados em cavalos ou em veículos e assim se consideravam superiores aos outros homens. Gildas escreve evocativamente acerca das operações militares da cavalaria como praticadas pela força de resgate romana, ainda que não diga que a técnica foi transmitida quando os militares se foram (DEB 17).

As organizações militares dos bretões são apenas mencionadas. De forma reveladora, as companhias dos reis eram denominadas "soldados da mesma companhia", sugerindo uma atmosfera militar na corte. A única formação mencionada é a genérica "linha de batalha". Lutadores eram denominados soldados e eles lutavam por saques ou recompensas.

A *Historia Brittonum* tem pouco a oferecer sobre as operações de guerra. O exército romano incluía soldados e cavalos e era controlado por *duces*. *Miles* (soldado) é uma palavra usada para guerreiros em todos os exércitos, incluindo os saxões, além do próprio Arthur. Entretanto, a palavra *exercitus* é usada apenas para as forças anti-saxãs. Não há indicação de que fossem usadas armaduras. O Severn Bore, por exemplo, é considerado capaz de derrotar exércitos com as suas vestimentas e cavalos.

Em contrapartida, o *Y Gododdin* é rico em detalhes militares. As armas usadas são novamente a espada e a lança. Lanças são mais comuns, o que é confirmado pela arqueologia. Longas e amarelas, eram normalmente feitas de freixo. As pontas das lanças eram feitas "quadradas", possivelmente seccionadas. Os soquetes eram de metal azul-escuro, embora as extremidades estivessem sempre vermelhas – de sangue. Podiam ser usadas para cortar e rasgar ou atirar e puxar. Podiam também ser atiradas. Espadas eram de um azul-claro, brilhante, afiadas e usadas para golpes cortantes e rápidos.

Os escudos eram tão comuns quanto as lanças e eram usados em conjunto com elas. A denominação mais freqüente para eles, *sgwyd/ysgwyd*, vem do latim *sicutum*, mesmo eles não sendo retangulares. Outras denominação são *cylchwy* and *rhodawg/rhodawr* (escudo redondo e circular). Eles eram leves, grandes e geralmente brancos, embora alguns fossem decorados com ouro. Apesar de estrondarem como trovão quando golpeados, não são muito fortes. Se descritos, são sempre "quebradiços", "estilhaçam" ou "não são sólidos". Mesmo as lanças podem quebrar-se, em vez de perfurar. Uma explicação razoável é que falta a tais instrumentos uma borda metálica forte. Nisso, eles correspondem à *pelta* mencionada por Gildas, cujas bordas foram guarnecidas com couro para o último exército romano.

Os guerreiros de Gododdin usam armaduras azul-escuras ou de ferro. Têm o formado do *llurig*, derivado do latim *lorica*, no período em questão, uma camisa de bronze ou ferro com escamas ou uma cota de malha. Provavelmente esta última é intencional, já que um guerreiro é especificamente "vestido com metal". As extremidades da armadura e os elmos não são mencionados.

Os guerreiros lutam a pé ou a cavalo. Os cavalos são rápidos, elegantes e de pernas longas. Os cavaleiros lutam "com armaduras azul-escuras, escudos, as lanças postas no alto, com as pontas afiadas, brilhantes *loricae* e espadas". As lanças são seguradas e atiradas dos cavalos em movimento. Um guerreiro usa golpes e atira as lanças do seu elegante cavalo acastanhado. Menciona-se a existência de uma sela, que deve ajudar o cavaleiro a manter-se firme. São da cavalaria pesada, e marcham para atacar os exércitos formados. Atacam rapidamente os lanceiros inimigos, abatendo-os com braços e armas. Arrasam os exércitos com fúria crescente. O sangue agora está acima, nas coxas dos cavaleiros. A infantaria luta em posições próximas, "com os melhores homens na frente", "os guerreiros escolhidos na linha de frente". A massa de homens é chamada "fortaleza de escudos", "muro de batalha", "barreira" ou "curral de batalha". Permanece firme. Lanças apontadas quando duas forças se encontram, faz-se uma pressão nelas, que batem umas nas outras. À parte de um estrondo de escudos chocando-se, há tumulto e fúria. Os guerreiros riem e cantam a canção da guerra. Emitem o grito de guerra e, "depois do grito de júbilo, há o silêncio". Após a batalha, eles não mostram clemência ao perseguir os saxões, que esquartejam como se fossem juncos. Recolhem o saque.

O compromisso normalmente assumido por Gododdin é convencionalmente descrito como 300 homens contra 100 mil. Esses números extremos foram encontrados apenas nos últimos versos, não naqueles cuja provável origem é o século VI. Normalmente no poema em que são descritas lutas de grupos ou exércitos, esses números baixam para menos de mil homens. A estrutura de comando de Gododdin não ficou clara. Parece estar dividida em três seções, mas não podemos dizer qual era o comando geral.

Os poemas do *Livro negro de Carmarthen, Gereint, Pa gur, Inscrições em lápides* fornecem uma correlação com as fontes prévias. Lanças eram feitas de freixo, com pontas azuis afiadas. Podiam ser atiradas. As espadas eram usadas e em *Gereint, filho de Erbin,* as bordas das lâminas estão em contato. Escudos eram empregados. Em *Pa gur*, assim como em *Y Gododdin*, eles são quebradiços e fragmentários. Entretanto, as únicas menções a armaduras estão nas *Inscrições em lápides*, onde alguns dos mortos eram antigos cavaleiros de armadura. Um dos guerreiros de Gereint tinha sangue na cabeça e presumivelmente não usava elmo.

Nos poemas, os cavaleiros empunhavam as lanças na batalha. Mesmo quando lhes faltava a armadura, elas eram usadas pela cavalaria pesada. Cavalos sangravam na batalha imposta contra as forças resistentes. Um poeta vê as esporas dos homens que não se encolhem de medo das lanças. Os cavalos são velozes corredores magníficos, normalmente brancos, embora algumas vezes isso seja efeito do suor. Em *Inscrições em lápides* há uma referência a cavalos de batalhas criados especialmente para essa finalidade. Guaurthur do *Y Gododdin* também criava cavalos, possivelmente para uso militar.

A batalha de Gereint começa com um grito depois de uma terrível resistência, um terrível impulso e um retorno amedrontado. Muitos inimigos começam as batalhas com um grito distintivo, e isso pode estar implícito pelos poetas. Na obra do século V *Vida de São Germanus,* nos é contado como o santo organizou um exército britânico para opor os pictos e os escoceses. Seguindo a iniciativa de Germanus, o exército dá um grito de "Aleluia", que amedronta os atacantes inimigos antes que se estabeleça a batalha. Isso pode ser o primeiro exemplo do "grito de batalha" britânico.

As forças são lideradas por um "regulador de fornecimento", "pessoa que preside como marechal os exércitos", "o condutor do trabalho". Em *Gereint,* essa figura era Arthur, que está exatamente parelho à sua descrição dada por Nennius como *"Dux Belorum"* (líder de guerra, ou líder das campanhas). O *Pa gur* dá os números de 600 e 900 homens para compor as forças.

O poema fornece um retrato consistente das operações militares de Arthur, apoiando os relatos breves dos historiadores latinos. Pode não contar a história toda, é claro. A formação para o ataque torna os poemas muito melhores quanto menos são dramáticas as táticas. Entretanto, tais poemas concedem um primeiro relance daqueles campos de batalha onde "Arthur lutou naqueles dias".

Da História

As primeiras fontes são coerentes e plausíveis. Não apenas Arthur, líder militar dos reis dos bretões entre Ambrosius e Maglocunus, encaixa-se aos fatos, como essa é a única explicação que lhes dá sentido: a vitória do Monte Badon, a reativação do comando do norte, a derrota dos saxões por toda a ilha, a boa ordem demonstrada pelos reis contemporâneos e os seus subordinados. Tudo isso dificilmente pode vir à tona por acaso. Tais relatos são evidências que tanto demonstram como necessitam da existência de um líder britânico de batalhas. É claro, não temos meios de nos certificar quanto ao seu nome, mas um nome certamente ele tinha. Nenhum outro nome jamais foi usado para ele por qualquer escritor britânico, não importa o quão ansioso estivesse em enobrecer os seus ancestrais ou os fundadores dinásticos. Sob tais circunstâncias, parece insensato negar a ele esse último fragmento de reconhecimento e argumentar que ele não era Arthur.

❋ Parte Dois
À Lenda

7

Os Bravos Homens de Arthur

Parece que havia um Arthur e que ele era uma figura muito importante na Bretanha na época indicada pelos romances. Nesse nível, respondemos à questão sobre a sua existência. Resta um grande número de características Arthurianas básicas, entretanto, para ser consolidado ou descartado. Além do mais, há muito nesse cenário que não se encaixa a nenhum modelo da imagem de Arthur.

Aqueles que descartam todo o material Arthuriano como lendário devem considerar como foram poucos os episódios estudados que entraram para a lenda, no fim das contas. Nenhuma lenda, oral, poética, romântica ou pseudo-histórica sobreviveu para esclarecer o incidente em que Arthur mata seu filho, Anir. A batalha no Castellum Guinnion, no qual Nennius residiu por um tempo considerável, desapareceu completamente. Nunca saberemos por que Arthur carregou a imagem da Virgem Maria sobre os ombros por três dias e três noites. A maior parte das batalhas na lista jamais reaparecerá. Outigirn não figura nos contos, é apenas uma referência mal colocada nas Genealogias harleianas. Mesmo da grande batalha de Badon quase tudo desapareceu das tradições dos bretões. De todos os detalhes das fontes escritas que até agora nos abasteceram com informações sobre Arthur, apenas a caça ao javali com o seu cão, Cabal, e a sua morte ao lado de Medraut em Camlann podem ser considerados como elementos das lendas posteriores.

A perda é maior se considerarmos o material histórico em Gildas. Nunca mais se ouviu falar da maior parte das personagens que identificamos. E o escritor do século XII Geoffrey de Monmouth incorporou Constantino, Aurelius, Vortiporius e Maglocunus à sua *História*, mas baseado puramente no que encontrou em Gildas. Não há nada sobre o bom pai de Vortiporius, o tio de Maglocunus ou qualquer pessoa da família de Aurelius.

Talvez a mais estranha perda para a lenda tenha sido a família de Ambrosius Aurelianus. Ele teve filhos, que, por sua vez, também os tiveram, porém estes nunca figuraram em nenhuma lenda, genealogia ou história. As lendas que se espalharam ao longo da Idade Média tinham pouco em comum com o material histórico estudado até agora.

Em contrapartida, é valioso considerar quais aspectos das lendas ainda estão por ser encontrados. Muitas teorias Arthurianas modernas tomaram o conceito de Camelot como ponto de partida. Nomes de lugares, localizações estratégicas e ruínas arqueológicas impressionantes são postas a serviço para identificar o suposto centro de operações de Arthur. Até o momento, nada nos estudos que fizemos nos deu sequer uma razão para pensar que Arthur tivesse um centro de operações ou mesmo uma única base. As suas campanhas parecem enérgicas, avançando pelo país, por rios, fortes, montanhas, florestas e cidades. Gildas, especificamente, abomina a idéia de escapar para locais fortificados, tornando pouco provável que os seus vitoriosos bretões usassem essa tática. Se quaisquer centros de operações ou bases estão implícitos, então eles pertencem aos aliados de Arthur, os reis dos bretões. Mesmo eles, como todos os governantes da Idade das Trevas, teriam levado vida itinerante, mudando as suas cortes de lugar para supervisionar as suas terras e recolher suprimentos. Nas defesas refortificadas do norte, não vemos uma única Camelot – mais precisamente, uma rede militar completa. O nome mais parecido que encontramos é Camlann, local da última batalha.

Avalon não figura na evidência. Tampouco o Graal, a Távola Redonda, a espada Excalibur (fincada em uma pedra ou emergindo de um lago), ou guerras no exterior. Isso sugere que teorias que se apóiam em identificar tais características nos registros arqueológicos ou históricos podem estar cometendo um erro. Não há necessidade de supor que qualquer uma delas figure na carreira histórica de Arthur.

Talvez para a maior surpresa, nós não encontramos nenhum dos homens de Arthur. Ele não está conectado com uma fraternidade de famosos cavaleiros ou com algum grupo de guerreiros de qualquer tipo. Nada existe que sugira que ele liderasse uma cavalaria fortemente protegida por armaduras, carregasse uma bandeira com um dragão ou mesmo que fosse para a batalha montado a cavalo. Essas são todas características de lendas posteriores e não da história da Idade das Trevas.

Como traçar uma linha entre o material que podemos considerar genuinamente histórico e aquele que provavelmente é lendário? Temos um critério cronológico racional segundo o qual o material escrito depois dos *Annales Cambriae* e das edições revisadas no século X da *Historia Brittonum* é completamente independente das fontes que estudamos. Na forma escrita, eles foram coletados, copiados e estudados desde essa época. Materiais com datas posteriores a essa devem ser julgados, quando possível, pela sua origem. Podemos também comparar cada fonte com o que já deduzimos sobre a realidade dos séculos V/VI.

Entre os *Annales Cambriae* e a explosão dos romances Arthurianos no fim do século XII, três tipos de fonte foram propostas como fornecedoras de evidências adicionais para o reinado de Arthur. Isso inclui as lendas galesas, reflexões de como a expressão final de uma transmissão oral retrocede no tempo, pelos séculos. A seguir, são apresentadas as vidas dos santos e o material eclesiástico relacionado, em que as igrejas preservaram detalhes de Gildas e dos seus contemporâneos. Finalmente, há o mais importante trabalho Arthuriano de todos, aquele que estabeleceu a carreira "histórica" de Arthur e influenciou as interpretações subseqüentes à sua época, a *História dos reis da Bretanha*, de Geoffrey de Monmouth. Os romances em si estão fora do escopo deste livro, já que são claramente obras de ficção, feitas livremente a partir de um contexto histórico estabelecido, mas de forma alguma atreladas a ele.

POEMAS GALESES

No fim do século XIII, os bretões enfrentaram a derrota. Llywellyn ap Gruffydd, príncipe de Gales e "descendente" de Maglocunus, foi morto. O seu adversário, Eduardo I, da Inglaterra, descendente dos saxões do oeste, enviou a cabeça do predecessor para a Torre de Londres e os seus direitos e privilégios, incluindo "A coroa do Rei Arthur", para juntar ao tesouro real em Westminster. Para Eduardo, ele próprio um entusiasta Arthuriano, as histórias de Arthur continuariam vivas nos romances franceses e nas histórias latinas, não nos recitais dos bardos galeses.

Foi contra esse cenário que o primeiro material Arthuriano galês sobrevivente foi escrito. Obras que sem dúvida haviam circulado oralmente por muitos anos, até mesmo por séculos, foram pela primeira vez encontradas em manuscritos do fim do século XIII e início do século XIV. Sem o apoio do príncipe falante de galês, não havia outro meio de sobrevivência para tais lendas.

O mais antigo e maior dos manuscritos, o *Livro negro de Carmarthen*, foi escrito especificamente no fim do século XIII, ao que parece, para preservar as tradições ancestrais. Os poemas que estão ali variam em idade, mas restam poucas dúvidas de que alguns deles são de fato muito antigos; precisamente o quanto eles são antigos é assunto de muito debate. Para os nossos propósitos, é suficiente saber que alguns deles, referentes a Arthur, foram escritos entre a composição dos *Annales Cambriae* do século X e o estabelecimento de uma versão "autorizada" da história Arthuriana no século XII. Os três que consideraremos poderiam ser pelo menos tão antigos quanto os *Annales* e a Revisão Vaticana.

Um dos poemas é intitulado *Gereint fil Erbin* (Gereint, filho de Erbin). O poeta descreve como ele "vê" Gereint e os seus homens, lutando na batalha de Llongborth: "Em Llongborth foram assassinados os bravos homens de

Gereint, provenientes das terras baixas de Diuvneint (Devon)." Genealogias medievais tornaram Gereint um governante de Devon e da Cornualha, uma inferência racional a partir do poema. Nessas genealogias, Erbin era o filho de Constantino da Cornualha, o tirano condenado por Gildas. Um Rei Gerent dos bretões é mencionado em *As Crônicas Anglo-Saxônicas* por ter lutado contra os saxões do oeste em 710. Não poderia ter sido a mesma pessoa, mas indica que o nome estava em uso por uma dinastia britânica do sul, presumivelmente Diuvneint. Nada há no poema para confirmar que Gereint, filho de Erbin, é também neto de Constantino ou um dos primeiros reis do século VIII. Ele pode não ter sido nenhuma das duas coisas.

Os adversários de Gereint não são citados. *Llongborth* parece significar "porto para barcos de guerra". É popularmente identificado com Langport no Parrett, em Somerset. O nome é similar e se situaria nas fronteiras de Diuvneint. Conforme vimos, essa seria uma localização viável para uma operação militar do século VI, mas poderia, da mesma forma, representar um deslocamento na direção leste por um governante posterior de Devon. O verso anterior que identifica os homens de Gereint conforme chegam de Diuvneint é:

> *Em Llongborth, vi os bravos homens*
> *de Arthur, eles cortam com aço*
> *Imperador; líder ungido.*

Esse poema é, com freqüência, lido da forma errada como "Em Llongborth vi Arthur". Isso é por causa da obscuridade da linguagem e do fato de que o nome Arthur finaliza o verso como em *Y Gododdin*, é rima para outros versos. Entretanto, não há dúvida de que o poeta vê os homens de Arthur na batalha. O próprio Arthur está claramente presente, exatamente como Gereint está, fato confirmado pela descrição dele como condutor da unção.

Ashe argumenta que o verso preserva uma tradição de que os homens de Arthur levaram a cabo a luta após a sua morte (Ashe 1982). Se assim é, esse é o único fragmento de evidência. Para Gildas, os guerreiros da geração de Badon foram esquecidos. Os homens de Arthur nunca haviam sido mencionados anteriormente.

Esse poema significaria que os homens de Diuvneint são como aqueles de Arthur, os heróis de uma era anterior? Essa pergunta faria uma comparação similar àquela de *Gododdin*. Se o poeta deixa implícito, literalmente, que ambos, Gereint e Arthur, estão na mesma batalha, então ele datou errado um deles, ou Gereint não poderia ser nenhuma das personagens posteriores descritas acima.

Se desconsiderarmos o material que foi produzido mais tarde, que o contextualiza duas gerações depois de Gildas, talvez Gereint, filho de Erbin, tenha realmente lutado com Arthur na batalha de Llongborth. Se ele é governante de Dumnonia, então a sua luta ao lado de Arthur é completamente consistente com o que deduzimos até agora. É interessante que Arthur receba ambos os títulos; romano, indicativo da natureza diferente do seu governo, e o galês, que é um sinônimo virtual de *Dux Bellorum*.

Llongborth não está na relação das doze batalhas de Arthur, mas poderia ser um outro nome de alguma delas. Um "porto para barcos de guerra" poderia estar situado em qualquer ribeira. Se é Langport, então essa poderia ter sido uma das batalhas na região de Linnuis (Ilchester?), com Dubglas como um nome alternativo para o Parrett. Gereint e os seus homens perdendo, pode tornar essa uma vitória de Pirro e levar a outras campanhas na área. Alternativamente, ela poderia ser parte de uma guerra civil depois da batalha de Badon. Llongborth limitaria a área da *civitas* de Durotrige, no fim das contas. É improvável que o poema signifique que Gereint e Arthur fossem adversários.

O poema apresenta um outro aspecto importante: a primeira introdução do conceito dos "bravos homens de Arthur". Antes de explorar mais esse conceito, olhemos para outro dos poemas do *Livro negro*, as *Inscrições em lápides*.

As *Inscrições* descrevem ou localizam os túmulos de vários heróis, alguns dos quais figuram nas lendas posteriores, e outros são desconhecidos. Duas falam do túmulo de Owain, filho de Urine Rheged; três descrevem o túmulo de Cynon, filho de Clydno Eiddyn de Gododdin. Bradwen, que recebe uma comparação em *Y Gododdin*, também tem o seu túmulo mencionado. Outras estrofes se referem a várias localidades galesas, como Llanbadarn.

Duas estrofes são de particular interesse. Em uma, lê-se:

> *O túmulo do filho de Osvran fica em Camlann.*
> *Após muitos massacres o túmulo de Bedwyr.*[13]

Na outra:

> *O túmulo de March, o túmulo de Gwythur;*
> *O túmulo de Gwgawn Gleddyvrudd (Espada Vermelha);*
> *Um mistério para o mundo, o túmulo de Arthur.*[14]
> (Coe e Young, 1995)

O último verso, *"Anoeth bin u bedd Arthur"*, é traduzido de várias formas, desde o apocalíptico "oculto até o Dia do Juízo Final" até o prosaico "desconhecido é o túmulo de Arthur". Poderia ser entendido que o túmulo

---

13. N.T.: *The grave of the son of Osvran is in Camlan. After many a slaughter the grave of Bedwyr*
14. N.T.: *The grave of March, the grave of Gwythur. The grave of Gwgawn Gleddyvrudd (Red Sword); A mystery to the world, the grave of Arthur.*

de Arthur está em um lugar chamado Anoeth. Em trechos anteriores do poema, as Tribos de Oeth e Anoeth são citadas. No conto em prosa *Culhwch e Olwen*, o porteiro de Arthur diz que ele (e possivelmente Arthur) esteve em Caer Oeth e Anoeth. O contexto indica alguns lugares fantásticos e longínquos.

À estrofe é habitualmente dado o significado de que ninguém conhece a localização do túmulo de Arthur, o que, por sua vez, indica a tradição de que Arthur não tem túmulo porque ainda está vivo. Essa história circulou no início do século XII, com Arthur sendo esperado, qual um libertador celta messiânico. Era comum quando as *Inscrições* foram escritas. Entretanto, a única evidência que temos do século X, a primeira data para as *Inscrições*, é completamente oposta. Era sabido que ele estava morto. Essa afirmação é feita o mais especificamente possível nos *Annales Cambriae*. Na batalha de Camlann, Arthur e Medraut caíram mortos. Ninguém assim descrito nos *Annales* é considerado vivo, de forma que concluímos que a sobrevivência de Arthur é um desenvolvimento posterior, talvez derivado das *Inscrições*.

Podemos imaginar por que, se o túmulo de Arthur era simplesmente desconhecido, no fim das contas, ele foi incluído nas *Inscrições em lápides*. Devem ter existido muitas outras personagens cuja localização do túmulo fosse desconhecida. Parece estranho pôr uma delas em um poema que tem como única intenção registrar os detalhes dos túmulos.

A possibilidade final é a de que o túmulo não seja completamente desconhecido. *Anoeth* significa um evento inexplicável ou uma maravilha. É a palavra usada na história de *Culhwch e Olwen* para as tarefas maravilhosas e aparentemente impossíveis atribuídas ao herói pelo gigante. Já sabemos pela *Historia Brittonum* que, no século IX, Arthur foi honrado com um túmulo que era uma maravilha, uma das *Mirabilia* da Bretanha. Era uma maravilha porque não poderia ser medido duas vezes e produzir o mesmo resultado. Na *Historia*, é dito que tal túmulo foi construído por Arthur para o seu filho Anir, mas, como podemos ver, Anir e a sua morte pelas mãos de Arthur desapareceram rapidamente da tradição. Não há traço disso em nenhuma fonte do século X em diante. É com certeza concebível que o túmulo de Arthur, que é *Anoeth* nas *Inscrições em lápides*, seja o mesmo que o autor da *Mirabilia* afirmou ter tentado medir. "Uma maravilha para o mundo é a tumba de Arthur". O que aparenta ser um monumento, fora aos direitos de Hay-on-Wye[15], na antiga região de Ercing, é agora denominado "Pedra de Arthur", e não Túmulo de Anir.

O poema mais longo que trata de Arthur no *Livro negro* é chamado *Pa gur*. Estas são as suas palavras de abertura ("Que homem...?") endereçado ao porteiro, Gleuluid Gavaelvaur (Forte-Aperto), por Arthur. Há

---

15. N.T.: Hay-on-Wye: pequena cidade fronteiriça entre a Inglaterra e o País de Gales cuja história remonta ao período pré-romano.

muitas traduções desse obscuro poema. Usarei a versão recentemente publicada por Sims-Williams (Bromwich *et al* 1991). Embora os detalhes sejam diferentes de uma tradução para a outra, a premissa básica é clara. Arthur e Cei Guin (Kei, o justo) estão tentando entrar no lugar guardado por Gleuluid. O porteiro recusa-se a deixá-los entrar até que Arthur revela com quem ele está viajando: *"Guir goreu im bid"*, diz Arthur, "Os melhores homens do mundo". Parece haver cerca de dez ou onze deles, embora os números variem tanto sobre quais palavras são nomes, quanto sobre quais homens realmente estão com Arthur e quais apenas tomaram parte nos feitos dos outros.

Kei é preeminente. Ele fora citado com Arthur logo no início, e os seus feitos eram contados há muito tempo. Kei massacrou adversários, três de cada vez, quando Kelli estava perdido. Matou uma bruxa na Entrada de Awarnach, apunhalou Pen Palach em Dwellings de Disethach. Matou *Cinbin* (cabeças-de-cão – um termo ofensivo ou de monstros míticos?) em Minit Eidin (a montanha de Edimburgo). Ele é uma espada na batalha, um líder forte, possivelmente um homem alto, um homem que pode beber como se fosse quatro, mas mata como se fosse cem. Se Deus não tivesse causado isso, seria impossível matar Kei. Ele matou nove bruxas no pico de Ystawingun; foi a Anglesey matar leões e o seu escudo era um espelho polido, ou um fragmento quebrado contra o temível *Cath Palug* (o Gato de Palug), que costumava comer campeões de primeira classe.

O poema tem o propósito principal de louvar Kei, o matador de monstros. Arthur aparece no quarto verso: *"Arthur a Chei guin"*, fornecendo a rima completa para o verso anterior *"Pa gur aegouin"* (que homem pergunta isso?). Não há explicação sobre Arthur. Inferimos que ele é o líder dos melhores homens do mundo, mas em lugar algum está ligado aos seus feitos. Nada que Kei fez figura em quaisquer locais ou ações previamente conectadas a Arthur. Enigmaticamente, diz que Arthur está fazendo alguma coisa enquanto Kei está lutando na entrada de Awarnach, "rindo", diz Sims-Williams (Bromwich *et al.* 1991), "brincando", diz Coe e Young, ambos os termos previsivelmente mais precisos que Williams, quando disse anteriormente "distribuindo presentes", mas não mais claros do que ele. De forma diferente, ele não desempenha nenhum papel no poema (Coe e Young 1995, Williams 1972).

A montanha de Eidin faria parte do território de Goddodin. Dois outros dos homens, Anguas Edeinauc ("o alado" ou "o célere") e Lluch Llauynnauc (mão-de-vento), eram defensores de Eidin, de forma que é presumível que Kei também fosse um defensor. Isso os põe em uma área e (porque é valioso, dado que os oponentes são cabeças-de-cão) em um possível contexto histórico. A especulação no século XII localizou a batalha de Arthur no Monte Agned em Edimburgo, mas nada do que vimos até o momento nos levaria a tal suposição.

Kei lutou com Llacheu, talvez como aliado, embora o verso seja ambíguo. Na época em que o *Livro negro* foi escrito, Llacheu era conhecido como um filho de Arthur, equivalente à personagem de romance Loholt. O romance *Perlesvaus* tem Loholt morto por Keu (Kei), mas estamos indo muito além das evidências de *Pa gur* para inferir que essa era a implicação dada ao poema (Bryant 1978).

O único rival de Kei entre os "melhores homens do mundo" era Beduir Bedrydant (fonte de energia perfeita). Como Kei, Beduir matava como cem homens. "A sua natureza era feroz como uma espada e um escudo." Ele lutou contra Garuluid nas praias de Trywruid. Outro guerreiro, Manawidan ab llyr, também estava em Trywruid, onde usou escudos quebrados (ou lanças). Isso é de grande interesse, já que Trywruid é o mesmo nome que Tribuit, lugar da décima batalha de Arthur. A revisão Vaticana deu a isso uma interpretação, como "a que chamamos Traht Treuroit", mais precisamente o Traetheu (plural de Traeth) Trywruid, onde Beduir lutou.

Há três guerreiros mencionados no poema, possivelmente descritos como bruxos: Mabon, filho de Modron, servo de Uther Pendragon; Kyscaint, filho de Banon, e Gui Godybrion. Outro guerreiro, Mabon, filho de Mellt, mancharia o solo de sangue. Como Modron deriva de matrona (matron/ mãe), este poderia ser a mesma pessoa que Mabon, filho de Modron, sendo o primeiro matronímico e o outro patronímico, ou eles poderiam ser tidos por guerreiros separados.

Um nome familiar é mencionado. Kei corre para apresentar-se a "Rieu Emreis" (os reis ou lordes locais de Ambrosius). O que isso significa, não está claro. Será que o escritor pensou que Emrei é um lugar, Dinas Emrys, por exemplo, ou seriam esses os "reis dos bretões", dentre os quais Ambrosius é um (grande) rei, como a *Historia* nos diz? Rieu Emrei seriam os guerreiros do poema, ou se não, seriam adversários, aliados ou rivais de Kei? Uma coisa parece bastante clara: se, da forma como foi escrito[16], o *Livro negro* é original, o poema deve ser posterior a Nennius, que dá o nome de Ambrosius na forma antiga, *Embreis*.

O poema pára na metade da descrição do adversário de Kei, o Gato de Palug. Não podemos dizer quantos homens mais foram enumerados (talvez Medraud, Anir e Gereint, os outros nomes até agora associados a Arthur teriam aparecido). Nunca descobriremos a quem Arthur estava solicitando a entrada.

Para os antiArthurianos, tal poema é uma prova irrefutável. Até esse ponto, nenhuma das referências a Arthur parecia inerentemente mitológica. *Pa gur* afirma a existência de Arthur, mas aqui ele parece claramente culpado pelas suas amizades. Os seus companheiros eram matadores de bruxas, de leões e de cabeças-de-cão. O fato de Arthur ter destruído 940 homens em um único ataque é visto como se ele fosse da mesma natureza hiperbólica de Kei e Beduir, que matam como se fossem cem homens.

---

16. N.T.: Do original *spelling*: aqui o autor se refere à forma geral como foi escrito o livro, ortografia utilizada, seleção léxica e gramática em uso.

Não há como negar que Arthur teve companheiros muito estranhos aqui. Manawidan ab Llyr não é ninguém mais que Mannanan Mac Lir, um deus marítimo celta venerado na *Lebor Gabala* irlandesa. Ele é a personagem-título de um dos quatro contos medievais galeses chamados "Mabinogi". Em ambas as fontes, ele é visto como uma figura pré-histórica, e não como um lutador saxão do século VI. Mabon, filho de Modron, é a figura mais claramente mitológica. Ele é o deus celta Apollo Maponus, adorado no pré-cristianismo na região da Muralha de Hadrian. A sua presença não nos dá muitas razões para esperar que Kei, o justo, que Lluch, o mão-de-vento, e que Anguas, o alado, sejam habitantes reais da Bretanha na Idade das Trevas. E o mesmo poderia ser dito dos homens que os apresenta, o próprio Arthur.

A posição antiArthuriana é que *Pa gur* apresenta a "realidade" mítica a partir da qual uma aparente figura histórica da Idade das Trevas contou. Sob essa ótica, Arthur e os seus guerreiros sobre-humanos são habitantes da eterna terra do nunca de Mabinogion. Esses guerreiros lutadores contra criaturas como leões, gatos devoradores de homens, bruxas, cabeças-de-cão foram transpostos para um cenário histórico contra saxões mais realistas. Apoiado nisso, vem o número inflacionado do total de mortes cometidas por Arthur na batalha de Badon, a sua perseguição ao javali Troynt e a sua associação à maravilhosa tumba.

Alguns desses fatos podem ser esclarecidos por uma maior precisão na data de *Pa gur*. Deve ser posterior a Nennius, se a forma Emrei é algo que passe adiante, tornando-se, possivelmente, contemporânea dos *Annales Cambriae*. Se for posterior a Nennius, não o pode ter influenciado.

Não há conexão entre Arthur, o líder dos bretões do século VI no cerco ao Monte Badon, e a personagem em *Pa gur*. Ninguém em *Y Gododdin* é um super-homem mítico. Para o poeta dizer que Guaurthur não era Arthur, se Arthur era um matador de monstros super-humano, certamente diminuiria o impacto dos seus feitos e a compaixão à sua passagem. Arthur em *Y Gododdin* era, do ponto de vista racional, uma pessoa real. Nenhum dos outros "melhores homens do mundo" figuram no poema, mesmo que alguns sejam supostamente defensores da fortificação de Gododdin, Eidin.

O cerco ao Monte Badon não foi um acontecimento mítico. Foi um evento real do ano em que o igualmente real Gildas nasceu. O comandante britânico era um homem real. Temos de aceitar essa conjectura distante de que o homem que liderou os britânicos na batalha foi esquecido, em favor de uma personagem da mitologia. Como isso poderia ter acontecido? Cassivelaunus aparece na companhia mítica de um Mabinogion, mas ninguém esqueceu o seu papel como adversário de Júlio César. A *Historia Brittonum* quer estabelecer o registro direto de que os bretões tiveram um passado heróico, com vitórias contra os saxões, e parece estranho que, dentre todas as personagens reais, o escritor tenha escolhido um matador de monstros mítico para liderar tais campanhas. Semelhante conclusão diminuiria grandemente o efeito da história, lançando todo o conceito de uma resistência britânica em dúvida.

Se Nennius realmente fez uso de fontes semelhantes a *Pa gur*, esse ato desafia uma explicação. A localização cronológica seria arbitrária. Sem os saxões ou outro oponente histórico, o poema não nos dá indicações sobre a data em que o acontecimento supostamente se deu. A *Historia Brittonum* cobre a lacuna da história britânica a partir da Guerra de Tróia até o século VII. Se o escritor simplesmente quisesse incluir um herói local, com certeza esperaríamos encontrar os feitos do seu matador de monstros em um passado distante, não em uma era coberta por outros historiadores.

A atmosfera da *Historia* e o poema são completamente diferentes. Na *Historia*, Arthur é um líder supremo cristão, lutando contra os pagãos. Os seus companheiros são reis dos bretões. Nennius não mostra conhecimento dos seus companheiros de feitos maravilhosos. Se a Arthur pudesse ser atribuída uma carreira histórica falsa, por que não a Kei, a Beduir e aos outros? Os locais de batalha na *Historia* são geralmente obscuros, enquanto o *Pa gur* escolheu os familiares, como Edimburgo e Anglesey. Todas as indicações são de que o cenário do *Pa gur* não é aquele descrito pela *Historia*, se é que tal material lendário existiu naquela época.

É muito mais plausível que o líder de guerra Arthur tenha atuado como um ímã, atraindo para a sua bandeira personagens lendárias de diferentes ambientes. Sabemos que esse processo continuou pela Idade Média. *Culhwch e Olwen*, por exemplo, põe personagens irlandeses lendários entre os seus homens. Se Arthur é um personagem igualmente mítico, por que deveria ele desempenhar um papel secundário aos dos outros guerreiros lendários? Apenas um poeta de imaginação limitada poderia pensar em Arthur "brincando e distribuindo presentes". O material lendário, claramente, apresentou Kei e os outros "melhores homens do mundo", ligados aqui a Arthur.

Antes do século X, Arthur aparece como uma personagem mais ou menos solitária. A sua mão-de-obra era fornecida pelos reis dos bretões. Qualquer idéia de que ele próprio tinha um grupo de guerreiros famosos é nula. Entretanto, em *Gereint*, podemos ver, com o poeta, os "bravos homens de Arthur". Será que ele quis dizer os "melhores homens do mundo", os lendários guerreiros que acompanhavam Arthur? Estaria contabilizando Gereint entre eles, talvez figurativamente, em vez de pô-lo historicamente no fim do século V ou no início do século VI? Testemunhando os feitos heróicos de Gereint, o poeta poderia sentir que estava vendo novamente feitos como aqueles atribuídos a Kei e aos outros "bravos homens de Arthur".

Tudo indica que foram os guerreiros sobre-humanos que fizeram um acréscimo à história de Arthur. Não há descrição deles em nenhuma fonte composta antes dos poemas do *Livro negro*. Mesmo a construção mais "mitológica" possível de ser encaixada na lista de batalhas da *Historia*

Brittonum, de que Arthur matou 940 homens sozinho, não deixa espaço para o super-homem de *Pa gur*.

Pa gur mostra a direção que as lendas Arthurianas tomarão. Arthur é relegado ao segundo plano enquanto campeões heróicos dominam o cenário. Os bravos homens emergirão de forma decisiva dentro da lenda galesa no primeiro conto em prosa Arthuriana a sobreviver, *Culhwch e Olwen*.

Espólios do Outromundo

Um outro poema citado em favor do "Arthur mitológico" é encontrado no *Livro de Taliesin*. Alguns dos poemas do *Taliessn* se referem a Urien Rheged e ao seu filho Owain, personagens do norte da Bretanha do século VI. Eles podem ser obra do Taliessn histórico, considerado contemporâneo de Neirin na *Historia Brittonum*. Outras obras no livro têm inclinação mitológica. Elas datam do início da Idade Média e são geralmente consideradas mais recentes do que o *Livro negro*. Um dos poemas é Arthuriano. Chama-se *Preideu Annwfyn* – o saque do "outromundo". Está datado do intervalo entre o fim do século IX e início do século XII. Como todos os materiais galeses, as datas das composições são continuamente revisadas. Aqui, uma data anterior comportaria a idéia de que Arthur foi principalmente mitológico e que os famosos romances franceses como o *Santo Graal* derivaram dos originais galeses, parcialmente discerníveis. Uma data posterior provaria o contrário. Para sustentar o argumento, assumiremos que ele é anterior a *Culhwch e Olwen*.

Preideu Annwfyn é narrado em primeira pessoa. O poeta toma a personalidade de Gwair, cantando diante dos espólios de Annwfyn. Ele é prisioneiro em Caer Sidi, preso por uma pesada corrente de ouro "de acordo com o conto de Pwyll e Pryderi". Já que Caer Sidi significa "Forte da Justiça, podemos arriscar algumas localizações no "outromundo".

Gwair canta: "Três cargas de Prytwen, fomos lá. Mas para sete, nenhum retornou de Caer Sidi"[17]. Depois canta: "Três cargas de Prytwen, fomos pelo mar".[18] A partir disso geralmente se infere que Prytwen é um navio no qual Gwair e os seus companheiros navegam. Se é esse o caso, o escritor deixa implícito um serviço de transporte, levando os companheiros para o "outromundo" em três lotes, o que parece improvável. Os companheiros foram juntos a Caer Sidi, caso em que a capacidade total do Prytwen é usada como medida de quantos homens foram para a expedição, presumivelmente muito mais de sete. Talvez a capacidade do Prytwen seja uma imagem bárdica conhecida, três vezes, o que seria um grande número, dos

---

17. N.T.: "Three loads of Prytwen we went there. But for seven, none returned from Caer Sidi."
18. N.T.: "Three loads of Prytwen, we went on the sea"

quais sete seria uma fração muito pequena. Por exemplo, se a capacidade do Prytwen fosse tomada como 70, três vezes seriam 210, significando que um homem dentre 30 sobreviveu. Entretanto, isso não implica necessariamente que todos os homens viajaram no Prytwen.

É dito no *Culhwch e Olwen* que o Prytwen é o navio de Arthur, provavelmente uma inferência direta do *Preideu Annwfyn*. Geoffrey de Monmouth, aparentemente de uma fonte mais antiga, menciona o nome de Pridwem como o nome do *escudo* de Arthur. Considerando-se que a palavra pode significar "face branca", e que os escudos de *Y Gododdin* e de outros poemas anteriores são brancos, esse sentido parece um pouco mais provável que "navio". Julgo possível que Arthur seja compreendido no poema como um gigante. No *Sonho de Rhnabwy* está explícito que Arthur é gigantesco e, no *Preideu Annwfyn*, ele apóia Bran no Mabinogi, que é tão grande que nenhum navio consegue suportá-lo. O seu *escudo* poderia ser descrito por um poeta como tendo capacidade para carregar muitos homens.

Por todo o poema circula o refrão *Salvaram-se sete, nenhum retornou de...*[19]. A menos que Gwair tenha a infelicidade de sempre tomar parte de expedições desastrosas com o mesmo resultado, os versos todos se referem à mesma aventura, com sinônimos dados para as fortalezas do "outromundo". Gwair diz que a sua canção é ouvida em Caer Pedryvan (quatro-cantos), que deve ser o mesmo que Caer Sidi, onde ele está aprisionado. Mais além, é chamada a sólida porta da ilha, o que implica, já que a viagem é por mar, que o castelo fica em uma ilha. O poema deixa claro que Arthur lidera a expedição. "*And when we went with Arthur, a famous toil, save seven none returned from Caer Vedwit [drunkeness]*"[20], "*but for seven, none returned from Caer Rigor [numbness]*"[21], "*Three loads of Prytwen went with Arthur, save seven none returned from Caer Golud [obstruction]*"[22], e assim por diante, com o nome dado de "Caer Vandwy", e Caer Ochren" (significados desconhecidos).

O que teria acontecido na expedição não está claro. O poeta canta sobre vários objetos e fenômenos (o boi pintado, o túmulo perdido de um santo), mas, se foi para demonstrar um episódio na expedição, o seu vasto conhecimento ou a incompreensão do universo, é impossível dizer. Dois episódios se sobressaem. Em um deles soubemos: "*Beyond Caer Wydyr [glass] they could not see Arthur's valour, the three-score hundred men who stood on the wall. It was difficult to speak to their watchman.*"[23]

---

19. N.T.: save seven, none returned from..."
20. N.T.: E quando fomos com Arthur, um famoso ungido, salvaram-se sete nenhum retornou de Caer Vedwit [embriaguez].
21. N.T.: Mas para sete, nenhum retornou de Caer Rigor [torpor].
22. N.T.: Três cargas do Prytwen foram com Arthur, salvaram-se sete nenhum retornou de Caer Golud [obstrução].
23. *Além de Caer Wydyr [vidro] eles não podiam ver o valor de Arthur, os homens de segunda classe que ficavam no muro. Era difícil falar com o vigia deles.*

Mais compreensível, o primeiro incidente refere-se ao encarregado do caldeirão de Annwfyn, que era aquecido pelo hálito de nove jovens e não ferveria a comida de um covarde. Isso parece ser o saque do "outro-mundo", como nenhum outro objeto foi retirado da coleira do boi ao qual nos referimos. "*Lluch Lleawc's sword was raised for it and in akeen hand it was left*"[24], ele poderia estar defendendo ou agarrando o caldeirão. De qualquer forma, apenas ele, Arthur e Gwair são nomeados em conexão com a expedição.

Lluch é um nome familiar dos poemas anteriores (há um outro em *Inscrições em lápides*). Se vamos entender que havia uma personagem com vários sobrenomes ou que há vários "Lluchs" distintos pelos sobrenomes, é incerto. Não mais de um Lluch é citado em cada poema, tornando a segunda hipótese menos provável. Embora digam que Arthur seja o líder, ele não toma parte na ação. Em vez disso, um grande guerreiro executa feitos surpreendentes, aqui conectados com o caldeirão de Annwfyn.

Podemos facilmente demonstrar que a história não tem necessária conexão com Arthur. A história de Pwyll e Pryderi existe. É fundamentada nos quatro ramos de Mabinogi, preservados no início do século XIV no *Livro branco de Rhydderch*, ao lado de contos explicitamente Arthurianos. Fragmentos dela são conhecidos ainda antes, em um manuscrito, o *Peniarth 6*, escrito por volta de 1225.

A história de Pryderi está espalhada irregularmente no Mabinogi. Ele nasceu no primeiro "ramo", o filho de Pwyll, Lorde de Dyfed, conhecido como o encarregado de Annwfyn porque certa vez ele trocou de lugar com o rei de Annwfyn por um ano. O caldeirão mágico aparece no segundo ramo, aqui conectado não com Annwfyn, mas com a Irlanda. O navio britânico passa pelo mar da Irlanda, liderado pelo seu gigantesco rei Bran, que atravessa a água com dificuldade. Embora os bretões saiam vitoriosos, apenas sete sobrevivem para retornar com o seu rei ferido. Bran está tão seriamente ferido que o seu corpo tem de ser amputado, a sua cabeça permanece viva pelos oitenta anos seguintes. Dos sete que retornam, um é Pryderi, outro Mamwyda, filho de Llyr (os heróis do ramo seguinte) e o terceiro, o próprio Taliessin, possivelmente para contar o conto. Pryderi é morto no quarto e enterrado no norte de Gales (a sua tumba é mencionada nas *Inscrições em lápides*). Os contos se dão no período pré-romano.

Embora alguns detalhes do *Preideu Annwfyn* não sejam repetidos, o Mabinogi cobre a mesma história de Pwyll e Pryderi, cujo poema lhe serve de fonte. Na prosa, a história não possui elementos Arthurianos de forma alguma. É inconcebível que Arthur tenha sido removido de um conto em que originalmente aparecia, no início do século XIII, época de ouro das lendas Arthurianas. É muito mais provável que o poeta tenha enxertado Arthur no material preexistente relacionado a Pryderi. Esse é outro exemplo

---

24. A espada de Lluch Lleawc foi erguida para isso e em uma mão afiada foi posta [deixada].

dos "melhores homens do mundo", associado à figura do preeminente líder de guerra.

A prova de que o material lendário do *Preideu Annwfyn* existiu independentemente de qualquer conexão com Arthur é encontrada na *Historia Brittonum*. No início do livro, o escritor apresenta um relato sobre a colonização da Irlanda: "Três filhos de Miles da Espanha [ou 'um soldado da Espanha'] vieram com trinta navios entre eles, trinta esposas em cada navio... eles viram uma torre de vidro [*turris vitrea*] no meio do mar, e viram homens sobre a torre, e procuraram falar com eles, mas eles nunca responderam... [um navio naufragou] as outras embarcações navegaram para atacar a torre... o mar os cobriu e eles se afogaram, e ninguém escapou [salvou] da tripulação daquele navio que foi deixado para trás por causa do barco naufragado" (HB 13).

Essa é, efetivamente, a história encontrada no *Preideu Annwfyn*: o forte de vidro além do mar, os guardas no muro, a dificuldade em falar com eles, o pequeno número de sobreviventes. Se a capacidade do Prytwen era de setenta pessoas, então a proporção de sobreviventes para os mortos seria idêntica. O poeta Taliessin acrescentou o contexto Arthuriano a uma história, que no início do século IX, existia sem ele. Nesse caso, temos a evidência para mostrar que Arthur não é o herói mitológico de um ataque ao "outromundo", inserido na história real. O processo aqui é indiscutivelmente o inverso; um poeta retirou Arthur de um contexto histórico e o adicionou a um conto lendário. O poeta Taliessin teria um trabalho fácil fazendo isso se conhecesse a *Historia Brittonum*. Tudo o que precisaria ser feito para tornar o episódio da Torre de Vidro Arthuriano seria trocar o herói do "Militis Hispaniae" para "Arthuri Militis", conforme ele está descrito na *Mirabilia*.

O processo é o mesmo que em *Pa gur*: guerreiros lendários, os "melhores homens do mundo", Gwair, Llwch, Pryderi, tornaram-se "os bravos homens de Arthur", trazendo os seus feitos consigo. O processo de acréscimo para Arthur tornou-se extremamente claro na primeira lenda em prosa que sobreviveu – *Culhwch e Olwen*.

"Como Culhwch ganhou Olwen"

Culhwch e Olwen aparece no *Livro branco de Rhyderch* e, levemente atualizado, no posterior *Livro vermelho de Hergest*. A sua linguagem e conteúdo datam-no do século X ou XI. Com apoio ao argumento, aceitaremos a data mais antiga estimada pelos seus mais recentes editores, Bromwich e Evans. Não se pode retroceder muito mais do que isso, por depender dos poemas do *Livro negro*.

A história é uma ostentação de virtuosidade e vasto conhecimento. Em uma estrutura similar à do conto clássico de Jasão e os Argonautas, estão entrelaçadas diversas compilações enciclopédicas de conhecimento lendário. Culhwch, filho de Kilyd, filho de Kyledon Wledic (o governante da Caledônia), é amaldiçoado pela sua perversa madrasta a nunca se casar, exceto com Olwen, filha do Gigante-Chefe Yspadaden. O gigante é um maníaco homicida armado com lanças de pedras envenenadas e necessita de ajuda mecânica para erguer as suas enormes pálpebras. Ele impõe a Culhwch uma série de tarefas impossíveis a realizar antes que ele possa casar-se com Olwen. Culhwch é bem-sucedido, Yspadaden é morto e o casal se une em matrimônio e vive feliz para sempre.

Culhwch zomba do gigante depois que cada tarefa é imposta: "Será fácil para mim conseguir, embora você pense que não será fácil". E revela por que no fim do episódio: "O meu senhor e primo Arthur conseguirá tudo para mim." Isso deve ter sido um choque para o gigante, já que muitas das suas tarefas "impossíveis" envolveram a garantia de cooperação dos homens de Arthur. Por exemplo, "Arthur e os seus companheiros devem vir e caçar [o javali] Twrch Trwyth, pois ele é um homem poderoso, mas ele não virá porque está sob o meu domínio".

A referência a Twrch Trwyth, o javali Troynt de *Mirabilia*, é uma indicação da erudição do escritor. Pode-se assumir que ele conheça a maior parte do material que já cobrimos. Ele não é, necessariamente, uma testemunha independente das tradições que apresenta.

Depois de expor o nascimento e a maldição de Culhwch, o autor volta-se para o *Pa gur*. Em sua versão, o herói Culhwch vai à corte de *Arthur*. Ele faz a pergunta: "Há um porteiro?" e recebe a resposta de Glewlwyt Gavaelvawr. Glewlwyt recita uma lista de locais distantes e estranhos, incluindo Caer Oeth e Anoeth. Arthur relata as suas próprias posses íntegras, mas a tarefa de enumerar os guerreiros de Arthur é deixada para Culhwch.

A lista de Glewlwyt é interessante porque credita a Arthur vitórias além-mar. Ele menciona as Índias Maior e Menor, "Lychlyn" (Noruega), Europa e África, Grécia e outras localidades como Sach e Salach – desconhecidas para nós e provavelmente também para o autor. Eles não nos dão confiança de que sejam qualquer outra coisa diferente de encontros lendários espalhados pelo mundo. Locais verdadeiros, onde os bretões da Idade das Trevas eram ativos, como a Bretanha gaulesa ou o Vale do Loire, não são mencionados. A única sutil conexão com os bretões é que se conta que Arthur matou Mil Du, filho de Ducum, um jovem gigante de São Malo.

A lista seguinte relaciona as posses de Arthur. Ali estão relacionados os seus navios, a sua espada Caletvwlch, a lança Rongomynyat, o seu escudo Wyneb Gwthucher, a faca Carnwenhan e a esposa Gwenhwyvar. O navio é mais tarde nomeado de Prytwen. Essa lista parece ser de alguma antiguidade. Sabemos disso porque Geoffrey de Monmouth o preserva na sua forma inicial. Bromwich e Evans observam que aquela versão de Geoffrey, *Caliburnus* (de onde deriva a nossa forma "Excalibur"), vem de uma forma muito mais antiga que *Caletvwlch*.

Geoffrey conhece a lança de Arthur simplesmente como *ron*, uma velha palavra que significa lança. Não é usada no *Culhwch e Olwen. Gomyniad* significa um abatedor/matador e é usado no *Y Gododdin*. Parece que o escritor se enganou e tomou essa descrição como parte do nome.

Pelas razões descritas acima, parece provável que o fato de Geoffrey ter dado o nome de Pryden ao escudo é uma antiga tradição. O nome *Wyneb Gwrthucher* significa "face da noite", sugerindo uma cor escura ao invés da brancura universal nos primeiros poemas.

Essa lista mostra a primeira vez em que a esposa de Arthur aparece – "A primeira dama da ilha", – Gwenhwyvar. Geoffrey deu o nome a ela também, e a sua presença em *Culhwch e Olwen* é a evidência de uma tradição comum mais antiga que o século X. Ela não desempenha nenhum papel na ação. Não podemos dizer quais histórias foram contadas sobre ela, nem se, por exemplo, ela é a mãe de Gwudre, filho de Arthur, morto mais tarde na história.

Gwenhwyvar é relacionada como uma das "mulheres gentis ornamentadas com ouro da ilha" ao lado da sua irmã Gwenhwyach. As Tríades conectam as duas com a batalha de Camlann, mas *Culhwch e Olwen* não. Em vez disso, cita o homem de Arthur, Gwynn Hyvar, "Prefeito" de Devon e Cornualha, como um dos nove homens que "abriram caminho para fora" da batalha de Camlann. Isso mostra que o nome Gwenhwyvar/Gwynn Hyvar foi dado em função da batalha de Camlann, mas histórias diferentes têm sido contadas a partir dessa pobre tradição. Para o autor, Camlann é uma batalha em que figuram três personagens eternas, supostamente derivadas de uma tríade de sobreviventes de Camlann. Os três homens que não foram abatidos por armas na batalha de Morvran, descendentes de Tegit – "por causa da sua feiúra, todos pensavam que ele era a ajuda do demônio", Sande cara-de-anjo – "por causa da sua beleza todos pensavam que ele era a ajuda de um anjo", e São Cynwyl, "o último a deixar Arthur", é possível que isso implique que tenha sido nessa batalha que Arthur morreu. Medraut não é mencionado da história, nem Badon, nem nenhuma das outras batalhas da *Historia Brittonum,* outra indicação de que a *Historia* e os *Annales* têm fontes diferentes do *Culhwch e Olwen*.

Os homens que escaparam de Camlann e as damas ornamentadas com ouro são parte da lista dos companheiros de Arthur. Alguns têm feitos ligados a eles, outros têm apenas curtas descrições e a maioria é apenas nome. De *Pa gur* vieram Kei, Bedwir, Anwas Edeinawc, Glewlwyt Gavaelvawr, Llwch mão-de-vento, Manawydan – filho de Llyr – e Gwynn Gotyvron. Mabon, filho de Modron, e Mabon, filho de Mellt, apareceram depois, embora não estejam na lista. Apenas Llacheu e Bridlau não são explicados.

Gwair, o prisioneiro de *Preideu Annwfyn*, poderia ser um dos quatro guerreiros daquele nome, "todos os tios de Arthur, os irmãos da sua mãe, todos os filhos de Llwch mão-de-vento que vieram de além da cerca/do mar de Tyrrhene". Presume-se que o autor imagina que Llwch seja o avô de Arthur. Taliessin, o principal bardo, está também entre os homens de Arthur, segundo Gildas!

Um guerreiro mencionado é Gwawrdur, o homem comparado a Arthur no *Y Gododdin*. Os seus três filhos, Duach, Brathach e Nerthach, "brotaram das montanhas do Inferno" e a sua filha Gwenwledyr é citada na lista. O próprio Gwawrdur é denominado "o corcunda". Se o autor conhecesse o *Y Gododdin*, o que é muito provável, ele pode ter construído o verso diferentemente da forma como nós o interpretamos. Se Gwawrdur é corcunda, poderia estar escrito que os seus feitos eram comparáveis aos de Arthur, mas fisicamente "ele não é Arthur". O poeta pode querer provocar a surpresa de que, na extremidade de Catraeth, o fisicamente inadequado Gwawrdur lutou tão bem como o famoso Arthur, uma comparação mais lisonjeira e dramática.

Culhwch e Olwen é a primeira fonte a apresentar um retrato abrangente de quem é o "Rei Arthur". Os seis filhos de Iaen, "todos os homens de Caer Tathal", são relacionados a Arthur pelo lado paterno (não citado). Llwch mão-de-vento já foi mencionado. O próprio Culhwch é primo de Arthur em primeiro grau e, portanto, compartilha de um dos seus avôs, Kyledon Wledig ou Anlawd Wledig. Gormant, filho de Ricca, principal ancião da Cornualha, é descrito como meio-irmão de Arthur, pelo lado materno.

Gereint, filho de Erbin, e o seu filho Cadwy estão na lista. Um certo Custenhin e o seu filho Goreu (com freqüência interpretado como Gorneu – da Cornualha) aparecem na história. Pode haver alguma ligação entre esse Custenhin, um pastor gigantesco, e o Custenhin Gorneu (Constantino de Dumnonia), indicado nas genealogias como o pai de Erbin.

Embora Arthur tenha jurisdição por toda a Bretanha e além, a sua sede é em Celli Wic, na Cornualha. Ambos os conceitos são novidade.

A lista esclareceu muitas fontes da lenda e da história. Os santos eram muito íntimos dos heróis nas lendas irlandesas. Alguns guerreiros, como Kei e Bedwir, já estavam ligados a Arthur, enquanto outros, como Gwenhwyvar e Gwalchmei, filho de Gwyar, ficaram tão enredados com as lendas Arthurianas que é impossível acreditar que a sua associação com Arthur tenha começado aqui. Entre os extremos da associação e da independência está a maior parte dos personagens citados. As histórias são incorporadas à lista, como a de Gwydawc, filho de Menester, que matou Kei e foi morto por Arthur como vingança. Se o autor queria mostrar o que os seus predecessores queriam dizer com "os bravos homens de Arthur", ele encerra o caso aqui.

A próxima seção é o *Anoethiau*, estranho, impossível de captar e com maravilhas freqüentemente interconectadas. Culhwch, acompanhado pelos homens de Arthur, Kei e Bedwir, Cyndelic, o guia, Gwrhyr, intérprete das línguas, Gwalchmei, filho de Gwyar, e o mágico Menw, filho de Teirgwaed, pede ao Gigante-Chefe Yspadaden a mão de Olwen, e lhe são impostas tarefas aparentemente impossíveis. O conto expande as descrições dos heróis Arthurianos. Kei podia segurar a respiração por nove dias e nove noites debaixo d'água. Também podia ficar tão alto quanto a árvore mais alta da floresta, se quisesse. Bedwyr, embora tivesse apenas uma mão, era um dos três homens mais atraentes da ilha da Bretanha (claramente uma tríade), ao lado de Arthur e Drych, descendente de Kibdar.

Os companheiros de Arthur na *Historia Brittonum*, os reis dos bretões, estão mais ou menos ausentes. O rei não lidera os bretões nas guerras contra os saxões, nem aparece na maior parte das aventuras. Logo os seus homens lhe avisam "Senhor, volte, pois não deve acompanhar as tropas nesse tipo de tarefa inferior", e ele retorna à casa.

As histórias completas contêm a cena principal, a caçada ao javali Twrch Trwyth e uma outra aventura, a caçada ao javali líder Yskithrwyn. O autor prefacia essa história com uma pesquisa sobre Mabon, filho de Modron. Este auxilia na caçada a Twrch Trwyth, enquanto o outro (?) Mabon, filho de Mellt, caça Yskithrwyn.

Outro episódio, curto mas aparentemente independente, sobre Arthur e Gwynn mab Nud precede a caçada. Duas histórias apresentam Kei e Bedwir enganando guerreiros poderosos, Wrnach, o gigante, e Dillus, o barbudo. Uma história similar forma a crítica do conto: enganar o gigante imbatível é um tema recorrente nos contos populares. Arthur desempenha um papel pequeno, porém de primordial importância na aventura de matar a bruxa negra. Ele também vai com os homens capturar os filhotes da cadela Rymhi. Esse é um episódio curto e de nenhuma conseqüência, já que os filhotes não foram solicitados pelo gigante, nem usados para cumprir as tarefas e haviam sido previamente relacionados entre os homens de Arthur!

O confisco do caldeirão de Diwrnach é uma história que já nos é familiar, de *Preideu Annwfyn* – e do Mabinogi. Diwrnach é o administrador de Odgar, filho de Aed, rei da Irlanda. O uso do caldeirão tinha como objetivo ferver a carne para o banquete de casamento, talvez um eco do poema "ele não ferverá a carne de um covarde". O caldeirão tem de ser tirado à força da Irlanda (Mabinogi). Arthur parte com uma pequena tropa no seu navio Prydwen (*Preideu Annwfyn*). O caldeirão é capturado por Bedwir e pelo servo de Arthur, Hygwydd, enquanto Llenlleawc, o irlandês, usa Caletvwlch para matar Diwrnach e o seu séquito. Finalmente, os heróis carregam o caldeirão, junto com o produto do saque da Irlanda, e retornam à Bretanha. Esse episódio do saque à Irlanda apresenta Arthur apenas como proprietário do Prytwen, uma inferência feita a partir do *Preideu Annwfyn*. O uso da sua espada Caletvwlch íntegra não é ressaltado. Llenlleawc aparece duas vezes na lista, a segunda vez depois dos filhos de Llwch mão-de-vento. Poderia ter havido uma confusão aqui – no *Preideu Annwfyn*, Llwch desempenha papel similar.

Diwrnach tem um nome parecido com Wrnach, o gigante, cuja espada é uma outra de *Anoethiau*, executado por Kei e Bedwir. O episódio se abre em uma paráfrase do *Pa gur*, mas dessa vez os heróis ocultam a sua identidade, alegando ser restauradores de espadas e de bainhas. Esse truque permite a Kei apoderar-se da espada de Wrnach, a única arma que poderia matar o gigante e decapitá-lo. Goreu, filho de Custenhin, desempenha um papel menor. Depois de uma discussão sem precedentes, ele atravessa os muros da fortaleza e é reconhecido como o melhor (*"Goreu"*). Ele e os homens com quem discutiu recebem alojamentos separados. É dessa forma que conseguem matar o guardião do alojamento do gigante sem que este o saiba. O que na verdade acontece é que Goreu derrota e decapita o Gigante-Chefe Yspadaden antes de confiscar as suas terras, no fim da história. A proeminência de Goreu em uma história, associada ao baixo perfil de Culhwch, sugere que o autor está usando duas "Filhas do Gigante" – histórias básicas para criar um conjunto maior. O nome do gigante remete à Entrada de Awarnach, em *Pa gur*.

A *História* cita o Cair Urnach como uma das vinte e oito cidades da Bretanha, sem nenhuma indicação de conexão Arthuriana. A história em *Culhwch e Olwen* não apresenta Arthur, não tem nem mesmo a mais vaga localização cronológica, não há saxões, reis dos bretões, imagens cristãs ou conteúdo anti pagão. Em resumo, não há nada ali que garanta que Nennius projetou o seu Arthur a partir de tais contos. No mínimo, ele poderia ter tornado Cair Urnach o lugar de uma das batalhas de Arthur. Todas as indicações são de que Nennius não extrapolou o seu Arthur histórico a partir de fontes desse tipo.

Kei e Bedwir lutam com Dillus, o barbudo, "o maior guerreiro que já se esquivou de Arthur". Depois que Kei retornou a Cellic Wic, Arthur compôs um *englyn* (um tipo de poema de três versos):

> Uma corda de barba fez Kei,
> Arrancada de Dillus, filho de Eurei.
> Se Dillus estivesse bem, morto estaria Kei.[25]

Esse poema enfurece Kei, que dali em diante não teve mais nada a ver com Arthur, mesmo quando Arthur estava fraco ou os seus homens haviam sido mortos.

Em grande parte desse material há apenas um elemento reminescente do Arthur da *Historia Brittonum*: a caça ao javali Troynt. Há, na verdade, duas caças a javalis no *Culhwch e Olwen*. A primeira, e muito mais curta, é a mais similar à da *Historia*. Arthur caça o javali-líder Yskithrwyn com o seu cão Cavall. O contexto é que Yspadaden será raspado com a presa do javali, retirada enquanto ele estava vivo. Até ali há muita confusão acerca desse episódio, que aparece na origem como sendo o mesmo que a história

---

25. N.T.: *A Ieash from a beard made Kei. Rjpped From Dillus son of Eurei. If Dillus were well, Kei'd die.*

de Twrch Trwyth, podendo facilmente formar o cenário para as maravilhas do Carn Cabal da *Historia*.

Há uma pequena conformidade entre as tarefas relacionadas ao javali no *Anoethiau* e o episódio da sua caça. Na caçada, Arthur traz de volta alguns cães da Bretanha gaulesa e um caçador do oeste da Irlanda, nada mencionando em relação a Yspadaden. Odgar, filho de Aed, rei da Irlanda, ajuda o supérfluo caçador, em vez de arrancar a presa do javali vivo, pois era essa a sua tarefa. Caw de Pictland mata o javali enquanto montava a égua de Arthur, Llmrei, em vez de procurar a presa do javali vivo. Finalmente, o javali é caçado por meio de Drutwyn, o filhote de Grei, filho de Eri, determinado como necessário para caçar Twrch Trwyth e, com o auxílio de Mabon, filho de Mellt, que poderia ou não ser o mesmo que Mabon, filho de Modron, por quem os homens de Arthur passaram várias páginas procurando, sai novamente para caçar o outro javali. Não há nenhuma localização para a caçada aos javalis.

A segunda caçada é empreendida para matar Twrch Trwyth, o javali Troynt da *Historia*. O quanto da história posterior era conhecida pelo autor da *História* é uma questão difícil. No *Culhwch e Olwen*, a caçada nunca foi executada na região de Builth. E nem Arthur ou Cabal desempenharam um papel particularmente importante. O autor era, sem dúvida, responsável por embelezar a tradição. Um exemplo disso é a incorporação de Guilherme da França aos homens da Normandia, personagem que claramente demonstra a sua origem posterior a 1066. Se podemos reconhecer que há acréscimos posteriores, não presentes em nenhuma das histórias conhecidas por Nennius no início do século IX, por que não o outro fantástico "melhores homens do mundo"?

Enquanto a caça a Yskithrwyn é um pouco mais do que um excelente conto de caçadores, a caça a Twrch Trwyth é, positivamente, barroca, com hipérboles e estratagemas absurdos. Dessa vez, Yspadaden solicita o pente e as tesouras que estão entre as orelhas de Twrch Trwyth para arrumar o cabelo. O javali só pode ser caçado pelo filhote Drytwyn, preso por cordas, coleiras e correntes especiais, administradas por Mabon, filho de Modron (que desapareceu por três dias e pôde ser encontrado apenas com a ajuda do seu primo), montado no cavalo Gwyn Dun-Mand. O gigante também especifica os procedimentos para um outro par de cães não nomeados, que podem ser os dois da Bretanha gaulesa, usados para caçar Yskithrwyn. Esses filhotes devem ser presos pela corda feita com a barba de Dillus, administrada por Kynedyr, o selvagem, filho de Hettwn, o pária, que é "nove vezes mais selvagem do que o animal mais selvagem da montanha". Em uma outra alternativa, o javali deve ser caçado por Gwynn, filho de Nud, "em quem Deus colocou a força dos demônios de Annfyn, no intuito de evitar a destruição do mundo, e Gwynn não se poderá tornar livre". Gwynn, já sabemos, levou à loucura uma outra personagem de nome Kyledyr, o mau selvagem, por alimentá-la com o coração do seu próprio pai. Embora esse Kyledyr não seja filho de Nwython, e seja usado para caçar Yskithrwyn, tem o objetivo óbvio de ser vítima de Gwynn, e fazer com que eles operem juntos é uma impossibilidade. Yspadaden estipula que Gwynn deve montar um cavalo especial e que Gwilenhin, rei da França (Guilherme, o Conquistador ou Guilherme Rufus), e Aun Dyvet devem montar dois animais específicos, Anet e Aethlem; Arthur e os seus companheiros, e os três filhos de Kilyd Kyvwlch, cujo fantástico conjunto de atributos e propriedades incluem o cão Cavall, devem também se unir à caçada.

Se *Anoethiau* era complexo, isso não é nada para a caçada. Um quinto do trecho que cobre o cumprimento de todas as tarefas é dedicado só à procura de Mabon, filho de Modron, outro quinto a outras tarefas prévias e um terço inteiro à caçada do javali. Twrch Trwyth é filho do governante Tared, um rei transformado por Deus em porco por causa de seus pecados. Ele emite um veneno e está acompanhado de sete porcas jovens, igualmente monstros encantados.

O feiticeiro Menw, filho de Teirgwaed, e Gwrhyr, o intérprete, falham quando tentam obter o pente, as tesouras e a navalha por meio da furtividade ou persuasão. Então, ambos tentam na forma de pássaros e foram anteriormente encontrados conversando com os animais mais antigos durante a busca de Mabon, filho de Madron. Arthur tenta derrotar os javalis pelos poderes combinados dos guerreiros da Bretanha com as suas ilhas de além-mar, França, Bretanha gaulesa, Normandia e a Terra do Sol. Os animais são primeiro encontrados devastando a Irlanda, onde a proteção de Arthur é solicitada por todos os santos. Arthur luta com o javali por nove dias e nove noites, mas só consegue matar um porco jovem.

Twrch e o seu javali atravessam então o mar da Irlanda, persuadidos por Arthur no Prytwen, e devastam o sudoeste de Gales e as montanhas Prescelly. "Arthur foi depois dele com todas as tropas do mundo ... Bedwyr com Cavall, o cão de Arthur ao seu lado." Eles lutam no vale do Severn, onde o filho de Arthur, Gwydre, é morto. Twrch é perseguido pelas terras de Gales, perdendo dois porcos desertores antes de chegar entre Tawy e Ewyas, tentando alcançar o Severn e obter uma chance de sair de Gales.

Arthur reúne os homens de Devon e da Cornualha para encontrá-lo no Severn. No rio, os principais campeões tentam parar Twrch Trwyth, incluindo Mabon, filho de Modron, Goreu, filho de Custenhin, Keledyr, o selvagem, e Manawydan, filho de Llyr. Embora eles capturem as tesouras e a navalha, o javali escapa para a Cornualha, levando o pente. Dois personagens que foram mortos pelos javalis por essa época são algumas vezes sugeridos como possíveis saxões rememorados. Osla, grande-faca, poderia ser o Octha da *Historia*. Echel Pierced-Thigh poderia ser Icel das genealogias da *Historia*. Se é assim, nada resta da sua herança saxônica ou, pelo menos no caso de Osla, do seu papel como adversário de Arthur.

Arthur finalmente conduz Twrch Trwyth para fora da Cornualha e pelo mar, sem cumprir a tarefa, e se retira para Celli Wic, na Cornualha, para banhar-se e descansar, já que ele realmente esteve à caça de Yskithrwyn. Celli Wic, que parece ser a prisão de Kelly Rounds, no norte da Cornualha, é apenas o quartel-general atribuído a Arthur. Se tal local é o mesmo a que Kelli se refere no *Pa gur*, então a sua queda supostamente aconteceu quando foi tomado por Arthur.

Será essa a "verdade" sobre Arthur? Seria ele uma simples figura mítica, rodeada por sobre-humanos bizarros? Seus adversários eram sempre porcos encantados, bruxas e gigantes, espalhados pelas ilhas britânicas para não mais que efeitos dramáticos? É essa a discussão central para os detratores de Arthur. Eles culpam a *Historia Britonnum* por tomar essa imagem mítica e dar a ela uma legitimidade espúria por meio da sua localização em um período histórico arbitrário, substituindo super-homens por "reis dos bretões" e javalis por saxões. É chegado o momento de reunir essas alegações para mostrar o quão improvável é que tais lendas tenham se desenvolvido dessa maneira.

Primeiro, há o simples problema da cronologia. As versões históricas de Arthur no *Y Gododdin* e na *Historia Brittonum* têm datas anteriores às versões lendárias. Isso é verdade mesmo que tomemos as datas mais extremas possíveis, mesmo que a referência de *Y Goddodin* seja apenas tão antiga quanto a fase do século IX no norte de Gales, e que a lista de batalhas Arthurianas seja originada com Nennius em 830, com *Culhwch e Olwen* como sobrevivente do século X.

Segundo, não há evidência alguma de que Nennius se tenha dado à racionalização das fontes míticas. Ele poderia produzi-las sem alteração perceptível a partir de obras irlandesas; situou a lista de batalhas Arthurianas em um contexto de vermes proféticos e santos destruidores de cidades. É só uma visão moderna a de que ele teria desejado tornar a sua história mais "plausível", ao retirar javalis gigantes e super-homens. Bede e o *Mirabilia* mostram ambos um mundo contemporâneo caracterizado pela expansão de tumbas, relíquias milagrosas e aparições sobrenaturais. Parecia tão racional a uma audiência da Idade das Trevas que uma caçada a cães pudesse deixar uma pegada indelével em uma pedra tal como a mão de um rei que certa vez deu esmola aos pobres jamais pudesse envelhecer. Ambas as maravilhas eram visíveis aos contemporâneos para que verificassem as histórias a eles ligadas.

Terceiro, alguém realmente lutou com os saxões e liderou os bretões na batalha do Monte Badon. Se Arthur é mitológico, então ele deve substituir o real vitorioso definitivamente e sem deixar traços. Mas como poderia acontecer isso? Nennius não foi o árbitro final de toda a história. Enquanto ele poderia ter decidido, por razões pessoais, substituir um herói real da Idade das Trevas por alguma quimera lendária, como foi seguido pelos *Annales Cambriae* e precedido pelo *Y Goddodin*, e como foram destruídas todas as versões conflitantes da história? Está além da fé acreditar que o Arthur de um período mitológico indeterminado foi escolhido com todo o cuidado, independentemente de estar no lugar de um líder de guerra dos séculos V/VI. Esse absurdo é composto pelo contexto. Nenhum poeta compararia Guaurthur em desvantagem a um sobre-humano com características de deus. Nennius põe Arthur em um contexto de outros lutadores anti-saxônicos. Seriam também estes seres mitológicos que receberam vida histórica falsa?

A explicação mais racional é a que foi aceita desde a Idade Média. Arthur era uma figura histórica real, o líder dos bretões na batalha de Badon dos século V/VI. A sua fama como guerreiro e o seu conveniente papel como líder de vários reis dos bretões o tornaram um perfeito ímã para histórias de heróis desconexas, "os melhores homens do mundo". Ele mesmo teve pequenos papéis nessas histórias, os guerreiros vieram completos, com os seus feitos e contextos. Podemos ver esse processo na Idade Média com o acréscimo a um cenário Arthuriano de tais cavaleiros de ficção, como Lancelot e Galahad, e cavaleiros de outros ciclos lendários, como Tristan. Um exemplo de um guerreiro assim fora de contexto é Owain, filho de Urien. O seu pai é mencionado na *Historia Britonnum*, e ambos são celebrados nos poemas mais antigos de Taliessin. Urien vive na geração depois de Mailcunus, duas gerações, portanto, depois de Arthur. O seu filho não pode ter sido um dos homens de Arthur. Ele ficou ligado a um Rei Arthur que não figura originariamente em histórias combinadas. Essas são as lendas que foram acrescentadas às do rei; e não o rei que foi extraído das lendas.

CAER VADDON

O material Arthuriano em Gales depois do *Culhwch e Olwen* passou a ser utilizado genericamente em dois grupos. O primeiro deve a sua estrutura e tom a Geoffrey de Monmounth e aos romances franceses. Outros apresentam um retrato diferente, supostamente mais primitivo, e é a esses que vamos agora voltar a nossa atenção. *O Sonho de Rhonabwy* é encontrado no *Livro branco de Rhydderch*. Trata-se de um trabalho literário consciente, com uma afirmação específica complexa demais para ser reproduzida oralmente. Interessa a nós que, à parte dos poemas e histórias de Gales, ele conecta Arthur tanto a Camlann quanto a Badon. A história situa-se em meados do século XII e deve, portanto, ter sido composta depois disso. O autor conhecia as traduções galesas de Geoffrey de Monmouth, o Bruts, que cobre ambas as batalhas.

O autor, da mesma forma que pensa em tais termos, imagina o reinado do "Imperador Arthur" como pertencente a meados ou mesmo ao fim do século VI. Isso torna Arthur contemporâneo de Owain, filho de Urien, de Rhun, filho de Maelgwn, de Gildas e de Avaon, filho de Taliessin. Alguns dos homens de Arthur vieram de Geoffrey (Cadwr da Cornualha, em vez de Cadwy, o galês, filho de Gereint). Outros são do *Culhwch e Olwen* (Gwalchmei, filho de Gwyar, Goreu, filho de Custenhin, Gwrhyr, intérprete de linguagem, Menw, filho de Teirwaedd, e Mabon, filho de Modron). Muitos outros guerreiros do catálogo são citados nessa versão do escritor da lista.

Como não sabemos exatamente quando a história foi escrita, outras personagens que seriam inovações no contexto do século XII poderiam ter derivado em torno do início do século XIV. Uma delas é Llacheu, filho de Arthur, que foi brevemente mencionado acima. Os outros são Drystan, filho de Tallwch (Tristan) e March, filho de Meirchiawn (o seu tio, rei Mark). Tais personagens apareceram em um ciclo lendário independente, não completamente integrado às lendas Arthurianas até meados do século XIII. Da mesma forma, os escritores tornaram Owain, filho de Urien, um contemporâneo de Arthur. Chrétien de Troyes, no fim do século XII, foi o primeiro escritor a fazer de Owain um dos cavaleiros de Arthur. Parece improvável que o escritor galês sugira uma conexão entre Arthur, Tristan e Owain independentemente. Ele poderia estar consciente disso e usar as informações das fontes continentais, enquanto um escritor continental não poderia ter usado o *Sonho* como inspiração para o seu próprio trabalho. Logicamente o *Sonho* deve derivar a sua informação das obras continentais, em vez do contrário.

O aspecto mais significante do *Sonho* é que o escritor se refere a ambas as batalhas: de Badon e de Camlann. O contexto é o seguinte: Rhonabwy sonha que voltou no tempo, até a noite da batalha de Badon, e a primeira pessoa que ele encontra é Iddawg, filho de Mynyo, pessoa belicosa da Bretanha, que explica o seu papel na batalha de Camlann. Ele leva Rhonabwy ao abrigo de Arthur, onde os homens se preparam para a batalha de Badon. Isso é interpretado tanto como uma confusão do autor, quanto como a sua inversão jocosa da ordem verdadeira das batalhas. Não acredito que seja essa a intenção do autor. Já que a história é um sonho, entende-se perfeitamente que Iddawg seria capaz de explicar o seu futuro papel, inclusive como ele procurou o seu nome, embora cronologicamente isso não pudesse ainda ter acontecido. Também Arthur está consciente de que Rhonabwy vem do futuro.

Iddawg explica que ele é chamado de belicoso da Bretanha porque era "um dos mensageiros da batalha de Camlann entre Arthur e o seu sobrinho Medraut". Porque era um jovem tão orgulhoso e ansioso por batalhas, deliberadamente espalhou um sentimento ruim entre eles. "Quando o Imperador Arthur me enviou para lembrar Medrawd de que Arthur era o seu tio e pai de criação, e pedir paz, temendo que os filhos e nobres da ilha da Bretanha fossem mortos", Iddawg repetiu essas bondosas palavras o mais rudemente possível. A despeito disso, ele se arrependeu "três noites antes do fim da batalha" e foi para a Escócia.

Dizer que Arthur e Medraut são adversários em Camlann parece ser a idéia dos *Annales Cambriae*. Geoffrey deixou isso claro e é o primeiro escritor a afirmar que Medraut era sobrinho de Arthur. Ele não vê nenhuma chance de os dois conversarem e entrarem em um acordo. Essa razão primeiro aparece nas fontes continentais no início do século XIII. Aqui, novamente, a datação inconclusiva evita que afirmemos com certeza se *Rhonabwy* teve essa idéia antes e independentemente ou depois e derivadamente. A única fonte que sugere que a batalha foi provocada por um estratagema humano é *Culhwch e Olwen*, em que Gwynn Hyvar e outros planejam a batalha. Iddawg diz que a sua intervenção apressou a batalha, mas uma história similar poderia ter tido repetidas transferências de representantes entre os oponentes relutantes. São características singulares do *Sonho* que Arthur e o pai de criação de Medraut que a batalha se arrastou por mais de três dias.

Na batalha de Badon, o escritor passa em revista as tropas, os líderes e os guerreiros dos bretões na parte rasa do rio chamada Rhyd y Groes, no Severn. Eles partem na direção de Kevyn Digoll, distante do vale do Severn. As forças descem até abaixo de Caer Vaddon, a Cidade ou Fortificação de Badon, possivelmente a Cidade de Bath, como em Geoffrey, mas se o autor a vê como uma realocação em Somerset não está claro. Arthur e os seus homens são super-homens gigantes e arremetem para a Cornualha ao cair da noite, de forma que, se Badon supostamente fica perto do Rhyd y Groes, da Cornualha, ou surpreendentemente distante de um ou da outra, é impossível dizer. A história faz com que pareça que Arthur está sitiando Caer Vaddon, mas pode ser que ele esteja atacando outro exército em um campo próximo. O seu inimigo é Osle grande-faca. Se o escritor sabe que se trata do saxão Octha ou decide fazer ele próprio a conexão, ou mesmo retira o nome, ele está agindo completamente à parte de Geoffrey, para quem Cheldric é o líder saxão. O escritor nem mesmo diz se os homens de Osla são saxões ou bretões. Nesse caso, não há batalha de Badon entre Arthur e Osla. Em vez disso, os homens de Arthur lutam com os corvos de Owain enquanto o seu mestre faz um jogo de estratégia chamado Gwyddbwyll.

Esse estranho conto indica outras possíveis interpretações das lendas Arthurianas, embora não possamos descartar a possibilidade de que tais interpretações derivem da imaginação do autor, apresentada como correções da "testemunha ocular" da visão corrente.

Devastação Sangrenta da Ilha da Bretanha

A grande maioria dos contos Arthurianos galeses é, sem dúvida, oral. Traços do seu corpo de tradição estão preservados nas *Tríades da Ilha da Bretanha*. Essa obra agrupa três nomes ou eventos relacionados, como "os três nobres prisioneiros da ilha da Bretanha". As tríades gramaticais ou estilísticas foram usadas pelos bardos galeses como mecanismos mnemônicos e se teoriza que as Tríades lendárias eram usadas da mesma forma. Relembrar uma história naturalmente relembraria o bardo de uma das outras duas. Os contos do *Livro branco* e do *Livro vermelho* mostram como essas tríades seriam esclarecidas. Eles poderiam contá-las depois de algum tempo (como com a Tríade das três felizes ocultações, que tomou um conto inteiro do Mabinogi para ser desenvolvida) ou simplesmente pô-las em um texto maior (os três ataques infelizes, ou, presumivelmente, os três homens que sobrevivem em Camlann) para adicionar profundidade por semelhança e comparação.

A lista mais antiga de tríades está no manuscrito de Peniarth 16. Este pode ser tanto do início como do fim do século XIII (aplicado pela orientação da fonte galesa comum). O escriba responsável escreveu uma versão do Brut (o *Brut Dingestow*), de forma que conheceu o padrão do material de Geoffrey de Monmouth. As mesmas tríades são especificamente descritas como relacionadas a Arthur e aos seus homens em um outro manuscrito, Peniarth 45. Tríades sobre cavalos famosos estão incluídas no *Livro negro de Carmarthen*. O *Livro branco* acrescenta mais, atualizado pelo *Livro vermelho*. Mais tríades Arthurianas aparecem nos manuscritos do século XV e mesmo do século XVI. Em nenhum sentido tratam-se de tríades independentes posteriores. Conhecem o Mabinogiano, Geoffrey de Monmouth e os romances franceses do século XIII. O que é interessante é o retrato diferente de Arthur e dos seus homens que as tríades apresentam para as fontes-padrão, mesmo quando obviamente têm conhecimento delas.

As tríades do século XV enfatizam o adultério de Gwenhwyvar como fator que levou à queda de Arthur, um conceito do século XIII. Gwenhwyvar é especialmente criticada como a mais infiel do que todas as Três Esposas Infiéis e Camlann como uma das batalhas mais fúteis por ter sido ela a causa. Essa informação pouco acrescenta ao nosso entendimento da antiga tradição galesa. Se observarmos as tríades do século XIII, poderemos ver algumas interpretações muito diferentes das lendas Arthurianas.

O manuscrito Peniarth 16 começa com a divisão em três partes da Bretanha, o que é exemplificado pelos governos tribais dos líderes de Arthur como governante de Gales, da Cornualha e do norte. Em Gales, ele é conectado com S. David como Bispo Líder e Maelgwn como Ancião Líder, com a sua sede em S. David. Na Cornualha, o seu governo é em Kelli Wic, como está no *Culhwch e Olwen*, enquanto a sua sede no norte é em Pen Ryonyd.

A segunda tríade liga três personagens conhecidas pelo epíteto de *Hael* ("O Generoso"), com a informação adicional de que Arthur era mais generoso do que as três. A sua generosidade é enfatizada em Geoffrey de Monmouth e, portanto, no Bruts. Isso não impede afirmar que Arthur era conhecido independentemente por ser generoso. Entretanto, uma das características de Guaurthur no *Y Gododdin* era de que ele também era extremamente generoso.

Nas ancestrais tríades dos cavalos, encontramos novamente Gwgawn espada-vermelha, Mofran, descendente de Tegid e Kei, mas nenhum contexto.

Bromwich chama a atenção para um poema sobre cavalos no *Livro de Taliessin* que parece baseado nas tríades, mas com material adicional. Inclui os versos: "um cavalo de Ghythur, um cavalo de Guardur, um cavalo de Arthur, destemido na batalha."[26] Guardur não é outro, senão Guaurthur de *Gododdin*. O cavalo de Guaurthur, junto à sua generosidade e superioridade na guerra, estão entre os seus atributos. Podemos ver aqui, outra vez, que a comparação poética "ele não era Arthur" poderia implicar mais que simplesmente "ambos eram guerreiros".

Muitas tríades apresentam os famosos homens de Arthur. Llacheu mab Arthur aparece com Gwalchmei mab Gwyar, como os homens bem-dotados (pelos seus ancestrais) para governar. Pode ser que Llacheu fosse sempre conhecido como filho de Arthur, e seria esperado que o público leitor de *Pa gur* entendesse isso quando ele fosse mencionado lutando contra o justo Kei, mas aquele poema antigo não lhe dá uma relação patronímica. Três personagens aparecem agrupadas como três "Unben" (líderes) da corte de Arthur, dois de *Culhwch e Olwen*, mas as suas lendas e as razões pelas quais elas foram criticadas por esse tratamento estão perdidas. Gereint é citado como um dos marinheiros da Ilha da Bretanha, o que nos poderia dar uma pista de por que está lutando em um lugar chamado Llongborth (porto para barcos de guerra).

Quarto, os guerreiros Arthurianos aparecem juntos como os guerreiros coroados. Drystan, Hueil, filho de Caw (do *Culhwch* e o *Vida de Gildas*), Kei, filho de Kenyr barba-elegante (do *Culhwch*) e finalmente Bedwyr, filho de Bedrauc, "coroados acima dos três deles". Morfran, descendente de Tegid, um dos três que escaparam de Camlann, apareceu como um dos blocos massacradores da Bretanha, na companhia de Gwgawn espada-vermelha, das *Inscrições em lápides* que incluem Arthur.

A tríade 30 mostra como guerreiros não conectados poderiam ser adicionados à história Arthuriana. Uma das três forças de guerra traidoras é a de Alan Fyrgan, o Comandante da Bretanha Gaulesa do século XI. Ficamos surpresos em ver que esses homens eram traidores já que o abandonaram antes da batalha de Camlann, na qual ele foi morto. Não tenho dúvidas de que, se essa fosse a primeira referência à batalha de Camlann, teríamos céticos declarando que estava clara uma ação no início do século XII, segundo a qual Geoffrey de Monmouth alongou a história para incluir o lendário Arthur. O que temos, de fato, é mais uma prova de que o embelezamento funcionou em torno de tudo. A morte de Arthur em Camlann atraiu outras histórias famosas de morte e traição. Sabemos disso, já que até o mais pessimista estima que o verdadeiro manuscrito dos *Annales Cambriae*, que põe Camlann como a batalha em que Arthur e Medraud pereceram, foi escrito antes do nascimento de Alan Fyrgan.

---

26. N.T.: *A horse o Ghythur, a horse o Guardur, a horse of Arthur, fearless in giving battle.*

Arthur é citado em uma das três devastações sangrentas da ilha da Bretanha. Ele também aparece, surpreendentemente, como um dos três frívolos bardos. Nada mais é necessário por trás disso além da história no *Culhwch e Olwen* em que Arthur ofende Kei pelo seu verso mal interpretado. Além disso, a *Tríade dos três cavaleiros de batalha* é citada no *Livro branco de Rhydderch* por ser composta em *englyn* pelo próprio Arthur sobre os seus três favoritos, que não suportaria ter uma corte oficial imposta sobre eles.

A tríade 26 nos dá a maior quantidade de detalhes das suas três histórias, mostrando o tipo de material que poderia basear as concisões das outras tríades. Ela também se liga claramente com as próximas duas tríades, mostrando como um grupo poderia ser usado como um fator mnemônico para mais elaborações. Trata dos três poderosos porqueiros da ilha da Bretanha. Estes não eram na verdade porqueiros, mas homens muito mais poderosos que, em determinado ponto das suas vidas, tiveram de criar porcos. O primeiro era Drystan, filho de Tallwch, criador de porcos de March, filho de Meirchiawn, enquanto o verdadeiro porqueiro estava fora, entregando uma mensagem para Essyllt. "E Arthur estava tentando obter um porco de um deles, fosse por um truque ou pela força, mas não conseguiu." Dois aspectos significantes dessa tríade são a voracidade de Arthur, similar àquela que ele mostra na *Vida de São Padarn*, e a assimilação de Arthur às personagens do ciclo de Tristan não relacionadas. O *Livro branco* estende o episódio para incluir Kei, Bedwyr e o próprio March, presumivelmente tentando enganar Drystan.

O segundo porqueiro era Pryderi, filho de Pwyll. O terceiro era Coll, filho de Collfrewy, criador da porca Henwen, que ele espera enquanto ela viaja pela Cornualha e Gales dando à luz vários prodígios. Um é um gato que Coll atirou no estreito de Merai, fora de Anglesey. Ele cresce e se torna o "Gato de Palug", o monstro de *Pa gur*.

Essa tríade, presumivelmente, serviu como lembrança para a próxima, "Três encantadores", que começa com Coll, filho de Collfrewy, que podemos, de outra maneira, ter imaginado apenas como porqueiro. Ele está na companhia de Menw, filho de Teirgwaedd, do *Culhwch e Olwen*. Tal tríade conduz a uma terceira: *Três grandes encantamentos da Ilha da Bretanha*, que mostra como Menw e Coll obtiveram os seus poderes (o primeiro de Uthyr Pendragon, o segundo de Gwythelyn, o anão). O terceiro encantamento, de Math, filho de Mathonwy, ensinado a Gwydion, filho de Don, aparece em um dos ramos do Mabinogi.

Podemos ver aqui o padrão de camadas diferentes da história que, sem dúvida, subjaz às outras tríades também. O manuscrito Peniarth 16 é anterior aos manuscritos que preservam o Mabinogi ou aos poemas mais antigos e mostra as histórias em circulação antes que elas alcancem a sua forma final escrita.

A tríade das três ocultações, apesar de ser fácil de decifrar, implica em conhecimento da sua contraparte, as três infelizes revelações, embora tal contraparte não tenha sido encontrada com elas na sua versão mais antiga. Sabemos que a tríade não pode ser antiga, mas faz uso da história de Lludd e Llevelys, que são posteriores a Geoffrey.

No *Livro vermelho*, soubemos que a infeliz decapitação de Bran foi executada por Arthur, "porque não parecia certo a ele que esta ilha fosse defendida pela força de ninguém, a não ser pela sua própria".

No entanto, tendo o Peniarth 16, podemos dizer que a versão estendida das tríades no *Livro branco* e no *Livro vermelho* são posteriores e não provavelmente para preservar tradições ancestrais prístinas, e é valioso olhar o novo material que elas apresentam. Podem iluminar as idéias dos escribas que coletaram o *Culhwch e Olwen* e os outros materiais Arthurianos. Os dois textos, como histórias em prosa, cobrem os mesmos materiais.

Arthur aparece primeiro como um dos nove admiráveis do mundo, um conceito do fim do século XIII. A partir disso, sabemos que o escritor está consciente dos gêneros-padrão do romance medieval. Quando ele finalmente expande para os "três homens desonrados que foram deixados na ilha da Bretanha", podemos ver de imediato que ele simplesmente tomou a história da traição de Medraut de Arthur diretamente do Bruts.

É, portanto, uma grande surpresa encontrar material Arthuriano completamente sem precedentes nessa compilação. A tríade *Três prisioneiros exaltados* está nos mesmos manuscritos, no *Culhwch e Olwen*. Nas próprias tríades, há uma forma diferente. Mabon, filho de Modron, é uma, em comum com o *Culhwch e Olwen*, como é Gwayr, filho de Geirioedd, que pode ser o prisioneiro de *Preideu Annwfyn*. O terceiro é uma figura quase desconhecida. Llyr Lldyeith (meia-fala?), prisioneiro de Euroswydd. No manuscrito do fim do século XII, Mostyn 117, ele aparece no topo da genealogia do próprio Arthur. Essa implausibilidade une a genealogia de Arthur no Bruts, retrocedendo até Constantino, com a suposta genealogia de Dumnonia, identificando Constantino com o tirano de Gildas.

De acordo com a tríade, Arthur era mais celebrado do que esses três, passou "três noites na prisão e Caer Oeth e Anoeth, e três noites aprisionado por Gwen Pendragon e três anos em uma prisão sob a Pedra do *Echymeint*... foi o mesmo rapaz que o libertou de cada uma das três prisões, Goreu, filho de Kustenin, o seu primo" (Bromwich 1961). Nada em nenhuma outra fonte nos levaria a acreditar que Arthur foi mesmo aprisionado, mas podemos ver alguns possíveis antecedentes. No *Culhwch e Olwen*, já sugerimos que Goreu tinha um papel anormal como matador de gigantes e antes era a personagem central, e podemos imaginá-lo conectado a outros contos Arthurianos similares que não foram preservados.

As *Inscrições em lápides* descreveram a tumba de Arthur como "Anoeth" e nós observamos que essa palavra era usada como um nome de lugar em outro verso. Os *Annales Cambriae* e a *Historia Brittonum* ligaram Arthur ao período de tempo de três noites, em conexão com as suas batalhas. O conceito completo, entretanto, é tão diferente de qualquer material Arthuriano sobrevivente que podemos supor que o escritor possui uma fonte verdadeiramente independente, embora uma delas não nos ajude nem um pouco mais em nosso entendimento da verdade por trás da lenda.

As outras tríades no *Livro branco* e no *Livro vermelho* expandem o material que circunda a batalha de Camlann. Essas são particularmente interessantes, já que sabemos que o escritor leu um *Brut* que dá a versão de Geoffrey de Monmouth, bem como, presumivelmente, as versões de *Culhwch e Olwen* e o *Sonho de Rhonabwy* no mesmo manuscrito.

Disseram-nos que um dos três ataques ofensivos à ilha da Bretanha foi aquele em que Gwenhwyfach golpeia Gwenhwyvar "e, por isso, ocorre depois a ação da batalha de Camlann" (Weith Kat Gamlan). Essas duas personagens aparecem em *Culhwch e Olwen* como irmãs, mas não necessariamente como rivais feudais.

Uma explicação para pelo menos uma dessas personagens é encontrada na tríade das grandes rainhas de Arthur, "Gwenhwyvar, filha de Guryt Guent, Gwenhwyvar, filha de Uthyr filho de Greidiaul, e Guenhuyvar, filha de Ocvran, o Gigante". Embora, conforme veremos, houvesse material em circulação dizendo que a Guinevere de Arthur era a sua segunda esposa, esse é um material sem precedentes. Pode ter o intuito de reconciliar tradições variantes sobre a paternidade de Guinevere, mas parece escrito para conduzir à situação marital complicada de Arthur. A tríade seguinte, especificamente ligada a esta última, "e as suas três amantes eram: ...". Se a tradição de Arthur matando o seu próprio filho derivou desse tipo de cenário, não podemos dizer, mas parece muito diferente da versão de Geoffrey que torna Arthur a parte errada. Arthur, Gwenhwyvar e Medraut são ligados a uma outra tríade, mas de maneira inesperada: "Três devastações desenfreadas da ilha da Bretanha: a primeira ocorreu quando Medraut veio para a corte de Arthur em Celliwig, na Cornualha. Ele não deixou nem comida e nem bebida não consumida na corte. E arrastou Gwenhwyvar da sua cadeira real e então a atacou. A segunda devastação desenfreada foi quando Arthur veio à corte de Medraut. Ele não deixou nem comida e nem bebida na corte."

As razões de Arthur, Medraut e um ataque contra Gwenhwyvar sugerem uma tradição variante na batalha de Camlann. Uma localização na Cornualha para Camlann faria sentido para um ataque de retorno depois de um em Kelliwig, se Arthur e Medraut fossem considerados vizinhos rivais. Uma outra tríade, os três infelizes conselhos, inclui a "divisão em três partes por Arthur dos seus homens com Medraut em Camlann", sugerindo que ambos estão do mesmo lado. Isso faz sentido para a idéia de que Iddawg distorceu as mensagens entre eles para iniciar uma batalha, e que a coisa toda foi planejada por subalternos.

Não há meios de separar a "verdade" dessas versões. O seu valor está em mostrar que a entrada nos *Annales Cambriae*, normalmente lido na forma como a história é apresentada por Geoffrey de Monmouth, poderia ter várias interpretações.

Os contos e poemas galeses não derivam consistentemente dos materiais históricos que os precedem. Têm pouco em comum com a *Historia* e com os *Annales*, ainda menos com Gildas. É inconcebível que esses materiais lendários sejam a fonte do Arthur histórico. *Gereint, filho de Erbin* e, possivelmente, as *Inscrições em lápides*, podem conter material histórico, mas o restante usa Arthur como um líder conveniente em torno do qual se congregaram heróis desconectados.

8

As Vidas dos Santos

Entre 1100 e 1135, Arthur apareceu nas vidas de diversos santos galeses. Os senhores normandos da Inglaterra e o arcebispo de Canterbury estiveram constantemente usurpando bens das igrejas e dos mosteiros em Gales. Terras e privilégios antigos, tradicionalmente intocáveis, estavam ameaçados. Os anglo-normandos agora exigiam prova escrita ou esses direitos seriam ignorados.

Em resposta, os monges galeses escreveram numerosas escrituras "ancestrais" em que reis dos séculos VI e VII presentearam com terras as suas abadias e catedrais. Santos galeses, com freqüência comemorados apenas nas dedicações da Igreja ou em cultos locais, receberam *Vidas* "históricas" detalhadas. Estas últimas geralmente mostravam os santos, ligavam-nos genealogicamente a casas dos príncipes locais, humilhando os seus parentes e extraindo deles outorga sobre as terras e tributos para permanecer na perpetuidade. Além disso, temendo que esses direitos pudessem ser desafiados por Canterbury, as escrituras eram redigidas confirmando a condição de S. David como o arcebispo de Gales. Não que os monges fossem conscientemente desonestos. Estavam executando a escritura das práticas costumeiras na suposição de que os seus predecessores haviam esquecido de fazer o registro.

As *Vidas* dos santos eram, portanto, escritas com forte opinião pessoal. Os seus desfechos invariavelmente envolviam a extorsão de concessões de algum desafortunado senhor de terras. Em função disso envolviam, com freqüência, outorga de terras, suposições territoriais de que eram do século XII, não do século VI. A Bretanha é, portanto, habitualmente um sinônimo para Gales "nas fronteiras da Bretanha e da Anglia, próximo a Hereford" (Wade-Evans, 1944). O contexto das guerras contra a Inglaterra invasora é esquecido. A reclamação de posse por meio de vitória militar não faria nenhum bem aos escritores galeses, já que poderia ser igualmente usada pelos anglo-normandos. O horizonte temporal das *Vidas* dos santos e das escrituras é o século VI. Isso põe em paralelo o material secular galês, que também se concentra nesse período, com freqüência à custa de fontes mais antigas apontando para o fim do século V.

Arthur, na *Historia Brittonum* e nos *Annales Cambriae,* é apresentado como um modelo de virtude do Cristianismo, lutando especificamente contra inimigos pagãos. A igreja celta viu os séculos V/VI como uma era heróica, caracterizada pelas atividades de santos missionários. Em ambas as fontes, o percurso da vida de Arthur é posto em uma estrutura de atividade própria de santos.

Quando as *Vidas* dos santos foram escritas, não nos devemos surpreender por encontrar Arthur na companhia desses santos. O que surpreende é que ele é, aparentemente, o adversário deles. Essa falta de continuidade, no mínimo, é suficiente para trazer à baila a evidência dos hagiógrafos.

Todos esses fatos advertem contra o uso das *Vidas* dos santos no intuito de iluminar a história verdadeira do século VI. Tais advertências, entretanto, foram ignoradas pelos escritores Arthurianos; John Morris faz amplo uso das *Vidas* na *Era de Arthur.* As *Vidas* formam a pedra fundamental da teoria Riothamus de Ashe, e Llandaff Charters tem oferecido uma recente excursão em *O Reino inteiro* (Gilbert, Balckett e Wilson 1998). Poderia ser que esses materiais eclesiásticos do século XII contivessem nomes reais do século VI e até mesmo as linhagens. Entretanto, esses materiais poderiam ser coletados a partir de várias fontes não históricas, nomes de locais, pedras tumulares e interseções em benefício dos doadores, por exemplo. Que não derivam de fontes históricas escritas, é óbvio. Se tais fontes existiram, não haveria razão para falsificar novas fontes no século XII. As suas origens estão bem estabelecidas, chegando às suas formas posteriores apenas no fim do século XI ou início do século XII. Onde existiam versões mais antigas, não eram feitas conexões Arthurianas. Estas foram levantadas nas versões posteriores, compostas quando a fama de Arthur começava a se estabelecer. Entretanto, como é apresentada uma outra possível interpretação antes que Geoffrey de Monmouth venha a dominar o terreno, é valioso examinar o que dizem sobre Arthur.

As *Vidas* de São Illtud, Cadoc, Carantoc e Padarn estão em um único manuscrito, Cotton Vespasian A14, que foi escrito em torno de 1200, provavelmente em Brecon ou no Priorado de Momouth (Wade Evans 1944). Também estão incluídas as *Vidas* de S. David e de outros santos não Arthurianos. As *Vidas* em si foram compostas no início do século XII e, aparentemente não sofreram a influência de Geoffrey de Monmouth.

A *Vida de São Davi* foi escrita por Rhigyfarch, filho de Sulyen, um abade de Llanbadarn Fawr/Bispo de S. David no século XI. Sulyen figura no *Culhwch e Olwen.* Caso se trate do mesmo homem, isso aponta o conto para uma data do século XI. É apenas uma das diversas interconexões entre o *Culhwch* e as *Vidas* (Bromwich e Evans 1992).

A nota mais curta está na *Vida de Santo Illtud* (Iltutus). Já encontramos esse santo na *Mirabilia* como a única outra pessoa conectada a uma maravilha da Bretanha. Essa maravilha aconteceu no sudeste de Gales, onde o santo era o fundador epônimo da igreja de Llantwit Major. Iltutus tem uma carreira bem-sucedida como um grande soldado na Bretanha Gaulesa. Ele ouve falar na magnificência do seu primo, o Rei Arthur, o grande vitorioso, e navega para a Bretanha. Arthur é visto distribuindo presentes a uma enorme companhia de guerreiros. Iltutus se junta a eles e é apropriadamente recompensado.

Essa breve referência nada tem, a não ser a condição régia de Arthur, que não poderia ser inferida a partir da *Historia*. Arthur é um guerreiro vitorioso, um contemporâneo de Iltutus e um companheiro habitante do sudoeste de Gales. De acordo com os princípios hagiográficos, o santo é parente dele. O seu avô é Anlawd *Britanniae Rex*, que também é o avô de Culhwch no conto, e, devido a essa evidência, de Arthur também.

A *Vida de São Paternus*, epônimo de Uanbadarn, apresenta Arthur sob uma luz diferente. A história ocorre em uma época em que Malgun, rei dos bretões do norte, está em guerra com os bretões do sul, em cujas terras vive Paternus. Podemos facilmente reconhecer Maglocunus no seu papel de destruidor de tiranos. Enquanto isso, S. David e o seus companheiros Paternus e Teliau retornam de Jerusalém, onde Paternus recebeu uma túnica inconsútil. Paternus recupera-se da viagem em sua igreja, quando Arthur, "um certo tirano que estava passando pelas regiões vizinhas", vai à sua cela. Arthur deseja a túnica do santo, mas lhe é dito que ela é destinada apenas a um bispo, não a um homem torpe como ele. Furioso, Arthur parte, mas depois retorna, contra a advertência dos seus companheiros, raivoso e batendo os pés no chão. Ao ouvir isso, o santo faz com que o chão o engula, deixando apenas a cabeça exposta. Arthur, castigado, admite a sua culpa e louva a Deus e a Paternus. Pedindo perdão, ele é libertado da terra e recebe a absolvição do santo, implorando "com os joelhos vergados". Ao receber a absolvição, ele adota Paternus como o seu eterno patrono.

Essa história não é tão contraditória com o material Arthuriano mais antigo como parece à primeira vista. Arthur está localizado no sudoeste de Gales, como é esperado a partir de *Mirabilia*. Que ele é um tirano é fato assumido na carreira de Maglocunus e o *de Excidio* em geral. O autor pode mesmo ter lido a lista de tiranos como seqüencial, com Vortiporius de Dyfed como um dos predecessores e vítimas de Maelgwn Gwynedd. Arthur não é exatamente mostrado como um tirano, em contraste com o seu papel de líder cristão na lista de batalhas e nos *Annales Cambriae*. Em vez disso, ele é um tirano redimido, voltado para Deus sob a proteção de São Paternus, sem dúvida, pronto para travar uma boa luta. Dessa maneira, o autor é capaz de dar sentido às contradições da *Historia*, de que Arthur é um guerreiro cristão que também matou o próprio filho. A morte de Anir poderia, segundo esse modelo, ter ocorrido antes da sua conversão. A menção aos companheiros de Arthur indica o contexto dos bravos homens de Arthur sugerido pelas fontes galesas.

A *Vida de São Paternus*, portanto, não é tão divergente do material Arthuriano. Ao lado desse milagroso elemento, não há nada que poderia ser harmonizado com o Arthur histórico sobre o qual construímos uma hipótese. O obstáculo é, entretanto, o contexto histórico. As *Vidas dos santos* imaginam Arthur como sendo do (meados?) século VI, contemporâneo de Maelgwn, Gildas e S. David. Embora alguns deles possam aparecer em superposição, ela ignora tudo de Gildas – ponto importante –, que o vitorioso do Monte Badon foi uma personagem da geração prévia. O líder de guerra da era de Maelgwn seria Outigirn.

Houve tentativas de discutir que no sul de Gales, do início para meados do século VI, Arthur é o "Arthur real", erroneamente deslocado para a vitória de Badon e para a resistência britânica do século V. Isso nos desvia. A personagem em quem estamos interessados é precisamente o vitorioso de Badon, o líder dos bretões nas batalhas, uma figura que deve ser real. É inacreditável que ele fosse completamente substituído por um herói do sul de Gales relativamente insignificante. É mais provável que a data das *Vidas* dos santos esteja errada. Até onde podemos dizer, o escritor quer que reconheçamos Arthur como o grande guerreiro da lista de batalhas.

Um material mais detalhado sobre Arthur é apresentado na *Vida de São Cadoc*. Ela foi composta por Lifris, que viveu em torno de 1100. Cadoc é o filho do rei Gundleius, um governante menor da "região da Bretanha chamada Demetia", e Guladus, filha de Brachanus, o rei de quem Brecon tomou o nome. Eles fugiram juntos quando Brachanus se opôs ao seu casamento. Este os perseguiu, e há uma luta feroz entre os seus homens e os de Gundleius, enquanto os dois amantes procuram o santuário na colina de Bochriucarn, nas fronteiras dos dois reinos. "Note os três poderosos heróis, Arthur e dois dos seus cavaleiros, que são Cei e Bedguir, sentados juntos no topo da já mencionada colina, jogando dados". Arthur é apresentado sem introdução, em contraste com a contextualização de Gundleius e Brachanus. É mais tarde chamado de "rei". Os seus cavaleiros são os seus companheiros de *Pa gur*, "os melhores homens do mundo", com as descrições de "três poderosos heróis" talvez remetendo a uma tríade. Arthur conta aos amigos que está inflamado com o orgulho de Guladus. Os outros dois o censuram pelos maus pensamentos e lembram-no de que é o seu hábito ajudar as pessoas pobres e em dificuldades. Arthur desiste a contragosto e os manda colina abaixo para investigar. Sendo informados da situação, os três guerreiros descem correndo e desmantelam o exército de Brachanus. O escritor nos informa que as regiões de Brecheiniog e Gwynllwg tomaram os seus nomes dos reis rivais. Graças ao resgate dos pais por Arthur, São Cadoc nasceu.

O gênero das *Vidas* não é a historiografia do *Historia Brittonum*, e a presença de Kei e Bedwyr torna óbvio que esse conto tem mais em comum com o *Culhwch e Olwen*. Na última história, Arthur intervém entre Gwynn mab Nud, que causou a morte da jovem Creiddylad, e o seu marido Gwythyr ap Greidawl. Gwythyr os está perseguindo com o seu exército e entra em conflito com os homens de Arthur.

Anos mais tarde, São Cadoc atravessa os caminhos com o salvador dos seus pais. Ligessauc Lau Hiir (Mão Longa), "um certo líder muito poderoso dos bretões", matou três soldados (*milites*) de Arthur, o ilustríssimo Rei da Bretanha. Não está claro aqui o que implica a extensão do poder de Arthur. Mais tarde, vamos descobrir que Mailgunus governa "toda a Bretanha", onde Gales é quase certamente significativo. Arthur pode, entretanto, ser "o mais famoso Rei da Bretanha/Gales", isto é, entre outros menos famosos, ou concebivelmente é famoso como rei de toda a ilha.

Fica claro que Arthur é dominante conforme ele caça Ligessauc por todos os lugares e ninguém ousa abrigar o fugitivo. Por fim, Ligessauc procura o santuário com São Cadoc em Gwynllwg (a área de Newport, Gwent), onde Arthur segue a sua trilha com um grande grupo de soldados. O santo persuade Arthur a submeter o caso a um árbitro. Ele reúne S. David, Illtud e Teilo, com vários outros clérigos e anciãos do *"totius Brittannie"* (toda a Bretanha/Gales). No julgamento, Arthur recebe três bois e cem vacas por homem para compensar aqueles que foram mortos. Embora Arthur concorde, ele somente aceitará vacas de duas cores: vermelhas na frente e brancas atrás. Pode-se assumir que esse jogo foi planejado para destruir as negociações, mas Arthur não considerou o poder do santo, que milagrosamente produz animais com partes coloridas a partir de animais de uma só cor.

Os anciãos determinam a seguir que, de acordo com o costume, os animais devem ser soltos no meio da parte rasa do rio. Cei e Bedguur atiram-se na água para capturá-los, porém vêem as vacas milagrosamente transformadas em ramos de samambaia. Essa transformação explica por que a terra, concedida a Cadoc por São Teilo, é conhecida como Tref Tredinauc ou Fern Homestead[27]. Arthur, ao testemunhar o poder do santo, implora perdão a Cadoc. Tendo sido aconselhado pelos seus líderes, Arthur aumenta os termos de direitos de Cadoc no santuário. Com isso, as samambaias se transformaram novamente em vacas. O acordo é mais tarde ratificado por Arthur, Mailgunus e Reins, filho de Brachanus.

Mailgunus é um rei, também com o título *"magnus rex Brittonum"* –, grande rei dos bretões – que governa toda a Bretanha. Será mais tarde chamado de "rei dos homens de Gwynedd, ou seja, os homens de Snowdon".

Por volta do fim da *Vida*, Cadoc, cavando em um certo forte no Monte Bannauc na Escócia, encontra a clavícula de um herói ancestral, monstruoso e de uma dimensão inacreditável, por meio da qual um homem pode montar em um cavalo. Cadoc milagrosamente ressuscita o gigante, "de enorme estatura e imenso, de tamanho todo excedente", que se foi para ser Caur de Pictland, o futuro pai de Gildas!

---

27. N.T.: *Fern Homestead*: Morada das Samambaias.

Bromwich e Evans (1992) fizeram várias conexões interessantes entre as *Vidas* dos santos e *Culhwch e Olwen*. Eles sugerem que o autor do conto tinha, na verdade, uma cópia da *Vida de São Cadoc*. Ambos apresentam Arthur, Kei, Bedwyr e as personagens Caw de Prydyn, Samson, Sawyl Penn Uchel e Brys mab Bryssethach (um ancestral de Galdus). A *Vida* explica o significado de Bochriucarn e Rhyd Gwrthebau, também explicados no *Culhwch*, e ambos têm os nomes de local Dinsol e Monte Bannauc. Uma indicação de que o autor do *Culhwch* está simplesmente tomando os nomes de um texto existente é a falta de conhecimento de onde eles estão. Dinsol é o Monte São Miguel na *Vida*, mas está situado no norte no *Culhwch*, por exemplo.

Há um pequeno valor histórico nessa *Vida*, além, talvez, do cenário geral de Gwent. As condições dos reis são confusas, embora o estabelecimento cronológico, com Arthur tendo uma longa carreira iniciada muitos anos antes do reinado de Maelgwn, que por sua vez é mais velho que Gildas, é mais plausível do que nas outras *Vidas*.

A *Vida* remanescente no manuscrito é a de São Carantoc. Ele é um parente mais velho de Cadoc, e viveu trinta anos antes de S. David, um nativo de Ceredigion. Carantoc recebe um milagroso altar dos céus, que ele transporta para o estuário de Severn e lança ao mar. Ele flutua até onde Deus desejava que o santo fosse, e Carantoc segue no seu barco. "Por aqueles tempos, Cato e Arthur estavam reinando naquela região, vivendo em Dindraithou. E Arthur vinha vagando à procura da serpente mais poderosa, enorme e terrível, que havia devastado doze partes dos campos de Carrum. E Carantoc veio e cumprimentou Arthur, que recebeu, feliz, uma bênção dele" (Wade-Evans 1944).

No retorno para saber notícias do altar o santo, milagrosamente, amansou a serpente. Eles a levaram de volta para Cato até o forte onde o santo foi bem recebido.

Embora as pessoas quisessem matar a serpente, Carantoc as detém, porque o animal é um instrumento de Deus, enviado para destruir os pecadores de Carrum.

Arthur devolve o altar, que havia tentado transformar em uma mesa, mas qualquer coisa colocada em cima dele era rejeitada. O rei, aparentemente o escritor se refere a Arthur, o concede santo Carrum "para sempre, pelos feitos escritos", e Carantoc constrói ali uma igreja. Mais tarde, Carantoc lança o altar ao mar outra vez e envia Arthur e Cato para procurar por ele. O altar foi levado à praia, na embocadura do Guellit. "O rei" dá ao santo doze partes dos campos onde o altar foi encontrado. Depois disso, Carantoc construiu uma igreja ali, que foi então chamada cidade de Carrou.

Isso oferece a maior quantidade de detalhes sobre Arthur do que qualquer uma das *Vidas*, mas é difícil reconciliá-los com o que nós já deduzimos. As localizações de Dindraitou e de Carrum são desconhecidas. Parece que o santo atravessou o estuário do Severn, o que nos leva, portanto, ao oeste do país. Cato poderia ser Cadwy, o filho de Gereint, mas estaria em divergência com a cronologia das fontes seculares galesas, com Gereint e Arthur contemporâneos, ou Arthur como mais velho. Na *Vida,* ele parece ter menos experiência que Cato.

É também improvável que a *Vida* afirme a propriedade de terras em Devon e na Cornualha, muito distantes das dioceses inglesas. A idéia de que a *Vida* existe para justificar posses (talvez nesse caso seja amparada por uma cópia da escritura lavrada pelo rei) não afirma propriedade para novos locais fora de Gales. É mais plausível que o escritor pense que as localizações sejam áreas galesas adjacentes ao estuário do Severn, o que se adequaria à geografia das outras *Vidas.*

Essas *Vidas* dos santos ligadas compartilham do ponto de vista do sul de Gales, o que é esperado. Não são consistentes com o aparecimento e desenvolvimento de Arthur. Para alguns, S. David e Maelgwn são mais velhos ou contemporâneos seus, o que parece ser muito mais tarde. As guerras contra os saxões estão completamente ausentes. As *Vidas* concordam que Arthur seja um rei, tanto um rei local como um monarca da Bretanha mais poderoso. Essa idéia está em um contexto de ambos os líderes, real e não real, como Ligessauc. A idéia de que Arthur é um tirano, em contraste com a sua imagem heróica em outros lugares, foi extrapolada. As *Vidas* todas tornam Arthur virtuoso e reverente, e podem ser vistas como o roteiro para a sua carreira cristã. Elas têm muito em comum com as lendas galesas, um contexto em que os companheiros de Arthur, especificamente Kei e Bedwyr, são proeminentes, em que abundam milagres e a etimologia deriva de tais incidentes. Uma vez mais, Arthur não é derivado de histórias como essas. É uma figura histórica preexistente, mesclada às novas composições das *Vidas* dos santos para acrescentar-lhes a sua credibilidade.

A *Vida* de maior influência no desenvolvimento das lendas Arthurianas foi a do próprio São Gildas. Ela aparece em um manuscrito diferente, chamado CCCC 139. Foi escrita por Caradoc de Llancarfan, em torno de 1130. Uma *Vida de São Gildas* anterior havia sido composta cerca de um século antes, por um monge de Ruys, na Bretanha Gaulesa, que lhe reivindicou uma tumba. Isso, entretanto, foi de pouca utilidade aos monges do sul de Gales, dada a necessidade de uma nova versão.

Tampouco a *Vida* nos ajuda a interpretar a vida real do escritor do *de Excidio*. O que sabemos a partir dela, por exemplo, que Gildas era filho de um picto chamado Caw e estudou sob a tutela de São Illtud no sul de Gales, é mas interpretado pela sua ignorância da geografia do norte e a da sua familiaridade com o latim clássico das escolas formais. Detalhes, como a idéia de que ele e Maelgwn Gwynedd foram pupilos juntos, podem ser inferidos a partir do *de Excidio,* e não precisam derivar de nenhuma tradição independente.

Gildas, o homem mais santificado, era contemporâneo de Arthur, "rei de toda a Grã-Bretanha", inicia Caradoc. Embora Gildas amasse e obedecesse a Arthur, os seus vinte e três irmãos, liderados pelo mais velho chamado

Hueil, constantemente lhe declaravam guerra, atacando a partir da Escócia. Arthur perseguia Hueil, descrito como um "soldado muito famoso, que não se submetia a nenhum rei, nem mesmo a Arthur", e finalmente o encurralou e derrotou na ilha de Minau (Man, ou possivelmente Anglesey).

A grande família de Caw aparece no *Culhwch e Olwen* (Caw é soletrado incorretamente "Cadw" em ambos os manuscritos do *Culhwch*). A história do feudo entre Arthur e Heuil, filho de Caw, "que nunca se submete à mão de senhor algum" também é mencionada: "Gwydre, filho de Llwydeu por Gwenabwy, filha de Caw (o seu tio Hueil o apunhalou e o ferimento foi a fonte do feudo entre ele e Arthur)."

Gildas era, nessa época, pregador na Irlanda, mas, tendo ouvido falar da morte do irmão, retornou à Bretanha e alojou-se com São Cadoc em Llancarfan. Gildas rezou por Arthur e reuniu os bispos para conceder-lhe a absolvição formal. "Feito isso, o rei Arthur, lamentoso e aflito, recebeu a penitência dos bispos... e corrigiu-se da forma que pôde, até que a sua vida estivesse completa". Em comum com as *Vidas* anteriores, Arthur, embora inicialmente um praticante da guerra civil, deixa esse encontro com o santo pronto para assumir o papel cristão atribuído a ele na *Historia*. A guerra no norte da Bretanha, com oponentes vindos da Escócia e lutando nas matas e nos campos de batalha, é derivada da *Historia*. Roubada de um contexto saxão, torna-se a guerra civil entre os bretões.

No fim do século XII, a morte de Hueil estava sendo citada como a razão pela qual Gildas não deixou de se referir a Arthur nos seus escritos. Se Caradoc quer que entendamos que Gildas, "historiógrafo dos bretões", removeu deliberadamente essas referências, não está claro. Geralmente, Arthur e Gildas parecem estar em bons termos.

O próximo episódio leva-nos ao território que dominaria a lenda Arthuriana, indicando uma mudança radical no material que vimos até agora. Gildas, depois da maldição de Orkneys, vai a Glastonbury, onde escreve as histórias dos reis da Bretanha (*de Exicidio Britanniae*, ou possivelmente a Revisão Gildasiana da *Historia Brittonum*). Glastonbury, um centro eclesiástico ancestral na *civitas* de Durotriges, surpreendentemente, segundo todas as indicações, encaixa-se no *de Excidio* como lugar das suas composições, como Dark e Higham tiveram de admitir, com certo constrangimento. É concebível que Caradoc tenha a tradição legítima de fazer esses registros. Entretanto, ele tem uma alta taxa de perda, Llancarfan, Armagh, Pictland e Orkney são todas localizações implausíveis para a familiaridade de Gildas.

Caradoc nos diz que o nome real de Glastonbury era *Urbs Vitrea*, Cidade do Vidro na Inglaterra. Ele pode não estar fazendo nada mais que interpretar o elemento "vidro" em inglês, mas devemos também lembrar de *Caer Wydyr*, o forte de vidro ou a cidade de *Preideu Annwfyn*. É, diz Caradoc, na terra do verão *"in asestiva regione"*, que pode novamente não ser nada além de uma interpretação do inglês "Somerset". Lembremo-nos, entretanto, de que a terra do verão, *Gwlat yr Haf*, é uma região enigmática de que Arthur reuniu as tropas no *Culhwch e Olwen*. Nessa época, o rei Meluas governava a terra do verão. Ele viola e leva embora Guennuuar, esposa do "tirano Arthur" e a esconde em Glastonbury, quase intransponível por trás dos seus rios, juncos e pântanos. Leva um ano para que o rei dos rebeldes (Arthur) encontre o local onde a sua esposa está presa. Então, convoca os exércitos de Devon e da Cornualha para sitiar a cidade.

A Abadia de Glastonbury, com Gildas entre outros clérigos, intervém para fazer as pazes, persuadindo Meluas a devolver Guennuuar ao marido. A história termina da maneira esperada (para as *Vidas* dos santos): os dois reis dão ao abade muitas terras e juram solenemente obedecê-lo e "não violar a parte mais sagrada ou mesmo as terras que fazem fronteira com o território da abadia".

Todos os participantes principais – Arthur, Meluas, Guinevere e Gildas –, somados ao motivo da captura de uma esposa e a uma competição por ela ligada ao ciclo anual, são encontrados no *Culhwch e Olwen*. No conto, os participantes da competição que lutam anualmente pela mão da capturada Crieddylad são Grendawl e Gwyn mab Nud. Uma outra *Vida*, a de São Collen, tem Gwynn como adversário sobrenatural do santo, com um palácio no topo de Glastonbury Tor. Caradoc, entretanto, apresentou-os como personagens e eventos históricos, ligados aos direitos e privilégios da igreja ancestral de Glastonbury. Seriam as suas suposições sobre a historicidade da geografia do conto corretas, por meio de boa intuição, ou o resultado de uma tradição estabelecida? O fato de que a *Vida de Gildas* anterior não tem nenhum desses elementos indica a sua adição a partir do corpus em desenvolvimento da lenda Arthuriana. Reconhecemos, entretanto, que o cenário não é implausível. A ação concorda com o conflito marital e marcial registrado em Gildas; a localização é pelo menos plausível (objetos achados em Tintagel demonstram uma grande ocupação de Glastonbury Tor no século VI), com Somerset (Durotriges) qual um reino em guerra com a *civitas* de Dumnonia. Entretanto, a falta de qualquer proveniência para o material levanta a suspeita de que apenas um bom trabalho de intuição levou Caradoc a um cenário tão plausível.

As Interpretações de Sawley

O Manuscrito 139 (CCCC 139) do Corpus Christi College Cambridge lembra-nos de que manuscritos relacionados à história da Idade das Trevas da Bretanha não tiveram chance de sobrevivência. Eram preservados com cuidado por grupos com interesse em passar adiante a informação neles contida. No caso do CCCC 139, tratavam-se de monges da Abadia de Santa Maria em Sawley, Yorkshire. A história textual foi estabelecida por Dumville (Dumville 1990), sugerindo que os escribas responsáveis incluíram membros de uma comunidade de imigrantes galeses na região. A origem do manuscrito é estabelecida por várias características, inclusive uma inscrição *ex libris*.

O manuscrito foi compilado nos anos imediatamente precedentes a 1166. Inclui uma versão da *Historia Brittonum*, seguida de imediato pela versão sobrevivente mais antiga da *Vida de Gildas*, de Caradoc. Os monges de Sawley receberam a sua *Historia Britonnum* na Revisão Gildasiana, a versão mais comum no século XII, atribuída a Gildas e com freqüência, então, assumida como o verdadeiro *De Excidio Britanniae*. Em torno de 1164, os monges adquiriram dois fragmentos de evidência que os convenceram do contrário. Um era a *Vida de Gildas*, descrevendo-o como um contemporâneo de Arthur. O outro era um manuscrito que eles tomaram como a verdadeira identidade do autor – Nennius. Eles escreveram a sua própria versão da *Historia* com material a partir deste exemplo da Revisão Nenniana, incluindo o famoso prólogo: "Tenho, portanto, de fazer algo com tudo o que encontrei".

O trabalho do manuscrito em 1166 não estava terminado. Novas interpretações foram adicionadas ao longo dos primeiros anos do século XIII. Algumas dessas, "As Interpretações de Sawley", estão relacionadas ao material Arthuriano. A sua data posterior as torna suspeitas como evidência principal, mas a sua interpretação diferente do material Arthuriano é interessante. A primeira nota Arthuriana aparece na margem da lista de batalhas, por uma descrição de Arthur no Monte Badon. "Mabutur [mais tarde interpretado 'em língua britânica'] que é 'filho horrível' [interpretado 'em latim'] que desde a infância foi cruel. Arthur, traduzido para o latim, significa 'urso horrível' ou 'martelo de ferro', com o qual a mandíbula de leões foi quebrada". Essa interpretação revela o interesse do autor pela etimologia galesa. *Mab uthr* poderia significar "filho horrível" e *arth uthr* é o galês para "urso horrível". A maioria dos escritores concorda que Arthur de fato deriva de *Arth*. O galês para martelo *ordd* é menos plausível e não encontrou opiniões favoráveis.

Na época em que a interpretação foi escrita, Arthur era conhecido entre os falantes de galês com o nome de Map Uthyr. Isso é relativamente recente, patronímico do Centro de Gales, e significa filho de Uthyr. A versão "oficial" da história Arthuriana que é subseqüente a Geoffrey de Monmouth estabeleceu que Arthur era filho de Uther Pendragon, uma personagem mencionada em *Pa gur*. A forma na interpretação não é antiga e não há razão para pensar que o escritor a tenha encontrado em uma fonte mais antiga. É surpreendente, dado o seu interesse óbvio pelo assunto, que ele não tenha ouvido a explicação canônica para o nome ou queria passar adiante dessa forma.

Significativamente, o intérprete considera Arthur como congenitamente cruel. Essa atribuição de uma crueldade firmemente atribuída a Arthur põe o autor na tradição das *Vidas* dos santos – o século VI foi uma época de tiranos e Arthur deve ter sido um deles.

A alternativa do "martelo de ferro" aponta na direção do *Pa gur*, em que Kei luta contra leões, talvez incluindo o devorador de homens, o Gato de Palug. Em torno do século XIII, os romances continentais faziam de Arthur um oponente, até mesmo uma vítima, do monstruoso gato. A interpretação não sugere que nenhuma fonte ancestral fornecesse essa informação.

O mesmo escritor oferece uma outra interpretação no canto inferior direito: "Pois Arthur viajou a Jerusalém. E lá ele fez uma cruz do mesmo tamanho que a Cruz da Nossa Salvação, e ali ela foi consagrada. E por três dias continuamente ele jejuou e manteve vigília e orou na presença da Cruz do Nosso Senhor, e o Senhor concedeu vitória a ele sobre os pagãos, por meio desse símbolo que foi feito. E ele carregou consigo uma imagem de Santa Maria, cujos fragmentos estão ainda preservados em Wedale, em grande veneração."

Aqui, o escritor arrisca um palpite sobre a natureza da imagem da Virgem Maria levada por Arthur ao Castellum Guinnion, nesse caso uma imagem separada cujos pedaços ainda existem em S. Mary-at-Stow, em Wedale (Lothian). O escritor faz uma combinação que se tornou comum nas obras modernas, da imagem que a *Historia* diz que Arthur carregou nos ombros até o Castellum Guinnion, com a cruz que ele carregou em Badon. Como esta última na verdade não se refere à *Historia*, é demonstrada a familiaridade com os *Annales Cambriae*, que não aparecem no manuscrito.

Como vimos, o século XII foi a grande era da "falsificação" eclesiástica. Não precisamos suspeitar mais que Wedale tenha uma imagem fragmentada da Virgem, que o autor atrelou à *Historia* para criar uma linhagem respeitável. A verdadeira cruz da jornada de Arthur a Jerusalém é também sugestiva do século XII. As Cruzadas para conquistar, defender e reclamar Jerusalém deviam estar na boca de todos, especialmente a recente jornada de Ricardo Coração de Leão à Terra Santa e a campanha da Igreja para levantar dinheiro para tanto. Nessa atmosfera, a "Cruz do Nosso Senhor Jesus Cristo" dos *Annales* se tornou, na mente do escritor, a verdadeira cruz de Jerusalém.

As interpretações de Sawley, portanto, dificilmente indicam a existência de tradições, ou mesmo fontes, variantes. Trata-se de deduções de historiadores entusiastas.

O Palácio de Arthur

Uma outra fonte observada por Dumville é a coleção histórica de Lambert de Santo Omar, *Liber Floridus* (em torno de 1120). Para a história britânica antiga, Lambert usou a Revisão Harleiana da *Historia Britonnum*, discutida por outras fontes, como Bede, e *As Crônicas Anglo-*

Saxônicas. Esses materiais chegaram a ele de uma fonte da região de Kent, muito provavelmente da Igreja Cristã, em Canterbury.

Lambert usou a lista de batalhas Arthurianas para expandir as referências a Arthur na *Mirabilia*. Ele acrescenta quatro outras maravilhas à lista, duas na região de Gloucester, uma na Irlanda e uma na Escócia, uma distribuição similar àquela do Manuscrito harleiano. Apenas uma é ligada a uma pessoa citada, e essa pessoa é Arthur, o Soldado, exatamente como poderíamos esperar. Dessa vez, entretanto, não é uma pessoa das maravilhas da região de Gloucester que leva o seu nome, mas da Escócia: "Há um palácio na Bretanha, na terra dos pictos, pertencente a Arthur, o Soldado, feito de maravilhosa arte e variedade, em que podem ser vistos, esculpidos, todos os seus feitos e batalhas." O nosso exame da *Historia Britonnum* nos leva a concluir que se trata do sul de Gales. A região de Kent e as fontes do norte foram combinadas na seção Arthuriana. Em Lambert, esse novo material do norte, aparentemente de uma fonte da região de Kent, parece bom demais para ser verdade!

Onde ficava esse incrível palácio que, se real, responderia definitivamente às nossas questões? A única grande construção de pedra na Escócia atribuída a Arthur era uma edificação circular com domo. Ficava no vale do Carron em Stilingshire, até que foi demolida em 1742-3. Era conhecida como "o forno de Arthur" (*furnum Arthuri*) no início de 1293 (cf em Dumville 1990). Até onde sabemos sobre a construção, não tinha entalhes com cenas de batalha e não sabemos se houvesse conexão Arthuriana no início da época de Lambert. Uma indicação de que houvesse não pode ser encontrada no manuscrito CCCC 139. Neste, um escritor (em torno de 1200) acrescentou ao ponto onde os romanos constroem um muro pela ilha: "Mais tarde o Imperador Carutius o reconstruirá... e construiu uma casa redonda de pedra polida nos bancos do rio Carun (que obteve tal nome por causa desse dado), erigindo um arco triunfal em memória à sua vitória."

Essa construção circular é claramente a edificação que menos de um século depois viria a ser chamada de "o forno de Arthur". Não apenas fica na mesma localização e tem a mesma forma, como também é possível que a similaridade entre a palavra *fornix* (arco) na descrição de Sawley e *fornum* (forno) não seja de todo fortuita. Se "o forno de Arthur" e o Palácio de Arthur são o mesmo, então devemos aceitar que, no meio século entre Lambert e o escritor de Sawley, a identidade Arthuriana foi perdida em favor de uma etimologia de pobre inspiração a partir de "Carutius". Isso parece pouco provável, dado que a escola de Sawley estava interessada em passar adiante o material Arthuriano e que o nome Arthuriano ressurgiria de qualquer forma.

Se supusermos que o Palácio de Arthur era mais do que uma criação da imaginação, que tipo de construção seria? Grandes estruturas estavam sendo erigidas na Europa durante o início do século VI. A construção circular para Teodorico, o Ostrogodo, ainda pode ser vista em Ravena, por exemplo.

Ricos esquemas decorativos pictóricos, mais freqüentemente em mosaicos do que em entalhes, eram também características das construções imperiais e reais do período. Não é necessário dizer que nada desse tipo sobreviveu na Bretanha. Há pedras entalhadas com figuras nos territórios pictos, mas nenhuma incorporada à decoração de um edifício tão distinto quanto um palácio. A única conclusão racional é de que a *Mirabilia* implica alguma construção romana real ou imaginária. Mais significante, entretanto, é a idéia de que Arthur, o Soldado, possuiu algum tipo de palácio, no fim das contas.

Lambert escreve:

> *Naquela época, os saxões cresceram em número e multiplicaram-se na Bretanha. Na morte de Hengist, Octha, o seu filho veio da parte norte da Bretanha para o reino dos homens de Kent, e dele descendem os reis de Kent. Então Arthur, líder dos pictos, governava os reinos da Bretanha interior. Ele era poderoso em força e um soldado atemorizante. Vendo que a Inglaterra estava sendo atacada dessa maneira, e que as riquezas da região estavam sendo espoliadas e muitas pessoas capturadas e seqüestradas em troca de resgate e expulsas das suas terras, ele atacou os saxões em um assalto feroz, com os reis dos bretões, e partiu contra eles lutando bravamente, sendo o dux bellorum doze vezes, conforme escrito acima.*

Lambert é o único dentre os escritores da Idade das Trevas e da era medieval a ler a frase "*cum brittonum regibus*" não como "com os *reis dos bretões*", isto é, que ele não era um rei, mas como "com os reis dos *bretões*", porque ele, apesar de rei, não era bretão. Embora Lambert possa ter tido outro material derivado da região de Kent, dizendo que Arthur era picto, a navalha de Occan[28] nos leva à conclusão de que já sabemos qual é a sua fonte – a Maravilha do Palácio de Arthur em Pictland. Poderia ser uma inferência a partir desse único Arthur que era um nativo de Pictland. Lambert pode não fazer idéia de onde ficam as regiões de Buelt e Ercing, mas Pictland deve ser compreensível para ele.

Até onde podemos ter certeza, Lambert é o primeiro escritor a dizer que Arthur é o rei da Bretanha. Essa imagem já não é uma surpresa, visto que tem sido a interpretação-padrão da posição de Arthur na ficção desde o fim do século XII. Entretanto, para um historiador no ano 1120 fazer tal afirmação, é um feito notável. A visão de Lambert sobre Arthur, como um líder de guerra contra os saxões e como rei da Bretanha, é uma extensão

---

28. N.T.: Occan foi um filósofo que viveu entre 1285 e 1349. A navalha de Occan, ou princípio da parcimônia, diz basicamente que, entre duas explicações para a mesma coisa, devemos optar pela mais simples.

da linha histórica que temos seguido. Os outros materiais eclesiásticos divergem da mesma forma que os vernaculares galeses. Neles, Arthur habita um mundo de gigantes, monstros e milagres. Os seus exércitos e aliados reais são reduzidos a pequenos grupos de heróis, com Kei e Bedwyr citados entre eles. A concentração no sudeste de Gales é mantida com o *Mirabilia*, mas é combinada com um deslocamento na direção da posição histórica posterior como um contemporâneo de Maelgwn e Gildas. Ambas as linhas de opinião do século XII estão reunidas na principal obra Arthuriana do período, a *História dos reis da Bretanha*, de Geoffrey de Monmouth.

9

Geoffrey de Monmouth

Em princípios do ano 1130, Geoffrey de Monmouth estava refletindo acerca da história da Bretanha. Parecia-lhe estranho que, com exceção das brilhantes obras de Gildas e de Bede, muito pouco havia sido escrito sobre os primeiros reis da Bretanha, "ou, na verdade, sobre Arthur e todos os outros que se seguiram depois da Encarnação".

Foi então que Walter, arquidiácono de Oxford, mostrou a Geoffrey um antiqüíssimo livro em idioma britânico, trazido, segundo algumas versões, "da Bretanha romana". Esse livro "atraentemente composto para formar uma narrativa em seqüência e ordenada, detalhava os feitos [dos reis da Bretanha] desde Brutus, o primeiro rei dos britânicos derrubado por Cadwallader, filho de Cadwallo". A pedido de Walter, Geoffrey de Monmouth traduziu o livro para o latim. Essa foi, de acordo com ele, a origem do livro *Historia Regum Britanniae* – "A História dos reis da Bretanha", que veio a público com esse título.

A obra narra a história de noventa e nove reis britânicos, a maior parte pré-cristãos e, segundo Geoffrey, pré-históricos. Como sustenta a introdução, Arthur é a figura central da História. O livro obteve sucesso imediato. O historiador, Henry de Huntingdon, ao ver uma cópia da obra pela primeira vez em 1139, escreveu a um colega, aprovando-a. Pelo menos cinqüenta manuscritos sobreviveram apenas do século XII, excedendo a todos os manuscritos de todas as mais primevas fontes Arthurianas juntas. Por volta do fim desse século, traduções para o francês, inglês e galês divulgaram a versão de Geoffrey até mesmo para locais mais distantes.

Mais tarde, ainda no século XII, William de Newburg escreveu criticamente:

> *Em nossos próprios dias, surgiu um escritor da tendência oposta [do sincero Gildas]. Para reparar os erros dos britânicos, ele tece uma burlesca rede de ficção acerca deles... Esse homem se chama Geoffrey, e usa o nome Arthur, porque tomou as histórias sobre Arthur das antigas narrativas*

ficcionais dos bretões, aplicou-as a si mesmo e nelas fixou o honroso título de história... Claro está que toda a narrativa de Geoffrey sobre Arthur, dos seus sucessores e predecessores depois de Vortigern, foi inventada em parte por ele mesmo e em parte por outros. A razão disso foi, primeiro, uma incontrolável paixão pela mentira, e, segundo, o desejo de agradar aos bretões.

(Walsh e Kennedy 1986)

Essa passagem é amiúde citada para mostrar como mesmo alguns contemporâneos viram em Geoffrey mera ficção. Pura ilusão. William de Newburgh, ao escrever cinqüenta anos depois de Geoffrey, estava em minoria quando condenou tudo no livro como mentira. Embora a maioria dos reis fosse desconhecida antes de Geoffrey, a parte principal do livro é dedicada a personalidades como Brutus, Brennius, Cassivelaunus, Constantino, Cadwallo e, é claro, Arthur, que já era conhecido das mais antigas fontes.

Isso não significa que podemos aceitar Geoffrey sem uma análise mais apurada. Muito da sua obra é ficção, ou, pelo menos, ficcionalizado. Um dos fatores mais distorcidos está presente no próprio título, "A História dos reis da Bretanha". A maior parte das personalidades foi transformada em "reis da Bretanha". Como Geoffrey entende o termo, trata-se, na verdade, de reis da Inglaterra e detentores do poder, por direito, da Escócia, de Gales e da Cornualha, um conceito derivado das conseqüências das invasões nórdicas. Não há dúvidas de que se trata da realidade dos séculos XV e XVI. Além de Cadwalo, os tiranos de Gildas, Constantino, o Grande, Cassivelaunus e Brenn(i)us, o líder celta que saqueou Roma, são todos reis da Bretanha. Isso posto, não causa surpresa alguma, portanto, achar que Ambrosius e Arthur também sejam reis da Bretanha.

Como Geoffrey começa a sua História apelando para uma única fonte, é pertinente investigá-la primeiro. A idéia de uma ordenada e consecutiva narrativa de reis de imediato levanta a possibilidade de uma lista de reis ou genealogia. A obra centra o foco em datas, afastando-se de um trabalho de análise ou crônica. Piggot (1941) mostrou padrões de nomes recorrentes, o que sugere várias genealogias de pessoas vinculadas, ou supostamente vinculadas, algo semelhante ao Manuscrito harleiano. Sustentou que uma genealogia de estilo galês, ordenada da seguinte forma – A, filho de B, filho de C, com A sendo o descendente moderno de um ancestral C –, em um certo momento se confundiu com uma genealogia de tipo bíblica. A gerou B que gerou C, em que C é moderno e A, antigo. Esse simples erro poderia transformar uma genealogia razoavelmente convencional, que retrocede até Caswallaun (talvez o "pai" de Maelgw Gwynedd das Genealogias Harleianas), em uma estranha lista que culmina em Júlio César em 55 a.C., adversário de Cassivelaunus e que, portanto, consiste dos governantes pré-romanos.

Essa teoria explica por que encontramos, na Idade das Trevas, nomes como Cunedagius, Urianus, Gerennus e o seu filho Catellus (Gereint e Cadwy) na história da antiga Bretanha. Semelhantes genealogias poderiam formar a estrutura em que um autor pudesse ordenar uma história.

Infelizmente, genealogias não podem formar a base da seção Arthuriana de Geoffrey. Esta última começa com Constantino, um descendente nobre da casa real Bretanha, não imediatamente ligado aos prévios governantes da Bretanha. A sucessão vai para o seu filho mais velho Constans, em seguida para Vortigern e seu filho, depois volta para dois filhos de Constantino, e, na seqüência, para o seu neto Arthur, após o quê, para os tiranos perifericamente conectados antes de terminar em Cadwallo e Cadwallader. Não se trata de uma sucessão genealógica, nada de plausível deriva de cada um. A genealogia de Cadwallo, que não inclui nenhum dos reis de Geoffrey da Idade das Trevas, exceto Malgo/Maelgwn, ficou por muito tempo estabelecida. E, realmente, Cadwallo a relata no livro. Os "reis" desse período são todos de fontes conhecidas, mas nunca haviam sido ligados antes.

A seção Arthuriana de Geoffrey incorpora dados de várias fontes. Ele cita diretamente o *de Excidio* de Gildas, usando a versão latina, não traduzindo do galês intermediário. Isso implicaria que o "livro antiqüíssimo" não oferece um contexto detalhado do período Arthuriano. As passagens estruturais que mostram o período como subseqüente a Agitius e precedente aos tiranos do *de Excidio* podem ser adições editoriais de Geoffrey.

À parte o material derivado de Gildas, o "livro antiqüíssimo" parece uma história da Bretanha relativamente desconexa, com episódios separados acerca dos reis da Idade das Trevas, genealogias sem contextos históricos e listas de acontecimentos sem data. Não é difícil imaginar uma obra desse tipo: já nos deparamos com uma, o Manuscrito harleiano. É possível, portanto, que Geoffrey tenha uma obra assim combinada? O Manuscrito harleiano tem por base a *Historia Brittonum* e é óbvio que Geoffrey tem a mesma. A *Historia Brittonum*, assim como a *Historia Regum Britanniae*, é uma história que começa com Brutus no papel de primeiro rei, e chega até Cadwallo, por intermédio de Arthur.

Tudo isso nos fornece duas possibilidades. A primeira é que Geoffrey simplesmente tem uma cópia latina da *História Brittonum* que ele usa associada ao *de Excidio* para complementar o seu "livro antiqüíssimo". Se é assim, o livro antiqüíssimo teria, de fato, muito pouco conteúdo. Uma vez que Gildas, a *Historia Brittonum* e outras fontes latinas são removidas, sobra muito pouco material de origem potencialmente britânica, e nada nele constitui uma narrativa ordenada e consecutiva. A segunda possibilidade é que o "livro antiqüíssimo" seja uma tradução britânica da *Historia*. Essa não é, de forma alguma, uma hipótese inconcebível, apesar de a obra não existir para comparação.

Uma outra abordagem é investigar apenas o quão antigo um livro usado como fonte poderia ser. No seu período mais antigo, pode ser apresentada uma data posterior ao reinado de Cadwallader, no fim do século VII. Mas a data da obra pode ser trazida para adiante, para o início do século IX, no caso de incorporar a *Historia Brittonum*. Algumas características, como o uso da forma "Urianus" para a palavra "Urbgen", usada na *Historia*, colocam-na adiante dessa época, enquanto outras, como *Camblan* para os *Annales' Camlann* e os antigos nomes dos equipamentos de Arthur, sugerem uma obra do início do século X. Tal abordagem é sustentada pela referência a Athelstan, no fim do livro, como rei da Inglaterra (reina entre 924-40).

A hipótese mais fértil é que o livro antiqüíssimo de Geoffrey seja um manuscrito britânico do século X, talvez uma versão ampliada da *Historia Brittonum*. Grande parte dos comentaristas sequer consideraria isso. É possível que o material combinado de Geoffrey das fontes (latinas) conhecidas com as díspares lendas britânicas fora antes desvinculado da *Historia Regum Britanniae*. Geoffrey deixa escapar que essas lendas existem na forma não escrita: "esses feitos foram passados com satisfação pela tradição oral, exatamente como se tivessem sido praticados para ser escritos, por muitas pessoas que tinham apenas a memória para dar continuidade ao fato".

O livro antigo não é citado como fonte. Aparece na introdução e serve ao propósito de fortalecer a obra do autor enquanto, ao mesmo tempo, distancia-o do seu conteúdo. Geoffrey talvez quisesse ocultar a sua própria voz autoral, dada a época perigosa em que viveu. Os homens a quem os manuscritos diferentes do *Historia Regum Britanniae* são dedicados eram combatentes na Anarquia, com as guerras civis explodindo na Inglaterra, e pontos políticos poderiam facilmente ser inferidos do livro.

A principal disputa na Anarquia era se uma mulher poderia suceder ao trono ou se deveria passá-lo ao seu filho. Era uma discussão sem precedentes na história real da Inglaterra, e Geoffrey a mostra ocorrendo por diversas vezes. Eram também mostradas ao leitor as traições de Modred para com o seu tio, Arthur, como reflexo da situação política. O rei Estéfano havia quebrado o juramento feito ao tio, Henrique I, e usurpado o reino da rainha Mathilda. De fato, a usurpação de Modred é o único ponto em que Geoffrey cita o livro antigo como referência sua: "A respeito desse assunto em particular, nobilíssimo Duque, Geoffrey de Monmouth prefere não dizer nada. Entretanto, no seu próprio estilo pobre e sem desperdiçar palavras, ele descreverá a batalha em que o nosso mais famoso rei lutou contra o sobrinho... pois ele o encontrou no tratado britânico a que já nos referimos."

As evidentes fontes de Geoffrey não se limitam à história britânica. As suas fontes latinas incluem Jerome e Bede para sincronismo, Orosius para a história romana e os épicos romanos para as características estilísticas e verbais.

Geoffrey e Gildas

Enquanto Geoffrey cita o "livro antiqüíssimo" de uma vez por todas, faz freqüentes referências a Gildas. Algumas delas são ao verdadeiro Gildas do *de Excidio*, algumas ao escritor da Revisão Gildasiana. Muitas são menos claras e podem fornecer uma outra indicação da sua fonte. É evidente que Geoffrey conhece o *De Excidio Britanniae* de Gildas. Cadwallo, ao condenar os seus conterrâneos, diz: "Como nos fala o historiador Gildas...", antes de citar diretamente as palavras dele. Esse é o único exemplo em que Geoffrey usa o nome de Gildas ligado ao seu próprio trabalho. Uma ou outra citação é problemática. Ao afirmar que Gildas disse o suficiente a respeito da disputa entre o rei Lud e o seu irmão, Nennius, sobre a troca de nome de Londres, podemos ser convidados por Geoffrey a participar da sua brincadeira de que Gildas não disse nada a respeito disso. O trecho que afirma as leis do rei Alfredo como as únicas traduções inglesas das pré-históricas leis de Dunwallo Momutius, uma personagem das Genealogias Harleianas, por meio de uma tradução latina feita por Gildas, pode ser oriundo de uma impressão de que as leis são o tipo de assunto sobre o qual Gildas escreveu. Entretanto, as outras referências de Geoffrey a Gildas não são assim tão explicáveis.

Geoffrey relata a evangelização da Bretanha antes de 156 d.c., data da morte do primeiro rei cristão, Lucius. A seguinte informação é originada de Bede, que recebeu, por engano, um relato sobre isso de Roma. Faganus e Duvianus lideram o trabalho missionário, mas são depois acompanhados por um grande número de homens religiosos: "Os seus nomes e feitos podem ser encontrados no livro que Gildas escreveu sobre a vitória de Aurelius Ambrosius. Tudo foi detalhado por Gildas em um tratado escrito com tanta lucidez que me parece desnecessário descrevê-lo de novo no meu próprio estilo" (HRB IV:20, Thorpe 1966:125).

Geoffrey assevera outra vez que Gildas escreve sobre os feitos dos santos: "Foi nessa época que chegaram São Germanus de Auxerre e Lupus, bispo de Tróia, para pregar a palavra de Deus aos bretões... por meio das sua ações, Deus operou muitas maravilhas, que Gildas descreveu com grande habilidade literária." Aqui, Geoffrey pode ter escrito "Gildas" por engano – é Bede que relata os feitos desses dois santos em detalhes. Entretanto, ambas as referências juntas sugerem que Gildas produziu uma hagiografia. Esse é um fato estranho. O registro da conversão da Bretanha não é encontrado em nenhum trabalho atribuído a Gildas, tampouco nenhum dos seus trabalhos pode ser intitulado "a respeito da vitória de Aurelius Ambrosius". Geoffrey não interpreta o *de Excidio* como uma atribuição da vitória a Ambrosius. Mesmo se o *de Excidio* fosse um trabalho planejado, são citados apenas três santos, não em grande número, não Faganus e Duvianus, e não como missionários, mas como mártires. Qualquer que fosse o livro em que Geoffrey estivesse pensando, não se tratava do *de Excidio*.

Por outro lado, é evidente que Geoffrey conhece a *Historia Britonnum*. A história de Vortigern e de Vortimer provém diretamente dessa obra. Geoffrey, entretanto, nunca reconhece que a cita. Se ele soubesse disso na Revisão Gildasiana, a mais comum naquela época, distinguiria de forma específica o material ali contido a partir daquele encontrado no livro antigo. Até receber o livro, ele mal dispõe de material britânico, "exceto aqueles já mencionados, como Gildas e Bede, que fizeram um livro brilhante sobre o assunto". Como ele apenas se refere a um livro de Gildas, e tem de incluir o *De Excidio Britanniae*, podemos apenas afirmar que Geoffrey deve ter usado a versão de Gildas complementada por material hagiográfico e por uma extensa referência a Ambrosius, e talvez toda a *Historia Brittonum* Gildasiana. Se o seu "Gildas" é assim estendido, conclui-se que há menos material adicional para ele do que pudéssemos atribuir ao "livro antiqüíssimo".

Há apenas mais um fator na equação. A contribuição do próprio Geoffrey como autor. Para descobrir qual deve ter sido, precisamos considerá-lo em relação a outros historiadores da sua época.

Geoffrey e os Historiadores

É a respeito desse Arthur que os bretões contam histórias sem importância mesmo hoje. Ele claramente foi um homem de muito mais valor para ser celebrado em histórias verdadeiras, mais como líder que preservou por muito tempo a sua cambaleante terra natal e incitou um apetite pela guerra nas mentes fragmentadas dos seus conterrâneos, do que aquele que povoa os sonhos em fábulas enganosas. (William de Malmesbury, *The Deeds of the Kings of the English,* em torno de 1125).

No final de alguns manuscritos da *Historia Regun Britanniae*, Geoffrey refere-se pomposamente a três historiadores. "A tarefa de descrever [os] reis que foram bem-sucedidos a partir daquele momento em Gales foi deixada ao meu contemporâneo Caradoc de Llancarfan. Os reis dos saxões eu deixo para William de Malmesbury e Henry de Huntingdon. Recomendei a estes últimos para nada dizerem a respeito dos reis dos bretões, vendo que eles não têm em sua posse o livro na língua britânica que Walter, arquidiácono de Oxford, trouxe da Bretanha" (depois de Thorpe 1966).

Embora diga a William e Henry para evitarem os bretões, esse aviso não se estende a Caradoc. Mas, para a sobrevivência da sua *Vida de Gildas*, não temos idéia da produção de Caradoc e teríamos de admitir como verdade que ele estava trabalhando, ou era capaz de trabalhar, na história dos governantes de Gales do século VIII em diante. O trabalho dele que sobreviveu, entretanto, não tem afinidade com o de Geoffrey. Se Geoffrey conheceu o trabalho de Caradoc, não temos como imaginar por que ele não incorporou nada dele ao seu próprio livro. O episódio Arthuriano-chave na

Vida de Gildas, a captura de Guinevere, não aparece em Geoffrey. As suas obras mostram que eles têm diferenças fundamentais na abordagem. Para Geoffrey, os clérigos da Bretanha são leais subordinados dos reis. Não são, como Caradoc e outras *Vidas* dos santos mostram, mediadores a quem os reis devem pedir ajuda ou absolvição. Geoffrey, especificamente, fala do monge-rei Constans ("tio" de Arthur), "o que ele aprendeu no claustro nada tem a ver com a forma de governar um reino".

O início do século XIII viu uma explosão do interesse pela história nacional. Os normandos e os angevinos tinham as suas histórias nacionais. Henry de Huntingdon relata as perguntas de Henrique I sobre as origens do francês e a sua descoberta de que eles eram descendentes do troiano Antenor. A Inglaterra era particularmente rica em fontes Anglo-Saxônicas antigas. O Manuscrito Laud de *As Crônicas anglo-Saxônicas*, por exemplo, foi escrito em 1121-54. Esses documentos ofereceram material para William de Malmesbury, que iniciou a sua *Gesta Regum Anglorum* em torno de 1125 e para Henry de Huntingdon, que começou a sua *Historia Anglorum* em 1133. Foi esse o cenário que inspirou o trabalho de Geoffrey.

Todos os historiadores incorporaram a etimologia, mostrando como nomes de locais familiares ou palavras têm origem na história ou nas línguas antigas. Geoffrey e William de Malmesbury deram ambos significados pagãos por trás dos dias da semana ingleses, por exemplo.

O idioma com o qual todos os escritores trabalhavam usava o que descreveríamos como reconstruções imaginativas ou ficção histórica. Isso incluía inventar "discursos diretos", provocando interesse nos seus relatos de batalhas com disposições da tropa e combates únicos, e contar anedotas de cunho moral ou simplesmente para entretenimento. Henry de Huntington inclui a história do rei Canuto tentando retornar a maré na sua *Crônica* – narrativa originada da conquista dinamarquesa. O conto de Geoffrey sobre o rei Bladud, que tentou voar e se chocou contra o templo de Apolo em Londres, não é mais grotesco do que a narrativa de William de Eilmerus, o monge voador de Malmesbury.

Não é surpresa, portanto, descobrir que as campanhas de Arthur em Geoffrey são similares àquelas registradas por William para Athelstan e Canuto. A corte de Guilherme, o Conquistador, é refletida na corte de Arthur em Carleon. Geoffrey tem o conto da criança maravilha órfã, Merlin, similar à história de Santo Adelmo no *Gesta Pontificum* de William. Não se pode dizer que Geoffrey parodiou os outros historiadores – nesse caso ele tomou a trama da *Historia Brittonum* – mas que todos trabalharam no mesmo idioma.

A similaridade entre os seus trabalhos não é surpreendente, já que os historiadores freqüentemente compartilhavam dos mesmos patronos. A *Historia Novella* de William é dedicada a Robert de Gloucester, um dos destinatários das dedicatórias nas obras de Geoffrey. As *Profecias de Merlin*, de Geoffrey, e a obra de Henry de Huntington são dedicadas a

Alexandre, bispo de Lincoln. Uma vez que os escritores fundaram um idioma que agradava a esses poderosos patronos, foram espertos em prosseguir da mesma forma.

Onde Geoffrey trabalhou na mesma esfera intelectual que as histórias seculares, ele gentilmente contradiz o material eclesiástico produzido por Caradoc, William de Malmesbury e outros. As pretensões de Llandaff são dadas em curta absolvição. O ficcional arcebispado de Caerleon, com primazia sobre toda a Bretanha, precede a *Vida de São Davi* ao reclamar direitos sobre Gales. Caerleon foi concedida à delegação apostólica séculos antes de ter sido dada a Canterbury, mencionada apenas como o lugar freqüentado pelo perverso Vortigern. A amada Glastonbury de William de Malmesbury não é, de forma alguma, mencionada.

A Perspectiva de Geoffrey de Monmouth

As perspectivas do próprio Geoffrey normalmente são óbvias. Nós mencionamos a sua convicção de que todas as grandes personagens da história britânica eram "reis da Bretanha", com freqüência ligados dinasticamente. A sucessão dos reis da Bretanha de Constantino a Ambrosius e Uther Pendragon, seus filhos, para o filho de Uther, Arthur, para o primo de Arthur, Constantino, depois para o sobrinho de Constantino, Aurelius, não necessita de qualquer fonte anterior a Geoffrey.

Embora o escopo geográfico de Geoffrey seja mais amplo do que qualquer material Arthuriano anterior, a preferência regional é clara. Com um escritor que identifica a si mesmo como "de Monmouth", o sudeste de Gales e a adjacente Gloucestershire aparecem proeminentemente. De maneira estranha, embora Geoffrey conheça a *Mirabilia* – o rei Arthur as discute com o Rei Hoel –, ele não faz referência às maravilhas Arthurianas. Ercing é apenas um refúgio de Vortigern. De forma similar, embora Geoffrey cite Caerleon como "Cidade das Legiões", ele não iguala essa informação ao local de batalha de nome similar na *Historia Brittonum*.

Não podemos dizer se Geoffrey faz uso de Arthur porque ele já era famoso na região ou se o vínculo se origina da própria preferência da sua região. Há apenas uma tradição do sudeste galês preexistente com uma ligação identificável – a de São Dubricius. Geoffrey transforma esse santo galês no arcebispo de Caerleon, primaz da Bretanha e clérigo braço direito de Arthur. É Dubricius quem coroa Arthur. A *Vida de São Dubricius*, anterior a Geoffrey, não faz nenhuma dessas afirmações e nada sabe sobre Arthur. Entretanto, vimos como Davies foi capaz de formular um argumento racional definindo a área de Ercing, o sub-reino associado a Arthur, ao analisar as dedicações da Igreja a São Dubricius.

O enaltecimento de Caerleon é invenção de Geoffrey, sem dúvida baseado nas ruínas romanas visíveis ali, familiares a um nativo de Monmouth.

Qualquer livro antigo que ele possuísse precisaria ser transmitido pelos clérigos. É inconcebível que um escritor eclesiástico de qualquer outro lugar engordasse o olho do rival. Nenhum dos abundantes materiais do sul de Gales do século XII apóia as afirmações de Caerleon. Para os historiadores da igreja no século XII, Gales, Llandalf ou S. David são as localizações-chave. Geoffrey contradiz essas afirmações. Teilo, o primeiro bispo de Llandalf, é apenas um pároco, e S. David é uma fundação de São Patrício.

Essa preferência regional previsível não é apenas uma base no trabalho de Geoffrey. No final do livro, Cadwallo, exilado da Bretanha, chega à corte do rei Salomão da Bretanha Gaulesa; Salomão lança um ataque verbal aos galeses, comparado aos antigos reis dos bretões: "uma série de homens fracos sucederam a eles como seus herdeiros, e estes perderam a ilha definitivamente quando o inimigo atacou. Essa é a razão pela qual estou tão preocupado com a fraqueza do seu povo, pois temos a mesma origem e carregamos o nome dos bretões exatamente como os homens do seu reino, e ainda conseguimos proteger a terra dos nossos pais, que você vê em torno de si, quando é atacada por qualquer vizinho."

Estranhamente, Cadwallo concorda com ele: "Quando disse que era extraordinário que o meu povo não pudesse manter a posição de orgulho dos seus ancestrais, uma vez que os bretões migraram para estas terras, eu mesmo nada encontrei que realmente me surpreendesse. Os membros mais nobres de toda a comunidade seguiram os líderes [para a Bretanha Gaulesa] e só os de má índole ficaram e tomaram o controle das terras daqueles que haviam partido" (HRB XII.6, Thorpe 1966:275). E lançou mais invectivas sobre os bretões insulares que o seu anfitrião já havia feito.

Mais tarde, a Voz de Deus, confirmada por todos os oráculos e profecias escritas, informa ao filho de Cadwallo que o seu povo nunca mais governará a ilha. Os bretões insulares remanescentes continuam a degenerar-se, tanto que mesmo o seu nome ancestral é perdido, e eles se tornam conhecidos como os galeses, talvez, sugere Geoffrey, por serem tão bárbaros.

Essa preferência Bretanha é evidente por toda a história. Todo governante principal, inclusive Arthur, tem feitos militares no continente, nas terras fronteiriças à Bretanha Gaulesa. A família de Arthur é da casa real Bretanha, e as suas vitórias somente são concluídas com o poder militar bretão.

Não há nenhuma razão no século XII que seja convincente para isso. Nem Geoffrey, nem as pessoas a quem ele faz as dedicatórias são bretões. A única explicação real é que ele usa uma fonte Bretanha. Diz-nos, especificamente, que tem um livro sobre história Bretanha. Conforme Gormund, rei dos africanos, foi devastando a Inglaterra no século VII, "muitos párocos foram debandando em uma grande escapada para a Bretanha Gaulesa... Devo descrever esses acontecimentos em algum outro lugar quando vier a traduzir o Livro do Exílio". São essas as indicações de que o livro antiqüíssimo de Geoffrey contém a palavra *Britannia* (Bretanha romana), bem como

Britain ou *Brittany* (a primeira se refere à Bretanha inglesa, ao passo que a segunda se refere à Bretanha gaulesa ou francesa). Como não há indicação de que ele está escrevendo fora da Inglaterra (de fato, ele testemunhava outorgas em Oxford, nessa época), a única explicação para a sua afirmação é que Walter, o arquidiácono, lhe trouxe o livro "ex-Britannia", porque vinha da Bretanha Gaulesa. Como descobriremos, as únicas partes principais da história de Geoffrey sobre Arthur que não podem ser extrapoladas a partir de fontes conhecidas são aquelas que tratam dos seus feitos na França. Temos, portanto, alguns indicadores na direção da fonte desconhecida de Geoffrey.

A História dos Reis da Bretanha

Embora o trabalho de Geoffrey flua a partir das conseqüências da guerra de Tróia até o século VII, metade dele se concentra nos cem anos que estão aproximadamente entre 450-550. Os trechos de Geoffrey que iniciam e finalizam no período são aqueles de Gildas que escolhi para definir a era Arthuriana. Geoffrey simplesmente cita Gildas descrevendo a retirada romana da Bretanha. Ele inclui o apelo a Agitius sem fazer nenhuma idéia a quem ele deveria ser direcionado.

No fim das contas, estamos de volta ao território familiar, quando encontramos os tiranos de Gildas Constantino, Aurelius Conanus, Vortiporius e Malgo. As indicações são de que Cuneglassus também estava na versão original de Geoffrey. O seu reino havia sido previsto por Merlin anteriormente. Entretanto, bem no estágio inicial da transmissão do manuscrito, ele deve ter sido retirado acidentalmente, conforme o escriba o movia de um trecho similar para outro. Cada reino começa com as mesmas palavras *"cui sucessit"* (a quem sucedeu), de forma que esse tipo de erro poderia facilmente ser cometido. Os tiranos são governantes consecutivos de toda a Bretanha. Embora os leitores possam detectar um ar alegre no trabalho de Geoffrey, não há justificativas para dizer que o trabalho é uma paródia conhecida. Nenhum contemporâneo "pegava" as brincadeiras de Geoffrey e ele nunca lhes deu atenção, como seria de esperar de um escritor da sua época. Podemos dizer, portanto, que esses reinados consecutivos de reis razoavelmente bons são uma distorção bem-humorada dos malvados que eram contemporâneos de Gildas. Ele pode ter verdadeiramente entendido Gildas ao dizer que se tratava de uma sucessão de reis de uma região inteira, já que Gildas nunca afirmou explicitamente quando a Bretanha se havia fragmentado em pequenos reinos regionais. Isso é algo que devemos estabelecer a partir de evidências externas. Geoffrey, ao contrário, poderia apreciar completamente a diferença entre o seu trabalho e o de Gildas, e acreditar que está estabelecendo um registro direto. Quaisquer que fossem as intenções de Geoffrey, ele não sabia nada sobre esse governante, a não ser o que está contido em Gildas. Ele embeleza e interpreta o seu material, mas nada lhe acrescenta de significativo.

A seqüência começa com o reino de Constantino, de acordo com Geoffrey, o filho do duque Cador da Cornualha e primo de Arthur. Geoffrey sincroniza o seu reino com as mortes de Daniel, bispo de Bangor, e de S. David. Como eles não aparecem em Gildas, devem ser oriundos de uma fonte separada. David foi enterrado em Menevia (em S. David) sob ordem de Malgo, rei dos venedotianos. Com nenhuma indicação de que esse era o mesmo homem que apareceria poucos anos depois como "Malgo, rei da Bretanha". É claro, ele é Maglocunus, do *de Excidio*.

Diferentemente das fontes anteriores que estudamos, o problema de analisar a história de Geoffrey é o grande número de cópias (pelo menos duzentas) que sobreviveram. O editor corrente, Neil Wright, está trabalhado em uma história textual detalhada, mas, até que ela esteja completa, é difícil dizer quais manuscritos dão o melhor testemunho das intenções de Geoffrey. Os editores modernos do trabalho de Geoffrey têm usado critérios diferentes de acordo com as variações de leitura que preferem.

Malgo é um exemplo claro. "Magbo", rei do venedotianos, aparece na Biblioteca da Universidade de Cambridge MS Ii.1.14 (1706) como editado por Griscom, a fonte da tradução popular de Thorpe. Griscom, entretanto, tinha apenas o Manuscrito de Bern para comparação, que nada diz sobre o rei que ordenou o enterro de S. David. Já a edição de Faral, do Trinity College de Cambridge MS 0.2.21 (1125), combinada com as outras nove, opta por Malgo, rei dos venedotianos. Assumindo-se que essa é a interpretação original, Geoffrey deve reconhecer que o Malgo dos venedotianos e o Malgo, rei da Bretanha, são a mesma pessoa. Cadwallo dá a sua genealogia retrocedida até Malgo, especificamente confirmado como o quarto governante depois de Arthur. Isso é essencialmente a Genealogia Harleiana de Gwynedd, e o pai de Cadwallo, Cadvan(us), foi descrito como rei de Gwynedd, o que sugere que Geoffrey realmente associa o rei Malgo da Bretanha com o norte de Gales. Ele começaria como rei do norte de Gales na época de Constantino, governaria pelos três anos de Aurelius e pelo curto reinado do velho Vortiporius, de acordo com Gildas, antes de se tornar rei da Bretanha. Essa descrição combina perfeitamente a localização tradicional de Maelgwn com o extenso poder Maglocunus em Gildas.

O único incidente na vida de Constantino que Geoffrey relata é o assassinato de dois jovens reais em uma igreja. De acordo com Geoffrey, eles eram filhos do adversário de Arthur, Modred, derrotado em uma guerra civil e perseguido até os mosteiros em Winchester e Londres. Os aspectos aos quais se pode dar menor crédito da história, tais como o juramento de Constantino de não utilizar os seus artifícios contra os bretões, o seu "disfarce" como abade consagrado e a presença da mãe desesperada dos jovens, descritos por Gildas, foram desconsiderados. Os assassinatos na igreja são, entretanto, punidos quatro anos depois por Deus. Constantino é enterrado em Stonehenge. É sucedido pelo sobrinho, Aurelius Conanum. Eu sugeri um relacionamento familiar entre eles também, mas, nesse caso, Geoffrey poderia pensar, igualmente, em uma ligação dinástica. Os outros filhotes de leão, em Gildas o tio de Maglocunus e os seus homens, são transpostos para a história de Aurelius. Na versão de Geoffrey, Aurelius derrota o tio, presumivelmente o irmão de Constantino, que governou depois dele, e mata os seus filhos. Essa história substitui a inoportuna morte do pai e irmãos de Aurelius em Gildas. O envolvimento de Aurelius nas guerras civis é considerado por Geoffrey uma mancha na carreira desse "extraordinariamente bravo" e "valoroso" rei de toda a ilha da Bretanha. Aurelius ascende ao trono jovem e morre exatamente três anos depois, complementando a sugestão de Gildas de que ele não viveu para ver os seus descendentes. A versão de Geoffrey para o seu nome, "Aurelius Conanus," é um tanto mais provável do que a de Gildas (trocadilho?), Caninus.

Pouco é dito sobre o sucessor de Aurelius, Vortiporius. É um combatente bem-sucedido contra os saxões, mas nenhuma das informações de Gildas, nem mesmo a sua origem demetiana ou o seu pai como sendo da realeza, é dada. Ele simplesmente "governou o povo moderada e pacificamente".

A condenação detalhada de Maglocunus é desconsiderada por Geoffrey, que pinta o rei da forma mais clara possível: "Ele era o mais atraente de quase todos os líderes da Bretanha [o mais alto, em Gildas], e se empenhou bastante em assassinar aqueles que governaram mal o povo [os tiranos que Gildas disse que ele destituiu]. Era um homem bravo na batalha, mais generoso do que os seus predecessores [até Gildas reconhece isso] e muitíssimo aclamado pela sua coragem." Geoffrey interpreta o seu epíteto "dragão insular" com a maior hipérbole. Não apenas ele é o "governante de toda a ilha [da Bretanha]", como também conquista as seis ilhas vizinhas da Irlanda, Islândia, Gotland, as Orkneys, Noruega e Dinamarca! A única coisa ruim que Geoffrey encontra para dizer a seu respeito é que ele era "viciado na sodomia", uma provável interpretação bem literal da descrição de Gildas de ele comportar-se como um bêbado do vinho de uvas sodomíticas".

Esses trechos nada mais são do que as variações de Geoffrey dos temas de Gildas. À parte esse sincronismo com Constantino, Magbo e os santos, não há indicação de nenhuma fonte externa. Geoffrey claramente não conhece mais do que nós sobre os tiranos de Gildas. As outras personagens, como as esposas de Maglocunus, o pai de Vortiporius, os jovens da realeza e a mãe, não são nem mesmo mencionadas. Malgo e Agitius não são mais do que personagens de Gildas, que estruturam a história da revolta saxônica e a recuperação da Bretanha.

A Casa de Constantino

A história começa com o reinado de Constantino, "rei da Bretanha". Ele é o usurpador Constantino III, descoberto na história de Orosius, que foi desenvolvida distorcidamente por Geoffrey. Gildas atribuiu o fim do governo romano na Bretanha a Maximus, e descreveu a era que se seguiu como sendo o final dos reis da Bretanha, depostos por sucessores ainda mais cruéis. É racional para Geoffrey concluir que Constantino III, que governou depois de Maximus, fosse um daqueles reis. Geoffrey compartilha da visão de Gildas de que os romanos são um povo continental, diferente dos habitantes da Bretanha, de maneira que, se Constantino é um romano, deve vir do continente. Para corresponder à preferência detectada, ele é um bretão, irmão do rei Aedroenus da Bretanha Gaulesa.

Geoffrey faz pouco uso de Constantino, que luta brevemente com "o inimigo" antes de ser assassinado por um picto. Vortigern, duque de Gewissei, toma o poder em nome do filho monge de Constantino, Constans, que foi assassinado em seguida. Com isso, Vortigern desempenha o papel do tenente britânico traidor de Constantino III, Gerontius. Vortimer é brevemente o "rei da Bretanha" ao corresponder à visão de Geoffrey de que as principais personagens mantêm as suas posições.

Ambrosius é o filho do rei Constantino com a sua noiva Bretanha, "nascida de uma família nobre". Isso explica a descrição de Bede sobre a família como "de posição e título reais". Com a morte do pai (antes da revolta saxônica, e não durante ela, como nos diz Gildas), Ambrosius e o irmão são transferidos para a Bretanha Gaulesa enquanto ainda são crianças. Vortigern está preocupado com o seu possível retorno, explicando como na *Historia Brittonun* ele pode temer Ambrosius, mesmo sendo ainda uma criança.

Geoffrey não tem uma estrutura cronológica explícita acerca desse ponto. Sem idéia alguma da identidade de Agitius, ele nada tem que o impulsione a situar esses acontecimentos na segunda metade do século V. Se ele tem um plano, é que a chegada dos saxões corresponde à antiga data (anos de 420) da *Historia*, sincronizada com a primeira visita de São Germanus. Esse esquema, com Constantino antes de 410, Vortigern e os saxões em 420, a primeira geração de guerras saxônicas sob Ambrosius e o seu irmão (450-60) e a vitória final por Arthur (460-70?), é mantido com a insistência de que Leo (anos 470) é o imperador romano oriental na época da trajetória de Arthur depois de Badon. Gildas, com essa suposição, teria escrito em torno de 510 e Badon poderia, igualmente, ter ocorrido quarenta e quatro anos depois de uma chegada dos saxões, como Bede escreve, apesar de uma nos anos 420.

Ashe argumenta que se trata de datas "verdadeiras", de alguma forma preservadas por sincronismos como o reinado do Imperador Leo (Ashe

1982). Isso é interpretar a informação da maneira errada. Geoffrey tinha todas as fontes disponíveis para construir essa cronologia por si mesmo, baseado apenas no conhecimento de que Constantino III reinou antes de 410. Isso chega completamente separado na outra ponta, quando Arthur luta a sua última batalha em 542. Geoffrey dá exatamente a mesma extensão do reinado de Arthur. Arthur tem pelo menos quarenta anos quando morre, depois de reinar por não muito mais do que vinte e quatro anos. Geoffrey deve, portanto, imaginar o seu reinado como tendo iniciado em torno de 517, e o de Uther em torno de 500.

Gildas não pode ter escrito depois das conquistas insulares de Malgo. Geoffrey nos conta que Constantino da Cornualha reinou por quatro anos depois de ter matado os jovens da realeza e que Aurelius governou por três anos no total. Vortiporius parece ter governado por um tempo razoável. Gildas, portanto, dificilmente poderia ter nascido na época da batalha de Monte Badon, como Geoffrey reconhece que deveria ser, se esta última batalha ocorreu nos anos 460. É essa discrepância que certamente compele Geoffrey a remover os detalhes da cronologia anterior, quando nenhuma data de d.C. é fornecida, embora ele pudesse facilmente tê-las adicionado à sua narrativa.

A prova de que a antiga datação não está "correta" é o apelo de Agitius. Geoffrey não tem idéia de quando ou por quem ele foi enviado. Ainda que tal apelo tenha sido feito em meados do século V, quando muito, não é possível pré-datá-lo ao reinado de Constantino III e de Constans. Geoffrey continua a história com o massacre dos bretões pelos saxões e a sua conferência de paz, seguindo a *Historia Britonnum*. Vortigern foge para Gales e tenta construir um castelo que está sempre desmoronando. Nesse ponto, somos apresentados à principal inovação de Geoffrey, a figura de Merlin.

Embora Geoffrey não soubesse na época, o profeta galês Myrddin (o seu Merlin), adquiriu uma história completamente lendária. Ele estava ligado aos reinos bretões do fim do século VI, no norte, e era famoso pelas suas profecias. Vários poemas no *Livro negro de Carmarthen* lhe são atribuídos. Geoffrey, em seguida, aprendeu mais sobre ele e o incorporou no seu *Vita Merlini (Vida de Merlin),* cerca de vinte anos depois.

Geoffrey teve acesso às profecias de Merlin no idioma britânico, como ele diz. Quando estava escrevendo a História, havia muito interesse nas profecias, de forma que Geoffrey "as traduziu" para o latim. Ele as anexou à História na sua forma natural, sem refinamentos, no ponto em que na *Historia Brittonnum,* era mencionada a profecia do garoto prestes a ser sacrificado na torre de Vortigern. Na *Historia Brittonum,* a resolução do drama é que o menino profético é Ambrosius. Aqui está Merlin, "também chamado Ambrosius".

As profecias de Merlin eram originalmente independentes da História. Seguiam o seu próprio caminho. Aludem a Arthur como "O Javali da

Cornualha". Essa imagem não é carregada pela História, em que, Arthur usa um dragão dourado como o seu símbolo. Quando Arthur sonha com um *urso* lutando contra um dragão, os seus conselheiros o ligam ao dragão, enquanto ele e Geoffrey parecem pensar que ele verdadeiramente é o urso.

O epíteto "da Cornualha" é também estranho. De acordo com Geoffrey, Arthur foi concebido na Cornualha e é relacionado por casamento aos governantes da Cornualha. Isso parece insuficiente para garantir uma descrição "da Cornualha".

"O fim do Javali será envolvido em mistério", disseram-nos. Embora, como William de Malmesbury confirma, as lendas circulassem, a informação de que Arthur retornaria, ou de que o seu túmulo era desconhecido, ou um mistério, Geoffrey não tornou isso explícito. Na sua versão, Arthur vai para a ilha de Avalon para tratar do seu ferimento mortal. Então, desaparece da história. Talvez Geoffrey tenha decidido mais tarde que ele havia sido discreto demais, pois a versão dada no *Vita Merlini* é mais misteriosa do que a narrativa da História.

Merlin profetiza que "seis dos sucessores dos javalis haveriam de segurar o cetro, mas depois deles 'o Verme Germânico' [os saxões] retornaria" (HRB VII.3). Thorpe traduz isso como os "descendentes" de Arthur, embora esteja perfeitamente claro que ele não tem nenhum, ou pelo menos que os seus sucessores estão entre eles. Os sucessores são Constantino da Cornualha, Aurelius Conanus, Vortiporius, Malgo e Keredic. Conforme sugerido, o fato de que há apenas cinco deles indica que, em alguns estágios anteriores, o reinado de Cuneglassus foi retirado acidentalmente.

Ambrosius

Ao atribuir o papel profético da *Historia Brittonum* a Merlin, Geoffrey pode contar a história de Ambrosius em um estilo geral realista. Ambrosius começa por derrubar o governo de Vortigern, como já havíamos inferido. "Os bretões aconselharam um ataque imediato aos saxões, mas [Ambrosius] persuadiu-os do contrário, pois queria perseguir Vortigern primeiro." Vortigern é derrotado e queimado no seu castelo em Erging.

A seguir, Ambrosius volta a atenção para Hengist. Os saxões aterrorizados retiraram-se para o norte da Úmbria e ali fortificaram cidades. Eram fortalecidos pela proximidade com a Escócia, "pois aquela região nunca perdeu uma oportunidade de piorar as coisas sempre que os bretões estavam aborrecidos. Era uma terra amedrontadora de se viver, quase desabitada, e oferecia um lugar seguro para emboscar estranhos" (HRB VIII.3, Thorpe 1966:189). Embora a *Historia Brittonum* sustente uma localização no norte para algumas dessas guerras, a que está em questão se origina principalmente da situação na própria época de Geoffrey. Nos primeiros anos do século XII, a Inglaterra e a Escócia eram reinos hostis, guerreando por disputas de terras que se haviam separado deles. Era, portanto, um campo de batalhas natural nas ilhas britânicas, fácil para Geoffrey e os seus leitores imaginarem como cenário de um conflito passado.

As forças de Ambrosius consistem de britânicos (Geoffrey refere-se ao povo da Inglaterra), bretões e galeses. Eles derrotam Hengist nas batalhas de Misbelli e Kaerconan (Conisbrough), depois que Hengist é executado. O seu filho Octa se rende ante o cerco de York e se fixa nas terras próximas à Escócia. Depois disso, Ambrosius "se devotou a restaurar o reino, reconstruir as igrejas, renovar a paz e o governo da lei, e administrar a justiça". Acabou sendo assassinado por um saxão, por ordem do filho de Vortigern, Pascent.

Há pouco na narrativa de Geoffrey sobre Ambrosius que não possa ser posto no material de conexão imaginário de Gildas, Bede e a *Historia Brittonum*. Os únicos aspectos adicionais são os nomes das batalhas. A única parte importante da história de Ambrosius que não tem antecedentes se refere a Merlin, Stonehenge e Uther Pendragon.

Ambrosius decide construir um memorial no Monte Ambrii (Amesbury) aos bretões mortos na reunião do conselho. Seguindo o conselho de Merlin, Ambrosius decide que o monumento será a Dança dos Gigantes, um círculo de pedra com propriedades mágicas na Irlanda. O irmão de Ambrosius, Uther Pendragon, Merlin e 15 mil homens vão para a Irlanda a fim de tomá-la de volta. Somente Merlin é capaz de levar a cabo a façanha de engenharia de desmontar o círculo de pedras e reerigi-lo no Monte Ambrii, onde agora se encontra, conhecido, conforme descobrimos mais tarde, como Stonehenge. Ele serve de túmulo para Ambrosius, Uther Pendragon e Constantino da Cornualha. A decepcionada Irlanda, enquanto isso, entrou em acordo com Pascente e com os saxões. Eles invadem e lutam com Uther Pendragon perto de S. David.

Durante essa campanha, uma estrela aparece, na forma de um dragão, emitindo dois raios de luz. Merlin interpreta isso como o significado de que Ambrosius morreu e que Uther Pendragon é agora o rei da Bretanha. A estrela simboliza ele mesmo e os raios são o seu filho (Arthur) e a sua filha, cujos filhos e netos viriam a governar a Bretanha um dia.

Quando Uther retorna para a sua coroação em Winchester, "com a lembrança da explicação dada por Merlin a respeito da estrela... ele encomendou dois dragões confeccionados com ouro, similares àquele que vira no raio que brilhou daquela estrela". Deu um deles à catedral de Winchester. "O outro, guardou para si mesmo, de forma que o pudesse carregar para as guerras. Daquele momento em diante, ele passou a ser chamado Uther Pendragon, que na língua britânica significa 'uma cabeça de dragão'. Recebeu esse título porque foi por meio de um dragão que Merlin profetizou que ele seria rei." (HRB VIII.17, Thorpe 1966:202).

Muitas características estranhas dessa história sugerem que Geoffrey está lidando com uma fonte externa. A sua explicação do nome de Uther não faz sentido. Uma cabeça de dragão nunca foi mencionada, tampouco nenhuma razão convincente pela qual Uther adotaria semelhante sobrenome. De fato, Geoffrey chamou-o Uther Pendragon desde o nascimento. A profecia que Merlin fez sobre a estrela não foi levada adiante pelo resto da narrativa, tampouco as duas figuras de dragão e o motivo de Uther para encomendá-los. Apenas um dragão, sem dois raios de luz é visto no céu.

Geoffrey não entendeu que o significado do sobrenome de Uther não é "Cabeça de Dragão", mas "Dragão Cabeça". Como podemos ver, o galês antigo apenas conhecia *Dragon* como o título de um governante ou líder militar. O sobrenome de Uther é, portanto, "Guerreiro Líder". É similar ao epíteto de Maglocunus, "*insularis draco*", guerreiro da Bretanha.

O episódio de Stonehenge se enquadra estranhamente no contexto. Embora Ambrosius seja o rei da Bretanha, recai sobre Uther Pendragon a tarefa de ir para a Irlanda e capturar o círculo de pedra. Da mesma forma, quando os irlandeses atacam a Bretanha para tomá-la de volta, Uther tem de defender a ilha. A história, envolvendo a jornada de Uther Pendragon à Irlanda para trazer de volta um artefato místico, não precisa originalmente do envolvimento de Ambrosius de forma alguma. Uther é mais tarde enterrado em Stonehenge.

Uther Pendragon era conhecido antes da sua incorporação à história de Geoffrey. Ele é mencionado em *Pa gur*, quando o companheiro de Arthur, Mabon, filho de Modron, é citado como seu servo. Esse Mabon é claramente uma figura mitológica, que deve levantar questões a respeito da historicidade de Uther. Uma das tríades, os três grandes encantamentos, refere-se ao encantamento de Uther Pendragon. Isso seria visto pelos leitores de Geoffrey como uma referência ao encantamento por meio do qual Uther alterou a sua aparência para dormir com Ygerna. Ainda, como Geoffrey relata, trata-se de um encantamento de Merlin, e não de Uther. Todos os três grandes encantamentos são habilidades que as personagens citadas ensinam a outros encantadores famosos. Portanto, Uther Pendragon ensina o seu encantamento a Menw, o encantador que pode mudar a forma de Arthur, em *Culhwch e Olwen*. É ele, claramente, quem lança o encantamento, e não alguém afetado por ele. Isso sugere que o nome de Merlin tenha sido anexado por Geoffrey a um famoso incidente mágico, referente apenas a Uther. A idéia de Geoffrey de que Uther é o pai de Arthur é da maior importância. Nada até esse ponto sugeriu que havia qualquer tradição do pai de Arthur.

Podemos identificar Uther e os episódios inesperados ligados a ele como derivados de fontes externas. Se, antes de Geoffrey, Uther Pendragon era visto como um rei da Bretanha, que luta contra os saxões do século V, ou pai de Arthur, é assunto a ser discutido mais tarde. Podemos dizer que os contos de Stonehenge e do encantamento muito improvavelmente se originaram da realidade da Idade das Trevas.

Uther Pendragon se torna rei da Bretanha depois de Ambrosius. A sua carreira militar parece ser derivada da lista de batalhas Arthuriana. Portanto, o filho de Hengist, Octa, vem da parte norte da Bretanha, destruindo todas as cidades até York, onde ele faz o cerco. Geoffrey, mais uma vez troca o papel das guerras saxônicas para o do padrão familiar do conflito entre Inglaterra e Escócia. Uther tenta levantar o cerco de York, mas é levado a recuar a uma posição defensiva no Monte Damen. Seguindo o conselho do duque Gorlois da Cornualha, Uther faz um ataque surpresa noturno ao campo saxão e captura Octa. Esse Monte Damen é o mais próximo que Geoffrey chega da batalha de Monte Agned. É estranho que ele saiba do Monte Agned e não faça referência a ele previamente na sua História. Na época pré-romana, é fundado pelo rei Ebraucus, que também fundou York. Geoffrey afirma que é agora chamado Castelo das Donzelas. Outras fontes do século XII o chamaram de Castelo das Donzelas de Edimburgo, mas a identificação não é explícita em Geoffrey.

Uther derrota Octa e entra em Alclud (Dumbarton) como rei vitorioso de toda a Bretanha: "Então, ele visitou todas as terras dos escoceses, salvou aquela gente rebelde do seu estado de selvageria; pois administrou justiça por todas as regiões de uma maneira que nenhum dos seus predecessores foi capaz de fazer." Retorna a Londres em triunfo.

É nas celebrações da vitória que Uther vê, pela primeira vez, Ygerna, esposa de Gorlois, e se apaixona por ela. Enfurecido, Gorlois retira-se da Cornualha e Uther, inflamado pela luxúria, persegue-o. Ygerna é levada, por segurança, ao forte de Tintagel. Não havia o que fazer senão chamar Merlin, que transforma a aparência de Uther, pondo nele as feições de Gorlois para conseguir entrar no castelo. Enquanto Gorlois está sendo morto em um imprudente ataque repentino vindo das proximidades da fortificação, Uther e Ygerna estão unidos. Nessa noite, "ela concebeu Arthur, o mais famoso dos homens, que subseqüentemente ganhou renome por sua grande bravura" (HRB VIII.19, Thorpe 1966:207).

DESCOBRINDO ARTHUR I — TINTAGEL 1998

Foi uma pedra quebrada, usada para cobrir uma vala. Foi um pedaço de ardósia, mal gravada com nomes britânicos da Idade das Trevas. Foi também "o achado de uma vida"; "uma descoberta extremamente emocionante"; um artefato em que "o mito encontra a história"; assim disse o dr. Geoffrey Wainwright do English Heritage. O professor Christopher Morris descreveu o pedaço de pedra fisicamente desprezível como "sem preço" e "muito emocionante".

O professor Morris esclarece que a sua "emoção" foi baseada na evidência oferecida pela ardósia, de que a habilidade da escrita e da leitura eram transmitidas em um contexto não religioso e que [um dos homens mencionados] era uma pessoa de "condição considerável". Isso foi levemente desonesto, já que o "contexto" do objeto era reutilizá-lo como cobertura de vala e a inscrição em si dificilmente seria um trabalho de alto valor. O interesse da imprensa não foi causado pelo valor inerente de uma inscrição da Idade das Trevas. O dr. Wainwright ajudou com a conexão que eles procuravam: "É notável que uma pedra do século VI tenha sido descoberta com o nome de Arthnou [sic] inscrita sobre ela em Tintagel, um lugar com o qual o mítico Rei Arthur tem sido durante muito tempo associado" (Smith, 1998).

A pedra foi encontrada durante escavações em Tintagel. O local espetacular é dominado pelas ruínas do "Castelo do Rei Arthur", na verdade a fortificação do século XII do Conde Ricardo da Cornualha, construída talvez para se assemelhar às lendas. Quando os arqueólogos descobriram muitas quantidades de material do século VI de grande valor, Tintagel foi primeiro descrita como um local monástico (Ashe 1968). No fim, essa teoria se mostrou infrutífera, já que nenhuma outra característica monástica foi descoberta, enquanto ao mesmo tempo artigos preciosos, inclusive o inconfundível conjunto de cerâmica importada denominada "artigos de Tintagel"[29], foram desenterrados em outras localizações claramente seculares no século VI. É atualmente aceito o fato de que Tintagel era o principal centro secular do reino de Dumnonia, tanto quanto Geoffrey de Monmouth o descreva.

A importância indubitável de Tintagel durante o reinado de Arthur, uma das localizações onde poderíamos esperar encontrar traços do tirano Constantino que poderiam esclarecer muito do mundo de Gildas, foi completamente obscurecida pelas supostas conexões Arthurianas do local. A ardósia, descrita pelo seu descobridor Kevin Brady como "um chamariz" e "uma conexão muito tênue, quando muito", não menciona Arthur de forma alguma. A inscrição fragmentária aparece da seguinte forma:

Patern ...
Coliavificit
Artognov ...
Col ...
Ficit ...

O professor Charles Thomas ofereceu uma tentativa de tradução para "Artognou, pai de um descendente de Coll fez isso"[30]. Essa tradução parece baseada em uma transcrição parcial do texto, omitindo a segunda parte e não consciente do "n" que aparece no final de "Pater". Eu segui a tradução proposta por Andrew Smith, em que ambas as palavras, Patern e Artognou, são citadas como doadores (Smith 1998).

A característica mais notável para a maior parte dos comentaristas foi o nome "Artognou", visto como muito similar ao de Arthur. De fato, as únicas

---

29. N.T.: Do original: *Tintagel ware*.
30. N.T.: Do original: *Artognou, father of a descendant of Coll has had this made.*

semelhanças são as suas três primeiras letras, presumivelmente originadas da mesma raiz celta. Os nomes não são o mesmo e nunca houve nenhuma dúvida de que "Arthur" não era uma versão muito clara do nome real do herói. Em todas as fontes que estudamos, o nome foi dado apenas como "Arthur". Essas fontes são independentes e nenhuma delas dá indicação alguma, em todas as suas variantes de manuscrito, de que um nome ligeiramente diferente "Art..." estivesse por trás do de Arthur. O único nome que podemos racionalmente esperar encontrar em qualquer inscrição do século VI relacionada a Arthur; é o próprio Arthur, ou as versões latinas aceitas para o mesmo. Quem quer que possa ter sido, Artognou não era Arthur mesmo se o nome realmente fosse Arthur, as "tradições" e "coincidências" que o ligam a Tintagel não o caracterizam como o "pai de um descendente de Coll".

Smith sugere uma leitura da pedra mais plausível, que nos dá uma conexão Arthuriana vaga. "Patern..." é imediatamente reconhecível como o nome Paternus, Padarn em Gales, o nome do santo do século VI que encontramos anteriormente, por exemplo. As linhas seguintes lidas não "de um descendente de Coll", mas "do Avô Coll"[31]. Agora, se Paternus tem alguma coisa a ver com o Avô Coll, então a possibilidade é que ele seja o seu neto. A inscrição seria, então, lida "Paternus, descendente do Avô Coll fez isso"[32]. O ressurgimento de "Col ...Ficit" no final sugere que a inscrição continuou: "Artognou, descendente do Avô Coll fez isso"[33], uma dedicatória compartilhada por dois membros do mesmo clã.

Interessante o suficiente, uma figura lendária da Cornualha chamada Coll aparece em duas tríades que já conhecemos. Ele é um dos poderosos que tendem a porqueiros na Cornualha. De acordo com a tríade, um dos seus porcos dá à luz o Gato de Palug, morto por Kai em *Pa gur*. Coll é também um dos três encantadores que aparecem na "Tríade dos Três Grandes Encantamentos", junto a Uther Pendragon.

Wainwright produziu muito a partir dessa "coincidência" do nome Artognou e de Tintagel. Uma coincidência um pouco mais intrigante é que Tintagel, Coll e Uther Pendragon aparecem nos contos locais do encantamento.

Devemos reconsiderar a evidência de que "o achado de uma vida" foi louvado pela imprensa. O descrédito geral do material Arthuriano histórico tem o efeito de "se todas as fontes são igualmente suspeitas, então todas as fontes são igualmente admissíveis". Mesmo acadêmicos respeitáveis como o dr. Wainwright foram citados pela imprensa por descrever Tintagel como "um lugar com o qual o mítico Rei Arthur está associado há muito tempo"

---

31. N.T.: Do original: *of Grandfather.*
32. N.T.: *Patrnus, descendant of Grandfather Coll made it.*
33. N.T.: *Artogou, descendant of Grandfather Coll made it.*

e que Arthur foi "um líder grosseirão de homens"; "um celta baixinho e grosseiro... comandando uma porção de grupos de combate celtas ... morto na batalha de Camlann em 510 d.C.". Já o professor Morris levantou a objeção de que "Arthur é uma figura que entra pela primeira vez no domínio histórico no século XII", sendo todas afirmações excessivamente discutidas. Devemos lembrar que a conexão entre Arthur e Tintagel dificilmente é fundamentada em material histórico. Não há nada em todas as fontes anteriores a Geoffrey que nos leve a suspeitar que Arthur estava ligado a Tintagel, e todas as referências posteriores têm origem em Geoffrey. A narrativa de Geoffrey do artifício usado por Uther para seduzir Ygerna em Tintagel é de longe o episódio mais lendário e mágico na sua história de Arthur. Parece injusto que uma das poucas coisas admissíveis de serem ditas sobre Arthur por acadêmicos é que uma longa tradição o conecta a Tintagel.

Mesmo se todas as palavras que Geoffrey escreveu fossem provadas como históricas (uma suposição muito improvável), ainda assim ele não dá outra conexão entre Arthur e Tintagel, além do lugar da sua concepção. Nem mesmo se considera que Arthur tenha nascido ali. Nada em Geoffrey ou nos romances indica que Arthur viveu em Tintagel ou teve alguma razão para dedicar um pedaço de ardósia ao local. É improvável que tenha existido uma conexão histórica entre Arthur e Tintagel e, mesmo que tenha havido, Geoffrey não a documentou.

O Reinado de Uther

A história de Uther vai findando gradualmente depois do episódio de Tintagel. Com Gorlois morto, Uther e Ygerna se casam e têm dois filhos, Arthur e Anna. A filha, profetizada por Merlin como a progenitora de futuros reis da Bretanha, é uma fonte de confusão no texto. Ela é casada com Loth da Lodenésia e é mãe de Gualguanus e Modred, sobrinhos de Arthur. Posteriormente ela é descrita como a esposa do rei Budicius da Bretanha Gaulesa e mãe do aliado de Arthur, rei Hoel. Isso não funciona na cronologia de Geoffrey, já que Hoel se torna um homem adulto somente quinze anos depois do nascimento de Arthur.

Os escritores de romances dão a Arthur várias irmãs (filhas de padrastos ou madrastas) para explicar todos os seus sobrinhos adultos. Não há sugestão disso em Geoffrey. Thorpe agrava o problema pelo mal entendimento da esposa de Loth como "irmã de Ambrosius", clareando a "confusão" e transformando Hoel no sobrinho de *Ambrosius*! Nada existe que garanta isso. Geoffrey não mostra confusão sobre a paternidade de Hoel; ele é o filho da irmã de Arthur. Os seus descendentes continuam a governar a Bretanha Gaulesa pelo menos até o fim do século VII, dando alguma prova da profecia de Merlin.

Muitos anos se passam, Uther adoece e Octa escapa para unir-se aos saxões. Previsivelmente, eles invadem a Escócia e os bretões "ingleses" têm de expulsá-los. Loth, agindo como general e regente durante a doença de Uther, luta contra eles sem sucesso. Uther viaja em uma liteira para liderar a defesa, mas descobre que os saxões tomaram Santo Albano na sua primeira aparição no sudeste da Inglaterra desde os dias de Vortigern. Octa é morto e Uther recupera a cidade. Os saxões retiram-se para o norte, mas alguns dos seus espiões conseguem envenenar Uther. O cenário está montado para o tão esperado reinado de Arthur.

Loth aparece na *Vida de São Kentigern* como o avô do santo. Geoffrey subseqüentemente usou o material relacionado a Kentigern no *Vita Merlini*. A *Vida* acrescenta, mais tarde, que Lothian assumiu depois o nome de Loth, uma etimologia que Geoffrey surpreendentemente não fornece. Essa informação pode estar correta. Logo depois da expedição para Catraeth, as terras de Gododdin ficaram conhecidas como Lothian, nome derivado, presumivelmente, de um nome pessoal. Esse processo dos líderes da Idade das Trevas de dar os seus nomes aos reinos é identificável no caso de Ceredigion e Glamoran. O nome de Loth é Lleu em Gales (a *Vida* usa a forma Leudo), e Gododdin é chamada de terra de Lleu no poema.

A história pré-Arthur de Geoffrey incorpora dois tipos diferentes de material. O primeiro origina-se de fontes que já são conhecidas e as embeleza. O resto é material mágico que rodeia as figuras de Merlin e de Uther Pendragon. Embora Merlin tenha se tornado uma das principais figuras nas lendas Arthurianas, ele é claramente incluído forçadamente na História. Geoffrey simplesmente conectou o profeta Myrddin do fim do século VI à mais famosa ocorrência de profecia na *Historia Brittonum*.

Merlin pode, de forma similar, ter sido anexado às histórias de Uther Pendragon. Elas funcionariam muito bem sem ele, especialmente se o próprio Uther fosse um encantador. Se Uther e Merlin estivessem conectados antes de Geoffrey, é estranho que nós não tenhamos encontrado a conexão em outro material de Myrddin ou na *Vita Merlini*. Se Geoffrey realmente encontrou Uther e Merlin conectados em alguma fonte, isso implicaria que só Geoffrey é responsável por colocar Uther Pendragon na geração depois de Vortigern. Isso depende da mescla feita por Geoffrey do Merlin que aparentemente pertenceu ao fim do século VI com o muito anterior Ambrosius (século V?). Se Uther já estava associado a Merlin, então a sua "verdadeira" posição cronológica é de depois do reinado de Arthur, e não existe a possibilidade de ele ser o seu pai.

6. O Arthur de Geoffrey de Monmouth – últimas campanhas

É difícil dar crédito à condição de Uther como rei da Bretanha e membro da dinastia de Constantino III e de Ambrosius. O seu nome, Uther, e sobrenome, "Dragão/Guerreiro Líder" parece dar a ele mais afinidade com as outras personagens nomeadas "celticamente", como Arthur, o Líder das Batalhas, e Maglocunus, Dragão da Islândia, do que com o último dos romanos. As histórias contadas a seu respeito são tão lendárias quanto as sobre Ambrosius na *Historia Brittonum*, mas se, como nelas, é ocultada a realidade histórica, é impossível determinar.

Loth é irmão de Urianus e Auguselus, "descendem de uma linhagem real" *regali prosapia orti* (HRB IX.9), talvez da Escócia, embora Loth seja posteriormente mostrado como relacionado ao rei da Noruega. Urianus é Urien de Rheged dos poemas de Taliesin, uma outra figura do século VI. Geoffrey, mais tarde, menciona o filho de Urianus, Hiwenius, o Owain histórico, filho de Urien de Rheged. Loth e Urianus estão ligados na mesma geração na *Vida de São Kentigern*, em que o filho de Urien e a filha de Loth são os pais de Kentigern.

Urien era conhecido dos galeses como o filho de Kinmarch, de forma que as fontes galesas pós-Geoffrey tornaram todos os irmãos filhos de Kinmarch. Geoffrey conheceu esse nome. Ele o usa em um rei ancestral da Bretanha e, sob variações anagramáticas, o atribui ao duque de Canterbury e a um líder galês da corte de Arthur. Não faz conexão entre o nome e os três "irmãos" do norte.

O sincronismo de Uther, Merlin, Urianus e Loth fragiliza a ligação de Geoffrey com a *Historia Brittonum*, em que Urbgen (Urien) vive depois da vitória de Arthur em Badon. O esquema cronológico de Geoffrey, com Malgo governando depois de três outros "tiranos", deveria separar Arthur e Urianus ainda mais.

Para Geoffrey, Urianus e Hiwenius têm pequenos papéis a desempenhar nos eventos do reinado de Arthur. Poderíamos especular que eles se emaranharam no ciclo Arthuriano porque estão conectados a Loth de Lodenésia. Loth está conectado a Uther Pendragon, que está conectado a Merlin, que é uma figura do fim do século VI, assim como Urien. Se a fonte de Geoffrey conecta algumas ou todas essas personagens, então elas estão deslocadas no tempo tanto pela equação de Geoffrey de Merlin com Ambrosius, como por tornar Uther Pendragon pai de Arthur. Geoffrey parece estar tentando assimilar incorporar o material existente em uma estrutura que não o acomoda precisamente. Isso sugere que Uther, Urien e Loth compartilham uma fonte, relacionada com o fim, e não com o início, do século VI.

10

Arthur, Rei da Bretanha

A história de Geoffrey de Monmouth divide-se em duas partes desiguais. A primeira segue a linha esperada: Arthur é um rei que combate em guerras contra os saxões, na companhia de outros reis bretões, ganha a batalha de Badon, mas morre em uma guerra civil na batalha de Cam(b)lan. Trata-se de uma narrativa ficcional extrapolada de fontes sobreviventes. É um pouco diferente das versões romantizadas das vidas dos reis anglo-saxões feitas por William de Malmesbury e Henry de Huntingdon. A parte maior é quase que completamente inesperada. Conta como, após as suas vitórias sobre os saxões, Arthur atravessou para a Bretanha gaulesa a fim de realizar uma série de conquistas mar adentro. Tendo conquistado o norte da França, ele luta com os romanos e só é impedido de fazer-se imperador em virtude da revolta de Modred.

Foram essas guerras continentais, atribuídas a Arthur e aos seus homens dos territórios na França, que deram às lendas novo viço entre os aristocratas franceses. Eles figuram em todas as narrativas subseqüentes da história, mesmo à custa das campanhas dos saxões e do Monte Badon. Estas últimas deveriam ser a principal causa da destruição de Arthur como personagem histórica.

Quando estudiosos do Renascimento revisaram o material Arthuriano, não deixaram a atenção ser desviada pelos aspectos lendários. Ninguém argumentou que Arthur não era histórico porque estava associado ao Santo Graal, à Távola Redonda e a Avalon. Eles chamaram a atenção para o fato de que as guerras na França não eram sustentadas por nenhuma fonte continental.

Quando Arthur (supostamente) partiu dessas praias, no fim do século V ou início do século VI, ele estava deixando uma terra envolvida no período mais negro da Idade das Trevas. As fontes literárias, exceto os escritos de Gildas e Patrick, não eram mais fornecidas. Extensas partes das ilhas ficaram lotadas de pagãos analfabetos. Nada disso era verdade do outro lado do Canal. A Igreja Católica alfabetizada continuou a progredir nos velhos centros urbanos romanos. O próprio Império existia, centralizado em Bizâncio, mas sob o reinado de Justiniano, com a Itália e um pedaço do sul da França controlados por ele. Mesmo os conquistadores bárbaros eram cristãos e foram rápidos em usar o sistema de leis e o direito legal de posse para amparar as suas posições. Não era um ambiente em que os detalhes das batalhas e das conquistas de Arthur seriam perdidos.

O trabalho do historiador do século VI, Gregório de Tours, sobrevive, preservando a obra de historiadores ainda mais antigos. Não há nada nele que sugira que, no fim do século V/início do século VI, Paris era governada pelo tribuno Frollo, representando o Imperador Leo, ainda menos que Frollo era um homem gigantesco, morto em um único combate por Arthur, Rei da Bretanha. O Imperador ocidental Lucius Hiberius, Procurador da República Romana e governante de Roma, não aparece nos anais de Roma ou de Bizâncio. Ashe argumenta que Arthur aparece nas fontes continentais, sob o nome de Riothamus (Ashe 1982). Entretanto, mesmo se fosse esse o caso, além dos fatos básicos da luta na França, não há conexão entre os feitos militares dos dois líderes. O mais perto que Geoffrey chega do reconhecimento das campanhas históricas de combate entre bretões e gauleses no século V são algumas guerras de pouca importância do aliado de Arthur, o rei Hoel da Bretanha Gaulesa. Devemos retornar às fontes continentais, mas primeiro consideremos o material baseado nas fontes conhecidas.

Quando Uther Pendragon morreu, Arthur foi declarado rei por uma assembléia de bretões convocados a comparecer em Silchester. Embora ele tivesse apenas quinze anos, a sua candidatura era insistentemente recomendada pelo arcebispo Dubricius de Caerleon como a única reação à ameaça renovada dos saxões. É bem do estilo de Geoffrey afirmar que Arthur deveria suceder pacificamente o pai como rei dos bretões. Nada do que estudamos até agora sugere que Arthur fosse rei hereditário de toda a Bretanha. A escolha de Silchester é estranha. É difícil imaginar alguma tradição legítima a passar essa informação adiante, especialmente porque Geoffrey não preserva nenhum nome britânico ou latino para o local. Talvez a causa disso seja o conhecimento das ruínas romanas ali existentes.

Embora a campanha militar de Arthur seja contra o líder saxão Colgin, segue um padrão familiar. A primeira batalha ocorre nos flancos do rio Dubglas, em algum lugar perto de York, então ocupada pelos saxões, que Arthur sitia. Cador da Cornualha acompanha Arthur no cerco. Mais tarde, vemos que Constantino da Cornualha, sucessor de Arthur, é filho de Cador e primo de Arthur. Podemos inferir que Cador é tio de Arthur. S. David é também chamado de tio de Arthur.

O cerco não obtive sucesso, pois um novo contigente de saxões liderados por Cheldric chegou da Alemanha e tomou a Escócia. Geoffrey usa os ficcionistas saxões para preencher os espaços da história, já que eliminou Octha na geração anterior. Cheldric pode ter esse nome por causa do Cerdic dos saxões do oeste, mas nesse ponto ele está localizado na Escócia.

Arthur retorna para Londres para se aconselhar. Geoffrey sabe perfeitamente bem, pela *Historia Brittonum,* que Arthur lutou com o *Reges Brittonum.* Entretanto, para ele, a Bretanha (isto é, a Inglaterra) não é fragmentada em reinos separados. Arthur é o único Rei da Bretanha. Para resolver esse paradoxo, Geoffrey manda Arthur para a Bretanha gaulesa, a fim de ir ter com o filho da sua irmã, o rei Hoel. Hoel chega a Southampton com 15 mil guerreiros bretões, que se unem a Arthur. Portanto, Arthur literalmente luta com reis e soldados "Brittonum", aqui lido como "dos bretões".

As forças combinadas fazem eclodir o resto das batalhas da *Historia Brittonum* no Dubglas. Eles lutam com os saxões na região de Lindsay (Linnuis), levantando o cerco de Lincoln. Geoffrey tem uma lista de cidades britânicas, similar à do *Historia Britonnum*, que usa para dar autenticidade às suas afirmações de que o livro é em britânico. Entretanto, muitas das identificações estão incorretas e parecem originar-se dele. Por exemplo, ele dá Paladur como um nome antigo de Shaftesbury, por incorporar a palavra britânica para lança. Entretanto, a identidade de Trapain Law é verdadeira, uma fortificação de Gododdin. Nessa campanha, Geoffrey erroneamente intui que Lincoln fica na britânica Kaerluitcoit, que é, na verdade, Wall-by-Lichfield.

Ao perder a batalha em Bassas, Geoffrey põe Arthur em perseguição aos saxões até a floresta da Caledônia. Não é certo que Geoffrey entenda isso como a Escócia (o nome que ele dá para a Escócia é Albania). Ele poderia imaginar que fica perto de Lincoln. Arthur bloqueia os saxões na floresta até que eles são forçados a fazer as pazes, libertando reféns e pagando tributos. Mas os saxões, em vez de retornar à Alemanha conforme prometido, vão para as terras em Totnes, devastam o oeste da região e sitiam Badon.

As terras do saxões, em Totnes, são recorrentes em Geoffrey. Brutus, Vespasiano, Constantino e, mais tarde, as terras de Ambrosius e de Uther com a sua localização obscura. Embora seja peculiar como um ponto de chegada dos saxões vindos do norte cujo destino é Bath, a localização faz sentido se assumirmos uma perspectiva Bretanha sobre a mais óbvia "porta de entrada da Bretanha".

Agora vem a grande batalha de Badon. Os saxões prosseguem atacando na direção do Severn até que alcançam as região de Badon (*pagum Badonis*), onde sitiam a cidade. Como mais tarde foi divulgado que Badon fica na província de Somerset, sabemos que Geoffrey iguala Badon, a Bath. Ele deixa isso claro quando relaciona o estabelecimento dos habitantes Kaer Badum "que são agora chamados Bado" (forma nominativa real de Geoffrey. Mantive Badon para facilitar a referência).

Sendo assim os saxões, levantam o cerco. Os bretões os fazem recuar para a colina vizinha (o Mons Badonicus de Gildas) depois de um dia de luta. No segundo dia, os bretões lutam à sua maneira no alto da colina, derrotando os saxões com grande matança, os quais fogem na direção leste, para a ilha de Thanet.

A ação da batalha poderia facilmente ser removida da evidência disponível para Geoffrey. A primeira indicação de que ele tem uma outra fonte é o fato de o cerco e a batalha durarem no mínimo três dias, o que parece ser retirado do registro dos *Annales Cambriae*. Geoffrey, entretanto, não leu os *Annales*, mas provavelmente tem a informação de uma fonte relacionada.

O mais interessante é que Arthur é o único participante cujo nome é fornecido. Hoel é deixado para trás. Ele "adoeceu" em Alclud e Cador não aparece até que o processo esteja finalizado. Geoffrey parece ter chegado à mesma conclusão que nós, de que "ninguém mais os derrotaria, exceto ele", o que não quer dizer que Arthur agiu sem ajuda alguma, mas que ele ganhou a batalha sem aliados. Também não teve o apoio dos numerosos campeões que se destacaram nas campanhas anteriores.

À parte os cenários e as conversas convencionais inspiradas pela retórica das cruzadas no século XII, apenas um elemento da batalha permanece como originário externamente – uma descrição das áreas e dos equipamentos de Arthur: "ele mesmo veste a proteção peitoral (*lorica*) valiosa para um rei tão grandioso. Na cabeça, põe um elmo dourado, com uma crista entalhada na forma de um dragão e nos ombros, um escudo circular (*clipeus*) chamado Pridwen, em que estava pintada uma imagem da Abençoada Maria, Mãe de Deus, que o forçou a pensar nela perpetuamente. Amarra a sua inigualável espada (*gladius*), chamada Caliburnus, que foi forjada na Ilha de Avalon. Tem uma lança (*lancea*) chamada Ron, ornamentada, na mão direita." Geoffrey finaliza essa demonstração com uma linha poética (de sua própria composição?): "essa lança era forte, tinha ponta larga e estava pronta para a matança"(HRB IX.4).

Geoffrey interpreta a frase da lista de batalhas da *Historia* sobre Arthur carregando a imagem da Virgem Maria sobre os ombros sem dificuldade "*humeris ...suis clipeum ...in quo ...imago sancte Marie ...impicta*" – "Sobre os seus ombros, um escudo pintado com a imagem de Santa Maria". Não é verdade que a frase possa ser apenas entendida com a ajuda de um original galês perdido. A explicação de Geoffrey pode não ser a correta, mas ainda assim é baseada no texto latino conforme as suas opiniões. William de Malmesbury, por acaso, interpreta a *Historia Brittonum* dizendo que a imagem é "costurada sobre a sua armadura" (White 1997).

Mesmo se as descrições em estilo romano do equipamento de Arthur possam ter sido inspiradas pelos épicos clássicos em vez de descrições preservadas do século VI, permanece o fato de que Geoffrey conhece muitos nomes arcaicos para vários dos aparatos. Tanto Caliburnus quanto Ron são versões antigas de nomes galeses citados no *Culhwch e Olwen*. O nome dado por Geoffrey ao escudo de Arthur, em vez do seu navio, como Pridwen, parece de tradição mais antiga. Além disso, esses nomes chegaram a Geoffrey na forma escrita. Uma possibilidade é que ele possui um poema latino que contém os nomes, com o verso de seis pés sobrevivente como prova. Outros versos ou meios versos de poesia surgem ao longo da obra, e uma pequena seção próxima ao início é inteira em verso. Estou inclinado a encará-los como experimentos próprios de Geoffrey com as formas de verso. A sua obra seguinte, a *Vita Merlini*, foi inteiramente escrita em verso.

A única fonte do equipamento de Arthur deve ser um livro antiqüíssimo na linguagem britânica, anterior ao *Culhwch e Olwen*. A partir desse fragmento, não é possível deduzir que se tratava de uma narrativa ordenada e consecutiva dos reis da Bretanha. Não é possível nem mesmo dizer se o contexto era a batalha de Arthur no Monte Badon. Geoffrey, pelo menos, acrescentou a ele a descrição de Arthur no Castellum Guinnion, e o único nome de local associado posteriormente ao contexto é Avalon. Apesar disso, o trecho nos dá a inequívoca evidência de que o material-fonte britânico mais antigo foi usado no *Historia Regun Britanniae*. Uma lista dos equipamentos nomeados de Arthur, entretanto, parece pouco provável de ter a sua origem em uma fonte estritamente histórica.

DEPOIS DE BADON

Gildas descreveu o cerco do Monte Badon como *quase* a última vitória, e é assim que Geoffrey a apresenta. Cador é enviado para acossar, atacar e pilhar os saxões na sua retirada até Thanet, por terra e por mar. Ele rapidamente encurrala e mata Cheldric.

Enquanto isso, Arthur retorna ao norte para levantar o cerco de Alclud, onde Hoel foi vítima de uma cilada armada pelos pictos e escoceses. Derrotando-os, Arthur avança sobre Mureis (Moray?). Após enxotar uma frota de invasores irlandeses, ele ameaça os pictos e os escoceses "com severidade sem paralelo, não poupando ninguém que caísse nas suas mãos. Como resultado, todos os bispos da sua piedosa terra, com todo o clero sob o seu comando, os pés descalços e nas mãos as relíquias dos seus santos... se ajoelharam e imploraram por misericórdia" (HRB IX.6; Thorpe 1966:219).

Esse cenário é similar ao das *Vidas* dos santos. Arthur é cruel e rapace e o clero é obrigado a obedecê-lo. Geoffrey simplesmente alterou isso para justificar as funções essencialmente defensivas e patrióticas de Arthur, e para enfatizar que os clérigos eram peticionários menos poderosos e subordinados. Há certa afinidade com o *Culhwch e Olwen*, que também inclui um episódio de clérigos humildemente implorando a Arthur por clemência.

Como Ambrosius, Arthur completa os seus triunfos britânicos pelo restabelecimento de igrejas e mosteiros e pela restituição das terras aos desapropriados pelos saxões. Os principais entre esses desapropriados são os três irmãos da Escócia: Urianus de Murefensium, Loth de Lodonésia e Auguselus de Albany.

A seção termina com o casamento de Arthur com Guanhuvara/Gwanhumara, uma mulher descendente de romanos, trazida para o convívio da família do duque de Cador – a mais bela mulher de toda a ilha. Trata-se, é claro, da rainha Guinevere, a Gwenhwyvar das fontes galesas. A esposa de Arthur é encontrada no material galês e em *A Vida de Gildas* de Caradoc, de forma que Geoffrey claramente a retira de uma fonte britânica preexistente. Mais tarde, essa idéia será reforçada ao analisarmos o papel desempenhado por ela na história.

Até esse ponto, a história de Arthur nada oferece de particularmente inesperado. Agora Geoffrey se lança ao que parece ser um extraordinário vôo da imaginação, as guerras continentais de Arthur. Arthur luta contra o rei Gilmarius da Irlanda, conquistando a totalidade da sua terra. Então, navega para a Islândia e os reis de Gotland e das Orkneys se submetem a ele. Retorna à Bretanha para um reinado de paz de doze anos, durante o qual os reis de todas as terras de além-mar constroem castelos e fortificações porque o temem.

Essa atitude provoca outras ações de Arthur e ele inicia a sua campanha colocando Loth no trono da Noruega. Loth, pelo que sabemos, é sobrinho de herdeiro do rei da Noruega. Arthur e Loth expulsam o impostor norueguês antes de devastar a Noruega e a Dinamarca por medida de segurança. Essas localizações escandinavas sugerem um ambiente não mais antigo do que o das invasões *vikings* do século X. Parecem um íntimo empréstimo dos episódios do século XI de William de Malmesbury e Henry de Huntingdon e nada nos leva a suspeitar de nenhuma fonte que não seja a imaginação de Geoffrey.

Em seguida, e sem provocação, Arthur invade a Gália, governada de Paris por um gigantesco tribuno chamado Frollo, súdito do Imperador romano Leo. Arthur o derrota em um único combate em uma ilha. Esse fato tem muito mais afinidade com as lendas heróicas do que com os eventos heróicos previamente descritos. Essa não é a última vez que Geoffrey mostra Arthur lutando sozinho contra um adversário continental gigantesco em uma ilha na França, o que sugere algum tipo de fonte, talvez apenas o folclore, para o episódio.

Com Frollo morto, Arthur está livre para tomar o resto da França. Hoel conquista Poitou e a Aquitânia e devasta a Gasconha. Depois de nove anos de lutas, Arthur outorga a Neustria (nome pré-normando de Geoffrey para a Normandia) a Bedivere e Anjou a Kei. Nada disso é provável para pré-datar Geoffrey. Parece deliberadamente intencional conferir antecedentes Arthurianos a partidários da imperatriz Mathilda. As posses da família do seu rival, o rei Estéfano, Blois, Mortain e Boulogne não são mencionados.

Geralmente se pensa que os feitos continentais de Arthur são unicamente devidos a Geoffrey. Entretanto, Ashe (1982) chama a atenção para o bretão *A Vida de São Guoueznou* (Wohednovius). Trata-se, por certo, de um texto do início do século XI, embora tenha mais em comum com o material hagiográfico do século XII. O escritor se baseia na *Historia Brittonum* para montar o cenário do seu quadro de uma igreja ameaçada pelo preconceito por parte de diabólicos saxões. O seu orgulho é testado por algum tempo pelo "grande Arthur, Rei dos bretões", que é "uma celebridade por ganhar muitas batalhas na Bretanha e partes da Gália". Se isso é genuinamente de data tão antiga, então essa é a primeira indicação de que Arthur atuava em ambos os lados do Canal, e de fato era famoso por isso. Aqui, devemos ser cuidadosos. É possível que o escritor bretão nada mais tivesse além da lista de batalhas da *Historia Brittonum* e imaginasse que alguns dos locais das batalhas se situassem no continente. A frase "reis dos bretões" pode, facilmente, para ele, evocar a idéia de que os bretões estão envolvidos, já que "a Grande Bretanha" tem apenas um rei.

Um livro do início do século XI sobre a origem Bretanha é o único candidato convincente que podemos imaginar para o "livro antiqüíssimo" no idioma britânico! As narrativas das guerras na Gália são as partes principais das narrativas que sugerem uma fonte desconhecida. *A Vida de Guoesznou* parece ter alguma afinidade com o conteúdo alegado do Livro do Exílio, a outra fonte que Geoffrey afirma possuir. Tem as características de uma versão do século X da *Historia Brittonum*, expandidas para incluir hagiografia Bretanha, que deduzimos para o "livro antiqüíssimo".

A Corte em Caerleon

Geoffrey coloca no âmago da seção Arthuriana um literário *tour-de-force*, o Plenário da Corte em Caerleon. A sua importância é mostrada pelo fato de que toma quase tanto espaço quanto as campanhas contra os saxões.

É óbvio que a imaginação de Geoffrey está em pleno funcionamento: o banquete de Arthur é autêntico do século XII, acompanhado por duas inovações do período, o torneio e a heráldica. O primeiro exemplo de brasões identificáveis na história inglesa são os leões de ouro de Geoffrey Plantageneta, marido da imperatriz Mathilda. A popularidade dos brasões e os torneios é devida, em parte, a origens antigas ilustres dadas a eles por Geoffrey. Foi a sua imaginação que mostrou como personagens de um período ancestral obscuro poderiam ser apresentadas como modelos modernos de perfeição.

A descrição de Geoffrey de Caerleon é típica do seu idioma. Portanto, ele desenvolve uma breve alusão de Gildas ao martírio de Aaron e Julius na "Cidade das Legiões" para criar duas fantásticas igrejas com os seus complementos de freiras e cânones em honra aos santos. A antiga Caerleon tinha "uma escola de duzentos homens, peritos em astronomia e outras artes". Eles profetizaram para o Rei Arthur "quaisquer prodígios esperados na época". Logo depois, membros da comitiva de viagem de Arthur interpretam a profética mensagem de um dos seus sonhos. Mais tarde, Geoffrey alude ao renascimento britânico profetizado por Merlin a Arthur, um incidente que não aparece no livro.

Despido das suas armadilhas do século XII, o banquete condensa dois elementos. Um é a posição de Arthur como o todo-poderoso da Igreja Britânica. Dubricius, santificado primaz da Bretanha, abandona tudo para tornar-se um eremita. Arthur torna o seu tio, David, arcebispo no lugar dele. Tebalus (Teilo), o celebrado padre de Llandaff, é feito arcebispo de Dol, na Bretanha Gaulesa, no lugar de São Sansão. Os bispados de Silchester, Winchester e Alclud vão para Maugannius, Diwanius e Eledenius, respectivamente. Geoffrey conhece São Sansão de Dol, mas se a sua fonte contém essa informação, não está claro por que Teilo o sucede em vez do verdadeiro sucessor bretão. É difícil saber o que fazer com os bispos menos importantes. Diwanius parece um pouco com Dewi, a forma galesa para escrever o nome de S. David, mas nos dá muito pouco para prosseguir.

O outro é um catálogo dos homens de Arthur. A lista inclui os reis vassalos da Escócia, Murefensium, Lothian, do norte e do sul de Gales, da Cornualha (Cador "foi promovido" para a classificação da realeza) e da Bretanha gaulesa. Um bloco de cavaleiros tem nomes no estilo galês, com o "mapa" patronímico. Eles podem ter sido inventados por Geoffrey da mesma maneira que ele produz nomes "irlandeses" e "saxões". Alguns são encontrados em outros lugares. Peredur, por exemplo, tem o mesmo nome de uma personagem dos *Annales Cambriae*.

Muitas das personagens têm nomes das Genealogias Harleianas. Cadwallo Laurth, em alguns manuscritos o rei do norte de Gales, é tido como pai de Maelgwn, Run map Neton é um ancestral dos reis da Ilha de Man do fim do século VI. Kymberlin é o pai de Clytno Eidin, que figura no *Y Gododdin*. "Mavron", conde de Worcester, poderia ser Mermim (mais tarde adequado para Mervin), um dos últimos reis de Man. Anarauth, conde de Salisbury, aparece ao lado de Mavron na lista de Geoffrey, em paralelo ao filho de Mermim, Anaraur, na genealogia. O Artgualchar de Geoffrey poderia ser o filho de Anaraut, Tutagual.

Que esses nada mais são do que nomes para Geoffrey, para que os possa usar conforme exige a narrativa, está claro no caso de Morvid, que aparece aqui como cônsul de Gloucester. Morvid é um nome que Geoffrey já usou para um filho do rei Ebraucus e para um rei pré-romano da Bretanha devorado por um monstro marinho. O que Geoffrey não sabia era que Morvid é, na verdade, um nome feminino em galês! Morvid, filha de Urien, é listada entre as damas da corte de Arthur em *Culhwch e Olwen*. Na lista, o nome de Morvid está ligado (desconhecem-se as razões) por Geoffrey àqueles do seu pai, Urbgennius, e do seu avô Kinmarc. Geoffrey está, portanto, usando uma fonte que contém material genealógico, cujo contexto ele ignora por completo.

O Rei Arthur contra os Romanos

O banquete nos leva ao ponto onde Geoffrey se separa de toda fonte anterior, as guerras romanas. Geoffrey toma quase tanto espaço para esse relato quanto usou para todos os episódios Arthurianos anteriores postos juntos. Embora a história fique de todo simples, Geoffrey inventa longas falas, disposições de tropas, planos de batalha e descrições de um único combate.

Foi sugerido que os feitos continentais de Arthur são originários da concepção de Geoffrey da história britânica (Browich *et al.* 1991). A *Historia* começa com a invasão de Brutus na [futura] Roma. Ele funda uma linhagem de reis britânicos culminando em Brennius, que retorna para conquistar Roma. O segundo ato começa com a invasão romana da Bretanha e culmina no líder britânico Constantino tomando o Império romano. O ato final alcançava o seu apogeu no Rei Arthur. Mas nessa época ele é incapaz de tomar Roma por causa da guerra civil e da imoralidade dos bretões, que não apenas provocam a queda do Império, mas também a queda do governante britânico na Bretanha.

Portanto, Geoffrey não necessita de fonte que sugira que Arthur lutou contra os romanos, só um plano de narrativa torna esse um mecanismo dramático fundamental. Entretanto, Geoffrey tinha fontes para todos aqueles episódios antigos. Eles não brotaram da sua imaginação. Se não possuía informações para sugerir que Arthur tinha uma carreira continental, ele poderia ter usado Maximianus, Constantino III, Hoel ou qualquer outro rei bretão para traçar o ponto em que uma nova luta contra Roma não fosse bem-sucedida. A estrutura dramática não mostra, à primeira vista, que o argumento para a guerra de Arthur contra os romanos seja uma ficção do século XII.

Arthur controla a sua Corte Plenária em Caerleon quando chegam representantes com uma carta indesejada de "Lucius, o Procurador da República". Descobrimos mais tarde que ele é o Imperador Lucius Hiberius, governante dos romanos do continente. Os seus representantes acusam Arthur de insultar o senado romano, "ao qual o mundo inteiro deve submissão", de recusar o pagamento do tributo devido a Roma e de tomar território romano.

Arthur aconselha-se e decide antecipadamente responder pela força. Os principais conselheiros eram Cador da Cornualha, Hoel da Bretanha gaulesa e Auguselus de Albany. Quando os exércitos são reunidos, incluem homens da Bretanha (principalmente da Inglaterra), da Bretanha gaulesa, das recentes conquistas na Irlanda, da Escandinávia e do norte da França, mas não de Gales.

Os seus oponentes são um Império romano imaginado. Tal e qual o Sacro Império Romano da época do próprio Geoffrey, o Império é composto de reis vassalos, com uns poucos romanos verdadeiros incorporados. Chegam contingentes da Grécia, África, Espanha, Parthia, Media, Libya, do Iturei, Egito, Phrygia, Syria, Boethia e Creta. Os romanos levam nomes classicamente sólidos, como Marius Lepidus, Gaius Metellus Cocta e Quintus Milvius Catullus, em contraste com os seus vassalos mais distantes, "Mustensar", "Echion", "Micipsa" e assim por diante. A presença de Aliphatima, rei da Espanha, mostra que a Espanha é vista como um governo muçulmano, uma apresentação provável derivada das *Canções de gesta*, e certamente não anterior ao século VIII. Esses nomes não têm conexão com nenhum governante verdadeiro dos séculos V/VI.

Lucius Hiberius é um assunto um pouco diferente. Geoffrey devia saber que não havia imperador romano com esse nome na época em que a ação se desenrolava. Parece evidente, a partir das suas referências, que o Imperador Leo governa (presumivelmente em Constantinopla?) ao mesmo tempo. A única personagem de nome similar na história era Liberius (leia-se como L[ucius] Iberius), um general que operava no sul da França do século VI, representando o Imperador oriental Justiniano. Oponentes verdadeiros dos bretões no século V, como Eurico, rei dos godos, que derrotaram Riothamus, ou os verdadeiros governantes sub-romanos Aegidius e Syagrius, têm a sua ausência observada.

Se Lucius não é Liberius, ele pode ser identificado com o Lluchs do material galês. Uma sugestão é que ele seja Lluch Lleawc de *Preideu Annwfyn*. A discussão vai no sentido de que, embora Lluch esteja no "outromundo" nesse poema, ele desempenha um papel análogo ao de Llenlleawc, o Irlandês, em *Culhwch e olwen*. Se o original era chamado Lluc, o irlandês, ele poderia ter sido latinizado como Lucius Liberius, e lido erradamente, talvez por Geoffrey, como Lucius Hibenius. Isso poderia implicar que a fonte imediata de Geoffrey estava em latim.

A seqüência sugerida de transmissão e erro é indevidamente complicada. Permanece o fato de que, exceto os adversários continentais de Arthur, Lucius tem um nome que pode ser conectado com o do material galês. Lucius leva um nome que pode ser ligado àquele do material galês. Em *Preideu Annwfyn*, Lluch é mostrado como um guerreiro lutando durante uma expedição de Arthur e os seus homens pelo mar. A Espanha é geralmente vista como uma localização do "outromundo" ou fantasticamente distante nas fontes da Idade das Trevas.

Se essa seção de Geoffrey for pensada em termos de uma expedição pelo mar a localizações lendárias, possivelmente envolvendo uma personagem chamada Uuch, então o material está muito mais próximo do cânone Arthuriano do que a expedição histórica para a França. Como era de se esperar, à sua chegada, Arthur tem um confronto com um gigante feroz da Espanha, que foi derrotado em um único combate.

Esse episódio está escrito em um idioma diferente do resto do material Arthuriano e os seus antecedentes não são difíceis de serem vistos. O gigante levou Helena, filha de Hoel, para o lugar que é atualmente chamado Monte São Miguel. Os cavaleiros bretões perseguiram-no, porém foram incapazes de derrotá-lo. O recém-chegado Arthur, com os seus companheiros Kei e Bedivere, sai para confrontar com ele. "Sendo um homem de extraordinária coragem, ele não precisava levar um exército inteiro contra monstros desse tipo. Não apenas era ele próprio forte o suficiente para destruí-los, mas, ao fazer isso, ele desejava inspirar os seus homens". (HRB X. 3, Thorpe 1966:238).

Os heróis chegam tarde demais para salvar Helena, mas Arthur mata o gigante em um único combate, depois do qual Bedivere corta a sua cabeça. Hoel constrói uma capela em um dos dois picos do Monte São Miguel, "que é chamado até hoje de túmulo de Helena".

O episódio do gigante-matador era tema um tanto familiar, o que foi percebido de imediato. O próprio Arthur afirma que ele nunca lutou tão bravamente com ninguém desde a contenda com Ritho, o Gigante do Monte Aravius (Snowdon), que queria usar a barba de Arthur na sua capa feita de barbas. Arthur derrotou-o também em um único combate, e, por sua vez, arrancou-lhe a barba.

Vimos todas essas características em outros lugares, e podemos imaginar o tipo de fonte de que Geoffrey as retirou. O incidente da barba envolvendo o gigante Ritho recorda as tarefas de Urnach, o Gigante, e Dillus, o Barbudo, em *Culhwch e Olwen*. A captura de uma dama da realeza e o cativeiro em uma colina eclesiástica famosa é encontrado em *A Vida de Gildas*, de Caradoc. A associação de Arthur apenas com Kay e Bedivere é também familiar, de *As Vidas dos Santos*, com o desfecho de um príncipe doando uma fundação eclesiástica.

Uma aparente interpolação de "Da Antiguidade da Igreja de Glastonbury", de William de Malmesbury, fala ao combate entre um dos cavaleiros de Arthur, Ider, filho do rei Nut, contra três gigantes em Brent Knoll, em Somerset. Arthur volta mais tarde, depois de Ider sucumbir em virtude dos ferimentos. Ele lavra uma emenda que assegura a concessão de Knol à Abadia de Glastonbury. Geoffrey acrescenta "Hyderus, filho de Nu" para as forças de Arthur mais tarde na campanha romana. É possível especular que Geoffrey encontrou o episódio em uma fonte Bretanha, uma *Vida* de santo ou uma outorga de terras, e recordou a sua similaridade com os contos de Gales.

Com o gigante-matador fora do caminho, Arthur marcha para o rio Alba fora de Augustudunum (Autun) para confrontar os romanos. Quatro bretões são citados no episódio: Boso, Gerinus, Hyderus e Gualguanus. Nenhum figurou nas guerras britânicas. Boso de Oxford é desconhecido em qualquer fonte anterior. A suspeita é que ele seja criação de Geoffrey, derivando o seu nome de "Bos" – boi. Se situar Gerinus em Chartres é justamente um artifício de Geoffrey (como Kay e Bedivere são descritos como de Anjou e da Normandia, respectivamente), então, não há dificuldade em identificá-lo como Gereint. Gerennius seria uma forma latina aceitável, encontrada anteriormente em Geoffrey e no *Livro de Llandaff*. Terras chamadas Dumnonia e Cornualha, lar dos Gereints históricos, são também fundadas na Bretanha gaulesa. Isso deixa a possibilidade de Geoffrey ter encontrado Gerinus em uma fonte Bretanha e de ter dado a ele, talvez por engano, uma localização continental.

Hyderus, filho de Nu, aparece no *Culhwch e Olwen*, no pseudo-William de Malmesbury, e entalhado na face interna de um dos arcos da Catedral de Módena, construída aproximadamente em 1105, onde eles são chamados "Isdernus". Portanto, sabemos que ele é uma personagem preexistente.

O quarto cavaleiro se tornaria um dos mais famosos do ciclo Arthuriano, o sobrinho do rei Gualguanus – Sir Gawain.

Sir Gawain

Gualguanus é o filho de Loth de Lodenésia e da irmã de Arthur, "com quem Loth se casou na época de Ambrosius", *Loth ...qui tempore Aurelii Ambrosii sororem ipsius* [isto é, Arthur] *duxerat* (HRB IX.9).

De fato, Loth casou-se com ela no reinado de Uther, e a confusão levou Thorpe a torná-la "irmã de Ambrosius", embora Gualguanus seja inequivocamente o sobrinho de Arthur durante todo o livro. Na época em que Arthur conquistou a Noruega, ele tinha doze anos de idade e foi enviado para servir à família do Papa Sulpicius, que o chama de cavaleiro. São Sulpicius teve o seu apogeu no início do século V. Entretanto, não houve nenhum Papa com esse nome. O mais próximo era Simplicius (468-83).

Gawain une-se a Arthur entre a Corte Plenária e essa batalha no rio Alba. Ele age tanto como um representante irascível, quanto como um comandante. Na próxima batalha, ele e o rei Hoel comandam uma das divisões do rei. "Não nasceram melhores cavaleiros do que Hoel e Gawain durante eras", escreveu Geoffrey. "Gawain, destemido na sua bravura... era o mais valente de todos os cavaleiros" (HRB X.10; Thorpe 1966:254). O próprio Gawain luta com Lucius um único combate, e o Imperador se alegra com a oportunidade de pôr à prova alguém cuja fama ele tanto ouvira falar. Gawain sobrevive à guerra romana, e só será morto pelas forças do seu irmão Modred em Rutupi Portus (Richborough em Kent).

Geoffrey fornece mais informações sobre Gawain do que qualquer outro guerreiro que acompanhou Arthur. Diferentemente de Kay e Bedivere, soubemos sobre os seus pais e sua educação. Há mais material sobre os seus feitos do que sobre a maioria dos reis da Bretanha no livro. A suposição mais racional é de que Gawain era um guerreiro famoso, que Geoffrey desejou incorporar. Mas em que contexto o encontrou? Ele pode compartilhar uma fonte com o seu companheiro Hoel ou, alternativamente, Geoffrey pode estar tentando reconciliar as exigências regionais pela competição sobre quem é o grande guerreiro de Arthur. Ele não figura nas campanhas históricas de Arthur, nem contra os saxões nem em Camblan.

As narrativas da infância de Gawain são lidas nos romances *"Enfances"*, em que ele e muitas outras das personagens Arthurianas posteriormente aparecem. Nesse ponto, o desenvolvimento da lenda é único. Nada ouvimos nem mesmo sobre a infância de Arthur, e muito menos aos seus homens. O gênero mais próximo a esse é a hagiografia. *A Vida de São Kentigern*, por exemplo, já observada por compartilhar algumas características com Geoffrey, dá a paternidade de Kentigern, nascimento e educação. Fizemos uma verificação sobre Gawain, porque Geoffrey não é a única pessoa a mencioná-lo. William de Malmesbury, que escreveu um pouco antes, diz que a tumba de Walwenus foi encontrada na região galesa de Ros (Pembrokshire) na época de Guilherme, o Conquistador. Tinha 4 metros e 32 centímetros de comprimento e ficava à beira-mar. Pode-se admitir esse local conectado com o outro (no interior) conhecido desde o fim do século XIII como Castelo de Walwyn. Nessa tumba, estava enterrado "o nobre Walwanus, que era o sobrinho de Arthur por parte de irmã. Ele reinou na parte da Bretanha que é ainda chamada Walweitha (Galloway). Embora guerreiro muito renomado pelo seu valor, foi expulso do seu reino pelo irmão e pelo sobrinho de Hengist... mas não antes de ser compensado pelo exílio por causar-lhes consideráveis danos. Ele merece compartilhar do mérito dado com justiça ao seu tio, já que juntos eles retardaram por muitos anos a destruição de sua terra decadente" (White 1997).

A localização de William da tumba de Gawain em Pembrokeshire parece mais provável do que em Richborough. Considerando que ambos usaram uma lenda comum, parece pouco provável que William tenha tomado o nome de tradição do Port de Rutupi e acidentalmente o tenha situado em um obscuro canto de Gales, especialmente quando ele conecta Gawain com Galloway. É muito mais provável que Geoffrey tenha entendido errado ou distorcido um nome como Ros no único porto de canal iniciado por R, como solicitado pelo seu geógrafo das campanhas continentais.

Notamos, de passagem, que, se as campanhas marítimas de Arthur derivam de mitos, então Ros é uma boa localização para o retorno de uma expedição ao oeste, para a Irlanda ou o "outromundo".

A história de William, conectando Gawain com o sul de Gales e a guerra contra o sobrinho de Hengist com os saxões é muito mais previsível do que as guerras na França de Geoffrey. Ele oferece duas alternativas finais, uma que Gawain é "ferido pelos inimigos e arrastado durante um naufrágio", que tem certa afinidade com a sua morte durante o ataque dos anfíbios em Geoffrey. E a outra, que ele foi morto pelos seus companheiros cidadãos em um banquete público, mostra pelo menos que mais de uma história de Gawain estava em circulação. Está provado que ele já era uma figura Arthuriana famosa pela sua aparição na face interna de um dos arcos da Catedral de Módena.

Essa discussão é enlameada pela presença das lendas galesas do sobrinho do rei, Gwalchmei, filho de Gwyar, encontradas no *Culhwch e Olwen*. Nas traduções galesas de Geoffrey, esse Gwalchmei vem completo com uma patronímica, enquanto Gawain tem pai e mãe, de nome Loth e Anna. Geoffrey torna Gawain e Modred irmãos. É certo que Gwalchmei e Medraut não foram assim considerados, e que Medraut nunca recebeu o patronímico "ap Gwyar".

O Imperador Lucius

Lucius decide retirar-se para Augustodunum (Autun) no intuito de esperar reforços do Imperador Leo. Ele marcha por Langres na rota para Autun. Arthur, entretanto, marchou mais depressa do que ele, não passou por Langres para tomar posição no vale de Siesia. A única localização que quase se adapta a esse propósito é Saussy, que é como Thorpe traduz o nome. A conseqüente batalha no vale de Siesia é a *pièce-de-résistence* de Geoffrey, tomando duas vezes a extensão completa das batalhas de Badon e Camblan postas juntas.

O desdobramento das tropas está registrado. Arthur fixa o seu posto de comando e um hospital de campo sob a sua bandeira do Dragão Dourado, atrás das divisões principais. Arthur e Lucius fazem discursos intermináveis para as suas tropas. Kay e Bedivere morrem no primeiro ataque, derrotados por soldados da Media e líbios. Hoel e Gawain contra-atacam com grande perda. Lutando com a guarda pessoal do Imperador, "três outros famosos líderes foram mortos, Riddomarcus, Bloctonius e Iaginvius de Bodloan. Se esses homens tivessem sido governantes de reinos, as eras que se sucederiam celebrariam a sua fama, pois a sua coragem foi imensa" (HRB X.IO; Thorpe 1966:253).

Os bretões foram novamente forçados a recuar, mas dessa vez Arthur e a sua divisão foram em seu socorro. Com a sua espada Caliburnus, Arthur abateu homens ou cavalos com um único golpe. Lucius une-se ao combate e o destino está na balança, até Morvidus levar a reserva britânica colina abaixo. Lucius é morto lutando no meio dos seus homens. Os romanos desistem e são massacrados quando fogem.

Arthur passa o inverno subjugando as cidades de Allobroges (o nome de Geoffrey para os Burgundianos), antes de se preparar para marchar sobre Roma. A essa altura, ele recebe más notícias da Bretanha: o seu sobrinho, Modred, usurpou o trono. Apressa-se em voltar para reclamá-lo.

O que devemos fazer com isso? Há lista de comandantes britânicos e alguns, como Cador, Gerinus, Loth, Hoel, Gawain, Kay e Bedivere, já são familiares. Outros, como Urbgennius de Bath, Cursalen de Caistor e Chinmarchocus de Treguier, são relativamente recém-chegados. Esses três últimos demonstram o quão é improvável que Geoffrey os tenha encontrado em um contexto de luta ao lado de Arthur. Sem os seus epítetos territoriais, eles são encontrados nas Genealogias Harleianas. Urbgennius é a forma anterior de Urien, e Chinmarochus é o seu pai. Crusalem é uma personagem na Genealogia ao lado de Strathclyde. É como se Geoffrey estivesse outra vez procurando fontes não narrativas para os nomes.

Há três possíveis explicações:

1. Geoffrey foi arbitrário. As batalhas poderiam ser em qualquer lugar, contra qualquer um, porém acontecem exatamente em Burgundy contra os romanos.

2. A estrutura dramática do seu trabalho, ou considerações narrativas precisaram disso.

3. Considerações externas sugeriram Burgundy como um local para a ação.

A primeira opção é contrária aos métodos de trabalho de Geoffrey. Os feitos dos seus reis se dão nas localizações que nós podemos normalmente explicar em termos de plausibilidade geográfica, etimologia, dedução arqueológica ou preferência política. As primeiras campanhas de Arthur combinam a especulação da lista de batalhas da *Historia*, analogia com as guerras da era *Viking*, e a política dos anglo-normandos. Geoffrey não foi capaz de estudar mapas detalhados para inventar planos de batalha ou localizações prováveis. Apenas as cidades principais apareceriam nos mapas esquemáticos dessa época, e não locais obscuros como a Siesia. Geoffrey tinha apenas uma vaga idéia de onde ficavam esses lugares. Augustodunum parecia, se apenas conhecêssemos o texto de Geoffrey, bem perto do Monte São Miguel ou do Alba, em algum lugar entre eles. Langres estaria na rota do Alba a Autun, com o vale da Siesia exatamente do outro lado. Burgundy seria um lugar diferente, ao sul da Siesia e mais próximo a Roma. Nenhuma dessas informações é verdadeira.

Já observamos uma possível estrutura dramática da *Historia Regus Britanniae* como motivo para Arthur ser enviado a Roma. Geoffrey concebe que as Terras de Allobroges estão no caminho de Roma. Brennius, rei de Allobroges por casamento, lidera uma força combinada de Allbroges e bretões em Roma. Geoffrey passa a idéia de que as conquistas de Arthur para envolver Allobroges e tratar de forma descuidada da sua incorporação estão nesse ponto. Em um dos ataques executados por Lucius contra Arthur, ele "toma a província de Allobroges". De fato, o Allobroges é o único subjugado depois da vitória na Siesia. Mesmo se a estrutura narrativa de Geoffrey exigir que Arthur siga as pegadas de Brennius, isso não envolve Autun, Langres, o Alba e Siesia. Nem pode explicar por que Geoffrey escolheu esses detalhes específicos da campanha, o que nos leva de volta à sugestão de que ele não foi conduzido por considerações externas.

Nada do que sabemos da vida de Geoffrey de Monmouth sugere uma conexão com Burgundy. Não há nem mesmo evidências de que ele esteve lá, e de que Walter, o arquidiácono, estivesse ligado ao local. Além do mais, Burgundy não foi um fator na Anarquia ou nas guerras da França durante o reinado de Henrique I. Burgundy ficava na fronteira da França com o Sacro Império Romano, de forma que Geoffrey poderia vê-lo como uma localização de conflito entre os romanos e Arthur como líder supremo da França, mas isso não explicaria a escolha exata dessas localidades. Eles devem ter chegado a Geoffrey a partir de uma fonte do mesmo tipo. Qualquer que fosse a fonte usada, é extremamente improvável que ela se relacione às guerras do Rei Arthur. As expedições de Riothamus, Maximus ou Constantino III, ao mesmo tempo em que possivelmente contribuam com o cenário, não envolvem os nomes de localidades de Burgundy.

Uma possibilidade são as guerras de Júlio César. Geoffrey sabia sobre elas, pelo escrito "Aconteceu, como pode ser lido nas histórias de Roma, que depois de ter conquistado a Gália, Julius César veio à costa marítima de Ruteni" (HRB IV.1; Thorpe 1966:107) para preparar a sua invasão da Bretanha. Essas histórias acerca de Roma diriam a Geoffrey como César derrotou Aedui perto do local atual de Autun. A Siesia deve recordar Alesia, local da derrota final de César para os gauleses nas cercanias das terras de Arveni.

O tratamento dado por Geoffrey às guerras de César é similar ao do material Arthuriano. César e Arthur, por exemplo, são as únicas personagens a ter espadas com nomes (a de César se chama *Crocea Mors*, Morte do Açafrão) e ambos as usam para matar com um só golpe. Cassibellanus luta com César na sua última batalha em um vale. César chega ali depois de aportar em Rutupi Portus e é auxiliado pelo sobrinho traidor de Cassibellanus, características que são recontadas com Arthur. Tais similaridades não explicam por que Geoffrey escolheu especificamente aquelas localidades. Há muitos outros lugares, incluindo Auvergne e a Bretanha Gaulesa, onde César lutou contra os gauleses, o que seria mais apropriado para a principal confrontação de Arthur.

Historicamente, houve de fato uma batalha aproximadamente na mesma época (Geoffrey imagina o acontecimento em 541) em Autun. A cidade e os arredores de Burgundy foram atacados e tomados pelos filhos de Clóvis. Esses reis eram os verdadeiros líderes supremos das terras que Geoffrey apropriou a Arthur. Podemos imaginar que os bretões tomaram parte nessa luta, mas a partir de uma evidência tão pobre que não podemos dizer por que essa campanha em particular poderia ter-se transformado em um possível livro-fonte bretão. Pode ser importante na hagiografia do século XI ou na carreira militar de um guerreiro bretão famoso, mas, se foi assim, isso não sobreviveu em nenhuma fonte.

A última vez que Arthur talvez tenha lutado contra os romanos no norte da Gália foi em 486, quando o reino romano de Soissons sob Syagrius foi conquistado por Clóvis, dos francos. É possível que este tenha emprestado o seu nome à Siesia, porém Geoffrey nada sabia acerca desse reino ou do seu governante. Uma outra possibilidade remota é que a fonte de Geoffrey lide com localidades do mítico "outromundo" como Caer Sidi e Annwfynn, e que ele estivesse sempre à procura de nomes vagamente similares (Siesia? Augustudunum?) para substituí-los.

Uma última possibilidade é que a localização da campanha final de Arthur estivesse circunscrita pelo conhecimento de que ele acabaria mortalmente ferido em Avalon [Avalon é, atualmente, um dos principais centros eclesiáticos entre Autun e Langres. Geoffrey pode ter trabalhado na direção dessa localidade ou simplesmente outras cidades ao redor]. Avalon fica praticamente eqüidistante de Langres e de Autun. Se Arthur foi ferido no meio da batalha entre essas localidades e foi levado para longe do campo de batalha na direção da Bretanha, ele poderia muito bem chegar a Avalon. Entretanto, se Geoffrey realmente necessita finalizar a carreira de Arthur perto da Avalon borgonhesa, ele tem de fazer um desvio pela rota de uma localização britânica para a última batalha de Arthur, Camblan.

Mergulhado em Mistério — O Fim de Arthur

A única parte da obra de Geoffrey que ele especifica como proveniente de um livro antigo é a guerra entre Arthur e Modred. Esta última é sustentada pelo testemunho de Walter, o arquidiácono. Geoffrey nos diz que, enquanto Arthur estava longe, o seu sobrinho, Modred, assumiu a coroa do reino por meio de tiranos e agora vive em adultério com Guanhuvara. Embora não especificamente no livro-fonte, assume-se o pano de fundo para o resto do episódio. Mais tarde, Guanhuvara foge para York, ao ouvir falar das vitórias de Arthur, e torna-se uma freira na Igreja de São Julius, em Caerleon, "prometendo levar uma vida casta".

Arthur luta três batalhas contra Modred, no Rutupi Portus, em Gwintonia (Winchester) e finalmente em Camblan, um rio na Cornualha (talvez o Camel). Gualguanus é morto na primeira batalha. Isso se dá porque ele é mencionado nas fontes como morto ou, pelo contrário, expressamente porque ele não está entre os homens de Arthur em Camblan, conforme a fonte. Kay e Bedivere não retornam do continente e devemos supor que eles não figuram na tradição de Camblan. Talvez porque a batalha estivesse associada a Arthur e Medraut antes de esses "bravos homens" entrarem em cena. Os únicos heróis citados ao lado de Arthur são Olberic, rei da Noruega, Aschillus, rei da Dácia (Dinamarca), que apareceu brevemente como um comandante na guerra romana, Cador Limenic e Cassibellanus. Nenhuma dessas personagens associadas a Camlan nas fontes galesas é mencionada.

Os companheiros de Modred são tipos variados: "alguns cristãos, alguns pagãos". Ele atraiu saxões para a Alemanha, liderados por Cheldric, com a promessa de terras entre a Úmbria e a Escócia, e as propriedades em Kent e Vortigern concedidas a Hengist e Horsa. Dessa forma, é estabelecida uma conveniente ligação entre os saxões sediados em Kent ao início da lista de batalhas da *História* com os seguintes nortúmbrios: os vassalos de Modred e os aliados, incluindo os saxões Elaf, Egbrict e Brunning, e os irlandeses Gillapatric, Gillasel e Gillarvus, junto aos pictos e escoceses desconhecidos. Estes últimos não são nomes confirmados e parecem inventados. Uma outra pessoa é citada na seção, Hiwenus, filho de Urianus (Owain, filho de Urien), que "nas guerras que se seguiram... ficou famoso por causa das ações muito corajosas que praticou" (HRB IX.1; Thorpe 1966:258). Ele não toma parte nas ações e, portanto, é muito provável que ele não figure no livro antigo nesse ponto.

O próprio Modred é descrito como "o mais bravo dos homens e sempre o primeiro a atacar" (HRB IX.2; Thorpe 1966:260). Nós o encontramos como Medraut nos *Annales Cambriae*. Em Geoffrey, o seu nome é dado nas formas da Cornualha e Bretanha, indicando tanto um livro antigo bretão como uma lenda da Cornualha, situando Camblan em Camel. Camblan é uma forma mais antiga do que nas outras fontes, embora eu esteja inclinado a ver isso como uma feliz sobrevivência, e não como uma indicação da idade da fonte.

Modred morre na batalha de Camblan, conforme o esperado, mas Arthur não. Em vez disso, ele é levado, gravemente ferido, para a ilha de Avalon (Insula Avallonis), para que os seus ferimentos sejam tratados. Como Avalon não era então um nome de local britânico conhecido, temos de considerar o uso dele por Geoffrey. É como o lugar de onde Caliburnus, a espada de Arthur, veio. Se Avalon aparece no livro-fonte, então talvez essa seja uma indicação de que a lista dos equipamentos de Arthur compartilhe da mesma procedência.

É pouco provável que o corte no material derive de uma fonte mais antiga, e a narrativa de Geoffrey acerca de Camblan é muito pequena. Entretanto, isso nos leva a ignorar o único fato mais importante – Geoffrey sabe que Camblan fora a última batalha entre Arthur e Modred. Perdemos de vista a importância desse simples fato porque já "sabemos" que Arthur e Medraut morreram na batalha de Camlann. Como Geoffrey sabia disso?

Sabemos sobre a batalha de Camlann porque ela aparece nos *Annales Cambriae*. Entretanto, os *Annales* não são um texto comum. Apenas três cópias sobreviveram, e somente uma delas, no Manuscrito harleiano, realmente existia quando Geoffrey escreveu. Geoffrey não incorpora outro material Arthuriano além dos *Annales*, nem a idéia de que Arthur carregou a Cruz de Nosso Senhor na batalha de Badon por três dias e três noites, nem o fato de que a batalha de Camlann ocorreu no mesmo ano da grande peste. Ele especificamente contradiz os *Annales*, pondo o material de Dubricius algumas centenas de anos depois de Arthur.

Sem os *Analles* ou Geoffrey, a nossa impressão da batalha de Camlann seria muito diferente. Ela não figura em nenhuma fonte histórica. Os poemas do *Livro negro* nada dizem sobre os destinos de Medraut ou de Arthur. Em ambos, *Culhwch e Olwen* e no *Sonho de Rhonabwy*, podemos pensar que a batalha Camlan já tivesse ocorrido, no início da carreira de Arthur. No *Sonho*, Arthur e Medraut são emparelhados como adversários na batalha, mas uma leitura literal seria a de que Arthur saiu vitorioso. Mesmo as tríades não deixam claro que essa é a batalha em que Arthur e Medraut morrem. Sim, Geoffrey conhece essa importante informação e devemos perguntar novamente: como ele a conhecia?

Geoffrey contribui com as repostas: ele sabia porque está no livro-fonte antiqüíssimo, confirmado verbalmente por Walter, o arquidiácono. Aqui, nós não temos opção senão aceitá-lo como se apresenta. A idéia é de uma antiguidade genuína, como evidenciada pela sua apresentação nos *Annales Cambriae*. Chegou de modo independente, já que não vem acompanhada de nenhum outro material dos *Annales*. A forma do nome Modred é diferente, indicando uma origem Bretanha. A escrita "Camblan" é sugestiva de uma forma de manuscrito antigo.

Geoffrey tem uma narrativa de Camlann que não envolve nenhum dos "melhores homens do mundo". Mesmo os companheiros de Arthur, Kay e Bedivere, não o acompanham. A referência do *Culhwch e Olwen* à continuação do feudo entre Arthur e Kay, de forma que este último não o ajudaria, mesmo quando os seus homens estavam sendo mortos, poderia indicar uma tradição específica de que Kay estava ausente na última batalha, mas nada parecido existe em relação a Bedivere. A derrota de Arthur não é devida à gradual redução de importância dada pelos seus seguidores, mas a uma incansável coragem dos seus oponentes. Eu deduziria que a informação de Geoffrey sobre Camlann veio de uma camada mais antiga de material histórico, antes do acréscimo dos campeões sobre-humanos ao lado de Arthur.

A lista das "suspeitas comuns" sobre o lado de Modred não nos dá muita confiança de que essa personagem seja anterior a Geoffrey. Os quatro nomes dos companheiros matadores de Arthur, entretanto, não levantaram as nossas suspeitas tão rapidamente. Eles não incluem obviamente nenhum dos heróis que esperamos encontrar em uma lista chamada dos mortos na última batalha de Arthur. Aschil e Odbricht são personagens desconhecidos. Se a sua origem regional é a fonte de Geoffrey, então indica uma data posterior aos *vikings*, excelente para um documento contemporâneo da Revisão Vaticana dos *Annales Cambriae*. Se as atribuições regionais são capricho de Geoffrey, então os nomes apresentam uma impressão de que a batalha, enquanto essencialmente parte da guerra civil britânica, envolve também os saxões. Não há nada de estranho com a idéia de Geoffrey de que os participantes são pagãos e cristãos. Isso poderia ser verdadeiro em uma batalha real entre comandantes britânicos no início do século VI.

Os dois participantes britânicos oferecem mais terreno para especulação. Nenhum apareceu especificamente em outra passagem de Geoffrey.

Cador Limenic poderia ser o mesmo que Cador da Cornualha, visto pela última vez como comandante nas Guerras Romanas. O seu filho, Constantino, sucede Arthur como rei da Bretanha, de forma que inferimos que algo aconteceu a ele entre esses dois pontos, e a morte em Camblan parece um destino dramaticamente provável. Geoffrey pode ter uma fonte em que, somente nesse ponto, Cador recebe um sobrenome galês.

A associação entre Cador e a Cornualha não parece coisa de Geoffrey. Cato, de *A Vida de São Carantocus*, é situado, talvez, ao sul do Severn, e Cadwy, filho de Gerein, estava firmemente ligado a Devon e à Cornualha.

Cassibeleanus aparece pela primeira vez na lista de vítimas. O uso prévio do nome no livro é para o adversário de Júlio César. O nome, entretanto, é o mesmo que o galês *Caswallaun*, dado por Geoffrey como Cadwallo. Pode ser que Geoffrey tenha latinizado o nome, inconsistente com a preferência pela forma galesa. O manuscrito de Cambridge de Geoffrey realmente nos dá um *Cadwallo* no período Arthuriano, Cadwallo Lauhr, rei do norte de Gales. Esse Cadwallo Lauhr aparece nas Genealogias Harleianas como o pai de Maelgwn Gwynedd. Geoffrey não faz essa conexão explícita, mas a cronologia faz sentido tanto dramática como historicamente.

De maneira intrigante, as possíveis conexões entre os governantes da Cornualha do norte de Gales e a batalha de Camblan oferecem uma resposta ao dilema apresentado pela nossa análise dos *Annales Cambriae*. Elas mostram uma forte suposição em relação à fonte do norte de Gales no âmbito do estilo, sendo a Cornualha uma opção menos provável. Uma tradição de o governante da Cornualha ser abatido em uma Camlann do norte de Gales, ou um líder do norte de Gales em uma Camlann da Cornualha, faria sentido no caso de possíveis inferências a partir dos registros nos *Annales*. Essa idéia entra em acordo com o que sabemos de Gildas, que os tiranos não eram meramente regionais nas suas ocupações. Uma fonte que realmente especificou que Arthur, Modred, Caswallaun de Gwynedd e Cador da Cornualha, chamado Cador Limenic, foram abatidos juntos é uma possibilidade distinta.

Geoffrey está trabalhando com a suposição do adultério envolvido na causa da batalha, e de que o seu público já sabe disso. Embora ele não diga tão explicitamente, parece provável que essa informação estivesse em algum livro antigo. A evidência de que ele tem uma fonte externa é uma aparente relutância de Geoffrey em incluí-la.

O cenário não é aquele dos romances da Corte, ou um outro ato sobre o tema folclórico de captura visto em *Culhwch e Olwen* ou em *A Vida de São Gildas* (Bromwich *et al.* 1991). O próprio Gildas, no *de Excidio*, deixa claro que a traição entre parentes próximos e o adultério são características da época em que ele vive. As esposas dos tiranos são "prostitutas e adúlteras", os homens são "adúlteros e inimigos de Deus". Um escritor de época posterior poderia deduzir de Gildas que esse era o tipo de coisa que poderia ter acontecido. Alternativamente, Gildas pode ter especificado exemplos com alto perfil de adultério em mente, indicando uma mudança da geração admirável do Monte Badon para aquela dos tiranos.

Uma observação final na batalha de Camblan é que Geoffrey dá a ela uma data: "esta [ocorreu] no ano de 542 após a Encarnação do Nosso Senhor" (HRB IX.2; Thorpe 1966:261). Essa é uma das três datas do Anno Domini em toda a obra e, obviamente, algo a que Geoffrey dá importância. Qual é a proveniência? Sempre que encontramos datações do Anno Domini antes, olhamos na direção do historiador que popularizou o sistema, Bede, e vemos que a *Historia* de Geoffrey não é exceção. As outras duas datas, para o rei Lucius e Cadwallader, são ambas de Bede, e é razoável supor que 542 também seja. Bede, logicamente, não menciona Camlann. Entretanto, ele data o evento que conhecemos pela *Historia Brittonum* próximo ao período Arthuriano, a chegada de Ida na Bernícia: 547. Geoffrey pode ter dado cinco anos extras antes que os saxões recomeçassem (Constantino, o sucessor de Arthur governa por quatro anos mais). É igualmente possível que a data esteja cinco anos defasada simplesmente por um erro do escriba (DXLII por DXLVII).

Merlin previu que o fim de Arthur seria mergulhado em mistério. Embora Arthur seja abatido na batalha de Camblan, o seu destino é descrito assim: "Mas o famoso Rei Arthur *(inclitus ille rex Arthurus)* estava gravemente ferido. Foi carregado dali para a Ilha de Avalon para que os seus ferimentos fossem curados" (HRB IX.2). Isso confunde demais alguns escribas, e as suas versões tornam claro que a cura não foi bem-sucedida. O manuscrito de Bern acrescenta: "possa a sua alma descansar em paz".

Embora Arthur não desempenhe mais nenhum papel na *História*, e possa muito bem ter morrido, é improvável que Geoffrey tencionasse que ela fosse lida dessa forma. William de Malmesbury repete a antiga visão do século XII de que Arthur não tem túmulo, "por essa razão as fábulas ancestrais proclamam que ele retornará" (White 1997). Herman de Tournai, ao escrever cerca de dez anos depois de Geoffrey, registrou uma viagem para angariar fundos para Devon e para a Cornualha no início do século, em que os habitantes "diziam que aquela havia sido a propriedade de Arthur". Um homem argumentou, tomando o partido de Herman, que "como os bretões estavam acostumados a discutir com os franceses sobre o Rei Arthur... dizendo que Arthur ainda estava vivo" (Coe e Young 1995). Geoffrey não é explícito a esse respeito. Ele segue a tradição no poema *Armes Prydein* de que ocorreria um renascimento britânico a partir da união dos povos britânicos contra os ingleses, com os heróis Cynon/Conan e Cadwallades representando-os.

Na *Historia Regum Britanniae*, não está claro que Geoffrey se refere a Avalon. É o lugar onde a espada de Arthur, Caliburnus, foi forjada. Embora freqüentemente descrita como a "melhor das espadas" e usada para feitos marciais espantosos, ela não tem nenhuma propriedade mágica ou do "outromundo". Se não soubéssemos nada mais, provavelmente leríamos o trecho como referente à verdadeira Avalon, não distante das batalhas continentais de Arthur. Essa Avalon não é uma ilha, mas pode ter sido utilizada a licença poética ou trata-se de um simples engano. Avalon, que significa lugar das maças, não é um nome de local celta incomum. Também havia um na Bretanha, conhecido nosso sob a forma romana Aballava – Brugh-by-Sands, na Cúmbria, próximo ao possível local de Camlann de Camboglanna.

Resumo

Geoffrey de Monmouth forneceu um modelo para os escritores posteriores. Algumas das suas idéias se comprovaram tão poderosas que a questão "Arthur realmente existe?" está agora atrelada à imagem de um homem que governou a Bretanha, empunhou Excalibur, foi traído pela rainha Guinevere e levado para Avalon: todos os temas derivados de Geoffrey. Um Rei Arthur que não cabe no modelo é dificilmente considerado "o verdadeiro" Rei Arthur.

Algumas das lendas Arthurianas são reveladas pela sua ausência tanto em Geoffrey quanto no material mais antigo, como sendo pouco provável preservar verdades históricas. Que Arthur teve de demonstrar o seu título para governar contra os reis britânicos rivais, que Merlin era o "seu" mago e Morgana, a Fada, uma mágica inimiga, que os seus famosos cavaleiros se sentavam junto a uma mesa redonda ou que a busca pelo Santo Graal era a sua atividade principal, as fontes não apenas não o dizem, mas em alguns casos o contradizem completamente. Não importa o quão apelativos sejam esses temas. Devemos concluir que são produtos das imaginações dos escritores de ficção dos séculos XII e XIII.

Vimos, a partir do material galês, que a interpretação de Geoffrey não foi a única das breves fontes antigas. Antes de considerar se o modelo de Geoffrey acrescenta algo de útil ao cenário que já apresentamos do reinado de Arthur, é valioso resumir o que deduzimos a respeito das suas fontes.

Geoffrey de fato escreveu fontes, talvez um único manuscrito, distinto de tudo o que sobreviveu. Como um único manuscrito não confere maior autoridade do que uma afirmação de posse de vários livros antigos, podemos dar a Geoffrey o benefício da dúvida. A fonte de Geoffrey, segundo o seu conteúdo e linguagem, não pode ser "muito antiga" no sentido de que retrocede aos tempos Arthurianos. É uma fonte secundária, com todas as limitações que implica. É improvável dá-la como anterior à *Historia Brittonum*. Conseqüentemente, onde contradiz as fontes antigas, estas não devem ter a preferência.

Temos boas razões para pensar que a fonte é de origem Bretanha e que pode ser relacionada aos escritos hagiográficos bretões. O elemento principal que sugere uma fonte são as batalhas em Langres, Autun e Siesia. Não é plausível nenhum motivo oculto para eles. Mesmo assim, é improvável que representem eventos reais do reinado de Arthur. As histórias continentais enaltecem os feitos dos famosos cavaleiros de Arthur, outra sugestão de data posterior.

Geoffrey apóia-se em Gildas e em Bede para dar uma estrutura cronológica ao seu reinado de Arthur. Isso sugere que, apesar dos seus protestos, a sua fonte não é uma narrativa ordenada e consecutiva. Materiais sobre Merlin, Stonehenge, Uther Pendragon, a concepção de Arthur, Loth e Urianus formam um grupo relacionado, inspirado por personagens do fim do século VI. O seu deslocamento é devido a Merlin ser identificado por Geoffrey com o Ambrosius da *Historia Brittonum*.

Características Arthurianas em Geoffrey que sugerem uma fonte adicional incluem alguns nomes de batalha, uma conexão com Silchester, os nomes das propriedades de Arthur e alguns dos seus homens, especialmente Gawain, o motivo da luta de Arthur contra os gigantes, Guinevere como esposa de Arthur e o seu adultério, Camblam como a batalha em que Arthur e Modred são abatidos, e Avalon como o seu último lugar de descanso. A afinidade mais próxima que esses elementos têm com qualquer tipo de fonte é com a hagiografia e os contos em prosa galeses.

O melhor caso que Geoffrey pode acrescentar ao nosso conhecimento histórico é a seqüência Modred-Guinevere-Camblan. Especulamos que um fim para o reinado de Arthur causado pela guerra civil representa uma possibilidade distinta, e que Arthur e Modred são adversários, uma hipótese racional. A idéia de que Modred era regente de Arthur enquanto ele lutava fora do país não parece autêntica. Entretanto, o feudo causado pelo adultério realmente parece verdadeiro, já que o tipo da coisa que Gildas nos leva a crer destruiu a geração sucessora. Isso nos leva ao último ponto significativo, a localização de Camblan na Cornualha para encaixar um local de concepção a Tintagel.

Nennius não sabe muito sobre a Dumnonia. Os *Annales Cambriae* não sugerem que Camlann fique na Cornualha. Além disso, é provável que haja uma preferência pela Cornualha em alguma fonte Bretanha que Geoffrey possa estar usando, considerando as conexões próximas entre as duas áreas. O conceito de Geoffrey da batalha como sendo entre um rei verdadeiro e um usurpador adúltero é plausível, dada a visão de Gildas do período. Entretanto, também é assim a versão galesa de Arthur e Medraut como líderes britânicos rivais, atacando as gargantas um do outro por causa de esposas briguentas ou de subordinados conspiradores. A sucessão disputada de Geoffrey para o trono de uma Inglaterra unida mostra um padrão recorrente da sua História, suavizado pelas circunstâncias do seu próprio tempo. Ambas as visões, de que Arthur e Medraut são essencialmente oponentes ou de que eles estão essencialmente do mesmo lado, podem ser extrapoladas dos *Annales Cambriae*.

O Arthur histórico, líder de uma aliança entre os governantes britânicos contra os saxões e, crucialmente, vitorioso no cerco à Colina de Badon, foi distorcido e marginalizado por Geoffrey. Ele substitui esse Arthur, Rei da Inglaterra ("Bretanha"), ajudado por governantes britânicos da periferia celta do século XII, Cornualha, Bretanha gaulesa e Escócia. A batalha de Badon não é o ponto culminante da carreira de Arthur, mas um estágio necessário na pacificação doméstica antes que ele continue a obter vitórias ainda maiores no cenário internacional.

Como acontece com as fontes galesas, a distorção está nesta direção: um Rei mítico da Bretanha foi removido do material histórico, e não vice-versa. Enquanto é fácil ver como Uther Pendragon se originou de uma fonte mítica ao estilo de Mabinogion e anexado à história por meio de uma conexão com Merlin ou Arthur, enfaticamente não é esse o caso com o Rei Arthur de Geoffrey. A estrutura da seção Arthuriana deriva claramente de fontes históricas, com acréscimos óbvios ao seu conteúdo.

A obra de Geoffrey de Monmouth não ilumina os séculos V e VI históricos. Ela foi usada para dar um leve empurrão na direção de um aspecto dumnoniano da carreira de Arthur, acrescentando a dimensão do sudeste de Gales deduzida do material mais antigo. Algumas dessas personagens periféricas, como Guinevere, podem ter os seus nomes preservados pelos séculos, mas figuras como o pai de Arthur parecem acréscimos lendários. É possível que o Arthur real tenha sido o sobrinho de Ambrosius, mas a nossa evidência para pensar assim é suspeita. Não menos suspeito é o fato de que Geoffrey nada nos conta sobre os parentes que Gildas diz que Ambrosius tinha. O seus pais, lembrem-se, foram mortos durante a revolta saxônica, algo que Geoffrey evita considerar, já que ele os havia identificado como Constantino III e a sua esposa. Eles tinham pelo menos um filho e pelo menos dois netos, mas essas personagens não existem em Geoffrey. E se Geoffrey nem mesmo conhece tais personagens, que crédito podemos dar às suas afirmações de que Uther Pendragon é o seu irmão e sobrinho de Arthur?

A idéia de Geoffrey de que a Bretanha (Inglaterra) foi um reino unificado no período Arthuriano, mesmo a ponto de os saxões serem geralmente residentes na Escócia, apagou algo do valor sobre o relacionamento de Arthur com os reis das *civitas*. Podemos ver traços dessa extinção, quando Geoffrey remove o título de Vortiporius, embora ele saiba tão bem quanto nós que este último era um tirano de Dyfed. Geoffrey apresenta Arthur operando principalmente de Caerleon, com bases em Londres e York. Isso não contradiz nada do que conhecemos acerca do período e, especialmente nos aspectos do sul de Gales, casa com as nossas expectativas. Entretanto, a óbvia preferência geográfica de Geoffrey é pela razão mais do que suficiente para ligar Arthur à região, sem especular que ele encontrou material de uma fonte antiga.

Durante dez anos depois do *Historia Regum Britanniae*, Geoffrey compôs o seu poema épico, a *Vita Merlin*. Na obra, Merlin e Taliessin relembram como Arthur foi levado para a ilha de Avalon para ser curado dos seus ferimentos. Geoffrey não deixa claro que Avalon seja uma ilha real no mar, administrada por Morgana e suas sacerdotisas. Ele usa a descrição da Ilha de Sein, perto do litoral norte da Bretanha gaulesa, da obra geógrafa do século I, Pomponius Mela. Não há razão para pensar que Geoffrey não identifica as duas ilhas. A Ilha de Sein seria um lugar possível para onde alguém ferido na Cornualha fosse carregado; entretanto, no fim do século XII, esse mistério seria substituído pela certeza de que Avalon era uma realocação na parte principal da Bretanha – Glastonbury.

Epílogo: A Descoberta de Arthur – Glastonbury 1190

A arqueologia é sempre vista como fornecedora de provas "forenses" para as teorias dos historiadores. Nenhuma quantidade de crítica textual pode ser comparada com evidências tangíveis desenterradas de uma trincheira pantanosa. Sejam lá quais forem as evidências escritas, muitos historiadores nunca se convencerão de que o Rei Arthur foi uma pessoa real, até que o seu túmulo verdadeiro seja desenterrado e completado com uma inequívoca inscrição que autentique a sua identidade.

De fato, isso já aconteceu. Em 1190, ou talvez no ano seguinte, os monges de Glastonbury estavam cavando do lado de fora dos muros da antiqüíssima igreja. Embora a construção de madeira tivesse sofrido um incêndio recente, registros escritos traçavam a sua existência pregressa para pelo menos o século VII.

A escavação parece ter sido causada pelo desejo de um monge de ser enterrado entre duas pirâmides no cemitério. Esses monumentos, inscritos com caracteres ancestrais ilegíveis, tinham, muito provavelmente, o que poderíamos chamar de forma de obeliscos – altos e finos. Poderiam ter sido cruzes celtas que tinham perdido o topo, pedras permanentes cristianizadas ou antigas marcas de túmulos cristãos.

Como era de se esperar, os monges logo divulgaram a evidência de um túmulo. Dois ou três corpos foram desenterrados. O ponto em que as narrativas diferem é se cada corpo estava em um caixão ou se dois corpos compartilhavam um mesmo caixão. A última versão, descrevendo o caixão primitivo como sendo entalhado em um tronco de carvalho, parece a mais provável, paradoxalmente por ser tão incomum. O escritor ignorante dos fatos poderia imaginar o túmulo adequado à prática normal do século XII. A descrição do caixão de tronco de carvalho escavado, dividido dois terços ao longo do comprimento, não serve a nenhum propósito secreto e não é inerentemente implausível.

Um dos esqueletos era de um homem muito grande. O seu rosto era largo, um palmo de distância entre os olhos, os ossos da coxa eram cerca de 78 milímetros mais longos do que a canela da pessoa mais alta que estava presente quando, logo em seguida, Gerald de Gales examinou o achado. A cabeça tinha dez ferimentos curados e um não curado e, presumivelmente, mortal. Os ossos não eram infalivelmente gigantescos, não eram ossos de dinossauro, mas ao que parece, eram grandes e humanos. Um outro conjunto foi identificado como a ossada de uma mulher pelo tamanho gracioso e delicado e, de acordo com as narrativas, por um cacho de longos cabelos louros ali encontrado. Esse fragmento da evidência não sobreviveu à escavação e poderia ter sido inventado apenas para provar a sua identificação como uma mulher.

O simples fato da escavação foi confirmado por uma escavação arqueológica no local em 1962. Esta descobriu o que parecia ser o local das pirâmides. Entre elas, como era esperado, havia uma área de escavação datada de logo após 1184, e contendo dois ou três túmulos de lajes enfileiradas revirados (Ralegh Radford em Ashe 1968).

Até aí, nada particularmente improvável se apresentou nessa história. Diferentemente dos detalhes das exumações eclesiásticas presentes na confiável obra de Bede, que normalmente vêm com uma combinação de carne não deteriorada, o odor da santidade, luzes radiantes e, logo depois, curas milagrosas, essa não parece nada mais do que a oportunidade de descoberta de túmulos ancestrais em um cemitério lotado. O importante foi que essa descoberta veio acompanhada de uma cruz de chumbo inscrita.

Lia-se na cruz "Aqui jaz o famoso Rei Arthur, enterrado na Ilha de Avalon", ou alguma outra combinação dessas palavras. Uma gravação famosa do *Britannia* de Camden (1610) mostra que, nos seus dias, parecia ser aquela mesma cruz. Gerald mostrou a cruz logo depois da sua descoberta e relata: "Nós a vimos e encontramos a inscrição... 'Aqui jaz enterrado o famoso Rei Arthur com Guinevere, a sua segunda esposa, na Ilha de Avalon'" (White 1997), e o conjunto de ossos menor foi prontamente identificado como sendo de Guinevere. A crônica de Margam registra que o corpo de Modred também foi encontrado, mas que devia ter sido um trabalho de intuição, já que nenhuma inscrição desse tipo foi registrada por alguém (Barber 1984). As várias descrições da descoberta do túmulo de Arthur são, com freqüência, tratadas como pistas para uma cruel história de assassinato, que alguma vaga observação ou contradição pode expor os monges ou o rei, ou todos, a algum falso estilo Piltdown[34]. Isso é o que se

---

34. N.T.: Suposta espécie ancestral dos humanos que foi postulada a partir de um crânio alegadamente encontrado em um leito de pedras e areia por volta de 1912, mas que foi provada, em 1953, que era uma farsa, montada com um crânio humano e uma mandíbula de macaco.

chama confundir a natureza da evidência. As narrativas foram escritas especificamente para refutar quaisquer alegações de farsa. Portanto, disseram a Gerald que a cruz foi encontrada debaixo da laje de pedra, com a face escrita fixada no lado de baixo da pedra. Está claro que isso é para enfatizar o fato de que a cruz não foi inserida no túmulo posteriormente. Gerald acha incomum a posição da inscrição, com o lado de cima para baixo, embora, de fato, a face inscrita devesse estar virada para cima, como se esperaria de qualquer inscrição.

Seria esse realmente o túmulo de Arthur? Embora, depois do fato, "as visões e revelações vistas pelo santo homem e funcionários" e mesmo o rei Henrique II da Inglaterra (morto em 1189) tenham sido citados como fontes de informação usadas pelos monges para situar o túmulo, a realidade é que nenhuma fonte previu nada desse tipo. Gerald é testemunha da surpresa que a descoberta causou: "Em nosso próprio tempo, o corpo de Arthur foi descoberto em Glastonbury, embora as lendas sempre nos tenham encorajado a acreditar que havia algo do "outromundo" a respeito do seu fim, que ele havia resistido à morte e fora levado para algum local distante" (Thorpe 1978). Glastonbury não era uma localização desconhecida ou nova. Aparecia em um contexto Arthuriano na *Vida de São Gildas*. Entretanto, nunca havia sido descrita como o lugar do túmulo de Arthur. A descoberta não foi inspirada, nem teve a intenção de confirmar nenhuma tradição de Glastonbury.

É comum escrever sobre a descoberta do túmulo de Arthur como uma fraude óbvia perpetrada por monges para levantar dinheiro depois do recente incêndio. O cinismo é sustentado por uma incompreensão a respeito do potencial capital circulante do achado. Peregrinos medievais, embora tivessem alguma afinidade com os turistas modernos, não visitavam locais religiosos apenas para ter a oportunidade de ver túmulos de pessoas famosas e comprar lembrancinhas. Eles iam para receber os benefícios religiosos, normalmente indulgências diferentes de algum tempo devido no purgatório, doados nesses locais pelas autoridades eclesiásticas, ou, mais imediatamente, para experimentar a cura ou outros poderes milagrosos atribuídos aos ossos dos santos. Se eles estavam dando dinheiro para a Igreja, esperavam um *quid pro quo*.

Igrejas como a de Glastonbury queriam ter homens e mulheres poderosos enterrados nelas por prestígio, certamente; porém, mais importante do que isso, por outorgas de terra e outras fontes de receita que acompanhavam os mortos, como doações pelas suas almas.

O túmulo de Arthur falhou em ambos os casos citados. Glastonbury já era famosa pela sua antiguidade e proclamada pelas suas muitas relíquias. Tudo o que os monges tinham de conseguir era um perfil ligeiramente elevado e a possibilidade de que a classe superior de entusiastas Arthurianos pudesse escolher ser enterrada próxima ao seu herói. Era uma esperança vã, e não explica por que eles iriam arbitrariamente escolher Arthur. Há grande quantidade de personagens importantes, santos como José de Arimatéia, por exemplo, cuja descoberta dos ossos seria ainda mais sensacional. Isso não quer dizer que a descoberta do túmulo de Arthur não foi inventada ou embelezada pelos monges, mas realmente levanta dúvidas sobre as acusações casuais de que era um chamariz para fazer dinheiro, muito comum nas narrativas modernas.

Se os monges não aceitaram usufruir do benefício do achado, um outro acusado freqüentemente escolhido para lucrar é o rei da Inglaterra. A discussão que se desenrola, conforme Barber (1986), entre muitas outras, é que "o túmulo de Arthur pode ter sido inspirado pelo próprio Henrique II: A esperança do retorno de Arthur ainda era um ponto de manifestação política para os galeses, e a descoberta destruía de forma organizada a arma de propaganda usada para obter um bom efeito pelos inimigos do rei". Não há absolutamente nada que sustente essa visão. A intelectualidade de o que quer que seja persuasão política via a crença da sobrevivência de Arthur como uma superstição vulgar. É impossível acreditar que os inimigos do rei (inclusive os seus filhos e a sua esposa quase como nacionalistas galeses) pudessem esperar tirar proveito de uma superstição popular. Era muito pouco provável que Arthur aparecesse para ajudá-los, nem é fácil ver como eles poderiam ter usado a lenda para mobilizar apoio.

A crença na sobrevivência de Arthur era particularmente forte na Cornualha (Coe e Young 1995), que não tinha sentimentos anti- plantagenetas notórios, e era a *cause célèbre*, como relatado mais tarde, entre os aliados de Henrique e os bretões e os seus inimigos franceses. Gerald relata que Henrique ouviu a história de um velho cantor britânico e passou adiante a localização exata do túmulo. Se isso é verdade (e não há razão para pensar que seja), e se o rei tinha um objetivo político que envolvia a descoberta, por que não fez os monges "a encontrarem" de uma vez por todas? Ele estava, lembrem-se, morto antes de o corpo ser descoberto. Ricardo Coração de Leão, o seu sucessor, capitalizou politicamente o túmulo. O sobrinho e herdeiro de Ricardo, Arthur da Bretanha gaulesa (que tinha três anos quando o túmulo foi descoberto), parece ter recebido esse nome especificamente para repetir as glórias de Arthur, e podia ser imediatamente visto por galeses e bretões como um potencial retorno do Rei Arthur.

Mesmo se os plantagenetas tivessem algum objetivo peculiar para provar que Arthur estava morto, as razões pelas quais teriam escolhido fazer isso em Glastonbury não são explicadas. Eles poderiam, por exemplo, ter recusado o apoio de escritores da Corte como Wace e Layamon que, nas suas obras, disseminaram a idéia da sobrevivência de Arthur nas línguas vernaculares. Com toda a extensão do Império Angevino para escolher um local, eles poderiam ter decidido encontrar Arthur na Ilha de Sein, em Camelford, Caerleon, Londres, Silchester, Stonehenge ou em qualquer outra localidade que estava na imaginação do povo e que estivesse, na verdade, descrita nos trabalhos de Geoffrey de Monmouth. A escolha de Glastonbury é inexplicável.

Os motivos para angariar capital político não são vistos como prováveis para a invenção de um túmulo. O que leva à mais simples explicação, a mais plausível: os monges realmente pensavam ter descoberto o corpo do Rei Arthur. Eles poderiam estar certos?

Vamos começar com o fragmento de evidência mais óbvio, a cruz. Como Camdem descreve, ela não tem a aparência de um objeto do século XII. A sua forma e inscrição parecem mais antigas do que isso. Não se assemelha, entretanto, a um memorial dos séculos V/VI. Nada indica que foi mesmo encontrada em algum outro local da época. Os monumentos aos contemporâneos de Arthur são entalhados em pedra. As suas inscrições são feitas com escrita grande e cursiva. Já observamos o memorial de Voteporix, mas podemos também acrescentar, entre muitos outros, um verdadeiramente localizado em Slaughter Bridge, Camelford. A cruz de metal foi, entretanto, encontrada – de acordo com Gerald - anexada a uma laje de pedra, e em associação com duas pedras inscritas não mais legíveis. É, portanto, possível que a sua inscrição possa basear-se em um entalhe mais antigo, e represente uma renovação de um período entre o século VI e o fim do século XII. Ralegh Radford (Ashe 1968) sugere que a cruz tenha sido adicionada ao túmulo em meados do século XII, quando a obra de São Dunstan elevou o nível do cemitério. Isso pode ter tornado as lajes ilegíveis e demandado nova marcação.

Alguns chamam a cética atenção para a frase "o famoso Rei Arthur" como uma inscrição contemporânea improvável, argumentando que Arthur não era um rei. Como vimos, Arthur poderia ter pelo menos finalizado o seu reinado com o título *rex*, com uma atribuição própria ou outorgada pelos seus contemporâneos. Vortiporius era quase certamente um rei. Entretanto, o seu memorial diz que ele era *Protector,* e não *Rei*. Mesmo a hipérbole da descrição, "famoso", não tem paralelos. A pedra memorial de Catmanus de Gwynedd o chama de "O mais sábio de todos os reis". Gabar-se era uma tradição celta e os herdeiros poderiam querer celebrar a fama dos seus mortos. Talvez importe, não obstante, o fato de que a frase é quase uma citação direta de Geoffrey de Monmouth.

A característica mais problemática da cruz é que ela proclama que Arthur está "enterrado na Ilha de Avalon". Enquanto o entalhe em lajes pode usar uma variedade de palavras para descrever quem elas homenageiam, eu não posso encontrar um único exemplo no qual o lugar do túmulo esteja citado. Pela sua natureza, isso é óbvio, já que memoriais marcam a localização. O único valor concebível para a inscrição dar o nome da sua localização era para identificar Glastonbury como a Ilha de Avalon.

A descoberta do corpo de Arthur tem sido ultimamente vista como rota para a Ilha de Avalon. Se ele não se recuperou e morreu ali, poderia muito bem se esperar que ele fosse enterrado no local. Para os etimologistas do século XII, estava claro que Glastonbury era um nome inglês e que, se a fundação é anterior à conquista saxônica, deve ter tido um antigo nome britânico. Caradoc de Llancarfan, no intuito de ajudar, deu-lhe o nome – *Inis Guitrin*. Gerald de Gales copia este "[Glastonbury] usado também para ser chamado de Inis Guitrin Britânica, que é a ilha de vidro; portanto, os saxões a chamaram de Glastonbury. Pois, na sua língua, *glas* significa vidro e um campo ou cidade chamado *buri*" (*de Principis Instructione*, em Bromwich 1961).

As fontes galesas não conhecem nenhum lugar chamado Avalon. Os Bruts galeses optaram por *Ynis Afallach* como tradução para a Avalon de Geoffrey. Depois de descobrir o corpo de Arthur, o seu nome, em vez do estabelecido *Ynis Guitrin*, foi aplicado a Glastonbury. *Afallach* significa pomar e Bromwich (1961) sustenta fortemente que esse é o significado aqui, seguindo o consenso de que *Avalon* significa lugar das maçãs. Entretanto, é um caso igualmente persuasivo a possibilidade de o nome ter sido lido como o de uma pessoa, cultivando a idéia da "Ilha de Afallach". Aballac aparece quase no topo de duas das Genealogias Harleianas, e vem de uma fonte similar àquela de que Geoffrey parece ter tirado o nome Aballac, usado na História para uma das filhas do antigo rei Ebraucus. A mãe de Owain nas Tríades é chamada Modron, filha de Aballach, reforçando a idéia de que trata-se de um nome de pessoa.

A crônica de Margan explica, portanto, as inscrições: "pois o lugar [Glastonbury] era no passado cercado por pântanos, e foi chamado de Ilha de Avalon, que é a ilha das maçãs. Pois Aval significa maçã em britânico". Gerald elabora o mesmo tema, dizendo que maçãs costumavam abundar no local. Ele se apóia na *Vita Merlini* de Geoffrey para acrescentar que "Morgan, um nobre que era governante da região e intimamente relacionado a Arthur [nas fontes posteriores, ele fala primo]... o levou para a ilha agora chamada Glastonbury para curar os seus ferimentos" (Thorpe 1978). Gerald, mais tarde, criticou aqueles que fizeram dessa "Morgana, a Fada" uma sacerdotisa fantástica. Nessa época, Gerald tinha ouvido a versão de que Avalon derivava de um nome pessoal, "um certo Vallo, que governava a área". Devido à confusão que existe sobre a *de Antiquitate Glastoniensis ecclesiae*, de William de Malmesbury, não podemos ter certeza quando um trecho similar traduz "*insula Avallonia*" como "ilha das maçãs" a partir do britânico *Aballa* – maçã –, ou alternativamente se "um certo Avaloc, que vivia nesse local "com as suas filhas", foi incorporado ao texto (Scott 1981).

A Avalon de Geoffrey não é em Glastonbury, uma identificação que ele seria perfeitamente capaz de fazer se ele a tivesse considerado. É uma ilha no mar e não uma antiga fundação eclesiástica. A inscrição na cruz parece querer harmonizar uma idéia estabelecida de que o último local de descanso de Arthur teria sido Avalon com o fato de que o seu corpo foi descoberto em Glastonbury. Isso não pode significar que a inscrição na cruz seja posterior a Geoffrey, podendo ser, portanto, na melhor das hipóteses, apenas uma geração mais antiga do que o descobrimento.

A explicação de Radford de meados do século X é implausível, já que não temos material desse período relacionado a Arthur a não ser os *Annales*

Cambriae e a Revisão Vaticana. Esta última é o mais próximo que um abade saxão pode esperar chegar de um material Arthuriano. Nessas fontes, não há indicação de que Arthur seja um rei famoso. De fato, a Revisão Vaticana especificamente nega isso. Finalmente, é inconcebível que todas as fontes entre aquela época e 1190 tenham omitido a menção de que Glastonbury foi algum dia chamado de Avalon. Apesar do fato de que algumas pessoas, como Caradoc, forneceram um nome britânico para o centro monástico, a cruz do século X de Radford é tão improvável como uma do século VI. Se uma cruz inscrita fosse uma característica original do túmulo de Arthur, é altamente improvável que tenha sido aquela que foi vista e descrita por Gerald.

Esses registros da Abadia de Glastonbury foram amplamente reproduzidos por William de Malmesbury. Entretanto, logo foram revisados à luz de Geoffrey de Monmouth e aumentaram o interesse pelo material Arthuriano, tornando difícil desemaranhar as várias meadas. Gerald confirma que, pela época da sua visita, Arthur estava "muito admirado com a história do excelente mosteiro de Glastonbury, do qual ele mesmo foi no seu tempo um distinto patrono e um generoso doador e defensor" (Thorpe 1978), uma característica a que Caradoc de Llancarfan aludiu.

Se pusermos de lado por um momento o assunto da cruz, o túmulo poderia ter sido de Arthur? Uma possibilidade é que, dado o incomum caixão de carvalho e os ferimentos curados na cabeça, poderia ser evidência de trepanação, em um túmulo da Idade do Bronze. A falta de conceito préhistórico freqüentemente leva a associar achados e locais extremamente antigos a figuras históricas. A atribuição de Geoffrey de Monmouth de Stonehenge a um Merlin dos séculos V/VI é um caso desse tipo.

Entretanto, pela ausência de artefatos nos túmulos, o contexto cristão e o aparente alinhamento do túmulo com a parede da antiga igreja, tudo sugere que se desejava um túmulo cristão. E as "pirâmides" inscritas que estão associadas ao túmulo poderiam novamente indicar um sepultamento cristão. O túmulo não tem afinidade com a prática da única outra cultura alfabetizada, os romanos pagãos.

Arthur certamente teria sido um cristão. Ambos, a *Historia Brittonum* e os *Annales*, associam as suas vitórias à devoção e ao simbolismo cristãos. Segundo Gildas, não há dúvidas de que os vitoriosos em Badon fossem cristãos. Esperaríamos, portanto, que, na realidade, ele fosse enterrado em um local cristão, de acordo com os ritos cristãos.

Glastonbury era um tipo de centro de abastecimento nos séculos V/VI. Algumas pessoas de alta condição viviam no topo do Glastonbury Tor, como fica evidente pelas ruínas de residências nas indicativas "louças de Tintagel". A antiga igreja, também, provavelmente já existia, dado que já era "antiga" no início do século VIII. O local era a *civitas* de Durotriges, próximo à sua fronteira com Dobunni. Esse, como podemos ver, era um local provável para a atividade Arthuriana e poderia facilmente ter sido patrocinado por Arthur e os seus herdeiros. Pode também ser visto como o principal local eclesiástico mais próximo para uma batalha final na Cornualha, embora pareça um tanto longe para ter vindo do norte de Gales ou de Camboglanna. Se Arthur foi enterrado em Glastonbury, isso pode explicar a falta de tradição galesa sobre o seu lugar de descanso ou, pelo menos, de uma tradição de que a sua sepultura ficava em Gales. Se ele foi enterrado fora da localidade, em uma área que logo depois se tornaria possessão saxônica, estaria explicado por que o seu túmulo se tornou desconhecido e não localizável.

O túmulo, entretanto, não alcança muita credibilidade. Como Arthur deve estar enterrado em algum lugar, então o lado de fora da antiga igreja de Glastonbury é o tipo do lugar, possivelmente o lugar real, onde poderíamos esperar encontrá-lo.

O fato de que mais de um corpo foi recuperado é uma característica comum em todas as narrativas. Nenhuma razão jamais foi sugerida para que alguém falsificasse o túmulo de Guinevere, e menos ainda o de Modred. A sua presença indica a direção de um achado real de mais de um corpo, com a remoção das prováveis características para identificá-los. Guinevere foi associada a Glastonbury na *Vida de São Gildas*. Assim como aconteceu com Arthur, todas as fontes anteriores não falavam do túmulo. Pela narrativa de Geoffrey, parece que ele a imaginou enterrada em Caerleon.

Embora haja indicações nos romances medievais de que Arthur tivesse duas esposas chamadas Guinevere – a história da falsa Guinevere –, tais evidências não resultariam no túmulo de Arthur com uma "segunda esposa". De forma similar, embora Guinevere figure nas histórias de seqüestro, algum resulta em Arthur casando-se novamente com ela, ou nenhum cenário no qual ela poderia ser chamada sua segunda esposa. Pode-se argumentar que tais histórias preservam a memória dos vários casamentos de Arthur mas, infelizmente, a maior parte foi escrita depois que a evidência da cruz de Glastonbury denominou que a segunda esposa de Arthur foi disseminada. Somente as Tríades afirmam explicitamente que Arthur teve três esposas, todas chamadas Guinevere. Se a Tríade e a cruz de Glastonbury derivam da mesma lenda, então ou as Tríades têm pela sua natureza o número de Guineveres, ou podemos imaginar que a terceira esposa, a adúltera filha de Ogvran, o Gigante, não seria enterrada com Arthur, mas que Arthur poderia escolher repousar no mesmo tumúlo por preferir a antiga esposa. Gerald ficou surpreso ao ouvir que Arthur se casou duas vezes, o que sugere que os monges poderiam ter aumentado a sua credibilidade, evitando a simples palavra *Secunda* da inscrição da cruz, já que Gerald a viu.

Podemos imaginar que as palavras "Ilha de Avalon" foram acrescentadas à cruz que anteriormente incluía apenas Arthur e a sua (segunda) esposa. Não está completamente claro que Gerald tenha realmente lido uma inscrição na cruz. Ele traçou as letras, apesar da antiguidade e do péssimo estado de conservação, mas ele pode muito bem ter confiado nos monges para a transliteração dada. Ele se esforçou muito para escrever que a cruz era a única prova do túmulo de Arthur. Referiu-se a "sinais de que o corpo enterrado ali foi encontrado nos registros do local, nas letras inscritas nas pirâmides (embora estas estivessem quase totalmente apagadas pelo tempo) e nas visões... do santo homem" (Thorpe 1978).

Se os *Annales Cambriae*, ou a *Mirabilia*, como apoio ao argumento, dissessem que o túmulo de Arthur ficava em Glastonbury, e nenhum túmulo real fosse descoberto ali, então a informação se encaixaria confortavelmente em nossa teoria. Parece um local racional para um rei cristão ativo no sudeste de Gales e nas áreas ao redor da Inglaterra ser enterrado. O túmulo em si e as circunstâncias do seu descobrimento são bastante críveis. Mesmo uma inscrição dizendo que Arthur era um rei famoso e que estava ali enterrado com a sua segunda esposa conferem credibilidade.

Se os monges o deixaram lá, nós poderíamos nos dispor a verificar a descoberta com calma. É a inscrição que identifica o local do túmulo de Arthur em Avalon que é inacreditável. Parece, ironicamente, que os monges, na tentativa de provar o caso, fatalmente enfraqueceram a sua plausibilidade.

Conclusão:
O Reinado de Arthur?

"Contam-se muitas fábulas e muitas lendas são inventadas sobre o Rei Arthur e o seu misterioso fim. Na sua simplicidade, o povo britânico conserva a idéia de que ele ainda vive. Agora que a verdade é conhecida, faço grande esforço para acrescentar alguns outros detalhes ao presente capítulo. Os contos de fadas se acabaram, e os fatos verdadeiros e indubitáveis são conhecidos, de forma que o que realmente ocorreu deve ficar claro como cristal a todos, e separado dos mitos que se acumularam sobre o assunto", Gerald de Gales, *Speculum Ecclesiae* 1216 (White 1997).

Sendo assim, houve realmente uma época em que um Rei Arthur governou a Bretanha? A concepção popular de Arthur como um rei medieval da Inglaterra foi uma invenção de Geoffrey de Monmouth, com outros escritores do século XII. É inútil trilhar aquele modelo em particular ainda mais para trás, pois não se baseia em fontes, mas em suposições levantadas sobre a era em que os autores escreveram. Aquele Rei Arthur medieval não poderia ter existido nos séculos. V ou VI. Ainda por detrás dessa imagem ilusória estão as figuras de dois homens com quem nós particularmente nos preocupamos, e ambos realmente existiram. O primeiro era chamado Arthur. Algum tempo antes do século IX (e argumentamos cerca de trezentos anos antes), os bretões do norte ouviram um lamento sobre um herói abatido chamado Guaurthur. Como veio à mente do poeta a sua generosidade com os seus valiosos cavalos, a sua bravura, os trezentos homens que combatiam ao seu lado, a matança diante dos muros romanos, o público entendeu que a comparação entre tal homem e *Arthur* fortaleceu a imagem e a pungência da sua morte.

Que esse Arthur foi uma pessoa real, parece indiscutível. Não temos nenhuma razão para pensar que ele não existiu e temos todas as razões para supor que sim. Isso não é tudo o que podemos dizer sobre ele. A comparação parece mais adequada se tomarmos esse Arthur como uma personagem apresentada a nós na *Historia Brittonum*, o soldado e general que liderou os reis dos bretões nas guerras contra os saxões talvez duas gerações antes de Guaurthur, combatendo nas mesmas áreas disputadas do norte. Esse parece o cenário óbvio que o poeta invoca, comparando o guerreiro morto ao seu ancestral de nome similar.

No intuito de dar sentido à comparação presente no *Y Gododdin*, o germe da idéia de que Arthur era o líder guerreiro dos bretões nos dias anteriores à colonização dos anglos na Bernícia, no século VI, deve ter existido antes do poema. Se os versos de Guaurthur/Arthur genuinamente retrocedem as datas para o século VI, então Arthur, o Líder Guerreiro, estivera combatendo não muito além da memória viva do público, e deve ter sido uma pessoa real.

A *Historia Brittonum* não descreve simplesmente um Arthur do noroeste, como podemos esperar do *Y Gododdin*. Ela combina material Arthuriano de mais de uma fonte, incluindo aquele que liga Arthur ao sudeste de Gales. É uma obra do seu tempo. Não apresenta documentos ancestrais inalterados de um passado distante. O que ela faz, entretanto, é confirmar para divulgar um material consistente sobre Arthur, o Líder Guerreiro, de antes do início do século IX. Igualmente importante, ela identifica Arthur com outra pessoa indiscutivelmente real, o líder dos bretões na batalha do Monte Badon.

Sabemos que o homem em questão existiu com base nas suas realizações, a vitória no cerco da Colina de Badon. Os registros contemporâneos silenciam a respeito do seu nome e na verdade, acerca dos nomes de quase todas as pessoas da Bretanha no período, mas isso não tira o mérito do fato de que ele deve ter existido.

O senso comum diz que alguém coordenou as operações militares britânicas que respondiam aos saxões. Ele viveu, ao que parece, no período entre os séculos V e VI, e liderou os bretões na sua defesa unida. Para o avanço saxão pela região ser impedido, o combate deve ter ocorrido em outras áreas além da vizinha imediata Badon. A realidade política parece caracterizada por um crescimento de pequenos reinos. Se eles combinam em uma resposta unida contra os saxões, devem desfrutar da unidade militar em bases diferentes e em um nível mais alto do que a *civitas*.

Embora o vitorioso de Badon tenha sido obviamente um comandante militar, as realidades políticas do tempo ofuscaram a distinção entre os poderes militar e civil, com senhores guerreiros dominando ou derrotando governantes de província por todo o império ocidental. A logística de suprimentos e a coordenação de uma resposta unida por parte das *civitates* necessita de autoridade superior, que o comandante militar pode ter dominado. Essa autoridade superior combinava a responsabilidade pelas *civitates* da Britannia Prima, o sistema de muros da Britannia Secunda e os encraves dos bretões no leste. Não é, portanto, um engano afirmar que tal autoridade "reinou" sobre a Bretanha.

A coincidência entre o britânico *Magister Millitum* e uma autoridade civil de apoio, combatendo em guerras contra os saxões na geração anterior a Gildas e Maglocunus, e Arthur, o Líder Guerreiro da *Historia Brittonum* e do *Y Gododdin,* é óbvia. É provável que eles fossem a mesma pessoa. O único contra-argumento é extremamente improvável: que todos os britânicos tenham se esquecido do nome verdadeiro do homem que liderou a resistência britânica e o substituíram por aquele de um outro homem que não a liderou.

Essa posição, no seu extremo, faria do autor da *Historia Brittonum* o criador de um Arthur ficcional, que de algum modo obliterou todos os traços de um senhor guerreiro real. Parece impossível que uma única obra pudesse assegurar que, entre os bretões, não sobreviveu nenhum traço de um nome alternativo para o vitorioso de Badon.

A *Historia Brittonum* não é a única autoridade que liga os nomes de Arthur e de Badon. Os *Annales Cambriae* apresentam material independente, mas que oferecem apoio. Não apenas fortalecem o papel de Arthur em Badon, mas também narram a sua morte, que parece ter ocorrido na guerra civil, exatamente como Gildas caracteriza o período que se sucede. O *Y Gododdin,* a *Historia* e os *Annales* descrevem o mesmo homem real, o vitorioso da batalha de Badon, e são perfeitamente consistentes com a realidade histórica.

É fácil discernir uma lacuna entre o material galês das lendas Arthurianas. O material histórico é anterior a essas lendas e não deriva delas. As lendas, incluindo as *Vidas* dos santos, não vêm Arthur como um líder guerreiro, coordenando os reis dos bretões contra os saxões. Em vez disso, ele é mostrado como um rei da Idade das Trevas, com uma posição similar a dos tiranos do *de Excidio*. Ele é deslocado no tempo, para se tornar um contemporâneo de Gildas, Maelsgwn e Owain, filho de Urien. Além do mais, ele é mencionado com o seu próprio grupo de guerra de heróis fabulosos, em vez dos seus verdadeiros colegas, os reis dos bretões.

Tudo isso são distorções de cenário apresentadas pelas fontes históricas. Até mesmo a vitória de Arthur sobre os saxões em Badon, a pedra de toque da sua existência, foi perdida. Esse Arthur lendário do século XI é distinto de tudo o que se passou anteriormente. Isso não causa problemas para os pesquisadores do real Cassivelaunus, do real Magnus Maximus, do real Gildas, que se tornaram, de forma similar, o foco do material lendário galês da mesma época.

O Arthur lendário e o histórico estão misturados pelo artifício de Geoffrey de Monmouth, que produziu um retrato de ficção em que o aspecto lendário predominou. Isso lança dúvidas sobre a historicidade de Arthur, mas é relativamente fácil ver o quão Geoffrey constrói e reinterpreta as fontes existentes. O seu Arthur da ficção não faz idéia de se o seu Arthur real existiu ou não, e é injusto tratar uma refutação do antigo ao refletir sobre o mais novo.

O vitorioso do Monte Badon foi uma pessoa real, e o seu papel dominante na Bretanha implica a sua realização. Temos todas as razões para pensar que ele é o original por detrás do Arthur do *Y Gododdin* e da *Historia Brittonum*. Da mesma forma, não temos motivos para pensar que essas fontes estão erradas por lhe concederem o nome Arthur. Esse homem, esse Arthur, comandou reis, em um tempo que cidadãos privados e oficiais públicos mantinham as posições que lhes eram conferidas. Nesse sentido, portanto, é razoável dizer que a geração que testemunhou o cerco de Badon de fato viveu o "reinado de Arthur".

Índice remissivo

A

Aballac 256
Aballava 246
Aberffraw 115
Aedan 64
Aegidius 37, 95, 101, 102, 234
Aelle 22, 40, 41, 86, 164
Aesc 39, 76
Aetius 37, 95
Afallach 256
Agitius 37, 92, 95, 99, 102, 203, 210, 212-214
Agned 29, 60, 75, 76, 91, 93, 176, 242, 243
Agostinho 40
Alan Fyrgan 181
Alarico 38
Alba 235, 236, 239
Allobroges 238, 239
Alton Priors 78
Ambrosius Aurelianus 10, 44, 91, 97, 99, 111, 112, 119, 148, 157

Amr 33
Anais 9, 24, 31, 64, 66, 67, 80, 226
Anarquia 204, 240
Aneirin 83
Anglos 22, 38, 56, 76, 127, 137, 262
Anguas 161, 163
Anir 33, 49, 79, 83, 132, 155, 160, 162, 189
Anjou 230, 235
Arthur 7, 15, 16, 17, 21-29, 31, 33-50, 52, 53, 54, 55-57, 59-64
Ashdown 78
Ashe 158, 188, 213, 219, 226, 230, 252, 255
Athelstan 204, 207
Auguselus 224, 229, 233
Autun 235, 238, 239, 240, 241, 247
Auxerre 54, 205
Avalon 15, 16, 156, 215, 225, 228, 229, 241, 242, 245-247, 249, 252, 255, 256-259
Avranches 37
Awarnach 161, 173
Aylesford 39

B

Babilônia 104, 118, 119

Badbury 35, 76, 79, 136

Badon 9, 10, 13, 29, 31, 35, 39, 41, 42-44, 48, 49, 52-54, 56, 57, 59, 60, 64-71, 73-77, 79, 82, 83, 91, 97, 100-105, 111-114, 122-124, 131, 132, 36, 142, 143, 145, 148, 149, 156, 157, 160, 161, 165, 172, 178, 179, 180, 181, 191, 198, 204, 205, 220, 221, 231, 232, 234, 236, 245, 251, 253, 256, 264

Bannauc 191, 192

Barbury 78

Bardos 26, 53, 157, 179, 182

Bassas 29, 43, 72, 227

Baydon 35, 79

Beandun 78

Bede 24, 33, 35-40, 42, 44, 45, 47, 50, 52-54, 57, 62, 66-68, 72, 74, 76, 78, 84-87, 90, 94, 97, 101, 102

Bedwyn 78, 79

Berkshire 78

Bernícia 27, 35, 36, 50, 53, 55, 59, 67, 137, 245, 262

Bispos 22, 23, 109, 110, 120, 138, 194, 229, 232

Blois 230

Bluchbard 36, 71, 121

Boudicca 110, 140

Bradford 78

Bradwen 159

Bran 167, 183

Branogenium 61, 73

Brecheiniog 190

Breguoin 60, 61, 64

Bretanha 16, 22-26, 31-35, 38, 40, 42, 44-46, 48, 55, 62, 63, 65-67, 69, 72, 74, 75, 81, 85, 89, 91, 92, 93

Bretwaldas 40, 127, 141, 144, 145

Brocmail 39

Bromwich 42, 43, 116, 161, 162, 169, 170, 181, 184, 189, 192, 245, 256

Bruts 177, 180, 183, 255

C

Cabal 33, 49, 80, 83, 134, 155, 173, 174

Cadoc 188, 190, 191, 192, 194

Cadvan 211

Cadwallo 201-203, 205, 209, 211, 232, 261, 262

Caer 10, 42, 48, 51, 160, 165, 166, 169, 171, 177, 179, 183, 194, 240

Cair Urnach 173

Camelot 15, 16, 23, 80, 131, 156

Camlann 9, 59, 65, 67, 68, 79, 90-93, 115, 138, 160, 187, 188, 190, 191, 202, 209, 210, 211, 212, 213, 216, 234, 253, 264

Canterbury 21, 39, 187, 197, 208, 224

Canuto 207

Caradoc 193-196, 206, 207, 229, 235, 255-257

Carantoc 188, 192

Caratauc 68, 69

Carlisle 136

Carn Cabal 33, 49, 80, 83, 134, 173

Carron 198

D

Damen 217
Daniel 101, 113, 114, 116, 210
Dark 24, 87, 115, 116, 127, 130, 131, 132, 134, 135, 137-139, 140, 143, 146, 194
Datação 37, 47, 82, 86, 179, 214
Davi 188, 208
David 24, 80, 180, 187-193, 208-211, 216, 226, 231, 234
Decangli 116, 134
Deganwy 115
Deira 26, 53, 62, 70, 140
Diabo 95, 110
Dillus 172, 173, 174, 235
Dimet 69
Dinamarca 212, 230, 241
Dindraithou 192
Dinsol 192
Diuvneint 158
Dobunni 131, 132, 134, 140, 141, 257
Dragão 10, 113-116, 118, 119-122, 142, 157, 212, 215-217, 224, 228, 238
Druidas 16
Drustanus 26
Dubglas 29, 43, 72, 122, 159, 226
Dumbarton 56, 218
Dumville 24, 25, 31, 32, 37, 41, 47, 60, 64, 139, 195, 197, 198
Dunstan 255
Durham 35, 73

E

Espanha 23, 168, 233, 234
Essex 51, 86
Essyllt 182
Estéfano 204, 241
Ethelbert 39, 40
Eugein 113
Excalibur 156, 169, 246
Exeter 23, 56
Ezequiel 118-120

F

Faganus 205
Faral 211
Faraó 119, 122, 123, 146, 149, 150
faraó 119, 122
Farinmail 39
Felix 34
Fernmail 34, 44, 48, 53, 56, 137
França 23, 129, 174, 179, 180, 214, 229, 242, 244, 251, 254, 255, 258, 262
Frollo 225, 230

G

Gabran 64, 65, 69, 70
Galahad 15, 177
Gales, galesas e galeses 9, 10, 23, 24, 31, 33-36, 38, 40, 41, 44, 46, 48, 50-56, 60-63, 65-67, 70-75, 78-86, 90, 110, 115, 127, 137, 138-143, 156, 160, 168, 169, 170-175, 181, 187, 193, 195, 198, 202, 204,

212-214, 216, 217, 219, 222, 224-230, 232, 233, 235, 237, 238, 242, 244-248, 251, 253-255, 257, 258, 261, 262

Gália 37, 67, 74, 93, 94, 129, 130, 146, 230, 231, 240

gálicas 146

Gamlan 80, 184

Gartmailauc 81

Gawain 11, 15, 236, 237, 238

Genedota 68

Geoffrey de Monmouth 10, 13, 28, 80, 155, 157, 166, 169, 177, 180, 181, 184, 188, 196, 200, 201, 204, 208, 219, 223, 225, 239, 246, 248, 254, 255, 257, 261, 263

Glastonbury 11, 194, 195, 208, 235, 248, 249, 251, 253, 254, 255, 256, 257, 258

Glein 29, 72, 136

Glen 53, 61, 72, 137

Gloucester 46, 56, 60, 78, 91, 123, 131, 132, 134, 198, 207, 232

Glywysing 48, 132, 140

Goreu 161, 171, 173, 175, 177, 183

Gorlois 217, 218, 221

Gormant 171

Gormund 209

Griscom 211

Gualguanus 221, 235, 236, 241

Gueith 44, 52, 65, 79, 81

Guilherme 174, 175, 207, 237

Guinnion 29, 35, 43, 48, 53, 73, 84, 137, 142, 144, 155, 197, 229

Guir 71

Guitolin 50, 66

Guladus 190

Gundleius 190

Gwenhwyvar 169, 170, 171, 180, 184, 229

Gwent 44, 48, 55, 112, 131, 144, 145, 149, 203, 214

Gwerthrynion 48, 135

Gwlat 194

Gwrhyr 171, 175, 177

Gwydre 175, 194

Gwynedd 9, 25, 33, 42, 46, 48, 52, 68, 69, 70-72, 80, 81, 115, 127, 134, 135, 189, 191, 193, 202

Gwynessi 48, 51

Gwynllwg 190, 191

Gwynn 170, 172, 174, 175, 179, 190, 195

Gwythyr 190

H

Hadrian 23, 73, 79, 90, 93, 106, 121, 146, 165, 182

Haethfelth 42

Hampshire 100, 131

Harley 29

Harold 56

Hay 160

Hoel 208, 221, 227, 230-232, 234, 235, 238, 239, 240-242, 244

Horsa 34, 38, 39, 86, 101, 103, 241

Hueil 181, 193, 194, 195

Hughes 80

Humber 40

Hwice 48

Hyderus 235

I

Iaen 171
Ida 35, 50, 62-65, 69, 78, 111, 256
Iddawg 178, 179, 184
Ider 235
Irlanda 9, 23, 32, 45-47, 65, 107, 111, 130, 176, 177, 182-184, 204, 218, 236, 240, 241, 254, 257, 263
Iudeu 52
Iudex 62, 63, 139

J

Javalis 173, 174-176, 215
Jeremias 104, 105, 117-119, 122
Jerusalém 118, 189, 197, 202
Judá 89, 117, 119
Judeus 89, 105

K

Kaerconan 215
Karitius 63
Kay 235, 254, 263
Kelli 161, 176, 189
Kelly 175
Kent 9, 34, 38-40, 45, 48, 49, 50-52, 54-56, 59, 61, 63, 64, 66, 75, 85, 87, 91, 94, 98, 99, 142, 145, 148-150, 157, 163, 211, 231, 232, 263
Keredic 215
Keu 162
Kidwelly 71
Kinmarch 224

Koch 26-28
Kustenin 183

L

Laeti 145
Lambert 197-199
Lancelot 15, 16, 21, 177
Langport 158, 159
Langres 238, 239, 240, 246
Layamon 254
Lebor 45, 163
Leeds 137
Leland 80
Leo 213, 225, 230, 234, 238
Leões 114, 117-119, 161-163, 196, 231
Leopardo 111, 114
Liathan 71
Liberius 234
Licat 33, 49, 83
Liddington 15, 35, 79, 136
Lifris 190
Ligessauc 190, 191, 193
Lindsey 72
Linnuis 29, 35, 72, 84, 131, 159, 226
Livro 7, 10, 25, 27, 28, 31, 32, 38, 42, 43, 45, 46, 48, 51, 64, 66, 83, 87, 89, 91, 92, 98-100, 113, 124, 132, 135, 148, 150, 157, 159, 161, 162, 164, 165, 167, 168, 177, 179, 180, 183, 201-206, 208, 209, 214, 227, 228, 231, 235, 236, 240-244
Llacheu 161, 170, 178, 181
Llanbadarn 159, 188
Llandaff 60, 132, 188, 207, 231, 235

Llantwit 188
Lleu 222
Llongborth 157, 158, 159, 181
Lluch 161, 163, 167, 234
Lludd 183
Loidis 137
Loire 169
Londres 22, 129, 135, 136, 145, 157, 205, 207, 211, 218, 226, 248, 254
Loth 221, 222, 224, 229, 230, 236, 237, 238, 246
Lothian 197, 222, 232
Lucius 11, 205, 225, 233, 234, 236, 237-239
Lychlyn 169

M

Mabinogion 44, 163, 247
Mabon 162, 170, 172, 174, 175, 177, 183, 217
Maelgwn 9, 28, 69, 71-73, 178, 181, 190, 191, 193-195, 202, 204, 213, 233, 245
Magister 43, 103, 130, 143, 144, 146, 149, 150, 263
Maglocunus 9, 28, 69, 70, 71, 80, 91, 92, 98, 103, 105, 109, 113, 117-125, 127, 129-131, 136, 138-141, 144, 146, 151, 156, 159-161, 193, 215, 216, 221, 228, 263
Mailcun 68-71, 81, 82, 103, 104
Malgo 203, 210-213, 215, 224
Malgun 189
Malory 7, 21, 47
Man 193, 232
Manawydan 170, 175
March 159, 177, 182

Maserfelth 33
Math 182
Maximus 47, 69, 71, 91-95, 98, 99, 130, 139, 140, 142, 212, 239, 263
Meicen 42, 59, 81
Meluas 194, 195
Menai 115
Menevia 210
Menw 171, 175, 177, 182, 217
Mercia 76
Merlin 15, 16, 207, 210, 214-218, 221, 222, 224, 231, 245-248, 257
Mil Du 169
Modron 162, 170, 172, 174, 175, 177, 183, 217, 255
Monges 109, 120, 187, 193, 195, 249, 251, 252, 253, 254, 258
Morgana 15, 246, 248, 256
Morris 8, 24, 25, 31, 136, 188, 218, 220
Morvran 170
Muralha 23, 26, 73, 79, 90, 93, 106, 107, 129, 142, 163
Myrddin 214, 222
Myres 7, 59, 60, 86

N

Neirin 27, 36, 68, 70, 86, 87, 124, 167
Nennius 8, 9, 29, 31, 32, 34, 36, 37, 38, 41, 43, 45, 46, 47, 48, 50, 52-56, 60, 62-64, 66, 70, 72-75, 79, 83-85, 87, 90, 94, 96, 100, 101, 135, 136, 137, 142, 143, 145, 147-149, 155, 156, 163-165, 174, 176, 179, 196, 207, 252
Normandia 174, 175, 230, 248
Notitia 94, 127, 142

O

Octha 34, 39, 53, 71, 81, 87, 114, 189, 193, 212
Odgar 172, 173
Oisc 39, 40
Oiscings 40
Olwen 10, 159, 160, 164, 165, 168-174, 176-179, 181-184, 189, 191, 192, 194, 195, 217, 230, 231, 234, 237, 238, 244, 251, 253
Ordovices 115, 116, 134, 146, 150
Orosius 92, 204, 212
Osla 175, 179
Oswald 33, 81
Ouen 68
Owain 159, 165, 177, 178, 179, 222, 241, 255, 263
Oxford 5, 7, 29, 59, 201, 206, 209, 235

P

Pa gur 150, 151, 160-164, 168-170, 174, 177, 182, 183, 191, 197, 203, 224, 235
Padarn 182, 188, 219
paganismo 110
Palug 161, 162, 182, 196, 220
Pantha 62
Pascent 51, 54, 215
Páscoa 64-67, 76, 85, 112, 113
Paternus 189, 219, 220
Pecsaete 37
Pembrokshire 236
Pen Ryonyd 180

Penda 52, 62
Peniarth 167, 179, 180, 182
Penselwood 78, 131
Pictos 23, 34, 37, 50, 51, 62, 65, 98, 105, 106, 110, 113, 119-121, 143, 158, 160, 161, 167, 211, 212, 242, 258
Piggot 202
Preideu 165, 166, 167, 168, 170, 172, 183, 194, 234
Pridwen 228
Protector 62, 139, 255
Pryderi 165,167, 168, 182
Prytwen 165, 166, 168, 169, 172, 175
Pwyll 165, 167, 182

R

Radford 251, 254, 256
Ravena 198
Rector 129, 138, 140
Reis 10, 24, 29, 34-36, 39, 40, 42, 44, 48, 49, 54-56, 59-61, 64-66, 70, 73, 76, 83, 89, 92, 93, 96, 100, 102, 105, 106, 109, 111, 114, 117-119, 121, 122-124, 127, 134-137, 139, 140-151, 155, 156, 158-161, 163-166, 170, 172, 174, 181, 182, 187, 188, 205, 209, 210, 211, 212, 213, 216-220, 222, 224, 232-234, 236, 239, 240, 246, 248, 255, 261, 263
Rhigyfarch 188
Ricardo 27, 197, 225, 258
Ridgeway 35, 136
Riothamus 188, 234, 239
Ritho 234, 235
Robert 207

Roma 16, 110, 202, 205, 225, 232, 233, 238, 239, 240
Romances 16, 21, 22, 23, 63, 155, 156, 157, 165, 177, 180, 196, 221, 236, 244, 258
Ron 169, 228
Rotri 68
Rutupi 236, 237, 240, 241
Ruys 193

S

Saete 132
Salomão 208
Sande 170
Sansão 231, 246
Santo Albano 221
Santos 10, 32, 43, 65, 66, 73, 98, 104, 105, 114, 139, 163, 191, 192, 193-195, 196, 199, 201, 205, 206, 210-212, 229, 231, 235, 253, 263
Saussy 237
Saxão 37, 38, 40, 47, 54, 56, 72, 76, 78, 94, 97, 105, 129, 149, 150, 151, 158, 171, 189, 204, 226, 228, 235, 263
Sebbi 33
Sein 248, 254
Selwood 78
Severn 33, 42, 45, 46, 48, 60, 64, 72, 106, 112, 131, 149, 175, 179, 192, 227, 243
Siesia 237, 238, 239, 240, 246
Silchester 135, 226, 231, 246, 254
Silures 112, 131, 132

T

Talhearn 36, 70, 83, 121
Taliessin 36, 70, 83, 84, 167, 168, 170, 178, 179, 182, 252
Tâmisa 78, 106, 121, 150, 151
Teifi 48, 51
Teilo 191, 208, 246
Teodorico 198
Thanet 46, 47, 227, 239
Thomas 21, 219
Thorpe 7, 205, 206, 209, 211, 215, 216, 218, 221, 229, 234, 236, 237, 238, 240, 241, 243, 246, 254, 258, 262
Tintangel 15, 25
Tirano 37, 50, 63, 70, 73, 82, 93, 95, 98, 100, 101, 109, 112-114, 116, 117, 123, 124, 134, 136, 137, 141, 147, 155, 156, 164, 191, 195, 196, 199, 202, 227, 256
Torneios 22, 231
Totnes 227
Tríades 28, 170, 179, 180, 182, 217, 220, 242, 255, 258
Tribuit 29, 60, 73, 162
Tristan 26, 177, 178, 182
Troynt 33, 83, 163, 169, 173
Twrch 169, 172, 173, 174, 175

U

Urbacen 29
Urien 28, 46, 65, 169, 180, 194, 195, 196, 240, 241, 249, 256, 261, 263
Ursos 113

Uther 10, 162, 196, 208, 213, 215-218, 220-222, 224, 226, 227, 236, 246, 247, 248

V

Verulamium 106
Vikings 56, 136, 230, 243
Vortigern 9, 34, 36-39, 44, 47, 51-54, 56, 57, 59, 69, 72, 73, 89, 94, 100, 101, 103, 106, 127, 137, 158, 172, 175, 176, 229, 230, 233, 236, 241-244, 251, 252, 263
Vortiporius 62, 69, 71, 91, 92, 98, 111-116, 119, 120, 123, 130, 131, 134, 139, 140, 155, 189, 211, 231, 233, 234, 263
Votadini 136, 137

W

Wace 254
Wainwright 218, 220
Wall 166, 227
Wallop 50
Walter 201, 206, 209, 239, 241, 243
Wansdyke 131, 132, 133
Wedale 197
Wessex 25, 41, 56, 76, 86, 111
Whitby 76
Wihtgar 101
William 201, 206, 207, 214, 225, 228, 230, 235, 236, 237, 245, 256
Wiltshire 78, 100
Winchester 101, 211, 216, 232, 241
Wledig 171, 173
Wohednovius 230
Worcester 60, 232
Wright 210
Wrnach 172
Wyneb 169

Y

Yeavering 53, 72
Ygerna 217, 218, 220, 221
York 35, 56, 91, 215, 217, 226, 241, 251

Z

Zoan 96, 122
Zózimo 38, 94, 130, 142

Bibliografia

Abreviações

DEB *De Excidio Britanniae,* de Gildas

EH *The Ecclesiastical History of English People,* de Bede

HB *Historia Brittonum ('Nennius*),

HRB *Historia Regum Britanniae,* de Geoffrey de Monmouth

YG *Y Gododdin*

ABRAMS, L. e CARLEY, J.P. (eds) *The Archaeology and History of Glastonbury Abbey: Essays in Honour of the Ninetieth Birthday of C.A. Ralegh Radford,* Woodbridge: Boydell Press, 1991.

ADAMS, J.dQ. "Sidonius and Riothamus". *Arthurian Literature 12,* 1993.

ALCOCK, L. *By South Cadbury is that Camelot.* S.l.p.: Thames & Hudson, 1972.

———. *Arthur's Britain: History and Archaeology, A.D. 367-634.* Harmondsworth: Penguin, 1971.

ANDERSON, W.B. (ed. e trad.). *Sidonius Apollinaris: poems and Letters.* 2 vols. Cambridge, Mass: Loeb Classical Library, 1936.

ASHE, G. *The Quest for Arthur's Britain.* S.l.p.: Pall Mall Press, 1968.

———. *Kings and Queens of Early Britain*. S.l.p.: Methuen, 1982.

———. 'A certain very ancient book': traces of an Arthurian source in Geoffrey of Monmouth's History'. In: *Speculum 56*. S.l.p.: s.e., s.d.

BARBER, R. *Arthur Hero and Legend*. Woodbridge: Boydell Press, 1986.

———. *The Figure of Arthur*. Harlow: Longman, 1972.

———. 'Was Modred buried at Glastonbury? An Arthurian Tradition at Glastonbury in the Middle Ages'. In: *Arthurian Literature 4*. S.l.p.: s.e., 1984.

BARRON, W.R.J.(ed.). *The Arthur of the English*. Cardiff: University of Wales Press, 1999.

BASSETT, S. (ed.). *The Origins of the Anglo-Saxon Kingdoms*. Leicester: Leicester University Press, 1989.

BROMWICH, R. *Trioedd Ynys Prydein: The Welsh Triads*. Cardiff: University of Wales Press, 1961.

BROMWICH, R. e EVANS, D.S. *Culhwch and Olwen: An Edition and Study of the Oldest Arthurian Text*. Cardiff: University of Wales Press, 1992.

BROMWICH, R., JARMAN, A.O.H. E ROBERTS, B.F. (eds.). *The Arthur of the Welsh*. Cardiff: University of Wales Press, 1991.

BROOKS, D.A. Gildas' De excidio: Its revolutionary meaning and purpose. In: *Studia Celtica 18*. S.l.p.: s.e., 1983-4.

BRYANT, N. (trad.). *The High Book of the Graal*. Cambridge: D.S. Brewer, 1978.

CAMPBELL, A. *The Chronicle of Aethelweard*. In: Nelson Medieval Series. S.l.p.: s.e., 1959.

CAMPBELL, J. (ed.). *The Anglo-Saxons*. S.l.p.: Phaidon, 1982.

CASEY, P.J. e JONES, M.J. 'The date of the Letter of the Britons to Aetius'. In: *Bulletin of the Board of Celtic Studies 37*. S.l.p.: s.e., 1990.

CASTLEDEN, R. *King Arthur: The Truth Behind the Legend*. S.l.p.: Routledge, 2000.

CHADWICK, H.M. e CHADWICK, N.K. *The Growth of Literature 1.* Cambridge: Cambridge University Press, 1932.

COE, J.B. e YOUNG, S. *The Celtic Sources for the Arthurian Legend.* S.l.p.: Felinfach, Llanerch, 1995. COLLINGWOOD, W.G. 'Arthur's battles'. In: *Antiquity 3.* S.l.p.: s.e., 1929.

CRAWFORD, O.G.S. 'Arthur and his battles'. In: *Antiquity 9.* S.l.p.: s.e., 1935.

CUNLIFFE, B. *Roman Bath Discovered.* S.l.p.: Routledge, 1984.

DARK, K.R. *From Civitas to kingdom: british political continuity 300-800.* Leicester: Leicester University Press, 1994.

———. *Britain and the End of the Roman Empire.* Stroud: Tempus, 2000.

DAVIES, W. *Wales in the Early Middle Ages.* Leicester: Leicester University Press, 1982.

———. *An Early Welsh Microcosm: Studies in the Llandaff Charters.* S.l.: Royal Historical Society, 1978.

———. *The Llandaff Charters.* Aberystwyth: The National Library of Wales, 1979.

DOEL, F., DOEL, G. e LLOYD, T. *Worlds of Arthur: King Arthur in History, Legend and Culture.* Stroud: Tempus, 1998.

DUMVILLE, D.N. *Histories and Pseudo-Histories of the Insular Middle Ages.* Aldershot: Variorum, 1990.

———. *The Historia Brittonum: The Vatican Recension.* Cambridge: Brewer, 1985.

ELLIS, P.B. *Celt and Saxon: The Struggle for Britain, A.D. 410-937.* S.l.p.: Constable, 1983.

FAIRBAIRN, N. *A Traveller's Guide to the Kingdoms of Arthur.* S.l.p.: Evans Brothers Ltd., 1983.

FARAL, E. *La Légende Arthurienne: Études et Documents, Les plus anciens textes.* 3 vols. Paris: Librairie Ancienne Honore Champion, 1929.

FIELD, P.J.C. 'Nennius and his History'. In: *Studia Celtica 30*. S.l.p.: s.e., 1996.

FRERE, S. *Britannia: A History of Roman Britain*. S.l.p.: Routledge, 1987.

GANTZ, J. *The Mabinogion*. Harmondsworth: Penguin, 1976.

GARMONDSWAY, G.N. (ed. e trad.). *The Anglo-Saxon Chronicle*. S.l.p.: Everyman, 1953.

GILBERT, A. com BLACKETT, B. E. WILSON, A. *The Holy Kingdom: The Quest for the Real King Arthur*. S.l.p.: Bantan Press, 1998.

GRISCOM, A. *The Historia Regum Britanniae of Geoffrey of Monmouth*. S.l.p.: Longman, Green and Co., 1929.

HAY, D. *The Anglica Historia of Polydore Vergil*. London: Camden Society, 3ª séries, 74, 1950.

HIGHAM, N.J. *King Arthur: Myth-Making and History*. S.l.p.: Routledge, 2002.

—————. *The English Conquest: Gildas and Britain in the Fifty Century*. Manchester: Manchester University Press, 1994.

HOLMES, M. *King Arthur, a Military History*. Blandford: s.e., 1996.

HOOD, A.B.E. (ed.). *St Patrick, his Writings and Muirchu' s Life*. Londres e Chichester: Philimore, 1978.

HOWLET, R. (ed.). *Chronicles of the Reigns of Stephen, Henry II and Richard I*. S.l.p.: Longman, 1885.

HUGHES, K. 'The Welsh Latin Chronicles; *Annales Cambiae and* Related Texts'. In: *Proceedings of the British Academy 59*. S.l.p., 1973.

—————. *Celtic Britain in the Early Middle Ages: Studies in Scottish and Welsh Sources*. Woodbridge: Boydell, 1980.

JACKSON, K.H. 'Once Again Arthur's Battles'. In: *Modern Philology 43*. S.l.p.: s.e., 1945.

—————. 'Arthur's Battle of Breguoin. In: *Antiquity 23*. S.l.p.: s.e., 1949.

—————. *The Gododdin: The Oldest Scottish Poem*. Edimburgo: Edinburgh University Press, 1969.

———. *A Celtic Miscellany*. Hardmondsworth: Penguin, 1971.

JARMAN, A.O.H. "The Arthurian Allusions in the Book of Aneirin". In: *Studia Celtica 24-25*. S.l.p.: s.e., 1989-90.

———. (ed. e trad.). *Aneirin. Y Gododdin*. Llandysul: Gommer Press, 1988.

JOHNSON, S. *Late Roman Britain*. S.l.p.: Book Club Associates,1980.

JONES, G.D.B. e MATTINGLY, D. *An Atlas of Roman Britain*. Oxford: Basil Blackwell, 1990.

JONES, M.E. "The Appeal to Aetius in Gildas". In: *Nottingham Medieval Studies 32*. S.l.p.: s.e., 1988.

JONES, T. (ed. e trad.). *Brut Y Tywysogyon or the Chronicle of the Princes*. Cardiff: University Of Wales Press, 1952.

JONES, T. e JONES, W. *The Mabinogion*. London e New York: Dent & Dutton, 1949.

KIRBY, D.P. e WILLIAMS, J.E.C. 'Review of the Age of Arthur J.Morris'. In: *Studia Celtica 10-11*. S.l.p.: s.e., 1975-6.

KOCH, J.T. *The Gododdin of Aneirin. Text and Context from Dark-Age of Northern Britain*. Cardiff: University of Wales Press, 1997.

LACY, N.J. (ed.). *The New Arthurian Encyclopedia*. New York e London: Garland Publishing, 1991.

LAPIDGE, M. e DUMVILLE, D.N. (eds.). *Gildas: New Approches*. Woodbridge: Boydell Press, 1984.

LOOMIS, R.S. 'Edward I, Arthurian enthusiast'. In: *Speculum 28*. S.l.p.: s.e., 1953.

———. (ed.). *Arthurian Literature in the Middle Ages*. Oxford: Clarendon Press, 1959.

MACDOWALL, S. *Late Roman Infantryman 236-565 AD*. London: Osprey, 1994.

———. *Late Roman Cavalryman 236-565 AD*. London: Osprey, 1995.

MAJOR, A. *Early Wars of Wessex*. Poole: Blandford Press, 1978.

MILLER, M. 'Date-guessing and Pedigrees'. In: *Studia Celtica 10-11*. S.l.p.: s.e., 1995-6.

———. 'Bede's Use of Gildas'. In: *English Historical Review 90*. S.l.p.: s.e., 1975a.

———. 'Historicity and the Pedigree of the North Countrymen'. In: *Bulletin of the Board of Celtic Studies 26*. S.l.p.: s.e., 1975b.

———. 'Starting to write history: Gildas, Bede and "Nennius". In: *Welsh History Review 8*. S.l.p.: s.e., 1976-7.

———. 'Consular Years in the Historia Brittonum´. In: *Bulletin of the Board of Celtic Studies 29*. S.l.p.: s.e., 1980.

MOFFAT, A. *Arthur and the Lost Kingdoms*. London: Weidenfeld & Nicolson, 1999.

MOMMSEN, T. (ed.). *Chronica Minora saec. IV, V, VI, VII*. 3 vols. Berlim: Weidmann, 1891-8.

———. *Monumenta Germaniae Historica, Auctorum Antiqissimiorum, XII, 1, De Excidio et Conquestu Brittaniae*. Berlim: Weidmann, 1894.

MORRIS, J. *The Age of Arthur*. S.l.p.: Weidenfeld & Nicolson, 1973.

———. *Nennius. The British History and the Welsh Annals*. London e Chichester: Phillimore, 1980.

MYRES, J.N.L. *Anglo-Saxon Pottery and the Settlement of England*. Oxford: Clarendon Press, 1969.

———. *The English Settlements*. Oxford: Clarendon Press, 1986.

NICOLLE, D. *Arthur and the Anglo-Saxon Wars*. S.l.p.: Osprey Publishing, 1984.

ORDNANCE SURVEY. *Map of Britain in the Dark Ages*. Southamptom: Ordnance Survey, 1974.

PHILLIPS, G. e KEATMAN, M. *King Arthur: – The True Story*. S.l.p.: Arrow, 1993.

PIGGOT, S. 'The Sources of Geoffrey of Monmouth´. In: *Antiquity 15*. S.l.p.: s.e., 1941.

PLUMMMER, C. *Two of the Saxon Chronicles Parallel*. Oxford: s.e.,1892-9.

———. *Venerabilis Bedae Opera Historica*, 2 vols. Oxford: Clarendon Press for Oxford University Press, 1896.

RAHTZ, P. *English Heritage Book of Glastonbury*. London: Batsford, 1993.

REID, H. *Arthur the Dragon King: The Barbarian Roots of Britain's Greatest Legends*. S.l.p.: Headline, 2001.

RICH, J, (ed.). *The City in Late Antiquity*. S.l.p.: Routledge, 1992.

RIDLEY, R.T.(trad.). *Zosimus: New History*. Sydney: Australian Association for Bizantine Studies, 1982.

RIVET, A.L.F. e SMITH, C. *The Place-Names of Roman Britain*. Batsford: s.e., 1979.

ROBERTS, B.F. (ed.). *Early Welsh Poetry: Studies in the Book of Aneirin*. Aberystwyth: National Library of Wales, 1988.

SALWAY, P. *Roman Britain*. Oxford: Oxford University Press, 1981.

SCOTT, J. *The Early History of Glastonbury*. Woodbridge: Boydell & Brewer, 1981.

SHERLEY-PRICE.L. (trad.). *Bede: a History of the English Church and People*. Harmondsworth: Penguin, 1955.

SKENE, W. *The Four Ancient Books of Wales*. Edimburgo: Edmonston and Douglas, 1868.

SKENE, W.F. *Arthur and the Britons in Wales and Scotland* S.l.p.: Felinfach, Llanerch, 1988.

SMITH, A.H.W. 'Gildas the poet'. In: *Arthurian Literature 10*. S.l.p.: s.e., 1990.

———. 'The names on the Stone'. In: *Ceridwen's Cauldron 30*. Oxford: Oxford Arthurian Society, 1998.

SNYDER, C. *An Age of Tyrants: Britain and the Britons A.D. 400 - 600*. Stroud: Sutton Publishing, 1998.

———. *Exploring the World of King Arthur*. London: Thames & Hudson, 2000.

TATLOCK, J.S.P. *The Legendary History of Britain*. New York: Gordian Press, 1950.

THOMAS, C. *Tintagel: Arthur and Archaeology*. S.l.p.: Batsford/English Heritage, 1993.

THOMPSON, E. A. 'Gildas and the History of Britain'. In: *Britannia 10*. S.l.p.: s.e., 1979.

―――. *Saint Germanus of Auxerre and the End of Roman Britain*. Woodbridge: Boydell Press, 1984.

THORPE, L. (ed. e trad.). *Geoffrey of Monmouth, the History of Kings of Britain*. Harmondsworth: Penguin, 1966.

―――. *Gerald of Wales: Description of Wales*. Hardmonsworth: Penguin, 1983.

THORPE, L. (trad.) *Geoffrey of Tours: History of the Franks*. Harmondsworth: Penguin, 1974.

VINAVER, E. *Malory. Works*. Oxford: Oxford University Press, 1971.

WACHER, J.S. *The Towns of Roman Britain*. S.l.p.: Routledge, 1995.

WADE-EVANS, A.W. *Nennius's 'History of the Britons' Together* with 'The Annals of the Britons' and 'Court Pedigrees of *Hywel the Good'*. London: Society for Promoting Christian Knowledge, 1938.

―――. *Vitae Sactorum Britanniae et Genealogiae*. Cardiff: University of Wales Press Board, 1944.

WALSH, P.G. e KENNEDY, M.J. (eds. e trads.). *William of Newburgh, Historia Rerum Anglicarum*. Warminster: Aris & Philips, 1986.

WHITE, R. *King Arthur in Legend and History*. S.l.p.: J.M. Dent, Orion Publishing, 1997.

WHITELOCK, D. (ed.). *English Historical Documents c. 500-1042*. S.l.p.: Eyre & Spottiswoode, 1955.

WILLIAMS, H. *Two Lives of Gildas by a Monk of Rys and Caradoc of Llancarfan*. S.l.p.: Cymmrodorion Record Series, 1899.

WILLIAMS, I. *The Begginnings of Welsh Poetry*, ed. R. Bromwich. Cardiff: University of Wales Press, 1972.

WILLIAMS, I. e WILLIAMS, J.E.C (eds. e trads.). *The Poems of Taliesin*. Dublin: Institute for Advanced Studies, 1968.

WINTERBOTTOM, M. *Gildas: The Ruin of Britain and Other Documents*. Chichester: Phillimore, 1978.

WOOD, M. *In Search of the Dark Ages*. BBC, 1981.

WRIGHT, N. 'Geoffrey of Monmouth and Gildas'. In: *Arthurian Literature 2*. S.l.p.: s.e., 1982.

———. 'Geoffrey of Monmouth and Gildas Revisited'. In: *Arthurian Literature 4*. S.l.p., s.e., 1985.

———. 'Did Gildas read Osorius?'. In: *Cambridge Medieval Celtic Studies 9*. S.l.p.: s.e., 1985.

———. *The Historia Regum Britanniae of Geoffrey of Monmouth*. Cambridge: D.D. Brewer, 1985.

———. Geoffrey of Monmouth and Bede'. In: *Arthurian Literature 6*. S.l.p.: s.e., 1986.

Leitura Recomendada

Pergaminho Secreto, O
A Descoberta de Autênticos Documentos; A Cabeça Decepada de Jesus, o Cristo; Os Manuscritos do Mar Morto.
Andrew Sinclair

O Pergaminho Secreto é a história de como um manuscrito pouco conhecido de uma Loja Maçônica, em Orcadas, tornou-se um dos documentos históricos mais importantes da Idade Média. Trazido pela misteriosa e condecorada Ordem dos Cavaleiros Templários, a imensa significância desse pergaminho surgiu apenas recentemente.

Espada e o Graal, A
Sobre o Graal, os Templários e a Verdadeira Descoberta da América
Andrew Sinclair

Uma intensa pesquisa de Andrew Sinclair baseada em evidências arqueológicas revela a existência de uma espada e um graal na forma de um cálice que estão entalhados numa pedra na Capela Rosslyn, localizada na Escócia.

Deuses e Mitos do Norte da Europa
H. R. Ellis Davidson

Nesta obra são apresentados os mais importantes deuses da guerra, da fertilidade, do céu, do mar e da morte, e também uma discussão das mais misteriosas e intrigantes figuras da mitologia escandinava, como Heimdall, Odin e Loki.

Rei Pirata, O
Coxinga e a Queda da Dinastia Ming
Jonathan Clements

As verdadeiras histórias sobre piratas aconteceram em meados do século XVII, na China da Dinastia Ming. Lá, chineses, japoneses, portugueses e holandeses brigavam acirradamente pelas rotas marítimas que os levariam até as especiarias que enriqueciam seus povos. Iquan, conhecido como O Senhor dos Mares, era pai de Coxinga, que não seguiu o caminho da pirataria, mas marcou uma época em razão de sua fidelidade ao imperador Ming.

Leitura Recomendada

GRANDES INICIADOS, OS
Édouard Schuré

Religião e Ciência. Estes são os temas centrais abordados em *Os Grandes Iniciados*, no qual essas duas forças aparecem como inimigas e irredutíveis. A religião responde às necessidades do coração, daí a magia eterna; a ciência às do espírito, da força invencível.

FILOSOFIA DE ERASMO DE ROTERDÃ
John Patrick Dolan

Desiderius Erasmus, mais conhecido como Erasmo de Roterdã, verdadeiro Titã da Renascença, era um retórico na prática assim como na teoria. Ele foi monge no mosteiro dos Cânones Gerais de Santo Agostinho, estudou na Universidade de Paris e, apesar de não ter concluído a graduação em Teologia, passou a vida inteira lutando pela teologia verdadeira e pela renovação da Igreja.

ENIGMAS DO VATICANO, OS
História Debatida e Comentada dos Mistérios mais Desconcertantes da Cristandade
Alfredo Lissoni

O chamado Arquivo Secreto do Vaticano foi "aberto", em uma mínima parte, somente em 1881 pelo papa Leão XIII; porém, conforme notícias da imprensa, é permitido aos estudiosos ver somente ver os documentos até o ano de 1922, ou seja, até a morte de Benedito XIV, além de um pequeno segmento que diz respeito à Alemanha e, em particular, aos hebreus.

SEGREDOS PERDIDOS DA ARCA SAGRADA, OS
Revelações Surpreendentes sobre o Incrível Poder do Ouro
Laurence Gardner

Em *Os Segredos Perdidos da Arca Sagrada — Revelações Surpreendentes sobre o Incrível Poder do Ouro*, o célebre escritor Laurence Gardner apresenta ao leitor um estudo que trata das funções e operações da Arca da Aliança desde o período mosaico, passando pelos Templários, até a redescoberta de sua ciência sagrada em anos recentes, com comentários das principais academias científicas do mundo.

Leitura Recomendada

Pizarro
O Conquistador dos Incas
Stuart Stirling

Francisco Pizarro é possivelmente uma das figuras mais famosas, porém menos compreendidas, da história mundial. Sua vida é uma história extraordinária de adversidade e de tragédia. Um senhor de escravos espanhol, analfabeto, de possíveis ancestrais africanos, que iniciou sua jornada com 55 anos de idade. Esta obra traz Pizarro à vida ao mesmo tempo que mostra de maneira justa todo o cenário extraordinário da exploração, da descoberta, da construção de um império e do confronto de culturas.

Profecias de Tutankhamon, As
Os Segregos Sagrados dos Maias, Egípcios e Maçons
Maurice Cotterell

Obra ímpar de um autor que se revela pelo brilhante trabalho em que, a partir dos métodos científicos e de conexões que se sustentam em conhecimentos antigos e sagrados, traz ao mundo surpreendentes revelações.

Chaves de Salomão, As
O Falcão de Sabá
Ralph Ellis

A fim de trazer à tona a verdadeira história e ao mesmo tempo sanar a deficiência dos registros arqueológicos, que durante séculos deixou perplexos tanto teólogos quanto historiadores, o autor Ralph Ellis sai a campo e descobre, junto às tumbas e aos sarcófagos, uma nova perspectiva não só para a história do Egito e do Oriente Próximo mas também para a história bíblica.

Revelando o Código Da Vinci
Martin Lunn

O Código Da Vinci não é apenas o livro mais bem-sucedido de seu estilo, mas também o mais controverso. Agora, o experiente historiador Martin Lunn, Grão-Mestre da Sociedade do Dragão, mostra a verdade por trás da pesquisa de Dan Brown em *Revelando o Código Da Vinci*, que a Madras Editora tem a satisfação de apresentar aos seus leitores que buscam a verdade, esteja ela onde estiver.

MADRAS® Editora
CADASTRO/MALA DIRETA

Envie este cadastro preenchido e passará a receber informações dos nossos lançamentos, nas áreas que determinar.

Nome _____
RG _____ CPF _____
Endereço Residencial _____
Bairro _____ Cidade _____ Estado ___
CEP _____ Fone _____
E-mail _____
Sexo ❏ Fem. ❏ Masc.   Nascimento _____
Profissão _____ Escolaridade (Nível/Curso) _____

Onde você compra livros:
❏ livrarias   ❏ feiras   ❏ telefone   ❏ Sedex livro (reembolso postal mais rápido)
❏ outros: _____

Quais os tipos de literatura que você lê:
❏ Jurídicos   ❏ Pedagogia   ❏ Business   ❏ Romances/espíritas
❏ Esoterismo ❏ Psicologia ❏ Saúde   ❏ Espíritas/doutrinas
❏ Bruxaria   ❏ Auto-ajuda ❏ Maçonaria ❏ Outros:

Qual a sua opinião a respeito desta obra? _____
_____

Indique amigos que gostariam de receber MALA DIRETA:
Nome _____
Endereço Residencial _____
Bairro _____ Cidade _____ CEP _____

Nome do livro adquirido: ***O Reinado de Arthur***

Para receber catálogos, lista de preços e outras informações, escreva para:

MADRAS EDITORA LTDA.
Rua Paulo Gonçalves, 88 — Santana — 02403-020 — São Paulo/SP
Caixa Postal 12299 — CEP: 02013-970 — SP
Tel.: (11) 6959-1127 — Fax:(11) 6959-3090
www.madras.com.br

Este livro foi composto em Times New Roman, corpo 11/12.
Papel Offset 75g – Bahia Sul
Impressão e Acabamento
Gráfica Palas Athena – Rua Serra de Paracaina, 240 – Cambuci – São Paulo/SP
CEP 01522-020 – Tel.: (0_ _11) 3209-6288 – e-mail: editora@palasathena.org